AF329019

Lettres, discours ou articles,

1er Cahier du t. III

du 11 xbre 1878

au

28 octobre 1879

Pertuis le 11 décembre 1878

Mon cher concitoyen et ami

Dans les derniers jours du mois passé, — le 28 ou le 29 — me trouvant à Aix, après la perte douloureuse que je viens de faire et dont je vous ai fait part, sachant que la Chambre avait moralement terminé sa session et ne reprendrait ses travaux sérieux qu'en Janvier, je me décidai à faire une tournée complète dans mon arrondissement électoral.

J'écrivis en conséquence à mes amis des divers Cantons en leur indiquant le temps que je devais leur consacrer. J'avais consacré cinq jours au Canton de Pertuis; les

8, 9, 10, 11 et 12 Décembre. Le premier ou le dernier de ces jours devait être tenu à à Pertuis, les quatre autres aux diverses communes du Canton.

Malheureusement, empêchés par diverses circonstances les amis auxquels je m'étais adressé n'organisèrent la réunion que pour le Mardi 10 Décembre et ne tracèrent pas mon itinéraire.

Cette perte de temps était irréparable, puisque l'itinéraire que je dois suivre dans les autres Cantons était tracé et que les déclarations des réunions publiques étaient faites je ne pouvais pas rester dans le Canton de Pertuis au delà de jeudi.

J'espérais pourtant réparer le temps perdu. Aujourd'hui et demain, j'aurais visité les Communes de la Bastidonne, de Mirabeau, de Beaumont, de Grambois, de la Bastide des Jourdans, de Vitrolles, de Peypin et de la Tour d'Aigues. J'aurais en suite fait en sorte, à la fin de ma tournée, de gagner un jour, pour aller visiter les quatre communes non comprises dans cette énumération.

Mais hélas! le temps en a décidé autrement, et les quarante centimètres de neige qui sont tombés la nuit dernière ont rendu les chemins, et par conséquent mes projets, impraticables.

Je pars donc avec le regret de n'avoir pu aller vous rendre visite comme j'y comptais et comme c'eût été possible si tout, même le temps, n'eût conspiré contre mes desseins.

Pourrai-je revenir? je n'ose vous le promettre. Je ne l'espère pas. Je dois être le 2 à Genève, et je dois, pour les intérêts de l'Arrondissement, m'arrêter un quatre jours à Avignon, dans le but de voir Mr le Préfet de Vaucluse et de l'entretenir de questions qui intéressent mes électeurs.

La tournée dans les Cantons de Cadenet, de Bonnieux, de Gordes et d'Apt, si longue, et je doute qu'elle me laisse, à la fin, les quatre jours qui, voyage compris à Pertuis et retour, seraient nécessaires à ma venue chez vous.

Si je puis me procurer ces quatre jours, je reviendrai. Si je ne le puis pas

*[… vous en vous disant … j'avais tout disposé pour venir et que la
faute n'en est pas à moi si je ne suis pas venu …]*

A. Naquet

[Veuillez communiquer, je vous prie, cette lettre à vos concitoyens.]

La jeune République
29 Xbre 1878

CONFÉRENCE DE LA SALLE BOISSELOT

Victor Hugo

Voici le compte-rendu de la conférence que M. Clovis Hugues a faite vendredi soir dans l'ancienne salle du Cercle artistique :

Le bureau a été ainsi constitué : Président, M. Bouquet, député de Marseille ; assesseurs, MM. Adolphe Royannez, ancien rédacteur en chef de la *Voix du Peuple*, et Nandyfer, rédacteur de la *Jeune République*.

Sur la proposition de M. Clovis Hugues, Victor Hugo est nommé président honoraire.

M. Bouquet a ouvert la séance en prononçant une petite allocution qui a été fort applaudie et dans laquelle il a dit qu'il était heureux d'assister à une conférence de M. Clovis Hugues sur Victor Hugo.

« Je ne suis pas habitué à entendre parler « de la poésie, s'est-il écrié. Le chemin qui « mène à Versailles n'est pas la route du Par- « nasse et M. Dufaure n'est pas un Apollon. »

La lettre suivante, adressée par M. Alfred Naquet à M. Clovis Hugues, a été lue ensuite :

L'Isle-sur-Sorgue, le 26 décembre.

Mon cher ami,

Vous donnez une conférence sur Victor Hugo ; vous la donnez au profit de la proscription espagnole : Le sujet est grand ; le but est beau.

On ne saurait trop faire connaître le poète immense, le chantre immortel des principes de la Révolution, le justicier qui a su flétrir le 2 décembre, le marquer d'un fer rouge ; et qui expliquera Victor Hugo si ce n'est le jeune poète qui nous charme et nous enthousiasme depuis des années, si ce n'est vous ?

Quant au but je dis qu'il est beau car toutes les nations sont sœurs et se doivent un mutuel appui dans leur lutte contre le despotisme.

J'ai connu l'Espagne en 1859 ; j'ai pris part à ses luttes ; j'ai partagé ses espérances. Je serais bien heureux si ma voix pouvait être utile à ceux au milieu desquels j'ai vécu et dont j'ai appris à connaître l'énergie et le dévouement.

Je ne regrette qu'une chose, c'est de ne pas être parmi vous. Heureusement vous suffirez.

Je vous serre la main,   A. Naquet.

Le Réveil du Midi
5 janvier 1879

M. Alfred Naquet adresse, par notre intermédiaire, la lettre suivante à l'*Union de Vaucluse* :

Genève le 3 janvier 1879.

A Monsieur le rédacteur en chef de l'*Union de Vaucluse*.

Dans votre numéro du 1er janvier, vous vous demandez « à qui profitera la recette » de ma conférence sur le divorce.

Il m'est facile de vous satisfaire.

La recette me profitera *absolument comme m'aurait incombé la perte si je n'avais pas fait les 350 fr. de frais que j'ai eu à supporter.*

Vous n'avez jamais eu que je sache, l'idée d'imposer aux députés l'obligation de vivre avec leur seule indemnité, même lorsqu'ils ont des charges de famille considérables. Vous n'avez jamais interdit ni au député riche de dépenser ses revenus, ni au député avocat de plaider, ni au député médecin de voir des malades, ni au député journaliste d'écrire des articles, ni au député industriel ou commerçant de surveiller son commerce ou son industrie.

Vous n'avez jamais prétendu que le rentier, l'avocat, le médecin, le publiciste, l'industriel, le négociant député dût employer à une œuvre quelconque le produit de ses rentes ou le fruit de son travail.

Or, on a le droit d'être conférencier comme d'autres sont avocats, médecins, publicistes ou industriels, et l'argent gagné dans une conférence l'est aussi légitimement que celui que l'on gagne par une plaidoirie ou un article de journal.

Cela ne veut pas dire qu'un conférencier ne doive jamais faire profiter de bonnes œuvres de sa parole. Pour ma part j'ai parlé récemment à Apt au profit des pauvres ; en octobre, à Béziers et à Cette, j'ai abandonné en faveur des proscrits la moitié du produit de mes conférences, et après-demain, à Genève, je fais une conférence dont les 2/3 du produit sont réservés à des œuvres utiles.

Mais quand je fais cela, je me place dans la situation d'un journaliste qui donne des articles gratuits, d'un rentier qui donne de l'argent, d'un avocat qui plaide sans rétribution... etc. ; je fais un don volontaire, qui ne saurait en rien m'engager pour la généralité des cas, et m'empêcher surtout, lorsque tous les frais généraux de la conférence, et par conséquent l'aléa m'incombent, d'en toucher le produit.

Tant mieux pour les riches qui peuvent donner leur temps tout entier. Moi je ne le puis pas et, lorsque je fais des conférences qui absorbent mon temps o m'empêchent de me livrer à un autre travail productif, je trouve naturel qu'elles soient rémunérées, comme le serait un autre travail quelconque.

La profession de conférencier, fort estimée en Angleterre où des hommes très-honorables en vivent, est de celles que l'on peut avouer et que j'avoue hautement. Notre illustre Louis Blanc lui a demandé longtemps pendant l'exil ses moyens d'existence et je ne crois pas déchoir en lui demandant, dans les loisirs que me laisse la vie parlementaire, le complément des miens.

J'ajoute que les fraudes de Vaucluse m'ont imposé et m'imposent *encore* des dépenses de toute nature, auxquels il est bien naturel que je cherche à faire face par un travail rétribué.

Je crois que ceux qui trouvent curieux que je bénéficie du produit de mes conférences trouveraient bien plus étrange que je contractasse des dettes que je laisserais impayées.

D'ailleurs si l'œuvre des conférences est utile, il est évident qu'on ne peut la généraliser qu'en la rétribuant. Avec la gratuité, vous n'auriez pas plus de conférences suivies que vous n'auriez de journaux réguliers avec la gratuité de la presse, ou d'avocat avec la gratuité du barreau.

Vous avez voulu un éclaircissement, le voilà, j'espère assez complet pour faire disparaître tous vos doutes et pour couper court à toutes vos insinuations.

J'ai l'honneur de vous saluer,

Alfred NAQUET.

Le Réveil du Midi
15 janvier 1879

APRÈS LE TRIOMPHE

Il y a trois ans et quelque mois, lorsque, à la veille de la dissolution de l'Assemblée nationale, nous invitions les électeurs à exiger, de ceux à qui ils donneraient leurs voix, la promesse de se montrer fermes vis-à-vis de la réaction, on nous tournait en ridicule et l'on nous appelait *intransigeants*.

Lorsqu'après les belles élections de février 1876, nous protestions contre le ministère Ricard-de Marcère d'abord, contre le ministère Jules-Simon ensuite, montrant que le système des concessions incessantes nous conduirait fatalement à une crise redoutable, on continuait à nous appeler intransigeants et à rire de nos prédictions que l'on ne se donnait même pas la peine de discuter.

Nos prévisions pourtant se réalisèrent et le 16 Mai vint établir d'une manière irréfutable que nous ne nous étions pas trompés.

Aux yeux de quiconque observe et pense, il fut même établi que, pour ne pas avoir par notre fermeté soit conjuré, soit précipité la crise, — si tant est que la conjurer fut impossible, — nous avions couru les plus grands périls, périls que l'impéritie de nos adversaires avait heureusement atténués et dont la mâle énergie du pays a eu définitivement raison, mais qui n'en avaient pas moins été extrêmement menaçants.

Le 16 mai prouva en outre que l'épithète d'insigeants, dont on s'était servi contre nous était absurde.

Jusqu'au 16 Mai en effet, véritables Cassandres voyant un avenir plein de dangers, nous avions cru de notre devoir de jeter le cri d'alarme, comme des passagers qui protesteraient contre la marche imprimée au navire par leur capitaine, parce qu'ils ne se doutaient pas que l'écueil et peut-être le naufrage ne fussent au bout.

Mais au 16 Mai, l'écueil s'était montré brusquement, il fallait faire face au péril. On nous vit alors nous grouper autour de ceux-là même dont nous avions censuré la direction ; on nous vit prêcher l'union, la concorde ; on nous vit nous effacer et accepter sans résistance l'autorité de ceux qui, par leur prestige, leur situation pouvaient le mieux permettre au parti républicain de sortir de la crise violente où il se trouvait précipité, et il est impossible de méconnaître que cette attitude de l'extrême gauche — attitude souvent blâmée par les groupes extrêmes dans le pays et à l'extérieur, — attitude qui ne s'est pas démentie pendant une minute jusqu'à ce jour, — n'ait contribué pour une large part à la victoire.

L'extrême gauche aurait pu se laisser aller à ses ressentiments, récriminer. C'eût été impolitique ; mais c'eût été humain, et la division que ces récriminations auraient fait naître, aurait pu nous perdre. L'extrême gauche l'a compris et, au risque même de voir leur popularité décroître dans certains milieux, ses membres ont tous, sans exception, immolé leurs ressentiments sur l'autel de la République.

D'ailleurs le mot ressentiment est mal choisi. En voyant le système qui prévalait avant le 16 mai, dont nous prévoyions les conséquences, nous éprouvions de la tristesse, mais non de la colère, et nous n'avons eu aucune peine à immoler des rancunes, qui existaient peut-être dans le cœur des autres, mais qui, dans nos cœurs, n'ont jamais existé.

Loin de souffrir d'un effacement qui devenait obligatoire, nous avons été heureux au contraire lorsque, unis par les événements avec ceux que nous combattions la veille, il nous a été donné de marcher avec eux et de ne former de toutes les forces vives du parti qu'un seul faisceau indissoluble.

Il semble aujourd'hui que le 16 mai ait porté ses fruits, qu'il ait fait la lumière dans bien des intelligences. M. Floquet a déclaré l'autre jour à l'Union républicaine qu'il importait de se montrer fermes ; M. Allain Targé, en homme politique et sincère qui ne craint pas de confesser les erreurs commises, a déclaré avec non moins d'énergie qu'il fallait éviter de retomber *dans les fautes commises en 1876 lorsqu'on accepta un ministère qui ne présentait aucune garantie d'indépendance.*

Ces paroles, applaudies par l'Union républicaine, nous font espérer que l'extrême gauche, dans ses revendications, se verra appuyée de tout un groupe qui lui était hostile avant la chute du ministère Simon.

Malheureusement, il ne semble pas que la lumière se soit faite au même degré pour tout le monde, et ce n'est pas sans un certain sentiment de peine que nous avons lu les exhortations à la « sagesse » qui sont sorties de la réunion de la gauche.

Ce n'est certes pas que nous soyons des hommes de violence et que la sagesse bien entendue nous répugne. Mais les mots ont le sens qu'on leur donne, plutôt que ceux qu'ils devraient avoir d'après le dictionnaire, et, dans la bouche des orateurs de la gauche et du centre gauche, sagesse a été trop souvent synonime d'abandon, d'inaction, d'impuissance, pour que ce mot prononcé à cette heure-ci par les mêmes hommes, ne nous remplisse pas d'effroi.

La sagesse, M. de Girardin l'a toujours dit, consiste à se tenir également loin de la violence et de l'impuissance.

La violence, tout le monde la hait et elle n'est pas à craindre; mais l'impuissance pourrait être encore prônée par certains membres de la gauche, et c'est là qu'est le danger.

La République est sortie de la période de lutte. Les monarchistes de toute nuance ne peuvent rien contre elle, mais nous pouvons lui nuire en ne réalisant pas les progrès que les populations attendent d'elle.

Ne pas proclamer l'amnistie;

Ne pas mettre en accusation les fauteurs de coup d'État du 16 mai;

Ne pas décréter le droit de réunion, le droit d'association, la liberté de la presse;

Ne pas rendre à toutes les communes le droit d'élire leurs magistrats municipaux;

Ne pas épurer l'administration de tous les fonctionnaires hostiles à l'ordre de choses actuel, qui n'émargent au budget de la République que pour la trahir;

Ne pas soustraire les cafés et les cabarets à cette loi de 1852, exclusivement faite en vue d'un but électoral;

Ne pas modifier la loi qui, en permettant aux commissions hospitalières de se recruter elles-mêmes, éternisent dans ces commissions les créatures du 24 mai et créent des conflits permanents dans les communes;

Ne pas porter la main sur l'inamovibilité de la magistrature avec laquelle la justice ne peut être soustraite à la domination de nos ennemis;

Ne pas supprimer les lois qui, sous prétexte de liberté de l'enseignement, préparent aux cléricaux des triomphes;

Ce serait laisser croire aux populations que les républicains n'ont eu vue dans leurs luttes qu'une substitution de personnes, ce serait faire le jeu des bonapartistes, ce serait ouvrir tout au moins l'ère des déchirements et des divisions dans la République.

Les réformes qui précèdent sont en effet mûres, archi-mûres, et c'est certainement le minimum, le bien petit minimum — si tant est que ce double superlatif soit français — dont nous soyons en droit de réclamer l'application immédiate.

Or, nous craignons d'entendre les hommes de la gauche nous vanter encore les avantages de l'inaction.

Avant le 16 mai, ils nous demandaient de rester immobiles sous le prétexte que le Sénat était rétrograde et que le moindre conflit pourrait amener la constitution d'un ministère de droite et la dissolution de la Chambre des députés.

Aujourd'hui cet argument leur échappe, mais il en est un autre que je tremble de leur voir produire.

« Prenez garde » nous diront-ils peut-être, » de trop demander. Le Sénat est conservateur » autant que républicain; n'allez pas, par vos » projets de réforme, amener un conflit entre » les deux Chambres. Sans doute, ce conflit se-» rait sans danger immédiat; mais les popula-» tions ont compté sur l'harmonie après la » victoire du 5 janvier; évitez de leur laisser » voir que cette harmonie est un leurre, car, en » face du défaut d'harmonie existant entre les » deux Chambres républicaines, elles finiraient » par croire que la République est le chaos et » elles se détourneraient de la République, etc. » etc... »

Il est possible qu'on ne nous tienne pas ce langage. Pour ma part je le désire; mais je tiens à prémunir contre lui, à toute éventualité, l'esprit des populations.

Ce qui pourrait le plus éloigner les populations de la République, ce serait l'impuissance de la République à faire le bien.

La Constitution a donné à la Chambre le rôle initiateur. C'est à elle qu'il appartient plus particulièrement de parler au nom du peuple puisqu'elle en est directement issue. Qu'elle demande donc, qu'elle réclame avec énergie toutes les réformes utiles, urgentes. Qu'elle les réclame vite, avant que la majorité tory du Sénat ait eu le temps de se reconnaître! Le Sénat cédera. Et d'ailleurs s'il ne cédait pas il ne compromet-

trait que lui-même ; le seul résultat de sa résistance serait de faire naître un courant irrésisti-
ble en faveur du système vraiment démocratique
d'une Assemblée unique, courant qui nous permettrait de profiter encore, quoiqu'indirectement, de la fermeté de la Chambre des députés.

La faiblesse de la Chambre des députés com-
promettrait au contraire la République elle-
même.

C'est pourquoi, dès aujourd'hui, l'extrême
gauche doit énergiquement reprendre son rôle
propulseur. C'est ce qu'elle ne manquera pas de
faire et fort heureusement, ainsi que les discours
de MM. Floquet et Allain-Targé nous permettent d'y compter, elle sera appuyée dans l'accomplissement de ce devoir par une fraction
importante de l'Union républicaine.

Espérons que leurs efforts combinés feront
taire les résistances de la gauche et du centre
gauche et que, à partir de mardi prochain, la
République entrera résolûment dans la voie
évolutive et progressive qui est sa voie naturelle.

A. NAQUET.

La Révolution française

du 23 janvier 1879

M. Alfred Naquet, député de Vaucluse,
nous adresse une lettre rectifiant une
assertion qui aurait été émise récemment à son sujet dans une conférence à
Montreuil.

Il aurait été dit, dans cette conférence,
que M. Naquet avait exprimé, à Genève,
le regret d'avoir demandé et voté l'amnistie plénière.

M. Alfred Naquet déclare « qu'il n'a jamais prononcé les paroles qu'on lui attribue », et nous écrit « qu'il opposerait
un démenti formel à quiconque préten-
drait qu'il a cessé de vouloir l'amnistie
plénière ».

Le Réveil du midi

22 janvier 1879

LA BATAILLE

Une partie de ce que nous avions
arrivé ; le ministère a lu à la Cham
Sénat un programme qui est un défi
publique.

La France veut une amnistie compl
grale : les plus violents adversaires eux
de la Commune considèrent l'expiation
ayant assez duré, et pensent que l' e
venue de proclamer définitivement, au
des républicains, cette ère d'apaisement et
bli, qu'il y a quelques mois, oubliant la Nou
Calédonie, M. de Marcère déclarait ouv
au profit probablement des seuls ennem
République.

On répond à ce vœu par une large cl
qui ne peut pas s'appliquer immédiatem
contumaces, et qui maintient 1,067 con
à l'Ile Nou ou à l'Ile des Pins. Parmi les
il en est même 176 auxquels on impose l
gation de ne pas quitter la Nouvelle-Calé
Ce qui permet de se demander en quoi con
la mesure de clémence dont ils sont l'obje

La France veut la liberté de réunion, la l
de la presse, la liberté des cafés et des ca
que l'empire n'a placés sous la surveillan
ministrative que dans un but électoral.

De ces libertés il n'en est pas même ques
dans le programme ministériel.

La France veut la liberté d'association.

On lui concède la reconnaissance légale
Chambres syndicales ; mais, pendant que
catholiques ont des centaines d'associat
autorisées — sans compter les autres, —
cercles de plus de 20 personnes continueront
pouvoir se créer que si l'administration le v
bien, et à se voir fermer dès qu'ils s'occupe
de politique, c'est-à-dire, bien entendu,
politique républicaine.

La France veut qu'on la défende con
empiétements des cléricaux, en donnant

[...] intelligences comme [...]
dangereuses, non seulement par l'a-
[...] de la loi de 1875, mais encore — ainsi
proclamait l'autre jour M. Culmon — par
[...]tion de la loi bien autrement dangereuse

[...]faure consent à ce que l'État recouvre
[...] exclusif de conférer des graces. Mais de
[...] 1850 il ne dit mot, et pour cause, ayant
[...] loi en qualité de membre de l'Assem-
[...]islative.

[...] au clergé, on exigera qu'il respecte les
[...] s'expliquer sur les lois dont on exigera
[...] M. de Broglie en disait autant et il
[...] à craindre que l'on n'exhume le Concor-
[...]ue dans celles de ses dispositions qui nous
[...]favorables.

[...] parle pas de la mise en accusation des
[...] du 16 mai, ceci étant du ressort exclusif
[...] Chambre, mais le pays attendait du gou-
[...]ment la promesse de purger le personnel
[...]istratif de toutes les créatures de l'em-
[...] du 24 mai et du 16 mai.

[...] promet au contraire aux fonctionnaires
[...] l'oubli du passé, et l'on se borne à
[...]rer que dans l'avenir on révoquera ceux
[...]eux qui, « même au dehors de leurs
[...]tions, attaquent et dénigrent le gouverne-
[...] qu'ils sont appelés à servir. »

[...] pays veut une loi qui permette de mettre
[...]t de la magistrature en harmonie avec
[...]institutions républicaines qu'il s'est don-

[...] cette question le cabinet garde un mu-
[...] absolu.

[...] pays veut l'obligation de l'enseignement.
On nous le promet.

[...]ais il veut aussi la gratuité de l'enseigne-
[...]t sans laquelle l'obligation n'est qu'un leurre,
[...] laïcité qui est, ainsi que le disait récem-
[...]t Saint-Martin dans l'*école laïque*, « la con-
[...]quence de la constitution civile de la So-

[...] la laïcité pas plus que de la gratuité le
[...]istre ne souffle mot.

[...] pays veut une large décentralisation ad-
[...]ve.

On nous promet une loi municipale, — comme tous les ministères l'ont promise depuis
1872 ; — mais on ne laisse pas même entrevoir
quelle réforme elle consacrera.

Et, après avoir fait naître un sentiment de
déception dans l'esprit de quiconque attendait avec impatience l'issue du scrutin du 5
janvier, pour voir enfin la République sortir
de l'ornière où elle se traîne depuis huit ans, on
demande aux chambres un vote de confiance.

Confiance basée sur quoi ?

Sur le passé ?

Mais depuis 13 mois que vous êtes au pouvoir
vous n'avez rien fait.

Vous ne pouviez rien faire, dites-vous ? Je
vous le concède. Encore est-il qu'on ne peut
baser un vote de confiance sur l'impuissance où
vous avez été de réaliser le moindre progrès.

Sur l'avenir ?

Mais vous ne nous promettez rien de ce que
nous voulons, de ce que la France a affirmé par
ses votes, et l'on dirait à vous voir agir que,
selon l'expression de Bathie « nos espérances
sont pour vous des craintes. »

Je suis que vous interprétez les élections du
5 janvier dans un sens favorable à la politique
d'immobilisme que vous préconisez.

Parce qu'on a cru que l'impossibilité seule
d'agir vous condamnait à l'inaction, et que vous
agiriez dès que l'obstacle aurait disparu ; parce
que les radicaux même l'ont dit et, qu'escomp-
tant vos bonnes intentions futures, on a voté
pour des républicains sans leur demander quelle
était leur nuance, vous prétendez que l'on vous
a donné le droit de piétiner éternellement sur
place sans faire un pas en avant, et de vous conduire, après la disparition de l'obstacle comme
si l'obstacle existait encore. Vous vous trompez!

D'ailleurs, vous appuyer sur les élections sé-
natoriales pour maintenir votre politique stationnaire, c'est imiter les hommes du 16 mai.

Dans tous les pays libres, c'est à la Chambre
des députés qu'est dévolue l'action politique directrice. C'est elle qui fait et défait les ministères, qui leur impose son programme.

Si au 14 octobre 1877, la Chambre actuelle a
été matériellement empêchée d'agir par une
Chambre haute en insurrection contre le pays,

elle reprend aujourd'hui ses libertés d'autrefois, le vote du 5 janvier remet les choses à l'état où elles les auraient dû être au lendemain du 14 octobre, voilà tout. Ce n'est donc pas la couleur des nouveaux sénateurs que vous devez envisager pour vous déterminer dans votre ligne de conduite. C'est celle des élus du suffrage universel.

Espérez-vous la majorité à la Chambre ? C'est possible : M. de Broglie espérait bien que les élections lui seraient favorables. Il est infiniment probable que vous aurez la majorité comme M. de Broglie l'a eue.

Non que tous les députés vous soient hostiles. Mais les plus modérés comprennent qu'on ne peut pas vivre deux mois sur un programme comme celui que vous nous apportez ; et, crise pour crise, ils préfèrent la crise immédiate à la crise en expectative.

Si d'ailleurs vous ne tombiez pas cette fois, vous auriez en face de vous une telle opposition qu'il vous serait impossible de gouverner et que vous seriez renversés à la première occasion.

Quant à nous, nous avons attendu depuis 18 mois sans nous plaindre. Nous avons conseillé au pays la patience, lui promettant de ne pas hésiter en face du devoir si, à l'échéance, le gouvernement de la République laissait protester la traite sur le paiement de laquelle les électeurs ont compté lorsqu'ils nous ont élus.

Cet engagement, nous saurons le tenir, et, à supposer — ce que je ne crois pas — que le pays doive encore attendre, il n'attendra pas longtemps.

Il est toutefois une idée dont nous ne pouvons nous défendre en face de la lutte actuelle.

Il semble que les hommes devraient toujours être préoccupés de l'idée de bien finir.

M. Dufaure pouvait jouer un rôle admirable, soit en se prêtant aux réformes nécessaires, soit — si sa conscience le lui interdit — en se retirant noblement après le vote du 5 janvier et en laissant les Chambres libres de leurs mouvements.

Il aurait alors laissé le souvenir d'un parlementaire qui a aidé le pays à sortir d'une abominable crise, qui a constitué un ministère d'intérim pour faire respecter la liberté électorale, ne sentant pas d'accord en avec le pays, rentre dans la v e i p vient un simple sénateur une fois sa accomplie.

M. Dufaure préfère se faire renverser ses amis de la gauche sans gagner l'am droite et dégager la France de la reconn à laquelle il aurait eu droit sans cela.

Libre à lui !

Seulement lorsqu'on songe à la fin qu'il se prépare et lorsqu'on se rappelle M. Jules Simon qui, lui aussi, pouvait ment laisser une page glorieuse, on n s'empêcher de réfléchir avec tristesse à l ment qui s'empare quelquefois des hom de certaines heures.

Ce qui ramène bien vite toutefois à des moins tristes, c'est qu'il n'appartient hommes d'entraver l'évolution humain évolution ne sera pas plus arrêtée par l tion républicaine-conservatrice de M. D qu'elle ne l'a été par les violences mo ques de M. de Fourtou et de M. de Br par les complaisances sans nom de Simon. Les peuples fiaissent toujours pa ce qu'ils veulent. La France qui a vou République, veut maintenant des instit républicaines.

Elle les aura.

A. NAQ

* * *

Le Réveil du midi
26 janvier 1879

LE RÉSULTA

Sans doute, la France aura le defil Sans doute, elle imposera les institut mocratiques qui, pour elle, ne se sépa de la forme républicaine ;

…nal dernier.

…ment ce vote, que rien ne permettait de
…que rien ne faisait prévoir, a-t-il été
…?

…nous appartient pas de le dire et la chose
…importe peu.

…importe, c'est qu'il a eu lieu, c'est qu'il
…gros de résultats déplorables, c'est
…que temps de parer à ces résultats
…trême fermeté de la Chambre et du

…le Sénat était hésitant. Un ministre
…— et on aurait eu ce ministre si la
…l'eût voulu — lui aurait imposé une
…républicaine. La crise du 16 mai aurait
…et nous aurions gagné trois ans.
…Chambre commit — ainsi que le reconnais-
…ment M. Allain-Targé — la faute d'être
d'accepter le ministère Dufaure d'abord,
…tère Jules Simon ensuite.

…furent les conséquences de cette
…? Les droites du Sénat se comptèrent,
…temps de se reconnaître, constituèrent
…majorité rétrograde, et bientôt l'élection
…nous apprendre que nous avions
…passer le temps opportun, et que jusqu'en
…projet de réformes était nécessaire-
…ajourné.

…aujourd'hui nous n'avons pas comme
…à craindre les conflits sur la forme gou-
…mentale. Les 16 mai ne sont plus possibles ;
…République a un ennemi dont elle doit
…l'immobilité.

…mobilisme, c'est la déception ; et c'est sur
…on que compte l'Empire pour refaire

…vote de lundi rend cet ennemi menaçant.
…lundi on eut renversé le ministère ; que
…betta, chef de la majorité, eut consenti à
…parlementairement le pouvoir, comme
…conseillait M. Emile de Girardin ; qu'il
…immédiatement proposé à la Chambre
…de réformes déterminées, — ne fût-ce que
…insuffisantes à nos yeux du programme
…et le Sénat s'inclinât.

…par la Chambre, ces réformes étaient
…par le Sénat et un grand progrès

…recompli, moins encore à cause des réformes réalisées qu'à raison de la suprématie que la Chambre prenait de ce fait sur le Sénat. A partir de ce moment la Chambre des députés, la Chambre du suffrage universel, dominait la situation ; le Sénat rentrait dans son rôle constitutionnel de simple Assemblée de contrôle ; le mouvement était donné et rien ne pouvait plus l'enrayer.

Mais M. Dufaure, sorti victorieux de l'épreuve du 20 janvier, va incontestablement mettre à profit le temps qu'on lui laisse. Il va constituer la majorité centre gauche du Sénat, la majorité républicaine conservatrice. Il va — à présent que tout espoir de restauration monarchique a disparu, — produire en fait dans la haute assemblée le rêve si longtemps caressé par M. Thiers de la conjonction des centres.

Et alors la Chambre des députés votera vainement propositions ou projets de loi. Toutes les réformes proclamées par elle iront s'échouer dans l'autre aile du palais de Versailles. Tout progrès sera repoussé, ou tellement amendé, dénaturé, qu'un rejet pur et simple serait préférable, et nous en serons réduits à attendre une nouvelle élection, c'est-à-dire à perdre trois ans encore.

Et quelque pénible que soit une telle solution, ce n'est pas encore là le danger le plus redoutable.

Si la Chambre proposait toutes les réformes voulues par la France et que le Sénat les rejetât une à une, le pays serait juge. Il prendrait in-failliblement parti pour ses représentants directs ; il se déterminerait contre l'institution sénatoriale, en voyant que le Sénat aboutit à paralyser la Chambre des députés et la nation elle-même ; il imposerait la révision dans un temps donné, et si nous avions les inconvénients d'une nouvelle attente, ces inconvénients seraient compensés par un avantage immense, la suppression du Sénat.

Donc le grand danger n'est pas dans l'hostilité du Sénat manifestée par le rejet des propositions de loi émanées de la Chambre.

Le danger serait dans l'immobilité de la Chambre elle-même.

Le danger serait dans un découragement qui s'emparerait des députés comme en 1876, et qui amènerait ceux-ci à ne plus rien proposer, par

suite de la certitude où ils seraient du refus, par
le Sénat, d'accepter leurs propositions.

Alors ce serait le plébiscite sur place, et la
ruine du régime parlementaire : car il ne nous
resterait pas grand chose à répondre à nos adversaires, quand ceux-ci accuseraient le parle-
mentarisme de se résumer dans ce mot : *impuissance.*

Il est une loi physique en vertu de laquelle,
quand deux vases contenant de la vapeur et
portés à des températures différentes communi-
quent, c'est le plus froid qui impose sa tension
à l'autre.

Le danger serait que cette loi s'étendît à
la politique et que que des deux Assemblées, la
plus froide imposât à l'autre *sa tension*, son
tempérament.

C'est en cela surtout que se manifesteraient
les effets nuisibles de la seconde Chambre.

Ce serait le dessaisissement du suffrage universel au profit du suffrage restreint ;

Ce serait, sous une autre forme, le retour,
quant au fond, aux institutions de 1830.

Une première fois, en 1876, la Chambre des
députés a donné tête baissée dans le piège qui
lui était tendu.

Il ne faut pas qu'elle y donne de nouveau.

La Chambre des députés, le 20 janvier, a
maintenu le ministère : c'est un fait accompli et
nous ne voulons pas y revenir.

Mais ce vote même lui impose une fermeté
plus grande, une vigilance plus grande.

Elle a laissé s'amoindrir sa vitesse, il faut
qu'elle se hâte de la rattraper.

Elle a donné un vote de confiance au ministère, c'est une raison pour elle, à supposer
qu'elle ne voulut d'abord voter qu'une amnistie
restreinte, de voter l'amnistie intégrale ;

Elle a donné un vote de confiance au ministère ; c'est une raison de plus pour elle de mettre
sans retard en accusation les ministres du 16
Mai ;

Elle a donné un vote de confiance au ministère : c'est une raison de plus pour elle de battre
en brèche l'inamovibilité de la magistrature ;

Elle a donné au vote de confiance au ministère ; c'est une raison de plus pour elle de voter
sans retard la liberté de la presse, le droit de
réuni…, le droit d'association ;

Elle a donné un vote de con…
tère ; c'est en un mot une raison…
qu'elle se mette résolument à l'œuvre…
que jour voie éclore un projet nouveau…
forme.

A cette condition, la faute du 20 janv…
réparée. A cette condition la chambre…
frage universel conservera sa suprém…
celle du suffrage restreint. A cette con…
République demeurera aux yeux de la…
qu'elle a toujours été, ce qu'elle ne do…
cesser d'être, la forme politique qui…
elle toutes les améliorations et tous les…
A cette condition les espérances de n…
saires seront déjouées.

Les paroles de M. de Girardin doiv…
toujours présentes à notre esprit.

Nous avons deux périls à craindre…
…ence, l'impuissance.

Nous avons su écarter le premier.

Ne tombons pas dans le second qu…
tout aussi redoutable.

A. NA…

Le Réveil du midi
2 février 1879

LA RÉPUBLIQ

Versailles, 30

La lettre par laquelle M. le maréchal
Mahon donne sa démission de présiden…
République vient d'être lue à la Cham…
députés et au Sénat. Aucune marque…
…bation ou d'approbation n'a été don…
deux Chambres, calmes comme il con…
cette circonstance, se sont ajournées à…
pour se réunir en assemblée national…
d'élire un président de la République…

hautes fonc-
… 1871 la
… …ière du pouvoir exécutif
… Elle sera, depuis plus de douze
… fait accompli, lorsque cet article arri-
ournal auquel je ['adresse.
… ombre de l'inquiétude ne se sera ré-
… le pays ; il n'y aura eu … trouble,
… l'industriel sera resté à son usine,
… nt à son comptoir, l'avocat au pa-
… er à l'atelier. Aucun intérêt n'aura
… pendant une minute, pas même les
… financiers si prompts à s'effaroucher.
… ment de la Bourse sera demeuré dans
… ite de ses mouvements ordinaires,
… une forte hausse ne vient pas saluer
… le définitivement établie entre les pou-
blics. (C'est ce qui est arrivé, en effet.)
… lus admirable démonstration de l'ex-
… e la forme républicaine !
… anciens se rappellent le gouvernement
… uration ou la monarchie de Louis-
… que les jeunes se souviennent de
…

… arque ne pouvait pas être atteint de
… illon la plus légère sans qu'aussitôt on
… effets d'une inquiétude immense. La
… isait, le commerçant suspendait ses
… es, l'industriel n'osait plus fabriquer,
… e profond se manifestait de toutes parts.
… un moment donné, le peuple, fatigué
… nces d'un homme qui mettait son au-
… essus de celle de la nation, et qu'il
… par la Constitution, aucun moyen
… remplacer ; si, dis-je, le peuple chassait
… rque par la violence, alors la crise fi-
… industrielle, commerciale, prenait des
… ne énormes, qui la faisait naturelle-
… uter de tous,
… résultait pour le peuple la nécessité de
… ndant de longues années tous les capri-
… voir personnel, par crainte de la ré-
… et, au bout de ces longues années de
… résignée, la nécessité d'une révolution
… s'imposer comme le seul moyen d'évi-
… maux plus redoutables, n'entraînait pas
… sa suite, dans l'ordre de la production
… nges, des maux considérables…

La République a supprimé le pouvoir person-
et elle a supprimé du même coup les révolutions
violentes.

Un homme est-il en désaccord avec la majorité des représentants du peuple, on le remplace
par un autre qui soit en harmonie avec les représentants et tout est dit.

La République est à ce point un gouvernement d'ordre et de calme que des événements
réprouvés par la France entière comme le 24 et
le 16 mai, malgré l'émotion profonde qu'ils ont
produite, n'ont pas amené le moindre désordre
matériel.

Et alors cependant c'était une assemblée en
désaccord avec le pays qui renversait le président de la République dans l'espérance de renverser la République ensuite; c'était un président qui, hostile aux institutions qu'il présidait,
dissolvait une chambre récemment et librement
élue. Et, néanmoins, malgré les craintes que ces
insurrections contre la France inspiraient à
tous, on était si convaincu de la force du suffrage universel, contre lequel rien ne prévau-
drait, que ces craintes ne se sont pas produites
une seule fois en actes tumultueux.

Mais aujourd'hui nous sommes rentrés dans
la période normale. La Chambre et le Sénat
représentent les aspirations républicaines de la
nation et la démission de M. de Mac-Mahon est
un fait ordinaire, normal comme sont habitués
à en voir, sans émotion, toutes les nations républicaines.

Et l'on nous disait que la France n'était pas
mûre pour la République ; que les changements
du pouvoir exécutif étaient incompatibles avec
l'ordre public ; que la République, gouvernement essentiellement mobile dans son personnel,
ne donnerait aucune garantie aux intérêts !

Aujourd'hui l'expérience est faite, et parfaite.

Le pouvoir législatif a été renouvelé dans son
ensemble en 1876, sans que l'ordre ait été
troublé, malgré les efforts tentés par un pouvoir
rétrograde pour *faire marcher le pays*.

Aucun désordre n'a accompagné non plus le
renouvellement partiel du pouvoir législatif au
14 octobre 1877, quoique les ministres d'alors
eussent tout mis en œuvre pour pousser la

France aux extrêmes.

Le renouvellement sénatorial a presque passé inaperçu. Et à cette heure la vacance de la présidence de la République et l'élection d'un nouveau président n'ont arraché au pays qu'un soupir de soulagement.

Les populations qui craignaient encore par préjugé la forme républicaine — elles ne sont pas nombreuses — sont maintenant éclairées.

Depuis longtemps la théorie affirmait la supériorité de la forme républicaine sur toutes les autres.

A cette heure la preuve expérimentale est jointe à la preuve théorique. La démonstration est complète.

Espérons que devant cette démonstration éclatante, toutes les hostilités de bonne foi disparaîtront, et que le pays retrouvera enfin cette unité sans laquelle il n'y a pas de nation forte et prospère.

A. NAQUET.

Le Réveil du midi

Du mercredi 26 février 1879

DÉBAT SUR L'AMNISTIE
Discours de M. Alfred NAQUET

SÉANCE DU 20 FÉVRIER

M. Alfred Naquet. Je suis profondément ému en prenant la parole sur cette grande question de l'amnistie, et en la prenant surtout après les admirables discours que vous venez d'entendre. Mais il m'a paru difficile de laisser passer sans quelques mots de réponse ce qu'a dit notre honorable garde des sceaux. Et d'abord, avant d'entrer dans l'examen de son argumentation, que M. le garde des sceaux, que je regrette de ne pas voir à son banc... (Rumeurs sur quelques bancs.)

Cela n'a rien de personnel ; seulement comme c'est à lui que s'adresse ce que je vais dire, je m'excuse de m'adresser à lui en son absence.

Je regrette, dis-je, que M. le garde des sceaux ait fini son discours en nous demandant si nous avions oui ou no... regrette qu'il nous... tive, que nous ne vo... accep... nous n'acceptons pas, ou e renoncer... tie plénière que nous désirons, ou de... à-vis du cabinet un a.te de défiance ne voulons pas faire.

Nous avons confiance dans le... savons que les hommes qui font en partie du ministère sont des républi... cères et dévoués qui veillent comme... bien du pays, le bien de la Républiqu...

Mais, quelque dévouement qu'on pu... pour une cause commune, il est perm... sager d'un œil différent certaines ques... détail, et nous pouvons être en désa... ces questions avec le ministère qui... ces bancs, quoique nous ayons conf... au point de vue général.

M. le garde des sceaux a dit égaleme... l'en remercie, que l'amnistie était une... d'ordre essentiellement politique. E... cela M. le garde des sceaux a posé la... sur son véritable terrain. Aussi ai-j... peine qu'un moment après, et s'éloi... du principe qu'il venait de poser, il... les actes isolés de la Commune, les... les crimes dits de droit commun des... jours ; qu'il soit remonté aux causes d... rection de 1871.

Messieurs, nous ne siégeons point da... enceinte en qualité d'historiens ou d... phes, nous y siégeons en qualité... politiques ou de législateurs. Ce que... à examiner aujourd'hui, ce n'est... ont été les causes de la Commune,... le plus ou moins de criminalité de... ment, ce n'est pas si la Commune a e... un but d'agitation socialiste, ou si e... la suite d'un accès de fièvre obsidio... me le disait tout à l'heure si juste e... honorable collègue M. Louis Blanc.

Ce que nous avons à examiner, c'... tion de savoir si, à une situation no... combe pas une politique nouvelle,... huit années de luttes, de luttes ter... l'établissement de la République, ai... République est définitivement tri... nous ne devons pas passer une gran... sur les années qui se sont écoulées,... sur divers points.) Ne riez pas, messie... de propos délibéré que je me sers de... sion qui vous étonne. Elle est trie I... vrai ; mais comme elle exprime ma... n'ai pas honte de l'employer dans... cours.

La question, disais-je, est

o   arri a l'amnistie pl lero n'est   que
eure à ce système d'amnistie res-
combinée avec les grâces que nous
le Gouvernement. (Très-bien! sur
bancs à l'extrême gauche.)
Je crois que l'amnistie est supé-
l'amnistie seule peut effacer déf-
toutes les haines qui restent encore
présentes entre les citoyens.

...l'autre jour, je lisais dans un
très-récemment une phrase qui m'a
« Si une monarchie revenait en
est-il dit, son premier acte serait de
l'amnistie intégrale », et il n'est pas
à cette heure, dans les faubourgs de
...des gens qui puissent se dire que
du Gouvernement leur ramènerait
un fils, un père ou un époux.

...messieurs, que nous parlez-vous
...qui se mettent en insurrection
volonté nationale, des hommes qui
...à cette Assemblée et qui ne
en France que pour vous obliger
...répressions?

...je m'en inquiète fort peu et je
à ne pas vous en inquiéter da-
vous que dans le pays même, en de-
proscrits, il n'y en ait pas qui éprou-
...sentiments. Ils sont rares, je le
très-rares, car l'esprit politique, le res-
...se sont développés en France à
la République se consolidait; mais
ils sont plus dangereux, si vous
l'amnistie, que ne seraient ceux
...ent du dehors, si vous la faites,
...en effet, qui désirent combat-
...onnel républicain actuel, ont une
me dont ils se servent.
...me, enlevez-la-leur, et vous serez
complètement sauvegardés que si
...ur laissiez entre les mains.
...ez-vous quelle est cette arme? C'es
intégrale! Oui, à l'heure qu'il est, il
...asse d'hommes qui ont un mot, qu'ils
sans cesse pour se rendre le peuple
l'amnistie! Et cela leur réussit,
...mot parle aux sentiments d'hu-
peuple, parce que le peuple est sur-
sible aux sentiments. Or, si vous
...l'homme à l'étranger, alors même
...aurait été excepté de l'amnistie
...lesion d'une impartialité hors de

doute, choisis dans le sein de cette Assemblée ou dans le sein d'une Assemblée voisine, par mi les républicains les plus convaincus, soyez certains que dans le peuple votre décision serait suspectée, soyez certains que, sous l'influence de ceux qui ont intérêt à vous combattre, on croirait que vous avez peur de cet homme que vous refuseriez d'amnistier. On dirait que vous ne voulez pas de lui, parce qu'il est le véritable ami du peuple, et ceux qui soutiendraient cette thèse s'élèveraient en popularité. (Aux voix! aux voix! — Assez!)

Le jour où, au contraire, vous aurez proclamé l'amnistie complète et absolue, le jour où vous aurez désarmé ceux qui vous combattent, dans le sein du parti républicain, par cet acte de réconciliation générale, ce jour-là, tous ceux que vous craignez de voir revenir sur le territoire français pourront se rendre dans les réunions publiques, écrire, comme ils écrivent d'ailleurs dès à présent.

A moins que vous ne soyez infidèles à votre mandat et que vous ne répondiez pas à la confiance que la France a mise en vous, ils parleront, ils écriront dans le vide; ce seront des chefs sans soldats.

Vous leur aurez ôté leur armée; en ne leur accordant pas l'amnistie, vous leur en donnez une! (Aux voix! aux voix!)

Quelques membres à droite: Parlez! parlez!

M. Alfred Naquet. On vous a dit, messieurs, que la Commune avait été un crime si profondément odieux qu'il était absolument impossible de l'amnistier aujourd'hui, que ce n'avait point été simplement un crime politique ordinaire, comme l'insurrection de juin 1848, par exemple; mais que la Commune s'était produite alors que l'ennemi occupait les forts, alors que les Prussiens étaient encore sur le sol de la France... (Bruit), et que ce crime de lèse-nation ne pouvait, en aucune circonstance, être amnistié.

Eh bien, messieurs, permettez-moi de vous le dire, dans un pays comme le nôtre, qui depuis quatre-vingts ans a souffert d'une division si absolue, si complète, division que la République seule fera définitivement cesser, dans un pays qui a vu des insurrections si nombreuses, tantôt victorieuses, tantôt vaincues, il n'est pas bon que l'on puisse dire que la seule différence qui distingue le crime de la vertu, c'est le succès ou le revers! (Très-bien! sur divers bancs.)

Si les hommes de 1830 qui se sont appelés les héros de Juillet et auxquels on a dressé une colonne, les hommes dont les fils siègent à cetle heure en face de moi ; si les hommes de 1830 avaient été vaincus, on les aurait eux aussi, envoyés dans les bastilles lointaines et, sous le prétexte qu'ils avaient pillé quelques misérables boutiques d'armuriers, on les aurait déclarés coupables de crime de droit communs.

Et, messieurs, sans remonter aussi loin, il y a huit ans à peine, un gouvernement qui s'était engagé dans une guerre détestable tombait, et tombait devant une insurrection de Paris.

Messieurs, j'ai l'habitude d'accepter toujours la responsabilité de mes actes. Le 4 septembre, j'étais de ceux qui ont envahi le Corps législatif et qui ont aidé à proclamer la République. (Ah ! ah ! à droite.)

Un membre à droite. Cela vous fait honneur.

M. Alfred Naquet. Eh bien, messieurs, je vous le demande, supposez que nous eussions échoué, supposez que l'insurrection du 4 septembre, au lieu d'être victorieuse...

M. Gautier. Eh bien, nous vous aurions amnistié !

Voix diverses. On n'entend rien ! — Demandez le renvoi à demain.

M. Alfred Naquet. Messieurs, je n'en ai pas pour bien longtemps, et si vous me faisiez l'honneur de m'écouter, ce serait plus court que de demander le renvoi à demain.

Je disais donc que si, le 4 septembre, l'insurrection eût échoué au lieu d'être victorieuse, ceux qui y ont, comme moi, participé seraient peut-être à cette heure, là où sont ceux que vous ne voulez pas amnistier, et peut-être il y aurait des hommes de la droite qui viendraient dire, dans une autre assemblée, que nous avons commis un crime de lèse-patrie en nous insurgeant en face de l'ennemi.

Laissons donc de côté ces arguments qui ne portent pas et qui auraient pu, avec autant de justesse, être également employés, à différentes époques, contre les divers groupes de citoyens.

Suivons les exemples qui ont été donnés par les gouvernements précédents : après la Révolution française, lorsque le premier consul proclama une amnistie générale, il ne se demanda pas si les insurgés de la Vendée devaient être exclus de cette amnistie ; il n[e] se demanda pas si les insurgés avaient commis un crime de lèse-nation : il ne se demanda pas s'ils s'étaient levés contre la représentation nationale en face de l'ennemi, et avec l'appui de l'ennemi. Il pensa que l'apaisement devait être fait et il décréta l'amnistie générale et complète. Ce que fit alors le premier consul, précédé

d'ailleurs dans cette voie par la Convention nationale, je vous demande de le faire vous-mêmes, en rappelant parmi nous, sans exception aucune, ceux qui sont encore, à cette heure, en exil ou à la Nouvelle-Calédonie : ils ne sont un danger pour vous que tout autant qu'ils sont proscrits.

De divers côtés. On n'entend pas ! Demandez le renvoi à demain !

M. Alfred Naquet. J'ai bientôt terminé, veuillez faire silence.

Un membre à droite. Demandez au président de vous faire obtenir le silence.

M. Alfred Naquet. Commencez par le silence vous-même.

J'ai terminé ou à peu près, et je serais depuis longtemps descendu de cette tribune si, ayant fait un peu plus de silence, vous m'aviez un peu moins interrompu dans le cours de ma discussion.

M. le président. Écoutez, messieurs ! un peu de silence !

M. Alfred Naquet. Je disais donc, et c'est là le point essentiel de la discussion, que les hommes que vous redoutez de voir se mettre en opposition avec la volonté nationale, que les hommes qui veulent, suivant vous, suivre le drapeau de l'insurrection contre vous, je disais que ces hommes ne sont redoutables qu'à l'étranger. Ils se présentent à l'intérieur aucun danger d'aucun ordre. Mais à l'extérieur grandis par les souffrances qui leur sont imposées par ceux qui leur auront refusé l'amnistie, ils serviront à en grandir d'autres qui en France, et que vous pourriez avoir à redouter un jour.

C'est donc non pas seulement en me plaçant à un point de vue humanitaire et général que je demande l'amnistie ; c'est en me plaçant à un point de vue politique, et c'est aussi, je tiens à terminer par là, c'est aussi en me plaçant à un point de vue de justice.

Vous parlez souvent des crimes de droit commun qui ont été commis par les insurgés pendant la commune. Je ne veux pas reprendre ce qu'a si bien dit tout à l'heure M. Louis Blanc à cet égard. Je ne veux pas montrer, après lui, que les nations étrangères, qui cependant ne sont pas tendres pour les socialistes, ont refusé au gouvernement de 1871 l'extradition qu'il leur demandait ; que toutes ont refusé sans excepter l'Allemagne, parce qu'elles ont considéré que les crimes commis en même temps que les crimes politiques et dans un but politique, devenaient par cela même des crimes politiques.

doit être aujourd'hui, c'est que la
doit être égale pour tous, or elle n'est
gale pour tous, car s'il est vrai que dans
ment d'excitation, d'exaltation farouche,
un de ces moments de sauvagerie, de bar-
qui sont la conséquence de toute guerre,
soit la guerre civile ou la guerre inter-
ale, des crimes ont été commis, ils n'ont
le monopole d'un seul des partis en
On vous citait tout à l'heure de faux
de faux Billiory qui avaient été fu-
ans qu'on eut voulu constater l'indentité
que l'on passait ainsi par les armes.
pourrait encore citer Millière, qui n'avait
part aux événements de la Commune,
devait être couvert par sa qualité de re-
tant du peuple. (Interruptions et ru-
diverses).
vous poursuivi ceux qui ont fusillé Mil-

et vous poursuivi ceux qui ont fusillé de
allés, de faux Billioray !
vous les laissez dans l'oubli. Eh bien,
nde alors que vous amnistiez les autres,
justice est faite pour tous.
pourquoi, au point de vue de la justice,
de vue de l'humanité, au point de vue
nir de la République ; parce que, d'une
il faut pas que personne croie que la
gouvernement de la République et
ment d'une monarchie pourrait nous
ce que la République ne nous donne
qu'en outre vous devez désarmer
cherchent à dénigrer la représenta-
tionale, parce qu'enfin vous ne devez
oir deux poids et deux mesures ; voilà
oi, dis-je, au point de vue, de la justice,
manité, de l'avenir de la République,
devez décréter définitivement l'amnistie,
vrira l'ère d'apaisement et de conciliation
caine.
prix là, l'union et la concorde continue-
régner entre nous, et la concorde et l'u-
c'est la consolidation de l'é-
auquel nous nous sommes tous consacrés
nous verrons croître et grandir. Au nom
concorde, je vous en conjure donc, votez
mille. (Très-bien ! à l'extrême gauche. —
ture ! la clôture !)

L'École laïque du 2 mars 1899

La laïcité de l'enseignement primaire est-elle
compatible avec la liberté

Le programme que le parti Républicain
— nous devrions dire le parti libéral — revendique en matière d'instruction renferme les trois
termes : obligation, Gratuité, laïcité.

Pourquoi laïcité ? nous disent les ennemis
de notre droit moderne. Et les adversaires
de la liberté invoquent la liberté d'enseigner pour les congréganistes comme pour
les laïques ; ils revendiquent, pour le père
de famille, le droit exclusif de déterminer,
de déterminer, de choisir le mode d'instruction qui convient à ses enfants.

Certes, nous sommes plus que qui que ce
soit partisan de la liberté, de toutes les
libertés. Nous ne redoutons ni le droit
de réunion, ni le droit d'association,
et lorsque, n'osant nous l'accorder, certains de nos amis nous manifestent la
crainte que les cléricaux leur inspirent,
nous ne les suivons pas sur ce terrain.
Nous sommes convaincu qu'avec la liberté, la vérité triomphera fatalement ;
que l'erreur seule peut redouter la
discussion, et, comme nous ne doutons pas de l'excellence de notre cause,
nous ne craignons pas de l'exposer

aux attaques de ses détracteurs, pourvu qu'il nous soit permis de leur répondre. Mais nous ne saurions aller au delà sans nous suicider.

Oui, la libre discussion, à la condition qu'elle s'adresse à des hommes en état de juger et d'opter;

Oui, la libre discussion, à la condition que les deux parties soient en présence et que la défense puisse succéder à l'attaque.

Mais si l'attaque se produit devant des enfants dont le développement est encore rudimentaire, qui sont incapables d'avoir une idée par eux-mêmes, qui ne peuvent contrôler ce qu'on leur dit, qui acceptent aveuglément la parole du maître, ce que vous appelez la liberté devient l'oppression.

Oh ! lorsque ces enfants seront devenus hommes; lorsque l'Etat, dans ses écoles, leur aura fourni le minimum de connaissances positives qui doit rendre leur jugement sain; lorsqu'ils seront aptes à comprendre ce que vous leur direz, à contrôler vos assertions par les données de la science et à se prononcer intelligemment entre deux systèmes contradictoires; oh ! alors, nous vous accordons la liberté absolue de parler et d'écrire en vue de conquérir les intelligences. Vous n'y réussirez pas si vous êtes l'erreur; mais vous y réussirez si vous êtes la vérité, et c'est la seule chose que vous ayez le droit d'exiger.

Quant au droit du père de famille, il demeure entier.

Le père de famille serait recevable à protester si on lui arrachait ses enfants, si on s'opposait à ce qu'il affirmât devant eux ses croyances, si l'on s'efforçait de leur inculquer des croyances contraires aux siennes.

Le père de famille serait recevable à protester si on l'obligeait, catholique, à mettre ses enfants dans une école juive ou athée; juif ou libre-penseur, à mettre ses enfants dans une école catholique.

Mais nous ne demandons rien de tel, et l'opposition que nous rencontrons chez quelques-uns tient uniquement à ce qu'on ne se rend pas un compte exact de la signification de ce mot : *l'école laïque.*

On est porté à considérer l'école laïque comme une école de libre-pensée et d'athéisme opposée à l'école catholique.

Rien de tel n'a jamais existé dans notre pensée.

Il existe un fonds de connaissances qui appartiennent à tous, aussi bien aux catholiques qu'aux protestants et aux libres-penseurs, et qui peuvent, qui doivent être enseignées à tous sans que qui que ce soit ait le droit de se plaindre.

Lorsque je dis que la somme des trois angles d'un triangle est égale à deux angles droits, ou que deux volumes d'hydrogène et un volume d'oxygène, en se combinant, donnent naissance à deux volumes de vapeur d'eau, ou que la chaleur animale résulte de la combustion interstitielle qui s'opère dans nos tissus à l'aide de l'oxygène absorbé dans l'acte de la respiration, ou que le droit de propriété est fondé sur le travail, ou que, depuis la Révolution française, l'égalité civile a été introduite en France..., etc., etc., je ne fais pas de système, d'hypothèse, de supposition; je ne suis, je le répète, ni libre-penseur, ni juif, ni mahométan, ni catholique, ni protestant, ni bouddhiste; j'expose des vérités que tout le monde admet, le juif comme l'athée, le catholique comme le musulman, le protestant comme le bouddhiste; des vérités que tout le monde doit connaître, à peine d'avoir le jugement faussé et d'être frappé, par cela même, d'une incapacité absolue en toutes choses.

Enseigner les connaissances qui forment à tous notre patrimoine commun, c'est le rôle de l'Etat, qui n'a aucune religion et qui entretient ses écoles avec les deniers des sectateurs de toutes les religions et de toutes les philosophies.

Le reste ne le regarde pas, et c'est aux pères de famille qu'incombe la charge de donner ou de faire donner, en dehors de l'école, à leurs enfants, tel enseignement religieux ou philosophique qui leur convient.

Cet enseignement alors, quel qu'il soit, vrai ou faux, est sans péril, parce que chaque enfant acquiert en même temps, à l'école nationale, les facultés de jugement et de contrôle qui résultent d'un enseignement scientifique et positif.

Ce n'est donc pas à l'encontre de la liberté que nous réclamons l'enseignement laïque, mais au nom de la liberté;

Au nom de la liberté, parce que l'enfant ne peut pas être livré sans défense à l'empire d'une éducation antisociale et fausse, alors qu'on ne lui fournit pas, en même temps, les instruments qui lui permettront de réagir contre l'erreur;

Au nom de la liberté, parce qu'on ne peut pas raisonnablement exiger du protestant, de l'Israélite ou du libre-penseur qu'il entretienne de ses deniers une école commune où ses convictions seront condamnées et flétries.

Les Etats-Unis ont compris cela depuis longtemps, et ils ne sont pas les seuls à être entrés dans cette voie. En 1857, sous le règne d'Isabelle II, le Parlement espagnol vota une loi portant abolition des congrégations et interdisant au clergé et à ceux qui en dépendent d'avoir d'autres écoles d'instruction primaire que des écoles libres, au même titre que tous les autres citoyens. Depuis 1857, en Espagne, les municipalités ne peuvent placer à la tête de leurs écoles que des instituteurs et des institutrices laïques, sortis de l'Ecole normale avec leurs diplômes. C'est à ce point que, pendant que nous avions, en 1863, 54.000 écoles, dont 18.000 appartenant au clergé catholique, en Espagne, à la même époque (je n'ai pu me procurer les chiffres actuels), sur un total de 24 000 écoles, le clergé catholique n'en possédait que 500, chiffre qui représentait simplement 1/48 du chiffre total et à peine 1/8 des écoles libres.

Ce n'est donc pas (quelles que nos convictions à chacun puissent être) que nous demandions la laïcité de l'école primaire en vue d'attaquer la religion; si, en attaquant les écoles congréganistes, on se proposait nécessairement pour but d'attaquer la religion, jamais la laïcité de l'enseignement n'eût été votée sous le règne d'Isabelle II en Espagne.

Ce qui nous dirige, c'est, au contraire, le respect absolu de la *liberté de conscience*, et ils sont mal venus à combattre notre programme en se réclamant de la liberté, ceux dont l'enseignement n'est qu'une longue diatribe contre toutes les libertés.

ALFRED NAQUET,
Député.

Le Réveil du midi
du
14 février 1879

La crise économique

Il n'est pas de député, à cette heure, qui ne reçoive par dizaines des lettres où il est dit :

« En ce moment où les grandes questions « politiques sont tranchées, il est temps que la « Chambre s'occupe de faire cesser l'état de « souffrance de l'agriculture, du commerce, de « l'industrie... etc. etc. »

Ces lettres proviennent d'une idée fausse sur les attributions des chambres, sur la puissance des gouvernements, et sur l'influence des formes politiques.

Certes il existe des questions sociales que la république aura à étudier et à résoudre, si elle veut vivre, questions qui ont pour objet la condition des travailleurs et qui, — disons-le en passant, — ne pourront se résoudre que par la suppression des monopoles et par la liberté.

Mais en dehors de ces questions entièrement différentes de celles qui préoccupent les auteurs des lettres dont je viens de donner la substance, les chambres, les gouvernements, les monarchies ou les républiques n'ont rien à voir aux crises agricoles, commerciales et industrielles; ils n'ont rien à y voir parce que les crises tiennent à des causes naturelles ou économiques dans lesquelles ils n'entrent pour rien, qui sont en dehors d'eux, auxquelles ils ne peuvent rien.

L'offre et la demande, telle est la grande loi de la valeur. Qu'un objet soit rare, c'est-à-dire peu offert et très demandé, son prix s'élève.

Qu'il soit abondant, c'est-à-dire très-offert et peu demandé, son prix s'abaisse.

Il en résulte qu'un changement dans les modes, dans les habitudes, ou dans la production des pays étrangers, peut amener sur tel ou tel produit, une baisse qui fait disparaître une ou plusieurs industries. Que peut à cela le gouvernement et ? rien ! C'est aux industries à se transformer et à produire, au lieu d'objets dont per-

...onde ne veut plus, des objets que l'on demande en abondance.

Une maladie comme le phylloxéra ravage des contrées prospères. Que peut à cela le gouvernement ? rien ! son devoir est, sans doute, de donner aux savants les fonds nécessaires, à l'étude du mal et à la découverte du remède, — et c'est ce qu'il fait, — mais si malgré les fonds qu'on leur vote, et les recherches consciencieuses auxquelles ils se livrent, les savants ne découvrent pas le remède, aucune puissance humaine n'est en mesure de relever la production perdue.

Une découverte scientifique permet d'obtenir à des prix inférieurs des substances que l'on obtenait jadis à meilleur marché, et rendent impossibles certaines industries et certaines cultures, comme cela a eu lieu autrefois pour l'industrie des soudes naturelles qu'a tué le procédé Leblanc, comme c'est aujourd'hui le cas pour la culture de la garance que tue l'alizarine artificielle. Que peut encore à cela le gouvernement ? Rien, absolument rien.

Ne demandez donc pas à la République ce qu'elle ne peut pas vous donner.

La République supérieure, en cela à toutes les formes de monarchie, donne au pays l'ordre et la liberté : elle lui donne la transmission facile du pouvoir exécutif, sans troubles d'aucune espèce ; elle lui donne la faculté de faire prévaloir ses intérêts sans la nécessité pour lui de recourir à la violence ; elle le garantit contre les guerres follement entreprises en vue d'intérêts dynastiques ; elle lui procure le moyen d'étudier et de résoudre pacifiquement les questions économique ou sociales qui demandent, pour être résolues, une entière liberté.

Mais pas plus que l'empire, que la monarchie traditionnelle, la République n'a le moyen d'influencer les prix des produits, d'empêcher les fléaux, les mauvaises récoltes, les dépréciations de certaines valeurs.

Ceux-là seuls peuvent le lui demander, qui sont étrangers aux sciences économiques, ou qui désireux d'attaquer le gouvernement établi, cherchent à lui imputer la responsabilité de maux dont il n'est pas responsable, tout comme de maladroit ainsi cherchent à le faire bénéfi-

cier d'une prospérité matérielle qui n' qui ne saurait être son œuvre.

Mais, nous écrit-on, ne pourrait-on relev valeur de certaines productions par des protecteurs ? La sole baisse. Ne pourrait faire hausser, en frappant par exemple les étrangères d'un droit de douane de 25 p.

La culture de la garance a cessé d'être nératrice. Ne pourrait-on la relever en fra d'un droit l'alizarine artificielle à son ent France ?

Je ne puis discuter ici en quelques lign te grande question de la protection et du échange, que je traiterais volontiers un jo les travaux auxquels mon mandat m'oblige laissent le temps.

Mais, me bornant aux deux exemples ci sus, il me sera facile d'établir que les es ces que l'on base sur les droits protecteu ordinairement des chimères et que la pro ruine les pays plutôt qu'elle ne les en puisqu'elle les oblige à vivre sur eux puisqu'elle s'oppose à l'exportation et q portation seule fait la richesse des états

Prenons le cas de la garance. Qu'arri si l'on frappait d'un droit l'alizarine arti

Au temps où l'industrie garancière pr quels étaient nos principaux débouchés sace, la Normandie, et surtout l'Améri

L'Alsace a cessé d'être française, et que ne l'a jamais été. Que pourraient vos droits protecteurs ? Elles continuera servir de l'alizarine artificielle qu'elles raient en Allemagne et en Angleterr

Les Rouennais, il est vrai, seraient payer plus cher leur matière t torfa cela diminuerait leur producti n, se trouveraient dès lors incapables de la concurrence étrangère sur les march gers.

Comme, d'ailleurs, Rouen n'emploie très-faible partie de l'alizarine annuel consommée, cela ne suffirait pas à rele culture de a garance, qui serait immédi arrêtée dans son essor, si elle voulait se lopper, par l'excès de la racine offerte cine susceptible d'être utilisée.

On nuirait ainsi à une branch

... égales sans être nullement utile
ture.

... maintenant l'exemple de la soie,
... partements du midi qui réclament un
... tecteur sur cette matière, vont sans le
... à l'encontre de leurs intérêts.

... France ne produit guère annuellement que
... ième partie de la soie qu'emploie l'indus-
... lyonnaise. Il y a donc toujours l'emploi
... récolte et comme, malgré les progrès ac-
... s par la filature en Chine et au Japon,
... elles sont encore supérieures à ceux de
... orient, ce n'est pas la concurrence
... et japonaise qui fait baisser les prix.

... ui fait baisser les prix, c'est que l'indus-
... Lyon subit une crise, qu'elle fabrique
... demande en moins grande abondance
... uent les matières premières, ce qui,
... de la loi de l'offre et de la demande,
... ne dépréciation sur celle-ci.

... rquoi l'industrie lyonnaise subit-elle une

... que l'Italie et l'Autriche nous font à
... une concurrence redoutable ; et
... les Etats-Unis, qui formaient notre
... débouché, commencent à fabriquer
... aveo les soies qu'ils reçoivent de
... orient, et que nous ne pouvons pas
... her d'aller les y chercher s'ils y trou-
... avantage.

... nous mettions un droit protecteur sur
... l'industrie de Lyon, déjà compromise
... currence étrangère, languirait encore
... ourrait peut-être, et dès lors, malgré
... droits les produits de nos départements
... ne trouvant plus d'acheteurs, loin de
... dans leur prix, subiraient une baisse
... considérable encore.

... A qu'on rembourserait aux soieries
... forme de draw-back, ce
... auraient payé à l'entrée sous forme de
... premières, de manière à favoriser
... sans nuire à l'industrie ?

... A peu près impossible : la soie subit
... teinture une surcharge qui surélève
... son poids de 300 pour cent, et il
... moyen pratique de déterminer,
... la sortie, ce qu'une étoffe ren-

... forme de soie proprement dite et ce qu'elle renferme de teinture. Le draw-back exposerait
l'Etat à des pertes énormes.

Le draw-back étant écarté comme impraticable, il est clair qu'un droit qui amènerait une
hausse sur la matière première, tuerait l'industrie de la soierie, et, par voie de conséquence,
finirait par rendre impossible la vente de la
première première elle-même qui, l'industrie
morte, n'aurait plus de débouché.

Là n'est donc pas la solution du problème.

Ayons un tarif général des douanes assez élevé pour qu'il puisse être une arme entre nos
mains, et pour que la crainte de se le voir appliquer, dispose les nations étrangères à accepter des traités de commerce qui nous soient
avantageux. C'est bien.

Renouvelons nos traités de commerce, afin de
nous assurer des débouchés. C'est mieux.

Que notre industrie lutte avec les industries
étrangères par le bon goût, qui fait la force de
l'industrie française, ~~et surtout de l'agriculture,~~
c'est mieux encore.

C'est dans la combinaison de ces moyens
qu'est le salut... Il n'est pas ailleurs.

La tâche de l'Etat est donc de songer sérieusement aux traités de commerce ; il y songe et
l'homme éminemment libre échangiste, qui vient
d'être mis à la tête du département de l'agriculture et du commerce nous est un garant du soin
qui sera apporté à ces traités.

C'est là tout ce que l'Etat peut faire, et il le
fait. C'est là tout ce qu'on est en droit de lui demander.

Lui demander plus, lui demander par exemple le retour au système protectioniste, c'est exposer notre pays à une ruine complète.

Lui demander d'empêcher les mauvaises récoltes, attendre de lui le remède à des crises
commerciales qui tiennent à des causes multi-
ples absolument indépendantes de lui ; rendre
la forme de gouvernement ou les hommes qui
gouvernent responsables de la fécondité du sol,
ou du prix des denrées, c'est faire preuve d'une
ignorance absolue des lois qui gouvernent la
nature aussi bien que des lois qui régissent les
sociétés humaines; c'est ce que ne saurait faire
un parti politique sans se déconsidérer ; c'est ce
que ne fera pas le parti républicain.

A. NAQUET.

Le Réveil du midi
du 9 avril 1879

Versailles, 5 avril 1877.

Mon cher Béranger,

Vous reproduisez, dans le dernier numéro du *Réveil*, la partie de la récente séance dans laquelle ont été votés les chemins de fer de Vaucluse.

A propos du projet de Pertuis aux Alpes par la vallée d'Aigues présenté par mon ami Naquet et par moi, le compte rendu officiel porte ces mots : « *Voix à gauche* : les auteurs de l'amendement sont absents ... » — Et, à propos de l'amendement de L'Isle à Vaucluse, présenté par moi : « l'amendement n'est pas soutenu. »

Pour éviter toute interprétation fâcheuse de la part de nos amis, je vous prie d'insérer dans votre prochain numéro, les explications suivantes ; car nous ne voulons qu'on puisse croire que nous avons, fut-ce instant, négligé les intérêts de nos électeurs.

Les députés de Vaucluse avaient, au sujet des lignes de chemin de fer, obtenu toute satisfaction de la part de la commission. Personnellement, la ligne de Sorgues à Saint-Saturnin, me tenait le plus à cœur : or, devant la commission du centre sud-est, et auprès du ministre, j'avais soutenu cette ligne et obtenu la déclaration que le gouvernement la maintiendrait dans ses propositions. Dès lors, la création de la ligne de L'Isle-Carpentras-Orange, n'étant pas exclusive de la création de celle de Sorgues à Saint-Saturnin, et les efforts de nos deux collègues, MM. Gent et Poujade, n'étant plus en opposition avec les intérêts du Sorgues-Saint-Saturnin, nous nous étions joints à nos collègues pour que les plus grands avantages possibles fussent faits à Vaucluse. La ligne de L'Isle-Carpentras-Orange, fut, elle aussi, obtenue et définitivement arrêtée.

Quand à l'amendement relatif à la ligne de Pertuis aux Alpes par l'Eze, l'adoption préalable du prolongement de la ligne d'Apt jusqu'à Volx l'avait absolument ruiné, et nous avions dû retirer cet amendement devenu aux yeux de la commission, désormais inutile.

Restait le projet de L'Isle à Vaucluse. Il m'avait été personnellement impossible de le faire admettre comme projet d'intérêt général ; il devra être repris sous forme de projet d'intérêt local, s'il y a lieu.

Dès lors, notre présence à la séance, pendant le défilé des projets et des amendements, cessait d'être utile ailleurs.

Or, pendant ce temps, M. Naquet était dans la commission chargée d'examiner son projet de loi sur la liberté de réunion, commission dont il est membre ; et moi, je procédais avec mes collègues de la 11e commission des pétitions à une enquête qui nous est dévolue sur les actes d'administration du Palais de Versailles.

Voilà pourquoi, mon cher Béranger, nous étions, Naquet et moi, absents de la séance, les intérêts de Vaucluse nous permettant, à ce moment, de vaquer à d'autres devoirs.

Croyez, mon cher ami, à mes meilleurs et affectueux sentiments.

SAINT-MARTIN
Député de Vaucluse

Discours sur la prise en Considération de la proposition de loi tendant au Rétablissement du

DIVORCE

Séance du mardi 27 Mai 1879
officiel du 28 mai

M. le président. La ... sera imprimée, distribuée et ... commission d'initiative parlemen...

L'ordre du jour appelle la ... prise en considération de la propos... de M. Alfred Naquet, relative au ... ment du divorce.

La parole est à M. Naquet.

M. Alfred Naquet. Messieurs, ... M. Faure, au nom de votre 6e ... d'initiative, conclut à ce que vous ... pas en considération la proposition ... j'ai eu l'honneur de vous soumettre ... pour objet le rétablissement du titre ... code civil. Je dis : « qui a pour objet ... blissement du titre VI du code et ... tiens à déclarer tout d'abord, au ... discussion que la proposition d... saisis en ce moment, n'est point ... celle dont j'avais saisi vos devanciers ... à cette époque, j'avais déposé sur le b... la Chambre une proposition de loi ... propre, dont la rédaction m'ap... jourd'hui, ce que je vous dema... de... rétablissement de l'ancien ti... d... civil. (Très-bien ! sur divers ...

Je me suis simplement ... té ... porter deux ou trois amend... u ... été indiqués par la jurispruden... pas de la séparation de ce pe... propos du divorce en ...

d'ailleurs des amend... en ... secondaire, qui ne changen...

générales de la loi, et que j'abandonnerais facilement si la Chambre voulait s'en tenir strictement au titre VI du code civil.

La 6e commission d'initiative vous demande de rejeter ma proposition par quelque chose d'analogue à la question préalable, de décider que la question du divorce est, certainement, un très-joli thème de conférence ou de dissertation académique, mais qu'elle n'a pas une importance suffisante pour occuper pendant quelques instants l'attention d'une grande Assemblée comme la vôtre. De sorte, messieurs, qu'une loi qui a régi notre pays depuis le 20 septembre 1792 jusqu'au 8 mai 1816, c'est-à-dire pendant 23 ans et 7 mois, — et cela, à des époques très-troublées, — sans cependant y produire le moindre désordre, — car le 8 mai 1816, ou plutôt dans les jours qui précédèrent, et pendant la discussion qui eut lieu tant à la Chambre des députés qu'à la Chambre des pairs, on invoqua des motifs religieux pour abroger la loi du divorce, mais on n'argua point des désordres dont elle aurait été la cause, ce qu'on n'aurait pas manqué de faire si ces désordres avaient existé. (Marques d'approbation sur plusieurs bancs ; de sorte, dis-je, qu'une loi qui a régi longtemps notre pays sans y occasionner de désordres, qui existe à peu près dans tous les pays civilisés, qui vient d'être proposée par M. Salvator Morelli au parlement italien, dans un pays qui n'a pas même encore le mariage civil d'une manière complète, et qui y a été prise en considération, avec l'avis favorable du gouvernement, est considérée par la commission d'initiative comme indigne d'occuper les instants de la Chambre. Elle vous propose de déclarer qu'il faut l'écarter par la non-prise en considération. (Nouvelles marques d'approbation.)

Et, messieurs, par quels arguments appuie-t-on de pareilles conclusions? Je ne voudrais rien dire de désagréable à mon ami M. Faure, que j'estime profondément et qui, lui-même, s'est chargé, peut-être un peu à contre-cœur, de la mission assez ingrate que la 6e commission d'initiative parlementaire lui a confiée. Mais il sait lui-même que les arguments qu'il a donnés sont des arguments d'une valeur, très-contestable.

On commence par nous dire que nous avons bien d'autres choses à faire. Eh! certes, mon cher collègue, je suis pleinement de votre avis et je vous avoue que je suis trop profondément républicain progressiste pour ne pas reconnaître que nous avons d'autres réformes à réaliser.

Mais nous avons celle-là aussi ; elle est au nombre des réformes dont nous avons à nous occuper. La Chambre qui gouvernait le pays en septembre 1792, la Convention, avaient aussi beaucoup d'autres choses à faire, et elles n'ont pas trouvé inutile de s'occuper de celle-là. La Chambre de 1831, la première Chambre du règne de Louis-Philippe, qui n'a pas craint de voter à quatre reprises, à 100 voix de majorité, le rétablissement du titre VI du code civil, avait aussi beaucoup d'autres questions

intéressantes à son ordre du jour ; mais elle a estimé que c'était important. [...] l'une des questions dont il fallait qu'elle s'occupât.

Et savez-vous comment s'exprimait, devant la Chambre de 1831, après la lecture du rapport de M. Odilon Barrot concluant au rétablissement du titre VI du Code civil, un homme beaucoup plus compétent dans la matière que nous ne le sommes, M. le rapporteur et moi, puisque c'était le président du tribunal de première instance de la Seine, qui avait pu juger par lui-même des dangers de la séparation de corps.

Voici les paroles de ce savant jurisconsulte, qui n'était autre que M. de Belleyme :

« La proposition de notre honorable collègue M. de Schonen intéresse essentiellement l'état de nombreuses familles et réclame tout notre intérêt. La question est grave sans doute mais elle est simple ; il s'agit de rétablir la loi du divorce et de rentrer dans le système du code civil.

« Le rapport si lumineux de notre honorable collègue M. Odilon Barrot rendrait d'ailleurs la discussion plus facile et plus courte. Président du tribunal de première instance de la Seine, je suis témoin journellement de l'affliction de familles intéressantes et malheureuses. Je demande, en conséquence, que la discussion s'ouvre immédiatement après celle du budget. »

Il ne disait pas, comme l'honorable M. Faure: « Nous avons bien d'autres choses à faire. » Il estimait que c'était là une des questions à la fois les plus graves et les plus urgentes dont une chambre française pût s'occuper.

Mais, ajoute M. le rapporteur, « nous ne pouvons cependant pas tout faire à la fois. » J'en tombe d'accord avec vous, mon cher collègue; mais vous vous trompez en voyant là un argument à l'appui de la non-prise en considération de ma proposition. C'est une simple question d'ordre du jour que vous discutez ainsi. Si le rapport sur le divorce était déposé et s'il s'agissait de le mettre immédiatement en discussion, je comprendrais, sauf à le contester, qu'un député montât à cette tribune et demandât le renvoi de la première délibération après la discussion du budget, après la discussion du tarif des douanes, après la discussion de la loi sur le droit de réunion ou sur le droit d'association.

Mais il ne s'agit pas de cela. Il s'agit de savoir si vous prendrez ou ne prendrez pas la proposition en considération, et non de savoir si vous en inscrirez la discussion à telle ou telle date.

On nous dit encore que la question du divorce intéresse un trop petit nombre d'individus. D'abord, je ne saurais admettre ces prémisses. La question du divorce intéresse : 1° la société tout entière, attendu que c'est une loi moralisatrice et que tous les citoyens ont intérêt à ce que les lois moralisatrices soient faites ; elle intéresse en second lieu toutes les personnes qui se marient, car le mariage est un grand aléa, et vous ne savez pas... (Exclamations et rires sur plusieurs bancs.)

Et vous ne savez pas si bien souvent cette indissolubilité formidable n'a pas arrêté beaucoup de personnes sur le seuil de la mairie. (Mouvements divers.)

M. Georges Perin. Très-bien !

M. Alfred Naquet. Mais en ne tenant compte même que des personnes directement intéressées, vous avez tous les ans 2,500 séparations de corps prononcées par les tribunaux, et je ne vous parle pas des séparations amiables qui sont naturellement beaucoup plus nombreuses que les autres dans les pays où, le divorce n'existant pas et la séparation de corps n'apportant aucune liberté nouvelle, on préfère, toutes les fois que cela n'est pas indispensable, ne pas rendre le public témoin des discordes intestines d'un ménage.

En dehors de ces séparations amiables, il y a 2,500 séparations de corps par an, ce qui, à un moment donné, représente un total de 30,000 à 40,000 séparés de corps. Et vous trouvez que ce n'est pas un chiffre suffisamment respectable ! Faites-vous souvent des lois qui s'appliquent à un aussi grand nombre d'individus ? Je ne le pense pas.

Mais serait-il vrai que la loi du divorce ne s'appliquât qu'à un petit nombre d'individus, à un seul individu même, je dis que votre argument porterait à faux. Depuis quand, en effet, une question de justice dépend-elle du plus ou moins grand nombre d'individus qui souffrent de l'injustice ou de l'iniquité qu'il s'agit de faire cesser ? (Approbation sur plusieurs bancs.)

Au dix-huitième siècle, il y a eu une agitation formidable contre les traitements inhumains qu'on faisait subir aux aliénés. Qui cela intéressait-il ? Quelques misérables privés de leur raison.

Aujourd'hui encore, lorsqu'il s'agit des réformes pénitentiaires, toutes les Assemblées les discutent et se passionnent à ces discussions ; et cependant qui ces réformes intéressent-elles ? Quelques misérables criminels, le rebut de la société. Et vous ne voudriez pas vous intéresser aux époux divorcés dont le nombre s'élève à 2,500 par an, au moins autant que le dix-huitième siècle s'intéressait aux aliénés et que vous-mêmes vous vous intéressez aux criminels qui peuplent vos prisons et vos bagnes !

Si vous pouviez faire prévaloir cette opinion, cette jurisprudence : que les questions de justice sont subordonnées au nombre de ceux qu'elles intéressent directement, vous auriez rapetissé, rabaissé le sens moral de l'humanité ! (Applaudissements sur divers bancs à gauche.)

Enfin, messieurs, on nous répète constamment que la loi sur le divorce n'est pas demandée.

D'abord je vous ferai remarquer que, alors même qu'une question, par son influence, intéresse la société tout entière, régulièrement elle intéresse directement, d'une manière plus spéciale, une classe limitée d'individus, et que ceux-là seuls la réclament.

Ainsi, lorsque vous êtes en présence de l'impôt sur le papier, vous trouvez que l'abrogation de cet impôt est suffisamment demandée quand elle l'est par les industriels qui ont intérêt à sa suppression. Il en est de même de la question du divorce. Je crois que tous les bons ménages sont intéressés à ce que le divorce soit voté, mais ceux-là seuls le demandent qui sont séparés de corps, qui font mauvais ménage, qui ont un intérêt direct à le demander. Et il suffit que la majorité de ceux-là le désirent pour que vous considériez la réforme comme suffisamment réclamée. (Marques d'assentiment à gauche.)

D'ailleurs, je dois le dire ici, à l'Assemblée nationale dont j'avais l'honneur de faire partie, j'ai plaidé un jour, en 1875, à la tribune, la cause du mandat impératif que, probablement, beaucoup de ceux qui, à cette heure, combattent ma proposition de divorce, sous prétexte qu'il n'est pas assez demandé, n'ont pas voté ou n'auraient pas voté, s'ils avaient fait partie de cette Assemblée. Je crois encore qu'un député n'a pas le droit de s'écarter de la ligne de conduite qu'il a acceptée au moment de son élection et de dire, comme nous l'avons vu quelquefois, qu'il ne relève que de Dieu et de sa conscience ; mais j'avoue que je regretterais vivement d'avoir parlé en faveur du mandat impératif, si la question devait être interprétée d'une façon aussi étroite que le fait en ce moment-ci la 6e commission d'initiative parlementaire. Car, messieurs, nous ne sommes pas seulement ici une Chambre d'enregistrement, chargée de libeller en lois les opinions qui courent les masses ; nous avons une mission plus haute, nous sommes, jusqu'à un certain point, un corps dirigeant et nous devons nous pencher sur toutes les misères sociales, étudier les plaies de l'humanité et apporter ici les propositions de loi qui peuvent les faire disparaître... (Très-bien ! très-bien ! à gauche), sauf, une fois qu'elles ont été déposées à cette tribune, puis longuement et mûrement discutées dans le sein des commissions, à ne pas les voter, et après avoir parcouru les bourgs et les campagnes de nos circonscriptions respectives, nous ne parvenons pas à les faire accepter par nos électeurs.

J'ajoute en outre que, en ce qui concerne la question du divorce, s'il était vrai que cette réforme ne fût pas réclamée, ce serait une raison de plus pour le voter au plus vite. (Exclamations.) Cette affirmation peut vous paraître un paradoxe, il est cependant facile d'en établir la justesse.

Savez-vous par qui le divorce est demandé ? Il est demandé par tous ceux à qui l'illégalité répugne profondément, tandis que les autres préfèrent vivre dans des unions clandestines et illégitimes.

Si donc, avec 2,500 séparations de corps par

an, le divorce n'était pas réclamé, cela prouverait qu'on s'est fait une petite société corrompue dans laquelle on s'en passe aisément.
(Très-bien ! à gauche.)

Et comme généralement les mœurs sont
d'autant plus larges que les lois le sont moins,
tant que le divorce n'est pas admis par la législation française, les mœurs deviennent
chaque jour plus faciles et favorisent cette corruption. (Très-bien ! à gauche.)

Si donc, il est vrai qu'on ne réclame pas le
divorce, c'est que la société se corrompt et
qu'il n'est que temps d'y porter remède. (Exclamations en sens divers.)

J'ai passé en revue tous les arguments qui
ont été donnés par la 6e commission d'initiative pour vous proposer de ne pas prendre en
considération ma proposition de loi.

J'espère, messieurs, que vous invaliderez
ces conclusions, et il me serait très-pénible
que vous ne les invalidiez pas ; voici pourquoi :

A l'heure actuelle, je ne puis discuter qu'à
un point de vue général et, ainsi que le dit
l'honorable rapporteur, plutôt comme on le
fait dans une dissertation académique ou dans
une conférence que comme on le fait dans
une discussion vraiment juridique. Mais ce
n'est pas ainsi qu'on peut éclaircir véritablement la question.

Je puis dire, à propos du divorce, que tant
vaut la loi qui l'institue, tant vaut l'institution
elle-même. Depuis la loi qu'on pourrait faire
et qui abrogerait purement et simplement la
séparation de corps, en imposant à tous les
époux l'obligation de la vie commune, même
dans les circonstances les plus graves, jusqu'à
la loi qui abrogerait purement et simplement
le mariage, il y a tous les intermédiaires possibles ; et, suivant que vous adopterez l'un ou
l'autre de ces intermédiaires, vous ferez une
bonne ou une mauvaise loi.

Pour discuter utilement, il faudrait donc
venir ici avec une proposition ferme et l'examiner article par article. Souvent, en effet, la
réponse la meilleure qu'on puisse opposer
à une objection consiste dans la lecture d'un
article du projet de loi. Aujourd'hui, vous me
refusez cette faculté, en me forçant à me placer à un point de vue purement spéculatif.

Je m'y résous, mais j'espère que la Chambre voudra élucider cette grande question, et
que ceux-là mêmes qui sont opposés au divorce, dans l'intention de vider la question
dans le sens du rejet définitif, tiendront à
ce qu'elle soit largement débattue comme elle
mérite de l'être, et, par conséquent, ne voteront pas les conclusions de votre 6e commission d'initiative.

Quoi qu'il en soit, puisqu'on m'impose cette
discussion générale, spéculative, je suis bien
obligé de l'aborder.

Messieurs, qu'est-ce que le divorce ? Qu'est-
ce, au moins, que le divorce tel qu'il a été
institué par la loi de 1803, par le titre V du
code civil et tel que nous vous demandons de
le rétablir ? C'est, en somme, à peu de chose
près, le droit pour ceux qui sont placés dans
la situation de nos époux séparés de corps et
de biens, de se remarier ; et Treilhard disait
fort justement que le divorce pourrait être défini « le droit pour les époux séparés de se remarier », comme la séparation de corps pouvait être définie « l'interdiction aux époux
divorcés de se remarier. »

Dans ces conditions, j'affirme et j'essaye de
démontrer que le divorce est absolument conforme aux principes généraux de notre droit
public, et que l'indissolubilité du mariage est
la négation de ces mêmes principes.

Qu'était-ce, en effet, que le mariage avant
1789 ?

Qu'est-il depuis 1789 ?

Avant 1789, le mariage était un sacrement
religieux, ayant des effets civils sans doute ;
mais c'était le sacrement religieux qui dominait. Il en résultait que c'était une question
purement ecclésiastique, et que, suivant la religion à laquelle on appartenait, on avait des
droits différents. Les catholiques ne jouissaient
pas de la faculté de divorcer ; mais les protestants et les israélites, dont la religion admet le divorce, en jouissaient. C'est ainsi que les choses, à
l'heure présente, se passent encore en Autriche, où les catholiques ne jouissent pas de la
faculté du divorce, tandis que les protestants
et les israélites en jouissent, parce que le mariage est demeuré dans ce pays un acte purement religieux.

Mais, depuis 1789, le mariage est devenu
chez nous un contrat civil ; par conséquent il
doit obéir aux principes généraux qui régissent tous les contrats civils. Et ces principes
sont qu'un contrat civil peut toujours être
dissous dans deux conditions particulières.

La première de ces conditions, c'est quand
les deux auteurs du contrat sont d'accord pour
le dissoudre.

La deuxième, c'est quand un des auteurs du
contrat n'a pas tenu ses engagements vis-à-vis
de l'autre, et que ce dernier, pour cause
d'inexécution des clauses consenties, en demande la résiliation.

Si donc le mariage est un contrat civil, il doit
être susceptible de résolution, comme tous les
autres contrats civils.

Et ce que je dis là est si bien dans l'esprit
des principes de notre Révolution, que lorsque,
au 15 août 1792, M. Aubert du Bayet monta
à la tribune de l'Assemblée législative pour
proposer une loi organisatrice du divorce, un
seul membre s'y opposa, ce fut Guadet. Et
Guadet s'y opposa parce que, disait-il, c'était
inutile, le divorce existant de fait selon lui,
par cela seul que le mariage était devenu un
contrat civil, sans qu'il fût nécessaire de le
proclamer dans une loi nouvelle.

L'opinion émise par Guadet ne fut pas con-
testée. Mais comme le mariage était un contrat
civil d'une espèce spéciale, on pensa qu'il était
nécessaire de déterminer d'une manière précise les conditions du divorce et ses effets, et

c'est pour cela que la loi du 20 septembre fut votée.

Mais la Législative de 1792 n'en affirma pas moins que le mariage était devenu un contrat purement civil, relevant dès lors des principes généraux dont relèvent les autres contrats civils, et que le divorce était une conséquence logique de ce principe. (Très-bien! très-bien! sur plusieurs bancs.)

Y a-t-il quelques bonnes raisons pour s'écarter, en ce qui concerne le mariage, des principes généraux qui régissent tous les contrats? C'est ce que je me suis demandé. J'ai lu attentivement ce qui a été écrit pour et contre l'indissolubilité du mariage, et je n'ai trouvé en faveur de cette indissolubilité que trois arguments. Je vous demande la permission de vous les indiquer et de les combattre.

Le premier, l'argument qui a servi à faire la loi du 8 août 1816 est un argument religieux. On dit : La France est catholique, la religion catholique proscrit le divorce; donc, le divorce doit être proscrit de nos lois.

Je ne veux pas m'attarder à vous faire remarquer qu'une pareille prétention ne porterait à rien moins qu'à vous proposer de remplacer le code civil par le droit canonique.

Les assemblées législatives, messieurs, ne sont pas des conciles qui prennent des déterminations pour les fidèles d'une religion quelconque; elles font des lois pour tous les citoyens, et ces lois, lorsqu'elles sont libérales, ont cet immense avantage qu'elles ne violentent aucune conscience, tandis qu'il en est tout autrement des lois restrictives de la liberté. Le jour où vous aurez rétabli le divorce, alors même que vous ne prendriez pas la précaution de conserver la séparation de corps, ainsi que je vous propose de faire, puisque le titre VI du code civil maintient à côté du divorce la séparation, qui devient facultative pour les intéressés, alors même que vous iriez plus loin, que vous ne maintiendriez pas la séparation de corps, je dis que les catholiques n'auraient qu'à ne pas se remarier après le divorce pour que le divorce valût pour eux ce que vaut une simple séparation de corps. Personne, en effet, ne les obligerait à se remarier, pas plus que personne n'obligerait les prêtres à bénir à nouveau les époux divorcés, alors qu'ils ne croiraient pas pouvoir le faire.

Du reste, messieurs, voici ce que disait, le 7 novembre 1831, M. Odilon Barrot à propos de cet argument religieux, et voici ce que consacrait, par son vote, la Chambre de 1831, qui était l'élue du suffrage restreint, qui était nommée par des électeurs censitaires payant 200 fr. d'impositions et dont les membres devaient payer 500 fr. d'impôts directs, ce qui prouve que ce n'était pas absolument à cette époque une Chambre radicale. (Bruit.)

Messieurs, je vous prierai de m'accorder un peu de silence. Je suis en ce moment très-fatigué; je souffre beaucoup du cœur depuis quelques jours; élever la voix me devient extrêmement difficile et m'est même pénible.

« Si la loi civile devait repousser le divorce par cette seule considération qu'il est proscrit par le dogme catholique, disait M. Odilon Barrot en 1831, il est évident tout d'abord que le divorce ne devrait être interdit qu'à ceux-là seuls dont la croyance est incompatible avec lui ; car la loi civile n'aurait aucune raison de se montrer plus sévère pour les non catholiques que leur loi religieuse. Parmi les catholiques eux-mêmes, ceux-là seulement seraient atteints par la prohibition de la loi religieuse, dont l'union aurait été consacrée par la religion, car le sacrement seul rend le mariage indissoluble. Et si, avant 1789, le sacrement était un élément essentiel du mariage, il n'en est pas de même aujourd'hui que le contrat civil est parfait par lui-même et que la consécration religieuse n'ajoute rien, aux yeux de la loi, ni à sa force, ni à sa sainteté.

« Et maintenant, cette renonciation au divorce, réduite à ces termes, serait-ce autre chose qu'une question de conscience, une question de foi religieuse, une loi enfin que chacun peut bien s'imposer à soi-même, mais pour laquelle il ne peut exiger des autres la même obéissance et que le législateur ne pourrait consacrer sans faire d'un acte de foi un devoir civil, d'une prescription religieuse une contrainte légale, sans violer le grand principe de la séparation du temporel et du spirituel, sans rompre cette belle unité de de notre loi civile qui est la même pour tous les citoyens, quelle que soit leur croyance parce qu'elle est faite pour tous les membres de l'État et non pour les sectes religieuses. C'est le Français qui contracte devant l'officier de l'état civil; c'est le croyant catholique qui demande au prêtre de bénir son union. Si les obligations que ce dernier impose sont plus rigoureuses que les obligations civiles, n'est-ce pas là le rôle de la religion comme celui de la morale? Leur empire ne se prolonge-t-il pas toujours bien au delà de la limite où s'arrête celui de la loi?

« Et puis, il faut le remarquer, dans aucune matière le dogme catholique et la loi civile ne partent d'un principe plus diamétralement opposé. Pour l'un, le célibat est plus saint et plus parfait que le mariage; l'autre encourage le mariage et tolère le célibat. L'un exige de l'homme qu'il lutte même contre les besoins de sa nature, et lui tient compte pour le ciel de chacune des privations qu'il s'impose; l'autre met sa perfection à satisfaire tous les besoins de l'homme et à mettre le moins souvent possible la passion individuelle aux prises avec l'ordre social. Aussi est-ce une objection à peu près abandonnée contre le divorce, que celle de son incompatibilité avec le dogme catholique... »

Messieurs, j'ajoute, et surtout pour ceux de nos collègues qui siègent à droite et qui ont conservé des principes religieux et catholiques...

M. de Valon. Il n'y a pas de catholiques qu'à droite seulement.

M. Alfred Naquet. ... et pour ceux aussi qui siégent à gauche... j'ajoute que non-seulement la loi du divorce ne les violentera pas dans leur conscience, mais qu'ils ont intérêt eux-mêmes à ce qu'elle soit votée. D'abord, je répète qu'ils ne peuvent être violentés en rien par cette loi : elle n'a pas pour mission de faire cesser le sacrement religieux, elle a pour mission de dénouer un contrat civil; or, les catholiques ne reconnaissent pas la validité de ce contrat civil; tous les jours leurs journaux déclarent que les personnes qui ne sont mariées que civilement vivent en pur concubinage. Dès lors, les catholiques n'ont aucun intérêt de conscience à ce que la loi délie des nœuds dont ils ne reconnaissent pas la validité.

Mais je vais plus loin : j'affirme qu'ils ont un très-grand intérêt à ce que la loi puisse les délier.

Le droit canonique n'admet pas le divorce, cela est vrai, mais il admet quatorze cas de nullité du mariage... (Bruit).

Je vous en prie, messieurs, ceci vaut la peine d'être écouté... Le droit canonique admet quatorze cas de nullité de mariage.

Au nombre de ces cas, il y a l'erreur dans la personne. Pour le code civil, l'erreur dans la personne s'entend de la personne physique; pour le droit canonique, cela s'entend de la personne morale.

Le droit canonique admet aussi la nullité du mariage pour ce qu'il appelle *matrimonium ratum sed non consummatum.*

Ainsi, l'autre jour, l'autorité ecclésiastique aurait certainement annulé le mariage dans un cas dont a parlé le *XIXe Siècle*, et qui est certainement très-curieux : il s'agit d'un homme qui, au sortir de la mairie ou de l'église, — je ne sais s'il avait contracté le simple mariage civil ou tout à la fois le mariage civil et le mariage religieux, — déclarait à son épouse qu'il ne s'était marié que pour gérer sa fortune, mais qu'il ne serait jamais son mari.

Au point de vue du code civil, le mariage est valable; mais, au point de vue du droit canonique, c'est le *matrimonium ratum sed non consummatum.* (Rire général.)

Il y a dans le droit canonique bien d'autres cas de nullité de mariage dans l'examen desquels je ne puis pas entrer à cette tribune.

Mais, restons dans l'exemple dont je viens de parler.

Aujourd'hui, si le divorce existait, cette jeune femme, ainsi liée à un homme qui déclare lui-même n'être son mari qu'au point de vue de la loi, demanderait le divorce et se ferait délier de ses nœuds civils; puis elle s'adresserait à l'autorité religieuse, elle lui demanderait la nullité de son mariage religieux, et cette nullité serait prononcée; elle pourrait alors se remarier à la fois civilement et religieusement, et, par conséquent, non-seulement elle n'aurait pas été violentée par le divorce dans sa conscience de catholique, mais elle aurait au divorce un intérêt majeur et direct. (Très-bien !... et applaudissements sur divers bancs.)

Et comme je n'ai pas l'habitude de m'en tenir à des allégations vagues, mais de citer des preuves, je vous demande la permission de vous signaler un fait qui est probant en cette matière; seulement je m'abstiendrai de citer les noms, et vous comprendrez ma réserve.

En 1860, un mariage fut contracté. Un fait analogue à celui dont je parlais tout à l'heure se produisit; seulement, cette fois, le fait venait de la femme et non pas du mari. Deux années se passèrent pendant lesquelles le mari employa toute son influence, tous les moyens qu'il avait à sa disposition, pour décider sa femme à devenir sa femme effective. La femme résista. Le mari s'adressa alors à M. Jules Favre, qui plaida et fit à ce propos un de ses plus beaux discours. Mais la loi civile était formelle. Le mariage n'était pas nul. On considéra qu'il y avait une injure grave faite par la femme au mari, qu'il y avait lieu de prononcer la séparation de corps et de biens, mais que le mariage restait bon et valable. Or, le mari était un catholique sincère, auquel l'illégalité répugnait profondément. Savez-vous ce qu'il fit? Il alla à Rome. Il réunit un tribunal ecclésiastique, il lui soumit son cas. Son mariage fut annulé par le tribunal ecclésiastique. Il put alors se remarier religieusement à Rome avec une Italienne, et, à cette heure encore, il vit à Florence avec cette femme, dont il a plusieurs enfants, qui est sa femme légitime au point de vue de la religion catholique et qui est sa concubine au point de vue du droit civil.

Je vous le demande, quoique catholique, cet homme-là avait-il intérêt à ce que le divorce fût rétabli dans nos lois? (Très-bien ! très-bien ! sur divers bancs.)

Je pourrais vous citer d'autres cas analogues.

A gauche. Parlez ! parlez !

M. Alfred Naquet. Je ne le ferai pas, parce que je ne veux pas prolonger inutilement le débat. Je ne cite donc pas d'autres cas; mais j'en connais d'autres du même ordre.

Cependant, je veux m'appuyer sur un fait de législation qui vient encore à l'appui de ma thèse et qui combat l'argument qui consiste à dire qu'une nation catholique ne peut avoir le divorce.

A deux cents et quelques kilomètres de nous, il y a une nation profondément catholique, beaucoup plus catholique encore que la France, une nation qui s'appelle la Belgique, qui a été distraite de la France en 1815, et qui, par conséquent, en 1816, n'était plus française, quand le titre VI du code civil fut abrogé. Cette nation a conservé ce titre VI, et il y a quelques jours un membre du parlement belge, M. Olin, dans un rapport relatif à l'enseignement primaire, écrivait : « Combien de prédictions sinistres, combien de menaces d'un infaillible péril social.

s'il fallait aujourd'hui proposer l'établissement du divorce que nos codes ont eu la sagesse de conserver ! »

La Belgique a donc conservé le divorce ; or, depuis 1811, c'est-à-dire depuis qu'elle est devenue libre et indépendante, il y a eu beaucoup de ministères catholiques qui se sont succédé dans ce pays ; le dernier de ces ministères a même gouverné pendant seize ans ! eh bien, pendant ce temps, pas un ministre, pas même un membre du parlement belge, n'est venu demander d'abolir le divorce, ce qui prouve que le divorce civil, légal, n'est nullement en contradiction avec la loi catholique qu'il ne concerne pas, qu'il ne regarde pas, qui est à côté.

Voilà la réponse que j'avais à faire à l'argument tiré de l'ordre religieux.

Le second argument est celui-ci : Le divorce, ce serait la corruption dans nos mœurs, car si les époux savaient qu'ils peuvent se séparer quand ils le veulent, un nombre effroyable de séparations se produiraient de par le monde.

Messieurs, opposer cet argument c'est, d'une part, mal connaître la loi qu'on vous propose d'établir, et d'autre part, mal connaître l'esprit humain.

La loi qu'on vous propose de voter, ne permet pas à quiconque veut divorcer de divorcer. Elle établit des garanties ; elle détermine des cas spéciaux, et ces cas sont à peu près les mêmes que ceux exigés aujourd'hui par la loi pour la séparation de corps ; elle n'offre pas plus de facilités que la loi actuelle.

La loi du mariage d'ailleurs n'est pas une loi, aussi coercitive qu'on le croit. Lorsqu'un homme et une femme veulent absolument se séparer, soit qu'ils le veuillent tous deux, soit même qu'un seul le veuille, ils le peuvent toujours, et le nombre de ceux qui sont dans ce cas est malheureusement considérable. Le droit pour le mari de faire réintégrer le domicile conjugal par la femme, manu militari, ou le droit inverse pour la femme est, en effet, un droit illusoire qui n'est pas appliqué et qui ne peut pas l'être.

Avec la loi qui nous régit actuellement vous ne connaissez pas le nombre de ces séparations amiables, ce nombre vous échappe, il n'est pas dans vos statistiques, et la corruption publique s'en accroît, tandis que, avec le divorce, vous régulariseriez ces situations, ce qui vaudrait beaucoup mieux pour la société. (Approbation sur plusieurs bancs.)

C'est également une erreur profonde de croire que le fait qu'on peut se séparer soit un motif suffisant pour qu'on se sépare. Quelquefois c'est absolument le contraire. Lorsqu'on ne se rapporte qu'aux prérogatives que la loi confère aux époux, on ne se fait aucunes concessions réciproques. Lorsqu'on tient l'un à l'autre et qu'on sait qu'il règne une certaine liberté de séparation, on se fait des concessions réciproques, et souvent, dans les ménages, comme en politique, la liberté est un gage d'union, tandis que, au contraire, les restrictions légales font naître la discussion et la discorde.

Sur divers bancs. Très-bien ! très-bien !

M. Alfred Naquet. Messieurs, dans l'intention d'appuyer par des preuves de fait ce que j'avance, je me suis demandé si on divorce plus dans les pays qui possèdent le divorce qu'on ne se sépare dans les pays qui ne le possèdent pas. Et comme je ne voulais pas prendre pour type des populations différentes de la population française, — on m'aurait dit que les Allemands et les Anglais étaient bien autres que nous et que ce qui s'appliquait à eux ne pouvait s'appliquer à nous, — j'ai pris comme terme de comparaison un peuple qui est aussi semblable au peuple français qu'il est possible de l'être, le peuple belge.

Voici ce que j'ai trouvé : en Belgique, c'est le livre VI du code civil qui règne ; il y a, par conséquent, facultativement le divorce ou la séparation de corps. J'ai additionné les divorces et les séparations de corps pour en faire un total que j'ai appelé : « dissolutions de mariages », puis j'ai pris les séparations de corps en France.

Savez-vous, messieurs, à quoi je suis arrivé ? En France, il y a une séparation sur 152 mariages et une séparation par 14,324 habitants. En Belgique, il y a un divorce ou une séparation par 235 mariages, et un divorce ou une séparation par 32,557 habitants. C'est-à-dire qu'il y a à peu près moitié moins de divorces et de séparations réunis en Belgique qu'il n'y a de séparations en France.

Un membre au centre. Ce n'est pas tout à fait la moitié.

M. Alfred Naquet. Non ! ce n'est pas tout à fait la moitié ; mais c'est plus du tiers.

Je ne voudrais pas affirmer que le divorce fût la cause de ce moins grand nombre de dissolutions de mariages en Belgique, — je le crois cependant au fond et je vous dirai tout à l'heure pourquoi, — mais à coup sûr, ce que j'ai le droit d'affirmer, c'est que le divorce n'a pas corrompu les mœurs dans ce pays, puisqu'on y compte moins de séparations et de divorces réunis que de séparations en France.

Je suis allé plus loin dans mes recherches statistiques, et pour qu'on ne m'opposât pas la différence de caractère des populations, j'ai pris le département du Nord et la province de la Flandre orientale qui confine au département du Nord. J'ai trouvé que, dans la province de la Flandre orientale, il y a un divorce ou séparation par 691 mariages, tandis que dans le département du Nord, il y a une séparation par 197 mariages. (Mouvement.)

Vous voyez qu'ici la proportion est encore beaucoup plus concluante. (Approbation sur divers bancs.)

Voilà donc pour l'argument tiré de la corruption des mœurs.

J'ajoute encore, à propos de cet argument, que si jamais le divorce avait pu exercer un effet au point de vue de la corruption des mœurs, c'est à l'époque dissolue qui suivit le Directoire qu'il l'aurait exercé; or, cet effet, il ne l'a pas produit puisqu'on ne l'a pas invoqué, en 1816, pour faire abroger les lois du divorce. S'il ne l'a pas produit à cette époque, c'est une raison pour qu'il ne le produise jamais.

J'arrive au troisième argument, l'argument tiré de l'intérêt des enfants.

On nous dit: « Que deviendront les enfants des époux divorcés? » Je ne veux pas, messieurs, répondre moi-même, je veux prendre ma réponse dans le rapport lumineux que déposa au conseil d'État en 1803 le conseiller d'État Treilhard, sous le Tribunat.

Voici ce que répondit Treilhard à cette objection qui s'était produite à cette époque comme aujourd'hui.

« Je demanderai à mon tour: que deviennent-ils après les séparations?

« Sans doute, le divorce ou la séparation des pères forme dans la vie des enfants une époque bien funeste; mais ce n'est pas l'acte du divorce ou de séparation qui fait le mal, c'est le tableau hideux de la guerre intestine qui a rendu ces actes nécessaires.

« Au moins les époux divorcés auront encore le droit d'inspirer pour leur personne un respect et des sentiments qu'un nouveau nœud pourra légitimer; ils ne perdront pas l'espoir d'effacer par le tableau d'une union plus heureuse les fatales impressions de leur union première, et n'étant pas forcés de renoncer au titre honorable d'époux, ils se préserveront avec soin de tout écart qui pourrait les en rendre indignes.

« C'est peut-être ce qui peut arriver de plus heureux pour les enfants: l'affection des pères se soutiendra bien plus sûrement dans la sainteté d'un nœud légitime, que dans les désordres d'une liaison illicite, auxquels il est si difficile d'échapper quand on n'a plus droit de prétendre aux honneurs du mariage.

« Mais, dit-on, les lois ont toujours regardé d'un œil défavorable les secondes noces; je n'examinerai pas si cette défaveur est fondée sur des raisons sans réplique, ou si, au contraire, dans une foule d'occasions, un second mariage ne fut pas pour les enfants du grand acte de tendresse; j'observe seulement qu'il ne s'agit pas d'une épouse à qui la mort a ravi son protecteur et son ami, et dont le cœur, plein de ses premiers sentiments, répousse avec amertume toute idée d'une affection nouvelle.

« Il s'agit d'époux dont les discordes ont éclaté, dont tous les souvenirs sont amers, qui, éprouvant le besoin de fuir, pour ainsi dire, un passé et de se créer une nouvelle existence, se précipiteront trop souvent dans le vice si les affections légitimes leur sont interdites.

« La véritable intérêt des enfants est de voir les auteurs de leurs jours, heureux, dignes d'estime et de respect, et non pas de les trouver ternes, tristes, éprouvant un vide insupportable, ou comblant ce vide par des jouissances qui ne sont jamais sans amertume, parce qu'elles ne sont jamais sans remords. »

Je m'arrête, je n'examine pas le côté purement social en ce moment.

Eh bien, oui, Treilhard a raison; oui, les enfants eux-mêmes, les enfants nés pendant le mariage ont un intérêt capital à ce que le divorce soit substitué à la séparation de corps, parce que la nature a créé les choses ainsi que, pour l'éducation d'un enfant, il faut un homme et une femme. Un homme seul est incapable d'élever des enfants; une femme seule est incapable également de les élever; de sorte que avec la séparation de corps, vous arrivez à cette conséquence monstrueuse, ou que les enfants sont délaissés ou qu'ils sont élevés par un ménage non légitime qui ne saurait exercer qu'un effet peu salutaire sur leur moralité future. (Très bien! sur plusieurs bancs.)

J'ajoute encore que vous permettez aux veufs de se remarier.

Eh bien, je dis que les enfants des veufs ne sont pas moins intéressés que les enfants des époux séparés de corps et de biens; je dis même que s'il fallait refuser à quelqu'un la faculté de secondes noces, ce serait plutôt aux veufs qu'aux époux séparés. Parce que, pour les veufs, on pourrait dire: « Voilà un enfant qui a perdu son père et qui, voyant un étranger venir prendre au foyer la place de ce père vénéré, va souffrir profondément dans son cœur et dans sa conscience; il faut lui éviter ce froissement moral. »

Au contraire, s'il s'agit d'époux séparés qui se remarient, l'enfant qui voit venir un honnête homme, — cela s'applique également à la femme, — remplacer un père indigne qui n'a rempli ni ses devoirs de père ni ses devoirs d'époux, n'éprouvera certainement pas la même souffrance; donc il n'y a aucun motif d'éviter à l'enfant des veufs le froissement dont je parle, il n'y en a aucun, à plus forte raison, pour l'éviter à l'enfant des époux séparés.

L'autre jour, dans une conversation privée avec un de nos collègues, qui est en même temps un grand esprit, — M. Émile de Girardin, — ce dernier me disait, avec beaucoup de raison: « La loi, elle est faite exclusivement en vue des enfants, et, chose étrange, cette loi, faite exclusivement en vue des enfants, met systématiquement en dehors d'elle un tiers des enfants: les enfants illégitimes ou adultérins. »

Un membre. Ils sont peu intéressants!

M. Alfred Naquet. Vous vous trompez! Ces enfants adultérins, ils sont aussi dignes d'intérêt que les autres, mon cher collègue; car si l'adultère qui leur a donné naissance est digne d'être flétri au point de vue de la conscience, eux sont absolument innocents de ce crime; et le principe qui domine aujourd'hui la société moderne, c'est que les responsabilités doivent être personnelles. (Très-bien! très-bien!)

Ne dites pas que vous ne vous intéressez pas à eux parce qu'ils n'auraient pas dû naître, ce serait faire de la politique métaphysique; ils naissent, vous ne pouvez pas l'empêcher, et vous ne pouvez pas vous en désintéresser. Or, ces enfants, non-seulement ils naissent, mais la séparation de corps a pour conséquence d'en multiplier le nombre; car, ainsi que le dit Treilhard, il est bien difficile d'échapper aux unions clandestines, quand on n'a plus le droit de prétendre aux honneurs du mariage, et ces unions illégitimes, clandestines, vous donnent des enfants adultérins, qui auraient été légitimes sans votre loi sur la séparation de corps. C'est votre loi qui en a fait des parias. (Très-bien! très bien! au centre et à gauche.)

Et ce qui prouve la réalité de ce que j'avance, c'est la remarquable statistique qu'a publiée, il y a peu de jours. M. le docteur Bertillon. M. Bertillon a montré, chiffres en mains, que les époux veufs ou divorcés, hommes et femmes, pris à un même âge, se marient trois ou quatre fois plus que les célibataires.

Si donc le divorce existait, une quantité d'époux séparés se remarieraient, et les enfants actuellement adultérins qui naissent de ces époux séparés, ces enfants dont vous ne vous occupez pas, bien qu'ils soient dignes de votre intérêt, comme les autres, cesseraient d'être adultérins et seraient légitimes. (Très-bien! très-bien!)

Voilà ce que j'ai à répondre à la troisième objection.

Quant à la situation légale qu'auraient les enfants des époux divorcés, elle est réglée par le titre VI du code civil. Je ne puis pas entrer dans le détail de la loi, puisque nous ne sommes pas en première délibération et que nous ne discutons pas sur un projet ferme; j'ai cependant le droit de dire que le code civil a absolument prévu ce que deviendraient ces enfants.

D'après ce titre VI, les tribunaux décidaient, tout comme la loi actuelle de la séparation de corps, auquel des deux parents ils devaient être remis; lorsqu'il y avait divorce par consentement mutuel, *ipso facto*, le jour même du divorce, la succession des parents était ouverte et la moitié de leur fortune passait comme nue-propriété sur la tête des enfants; chaque enfant héritait de ses parents respectifs, tout comme aujourd'hui, lorsqu'après la mort d'un des conjoints il y a nouveau mariage; c'était absolument la même chose que ce qui se passe de nos jours en Belgique et dans tous les pays où le divorce est admis.

Je crois donc, messieurs, n'avoir rien laissé debout des trois arguments principaux qui sont invoqués en faveur de l'indissolubilité du mariage. Voyons, à notre tour, quelles sont les conséquences de la séparation de corps:

Que faites-vous avec la séparation de corps?

Vous prenez un homme que sa femme a trompé et dont elle traîne le nom dans la boue, et à cet homme vous dites : « Vous êtes séparés de corps; mais cette femme continuera à porter votre nom et à le salir! »

Vous prenez une honnête femme, dont le mari est condamné à une peine afflictive et infamante et vous lui dites : « Tu porteras éternellement ce nom déshonoré! »

De plus, à cet homme jeune, à cette femme jeune, vous dites : « Oui, dans notre société, il n'y a de véritables joies, il n'y a de véritable bonheur que le bonheur du foyer, que les joies de la famille; ce bonheur-là, puisque vous avez eu le malheur de vous tromper, il vous sera à tout jamais interdit! Vous êtes des maudits! » (Vive approbation et applaudissements sur divers bancs.)

Or, comme il n'est pas conforme à la nature humaine de se plier à une loi qui vous met au ban de la société lorsqu'on peut se passer de cette loi, les époux séparés de corps font sans la loi ce que la loi leur défend de faire avec elle, et c'est ainsi qu'à défaut de ménages légitimes, honnêtes, élevant des citoyens dans la société et pour la société, vous créez une masse d'unions illégitimes, d'unions clandestines, qui, au grand détriment du pays, ou sont stériles, ou produisent des enfants adultérins. (Nouvelle approbation.)

Et comme, pour qu'un homme séparé de corps établisse un ménage clandestin, il lui faut une femme; de même que pour qu'une femme séparée établisse un ménage clandestin, il lui faut un homme, savez-vous ce qui arrive? Il arrive que les deux époux séparés de corps portent la désunion dans deux autres ménages qui n'étaient pas désunis. (Très-bien! très-bien! au centre et à gauche.)

Il arrive en outre, ainsi que je vous le signalais au début de cette discussion, que le monde dit:

« Oui! Cet homme et cette femme ont contracté une union illégitime; mais enfin il n'y a pas de scandale; ils ne peuvent pas faire autrement puisque le divorce n'existe pas, fermons les yeux. »

Non-seulement vous rendez la corruption inévitable par le fait de la séparation de corps, mais vous la facilitez encore en l'introduisant dans les mœurs, qui deviennent d'autant plus larges, je le répète, qu'il n'y a aucune issue à une situation forcée et fatale.

Messieurs, lorsqu'on combat le divorce, on se place toujours à un point de vue faux. On compare le divorce qui est un mal, à l'union dans le mariage qui est un bien. Oh! si vous aviez la puissance par vos lois d'agir sur l'intelligence et sur le cœur, et que vous puissiez faire qu'il n'y eût plus de séparations, je serais le premier à ne pas vouloir du rétablissement du divorce. Mais nos lois n'ont pas d'empire sur les intelligences et sur les cœurs ; elles n'empêchent pas qu'il y ait des circonstances désastreuses où la séparation s'impose.

Et, par conséquent, c'est par rapport à ces circonstances qu'il faut raisonner. C'est à la séparation de corps qui est un mal qu'il faut comparer le divorce. Mais alors j'ai le droit de dire que le divorce cesse d'être un mal, parce qu'il devient un remède, parce qu'il est un moindre mal que la séparation de corps. (Très-bien ! très-bien ! au centre et à gauche.)

Et maintenant, je comprendrais très-bien votre hésitation, car ce serait une grande tentative à faire, si le divorce n'avait jamais existé dans le monde et si je vous proposais de l'établir pour la première fois. Mais, sans remonter aux nations antiques, juive, grecque, romaine, qui ont toutes possédé le divorce, et bien plus largement qu'aucune nation moderne, en ne considérant que les peuples modernes, je trouve que l'expérience est faite et parfaite.

Prenons d'abord la France. Je vous le disais tout à l'heure, le 20 septembre 1792 une loi sur le divorce fut votée. La Convention la discuta à nouveau et l'élargit encore. Plus tard, on fut amené, par d'autres considérations, à la restreindre, et l'on fit la loi de 1803, qui devint le titre VI du code civil. Cette loi fut abrogée le 16 mai 1816. Savez-vous pourquoi ?

M. Haentjens. Nous devrions remettre à jeudi !

M. Alfred Naquet. Je n'en ai pas pour longtemps ; jeudi il y aura interpellation, je ne voudrais pas que la fin de mon discours fût renvoyée à samedi.

Messieurs, je vous demande la permission de lire quelques lignes de M. Trinquelague, rapporteur du projet de loi abolitif du divorce, et vous verrez sur quels arguments on se fondait alors pour réclamer cette abrogation.

« Si le mariage est indissoluble par son institution et par sa nature, disait M. Trinquelague, et la religion de l'Etat le déclare tel, si l'intérêt de la société exige qu'il le soit, comment la loi civile pourrait-elle admettre le divorce ? »

Et il poursuivait : « Pour nous, messieurs, qui avons conservé la foi de nos pères et pour qui les merveilles de la création sont toujours de saintes vérités, ces lois (les lois constitutives du mariage) ont une source bien plus noble ; elles dérivent de la divinité même. Voyez l'auteur de tous les êtres s'occupant, après avoir créé le roi de la nature, du soin de lui donner une compagne. »

« Il ne la tire pas du néant, dit le célèbre avocat général Séguier, discutant la même question que nous agitons, il oublie, pour ainsi dire, qu'il peut créer. Il la prend dans la propre substance de l'homme et, satisfait de son ouvrage, il l'offre lui-même à celui pour qui il venait de la former. » Le premier homme reçoit de la main de Dieu sa compagne, et, dans le transport de sa joie, cédant à une inspiration divine, il dicte à sa race la loi de cette ineffable union. « L'homme quittera son père et sa mère pour s'attacher à son épouse ; elle s'appellera de son nom, et ces deux êtres confondus n'en feront plus qu'un. »

Et plus loin encore, formulant nettement sa pensée, il ajoutait :

« Aux yeux de cette religion sainte, le mariage n'est point un simple contrat naturel ou civil ; elle y intervient pour lui imprimer un caractère plus auguste. C'est son ministre qui, au nom du créateur du genre humain, et pour le perpétuer, unit les époux, consacre leurs engagements. Le nœud qui se forme prend dans le sacrement une forme céleste, et chaque époux semble, à l'exemple du premier homme, recevoir sa compagne des mains de la divinité même.

« Une union formée par elle ne doit pas pouvoir être détruite par les hommes, et de là son indissolubilité religieuse.

« Si ce dogme n'est pas reconnu par toutes les églises chrétiennes, il l'est incontestablement par l'Eglise catholique : et la religion de cette église est celle de l'Etat ; elle est celle de l'immense majorité des Français.

« La loi civile qui permet le divorce y est donc en opposition avec la loi religieuse.

« Or, cette opposition ne doit point exister ; car la loi civile, empruntant sa plus grande force de la loi religieuse, il est contre sa nature d'induire les citoyens à la mépriser.

« Il faut donc pour les concilier, que l'une des deux fléchisse et mette ses dispositions en harmonie de celles de l'autre.

« Mais la loi religieuse appartient à un ordre de choses immuable, élevé au-dessus des pouvoirs des hommes. La nature des lois humaines, dit Montesquieu, est d'être soumises à tous les accidents qui arrivent et de varier à mesure que les volontés des hommes changent ; au contraire, la nature des lois de la religion est de ne varier jamais. C'est donc à la loi civile à céder et l'interdiction du divorce prononcé par la loi religieuse doit être respectée par elle, c'est-à-dire par la loi civile. »

Ainsi, vous le voyez, le seul grand argument des législateurs de 1816, c'était l'argument religieux. Or, cet argument avait une valeur en 1816 ; il y avait alors une religion d'Etat. Mais aujourd'hui il n'y a plus de religion d'Etat ; et, par conséquent, l'argument tombe de lui-même en même temps que cette religion d'Etat qui a été abrogée par la Charte de 1830. (Très-bien !) Aussi, en 1831, M. de Schonen proposa-t-il à la première Chambre de la monarchie de Juillet le rétablissement du divorce, et ce rétablissement du divorce — qu'on trouve inopportun cinquante ans après, tant nous avons fait de chemin depuis cette époque (On rit.) — fut-il voté à 100 voix de majorité : 274 voix contre 174.

Mais la Chambre des pairs était catholique ; elle le repoussa. La question revient trois fois encore devant la Chambre des députés; trois fois encore la Chambre des députés, sur la proposition de M. Bavoux, proposa de rétablir le divorce, trois fois la Chambre des pairs le repousse.

La Chambre des pairs était alors inamovible: la Chambre des députés n'avait aucun moyen de faire prévaloir son opinion; elle cessa ses tentatives.

La question fut posée de nouveau en 1848 par la Commission exécutive devant l'Assemblée constituante: mais après les journées de Juin, la réaction devient dominante dans l'Assemblée, et le projet de loi fut retiré; c'est depuis lors la première fois aujourd'hui qu'elle revient dans une Assemblée française.

Messieurs, nous nous sommes transportés dans le temps, voulez-vous maintenant que nous nous transportions dans l'espace?

Ce n'est pas difficile. Prenez toutes les législations étrangères, à l'exception de celles de l'Espagne, du Portugal, de l'Italie et de la France, partout vous trouverez le divorce, je n'ai pas besoin de faire l'énumération; l'Autriche fait une exception, elle possède le divorce pour les non-catholiques seulement, mais pour eux au moins elle le possède.

Quant à l'Italie, elle a pris récemment en considération, je vous l'ai dit, une proposition de loi de M. Salvator Morelli tendant à l'établissement du divorce. Et il n'est pas jusqu'au Portugal qui n'ait voté une loi de divorce, qui aura son effet quand le mariage civil sera appliqué; seulement cette application n'a pas eu lieu jusqu'ici parce qu'elle a été subordonnée à d'autres lois organiques qui n'ont pas été encore faites, et c'est ce qui m'a permis de classer le Portugal au nombre des nations qui n'ont pas le divorce, quoique cette affirmation ne soit pas, vous le voyez, tout à fait exacte, puisqu'il y est admis à demi.

Il me reste à dire, toujours en restant dans le domaine des législations étrangères, qu'il est deux anciennes provinces françaises qui nous ont été lamentablement arrachées à la suite des événements de 1870, ces deux provinces n'avaient pas le divorce quand elles étaient françaises, et, quelque avantage qu'il y ait pour elles à le posséder, elles en feraient volontiers le sacrifice pour l'être encore.

Mais, quels que puissent être leurs sentiments à cet égard, elles ont perdu leur qualité de provinces françaises, elles sont devenues allemandes, et la loi allemande qui établit le divorce d'une façon beaucoup plus large que le code civil de 1806, la loi allemande a été promulguée dans l'Alsace-Lorraine.

Ceux qui avaient intérêt à user de cette loi en ont bénéficié; ceux qui n'en avaient pas besoin ne se sont pas aperçus qu'elle existât, la loi n'a pas exercé d'influence corruptrice sur la moralité des populations, et les préjugés qui existaient dans ces contrées ont cessé d'y exister depuis.

Je ne vois donc aucune bonne raison, aucun argument sérieux contre le rétablissement du divorce.

Je me trompe, il y en a un qui revient perpétuellement, c'est l'argument tiré de l'opportunité politique : « Prenez garde ! Vous allez compromettre la République en votant le divorce », nous dit-on.

Ah! messieurs, après avoir lutté pendant vingt ans pour faire triompher la République, parce que j'étais convaincu que c'était la forme de gouvernement la plus parfaite, la plus propre à permettre le développement social, le meilleur instrument de réformes, j'avoue que, si je voyais toutes les réformes ajournées parce que nous avons la République et qu'il ne faut pas la compromettre, je demanderais à être ramené aux carrières; on se trompe entièrement en faisant valoir un tel argument.

Je comprends qu'on invoque l'opportunité politique à propos d'une question politique, d'une loi qui est l'apanage d'un parti politique, et qu'alors on vienne dire : ne faites pas cette loi, parce qu'un jour le parti politique adverse pourra vous l'opposer et vous dire : « Voilà votre œuvre ! »

Mais le divorce, qui est réclamé par toute la presse, depuis la *Marseillaise* et la *Révolution française*, jusqu'au *Figaro* et à l'*Estafette*, en passant par le *Rappel*, le *XIXe Siècle* et le *National*. Le divorce, qui trouve des adhérents dans tous les partis politiques, peut-il être considéré comme l'apanage d'un seul parti?

Evidemment non! Tout le monde peut la revendiquer, cette loi. Le parti républicain le peut, car la Suisse et les États-Unis, qui sont des républiques, possèdent le divorce; car les républicains de 1792 ont été les premiers à l'établir chez nous. Mais les impérialistes peuvent aussi se réclamer d'elle, car la Russie et l'Allemagne, qui sont des empires, jouissent de la loi du divorce; car le premier empire français l'a conservée; car l'empereur s'en est même servi. (On rit.) Car celui qui devait être plus tard Napoléon III, et qui était alors à Ham, — quoique après son coup d'État, prisonnier de toutes les réactions coalisées, il n'ait pas pu appliquer ses projets, — le prince Napoléon Bonaparte s'adressant au gouvernement de Louis-Philippe disait : « Qu'avez-vous fait? Vous n'avez même pas rétabli le divorce qui était le palladium de l'honneur des familles. » (Applaudissements et rires ironiques à gauche.)

Les ..... — je ne veux pas dire les orléanistes, il n'y en a plus (On rit), — les constitutionnels peuvent aussi se réclamer du divorce, puisqu'ils en ont voté quatre fois le rétablissement de 1831 à 1834.

Enfin, en ce qui concerne les catholiques, je viens de leur démontrer tout à l'heure que leur conscience n'a aucun intérêt dans la question et que, même, ils ont souvent un intérêt réel à ce que le divorce soit promulgué.

Par conséquent, personne, absolument personne ne pourra se servir du vote du divorce contre la République. A ceux qui s'en feraient un argument contre la République, vous répondriez : « Mais l'orléanisme, mais le premier empire l'ont établi ou ont tenté de l'établir! »

Votre commission d'initiative n'a donc pas d'argument solide à m'opposer, et c'est pourquoi, messieurs, vous invaliderez, je l'espère, la décision qu'elle a cru devoir prendre. (Marques d'assentiment. — Aux voix!)

Je l'espère d'autant plus, que j'ai encore bien des choses à vous dire : nous avons à étudier ce qui doit être la loi constitutive du divorce; comment elle doit être conçue; quels cas de divorce doivent être admis; si le divorce par consentement mutuel doit être conservé ou abandonné; s'il doit être limité à ceux qui n'ont pas d'enfants, comme en Prusse, ou admis pour tous sans exception, comme dans la loi de 1803; quelles doivent en être les conséquences par rapport aux enfants; si les époux divorcés devront conserver ou non le droit de se remarier entre eux.

Toutes ces questions, qui ne peuvent pas faire l'objet de la discussion actuelle, nécessitent une première délibération.

Au point de vue de tous, dès amis comme des adversaires du divorce, il importe que ces grandes questions se produisent à cette tribune et qu'elles y soient traitées à fond.

C'est pour cela, messieurs, qu'il faut que la proposition soit renvoyée aux bureaux, mûrie, rapportée, sérieusement examinée à cette tribune. (Applaudissements sur un grand nombre de bancs.)

Aussi suis-je convaincu que, avec votre esprit d'équité et de libéralisme, vous voterez contre les conclusions de la 6e commission d'initiative, c'est-à-dire pour la prise en considération de ma proposition. (Marques nombreuses d'approbation.)

(L'orateur, retourné à son banc, reçoit les félicitations d'un grand nombre de ses collègues.)

Voix diverses. A jeudi! — Non! non! continuons!

M. le président. La suite de la discussion pourrait être renvoyée à jeudi.

A droite. Oui! oui!

A gauche. Non! non! aux voix!

M. le président. Mais il y a plusieurs orateurs inscrits : M. Faure, rapporteur; M. Aghiol... et l'heure avancée...

A gauche. Qu'ils parlent!

A droite. A jeudi!

M. le président. La Chambre va statuer sur la continuation immédiate de la discussion ou le renvoi à jeudi.

M. Laroche-Joubert. On ne peut pas même mettre cette question aux voix. Nous ne sommes pas en nombre pour voter; nous ne sommes pas deux cents membres présents.

M. le président. On est toujours en nombre pour les questions d'ordre du jour.

Je mets aux voix la continuation immédiate de la discussion.

(Une première épreuve par mains levées est déclarée douteuse par le bureau. — Une seconde épreuve par assis et levé a lieu. — La Chambre décide que la discussion continuera.

M. le président. La parole est à M. le rapporteur.

M. Faure, *rapporteur.* La Chambre comprendra que je ne suive pas l'honorable M. Naquet dans tous les détails qu'il a donnés à son exposé. Lorsque la 6e commission d'initiative parlementaire et même M. Naquet ont fait appel à ma bonne volonté pour me confier le rapport sur cette question, ils ne m'ont pas imposé une aussi lourde tâche. Si la commission avait eu cette intention, elle aurait choisi sans doute un orateur plus compétent en ces sortes de matières. Elle m'a donné simplement la mission de faire connaître à la Chambre les motifs qui lui faisaient repousser la prise en considération de la proposition, c'est à cela que je me bornerai.

Un membre à gauche. Quelle a été la majorité?

M. le rapporteur. La majorité a été considérable.

Après avoir entendu à diverses reprises l'honorable M. Naquet, la commission n'a point étudié la question au fond, elle n'en a fait à ce point de vue qu'un examen des plus sommaires, elle ne s'est montrée ni hostile ni favorable à la proposition de loi. Il lui a semblé que le moment n'était pas venu de mettre en discussion une question si controversée, susceptible de donner lieu à des débats pouvant agiter et même inquiéter une certaine portion de la population.

Dans une de ses réunions, la commission a entendu un de ses membres exposer longuement les difficultés que présentait la question du divorce, même pour ceux qui sont favorables à la proposition.

J'avoue que personnellement j'ai été fort touché de ces observations et, pour m'éclairer sur un sujet à peu près nouveau pour moi, je me suis reporté aux discussions qui, dans le conseil d'État, ont précédé la rédaction du titre VI du code civil. La lecture de ces discussions m'a démontré combien étaient justes et fondées les observations que j'avais entendues.

Dès le début des séances consacrées à cette partie du code civil, Portalis expose la question brièvement.

« Les tribunaux, dit-il, sont partagés : les uns admettent, les autres repoussent le divorce. Le divorce est un contrat civil que la loi peut régler; elle ne veut le permettre ni l'autoriser, elle se borne à en prévenir l'abus. »

Puis, il invoque la liberté de conscience : il y a des religions qui n'admettent pas le divorce, d'autres qui le permettent; il faut que ceux qui professent ces dernières religions puissent user du divorce, si leur conscience y consent.

Enfin, le législateur peut permettre le divorce, si la politique l'exige : il existe depuis dix ans, il faut le conserver.

Après cet exposé, on procède immédiatement au vote, et le principe est admis.

Jusque-là rien de plus simple; mais on a voté sans discussion, et c'est au moment où l'on veut déterminer les causes du divorce qu'apparaissent les véritables sentiments des membres les plus illustres du conseil d'État.

Les orateurs qui prennent part à la discussion : Portalis, Tronchet, Réal Maleville, Boullay, d'autres encore, font longuement, à divers points de vue, la critique du divorce dont pourtant ils viennent de voter le principe.

Je ne veux point analyser cette discussion; néanmoins, à titre de spécimen, je vous lirai un passage que j'emprunte à Portalis.

« Les Français, dit-il, sont légers... » (Interruptions.)

M. Labuze. Vous discutez le fond de la question : ce n'est pas le moment !

M. le rapporteur. Je vous donne l'opinion de Portalis précisément pour vous montrer quelles difficultés soulève cette grave question du divorce.

Je reprends:

« Les Français sont légers, dit Portalis, mais ils ont des mœurs; c'est dans les départements, c'est dans les campagnes qu'il faut aller chercher les mœurs françaises; là le scandale du divorce a été rejeté avec mépris, on n'a point usé du divorce, les tribunaux l'attestent, voilà le vœu de la nation. »

Et Maleville ajoute:

« Depuis que le divorce est admis, beaucoup de mariages sont annulés, sans que les mœurs soient améliorées et sans que les mariages soient plus heureux. »

Ces citations suffisent pour faire connaître et apprécier l'opinion presque unanime de ces jurisconsultes qui pourtant admettaient le divorce.

Cependant un membre de l'Assemblée se montre partisan déclaré du divorce, il veut qu'on en pousse les conséquences jusqu'aux conditions prévues par la loi du 20 septembre 1792, et, parmi tant d'autorités que notre honorable collègue nous a citées, je m'étonne de ne point trouver celle-là.

Messieurs, ce partisan déclaré du divorce n'est autre que le président du conseil d'État, le premier consul, Bonaparte. (Ah! ah! à droite.)

Remarquez que nous sommes en 1803, et que bientôt le premier consul Bonaparte s'appellera l'empereur Napoléon.

En rappelant cette page de l'histoire du code civil, je crois avoir montré clairement les difficultés de la question du divorce.

La 6e commission d'initiative parlementaire vous disais-je tout à l'heure, n'a pas trouvé que le moment fût venu de s'occuper de cette question. Presque tous les membres de la commission ont affirmé que le pays n'y pensait pas.

En effet, aucune manifestation importante ne s'est produite, aucune pétition ne vous a été adressée, et malgré les appels de quelques écrivains... (Aux voix! aux voix!) qui semblent se passionner pour la proposition de loi de M. Naquet, la population ne se réveille pas et ne paraît pas y songer.

Pourquoi donc jeter dans les esprits une cause de trouble et d'excitation quand il est bien évident que l'opinion n'est pas mûre en France pour le rétablissement du divorce?

Permettez-moi, messieurs, de reprendre une citation que j'empruntais, il y a deux mois, à un précédent rapport de M. Constans sur la même question :

« Le divorce, disait en 1876 notre collègue M. Constans, n'est pas une réforme politique, c'est une réforme sociale, c'est-à-dire une de celles qui touchent aux mœurs et qui ne peuvent être tentées tant que les mœurs les repoussent.

« Un grand trouble dans les consciences, une atteinte à la sécurité de la famille et à la paix des ménages, un effroi irréfléchi de l'opinion, une diminution de la confiance qu'inspirent au pays votre prudence et votre sagesse : tels seraient les effets immédiats, je ne dis pas de la loi, mais de la discussion sur le fond d'un projet de rétablissement du divorce.

« Une deuxième considération sur laquelle je ne veux pas insister plus qu'il ne convient, doit vous être soumise. Il y a une école de publicistes ou d'hommes d'État qui n'a pas pardonné à la République. On s'efforce de la représenter comme incapable de respecter les principes de conservation sociale et, dans l'impuissance où l'on se trouve d'incriminer vos actes, on accable de prophéties sinistres le gouvernement de votre choix.

« Ces attaques ne vous feraient pas hésiter le jour où il y aurait à les braver une utilité véritable. Mais, dans la question du divorce, ce système de dénigrement qui, jusqu'ici, porte à vide, paraîtrait fondé, et l'on ne manquerait pas d'imputer à la République elle-même les inquiétudes que feraient naître les discussions d'une assemblée qui est son plus ferme soutien. » (Interruptions à gauche.)

Messieurs, c'est un de vos collègues qui s'exprime ainsi.

Je n'ai rien à ajouter à des observations si justes et si sensées.

Enfin, votre commission a encore été frappée d'une autre considération.

Il est certain qu'un grand nombre de projets de lois et de propositions attendent vos décisions. Ces lois touchent aux plus grands, aux plus pressants besoins du pays, et beaucoup de nos concitoyens verraient peut-être avec un certain regret vos discussions d'affaires interrompues pour l'étude d'une question ardue qui réclamerait beaucoup de temps et dont ils ne comprendraient pas toute l'importance.

Il est certain que, si la proposition de loi de M. Naquet était renvoyée à l'examen d'une commission, elle courrait le risque de rester longtemps en préparation, et quand enfin elle reverrait le jour, elle pourrait bien être accueillie avec indifférence.

N'est-il pas préférable, même dans l'intérêt de la proposition, d'attendre que l'opinion publique soit mieux et plus complètement disposée... (Aux voix! aux voix!) à voir le parlement aborder la difficile et intéressante discussion que fera naître l'étude de la question du divorce?

Songeons donc aux lois d'affaires ; l'agriculture souffre et se plaint, il faut entendre ses réclamations; le commerce et l'industrie sont en état de crise, il faut leur venir en aide. (Très-bien ! à droite. — Bruit à gauche.) Les lois de finances, les lois sur le régime douanier, les lois sur l'enseignement réclament tout notre temps et toute notre attention, toutes demandent de plus une prompte solution.

C'est pour les divers motifs que je viens d'exposer que votre commission vous propose de repousser la prise en considération de la proposition Naquet. (Marques d'approbation sur divers bancs. — Aux voix ! aux voix !)

MM. de Gavié et le comte de Maillé. Nous ne sommes pas en nombre!

Voix diverses. Si ! si !

M. le président, après avoir consulté MM. les secrétaires. Le bureau est d'avis que la Chambre est en nombre suffisant pour délibérer.

M. Soland. Mais pas pour voter!

M. le président. Je mets aux voix les conclusions de la commission qui sont pour la non prise en considération.

(L'épreuve et la contre-épreuve ont lieu.)

M. le président. Les conclusions de la commission ne sont pas adoptées. En conséquence, la proposition est prise en considération. (Vifs applaudissements à gauche et sur divers bancs au centre.)

La commission des congés est d'avis d'accorder à M. le baron de Klopstein, un congé d'un mois.

Il n'y a pas d'opposition?...

Le congé est accordé.

M. Devès demande un congé pour raison de santé.

La demande sera renvoyée à la commission des congés.

Le Figaro

Du 31 mai 1879

UNE LETTRE DE M. NAQUET

La personnalité de M. Alfred Naquet est trop en vue pour que nous ne nous empres-

37

Je me suis séparé d'elle, quoique ayant
conservé avec elle les meilleurs rapports
et quoique professant pour elle la plus
parfaite estime. J'ajoute que cette séparation ne me rend point « intéressé »
dans la question du Divorce, cette loi
étant une loi de justice que je réclame
pour mon pays, *mais dont je n'ai pas la
moindre velléité de me servir.*

Depuis cette séparation, j'ai été bien
souvent troublé par des devoirs contradictoires : je me suis demandé si je devais — comme j'en ai reçu mille fois le
conseil — reprendre mon fils ou l'abandonner à une éducation que je réprouve.

Je me suis décidé pour la dernière solution.

Suivant moi, lorsqu'une femme a
porté un enfant et l'a mis au monde ;

Lorsqu'elle l'a fait vivre par des soins
assidus, alors que cet enfant, très malade
dès sa naissance, semblait voué à une
mort certaine ;

Lorsqu'elle est ainsi deux fois sa
mère, que d'ailleurs elle n'a que lui au
monde et que le lui enlever serait la
tuer... et peut-être tuer l'enfant ;

Je ne crois pas qu'un homme de cœur
puisse hésiter.

L'enfant, dans ce cas, quelques droits
que la loi confère au père, appartient
moralement à la mère.

C'est pourquoi, malgré la souffrance
que me fait éprouver l'éducation — absolument contraire à mes idées — que
reçoit mon fils unique, je suis obligé d'accepter cette situation, contre laquelle je
ne puis rien..... à moins de commettre
un acte d'injustice et de barbarie dont je
me déclare incapable.

Voilà, Monsieur, ce que je voulais
vous prier d'insérer dans un de vos prochains numéros.

Je n'ai rien à objecter au reste de votre article.

Ce que vous dites de mes relations
avec mes adversaires politiques est
exact, tout — jusqu'au mouchoir troué
que j'avais pris par mégarde dans mon
armoire.

Je suis de ceux qui pensent que la
France deviendrait inhabitable si l'on
devait absolument se fuir lorsqu'on ne
pense pas de même. Je vais jusqu'à trouver que la contradiction aiguise l'esprit
et a souvent pour effet de fortifier un
homme dans ses propres principes.

Ces relations, d'ailleurs, ne me gêneront
jamais, j'en suis certain ; et jamais je

n'aurai le chagrin de *faire couper le cou*
aux hommes dont vous parlez, car la
République — à l'inverse de certains
gouvernements conservateurs que j'ai
connus — ne se présente à mon esprit ni
sous le symbole d'une guillotine, ni sous
le symbole d'un peloton d'exécution.

Veuillez agréer, monsieur, l'assurance
de ma considération distinguée.

A. NAQUET.

Le Réveil du midi du 4 juin 1877

LETTRE A MES ÉLECTEURS

invalidation de Blanqui

Paris, le 4 Juin 1879.

Mes chers concitoyens,

Nommé pour faire partie de l'extrême-gauche,
je me borne à voter, sans me croire tenu à des
explications, lorsque l'extrême-gauche est d'un
avis unanime.

Mais lorsque, sur une question importante,
comme celle d'hier, l'extrême gauche se divise ;
lorsque des hommes également radicaux, également dévoués aux principes fondamentaux de
la République, tels que Saint-Martin et moi,
Madier-de-Montjau et Clémenceau, Floquet et
Lockroy, Laisant et Georges Périn, se séparent,
je crois utile de donner à mes électeurs des
explications sur les motifs qui ont déterminé
mon vote.

J'ai voté l'invalidation. Pourquoi ?

Parce que dans une République démocratique, fondée sur le suffrage universel, le respect
de la loi m'a paru être le principe essentiel et
suprême, le seul avec lequel on ne puisse pas
transiger, quelque sacrifice qu'il en coûte quelquefois de l'observer.

En 1848, le grand citoyen auquel nous devons
le suffrage universel, celui qui a fait à notre département l'honneur de mourir en le représentant, Ledru-Rollin affirmait ainsi cette incontestable vérité :

« Citoyens — s'écriait-il à propos de la
vérification des pouvoirs de Louis Bonaparte —
« vous nous dites : vous violez la souveraineté
du peuple. » — J'avoue qu'il serait singulier à
des hommes qui ont contribué à constituer le
24 février, la souveraineté du peuple, d'entendre dire aujourd'hui qu'ils veulent le violer.

« Citoyens, permettez-moi de vous le dire, vous vous méprenez sur les principes ; apparemment vous n'êtes pas meilleurs révolutionnaires que les auteurs de la déclaration des droits de 1793 ; vous n'avez pas la prétention de défendre plus qu'eux la souveraineté du peuple : Eh bien, ils déclarent dans cette constitution de 1793, que la souveraineté du peuple existe dans l'assemblée et ne peut exister dans un individu seulement. Ils le déclarent si bien qu'ils vous disent que, quand cette souveraineté dans son ensemble est violée, il faut recourir à l'insurrection. Et, à côté de ces principes qui planent sur toutes nos constitutions, permettez-moi de dire à ceux qui souriaient tout-à-l'heure qu'ils avaient mal compris, que la règle ne peut être posée qu'en ces termes ; autrement c'est du protestantisme, ce n'est pas la foi dans la souveraineté du peuple ; la souveraineté du peuple existe dans l'universalité, dans l'absolu. Autrement, citoyens, remarquez-le bien, il peut convenir à un département surpris de nommer un prétendant qu'on vous indiquait tout-à-l'heure et que vous avez proscrit par une loi récente.

« Il peut convenir à un autre département, que je ne veux pas indiquer, de nommer, par exemple, le comte de Paris ou Henri V. Quel est celui d'entre vous qui viendrait soutenir qu'un département, ainsi égaré et protestant, pèse lui seul autant que l'ensemble de la nation ? (mouvement prolongé).

« Je le répète, *en droit et en fait*, quand 'la souveraineté du peuple que vous représentez, puisque vous êtes constituants, *a déclaré que la loi de 1832 existe encore* (la loi qui rendait Louis Bonaparte inéligible,) VOUS NE POUVEZ PAS DIRE QU'ON ATTENTE A LA SOUVERAINETÉ D'UN DÉPUTÉ DU PEUPLE SI LA MAJORITÉ DE LA NATION, QUI CONSTITUE DANS SON ESSENCE LA SOUVERAINETÉ ENTIÈRE, ABSOLUE, INDIVISIBLE DU PEUPLE, SI CETTE SOUVERAINETÉ DÉCIDE QUE LE DÉPARTEMENT S'EST MÉPRIS, QUE LE DÉPARTEMENT S'EST TROMPÉ, QU'IL A CRU A DES CONDITIONS LÉGALES QUE LE CANDIDAT N'AVAIT PAS : Ce qu'il faut respecter, c'est l'ensemble de la nation et non pas le vœu isolé d'un département. Voilà les principes. » (Très bien ! très bien ! très-bien ; vive adhésion).

Si Ledru-Rollin s'exprimait ainsi ce n'est pas que le respect de la loi positive soit toujours conforme aux principes.

« Si vous votez cette loi, s'écriait un jour Mirabeau, je fais le serment de la violer ! »

En faisant mardi dernier à la légalité le sacrifice que nous lui avons fait, nous n'avons pas entendu renier ce serment, renier nos traditions révolutionnaires. C'est parce que, à de certaines heures, nous avons foulé aux pieds le droit positif qu'il nous a été possible d'assurer les conquêtes auxquelles est due la civilisation moderne.

Nous savons cela : mais nous savons aussi que le droit révolutionnaire est renfermé dans des limites étroites, et dont il ne peut pas sortir, à peine de devenir la dictature et l'oppression.

Quelles sont ces limites ? il n'est pas difficile de les indiquer.

Le suffrage universel ne peut pas tout. Il ne peut pas, sans violation de la justice, établir la monarchie, c'est-à-dire engager la volonté des générations futures, il ne peut pas supprimer la liberté de conscience ni aucune des grandes libertés qui sont le droit imprescriptible de l'individu ; il ne peut pas se suicider en revenant au suffrage restreint. S'il faisait une de ces choses monstrueuses, la période révolutionnaire se rouvrirait, et à un abus criant de la force, nous aurions le droit de répondre par l'insurrection.

Mais aussi longtemps que le suffrage universel se meut dans le cercle où il a le droit de se mouvoir ; aussi longtemps qu'il respecte la République, les libertés fondamentales et son propre principe, l'obéissance a la loi qu'il a faite est un devoir sacré pour les républicains.

Sans ce respect de la loi, qui est sa raison d'être et sa force, la République ne serait plus que l'oppression de la minorité par la majorité, qu'un gouvernement sans règle ni boussole, pire que la monarchie elle-même.

On nous dit, — c'est M. Clémenceau qui parle — : « La loi a été violée dans d'autres circonstances » et l'on nous cite 1848 et 1871.

D'abord en 1848 et en 1871, on était au lendemain d'une révolution qui avait renversé un régime politique, qui avait inauguré un régime nouveau et l'on pouvait à la rigueur soutenir que les lois anciennes étaient caduques du fait même de la révolution

Mais si même la loi a été violée en ces diverses circonstances ; si elle l'a été en 1848, malgré l'opposition de presque tout le parti républicain, nous avons le droit de dire que, dans cette voie funeste, les précédents n'engagent pas.

Si les précédents engageaient, si une première violation de la loi en autorisait une seconde, les fauteurs de coups d'Etat ne seraient-ils pas autorisés à justifier leurs aspirations et leurs complots par le succès du 18 brumaire et du 2 décembre ?

Madier de Montjau a dit que le respect de la loi est le bouclier des oppositions...

tte vérité là, nous en avons eu la démons-
on en 1877. C'est parce que le comité des
appuyait sur la loi, c'est parce que le res-
de la loi s'était profondément imposé à
les citoyens et à l'armée elle-même, que les
ncls, que la Chambre a commis la faute
me de ne pas poursuivre, ont été arrêtés
leurs machinations ténébreuses.

pposez que l'armée, comme en 1851, n'eut
u que la discipline au lieu de connaitre la
lité, la République, le droit, la civilisation
nt une fois de plus noyés dans le sang.

'aurait fait l'armée si on avait pu lui dire
la légalité est une plaisanterie que l'on in-
e ou que l'on viole suivant que l'on a in-
à l'invoquer ou à la violer ? Que ferait-elle
ain, si de nouveaux périls menaçant la Ré-
lique, on pouvait lui dire que dans telle ou
circonstance déterminée la loi a été violée
les législateurs eux-mêmes ?

a Chambre ne devait pas, ne pouvait pas
ser la République à de pareils dangers.

aurait fallu, à mon sens, pour nous per-
re de valider Blanqui, que la loi qui le rend
gible fut une de ces lois monstrueuses que
ffrage universel lui-même n'a pas le droit
icter.

r, quoique je trouve cette loi détestable, je
aurais admettre qu'elle puisse être placée
s cette catégorie.

ne loi que figure dans le code pénal, qui a
sanctionnée en 1849 par une assemblée ré-
licaine, qui en 1875, a été conservée par
semblée nationale, sans qu'aucun des mem-
s qui siégeaient à l'extrême gauche de cette
mblée se soit levé pour l'attaquer, une telle
e saurait être considérée comme une de ces
ations du droit qui autorisent l'emploi des
ens révolutionnaires.

t dès lors, comment pouvions-nous nous in-
ger contre elle ?

n nous dit, il est vrai, que la Chambre juge
verainement de l'éligibilité de ses membres.
ui ; mais comme tribunal.

outes les fois qu'une loi existe, il faut un
nal pour l'appliquer, et il y a toujours par-
les tribunaux, un tribunal qui juge en der-
ressort.

n matière de vérification des pouvoirs de ses
nbres, la Chambre est tribunal en dernier
ort, et à ce titre: elle a le pouvoir de mépri-

ser la loi, de n'en pas tenir compte.

Elle en a le pouvoir, mais elle n'en a pas le droit.

Prétendre le contraire, ce serait raisonner comme si l'on reconnaissait à la Cour de cassation le droit de rendre des arrêts illégaux sous le prétexte que, n'ayant aucun tribunal au-dessus d'elle pour réformer ses décisions, elle le peut en fait

Quel serait l'avocat qui viendrait dire à la Cour suprême.....

« La loi sans doute déclare que les interdits
« et les mineurs sont incapables de contracter
« valablement, que leur signature est nulle ;
« mais cette loi est en contradiction avec celle
« qui vous établit juges en dernier ressort juges
« souverains. C'est à vous qu'il appartient, par
« suite, placés que vous êtes entre deux textes
« contradictoires, de juger en équité et de con-
« sidérer tel mineur déterminé comme capable,
« si vous le jugez bon, nonobstant la loi qui
« proclame son incapacité. »

Evidemment personne n'oserait parler de la sorte à la Cour de cassation et néanmoins c'est là le discours que, sous une autre forme, M. Clémenceau a prononcé à la Chambre des députés dans la séance du 3 juin.

Vainement objectera-t-on que la Chambre est une assemblée législative et que, à ce titre, elle peut ne pas tenir compte de la loi, puisque à l'inverse des tribunaux chargés seulement de l'appliquer, elle a le pouvoir de la faire.

Cette doctrine qui conduirait à ne tenir aucun compte des lois constitutionnelles elles-mêmes, et à investir les chambres d'une véritable dictature, ne serait même pas acceptable avec une assemblée unique et souveraine ; encore moins l'est-elle sous la Constitution qui nous régit

Une assemblée souveraine unique aurait pu rapporter la loi qui rend Blanqui inéligible, — comme l'a fait l'assemblée de 1871 pour les princes d'Orléans, — et le valider ensuite ;

Elle aurait pu faire une loi d'exception par laquelle elle aurait décidé que l'article relatif aux inéligibilités ne serait pas applicable à tel ou tel ;

Mais elle n'aurait pas pu valider purement et simplement sans faire procéder cette validation d'un acte législatif.

A plus forte raison la chambre actuelle, qui n'est que la moitié du parlement, qui n'est pas investie du pouvoir souverain, qui ne fait pas de

loi sans l'intervention du Sénat, ne le peut-elle
pas.

D'ailleurs comment ne voit-on pas que par
une conséquence logique, le droit de valider un
inéligible conduirait au droit d'invalider un éligible sans qu'il y eut des causes spéciales d'invalidation dans son élection ; que les chambres,
si elles pouvaient déclarer digne celui que, à
tort ou à raison, la loi déclare indigne, pourraient également déclarer indigne celui que la
loi déclarerait digne.

Les successeurs de M. Clémenceau trouveraient
dans la triple invalidation de M. Bravais par le
corps législatif, un précédent pour soutenir leur
thèse tout comme M. Clémenceau en a cité pour
soutenir la sienne.

La Chambre alors, juge souveraine, se subs-
tituerait au suffrage universel, et nous tombe-
rions dans la plus monstrueuse des tyrannies.

Vous le voyez, sous le prétexte d'incliner la
Chambre devant les décisions du suffrage universel, c'est—en supprimant la loi qui est la garantie suprême du suffrage universel—à la subor-
dination du suffrage universel qu'on arriverait.

Quelque douleur que j'ai eu à voter l'invalidation d'un homme qui souffre depuis 40 ans
pour la République, et qui n'aurait pas même
dû être poursuivi pour le fait qui a motivé sa
dernière condamnation, il m'a paru que toutes
les considérations personnelles, toutes les considérations de sentiment devaient s'effacer devant
la grandeur d'un principe qui est le fondement
même de la République, et j'ai voté l'invalidation.

Nos pères de 1793 auraient fait de même. Ces
géants, au milieu de troubles sans exemple,
avaient compris, le jour où ils proclamaient la
République, qu'à la souveraineté du monarque,
il fallait substituer la souveraineté auguste de la
loi.

Ils poussaient si loin cette grande et majes-
tueuse conception, qu'au 9 thermidor, lorsque
Saint-Just tendait à Robespierre, afin qu'il le
signât, l'appel aux armes qui leur aurait infailliblement donné la victoire, Robespierre brisa
la plume en disant :

« La mort de quelques justes comme nous
sera moins funeste à la République que la violation de la loi. »

Quand on se met à l'abri derrière ces héros
qui ont créé le droit moderne, on est sûr de ne
pas s'égarer.

Aussi ne regretté-je pas mon vote, et suis-je
assuré que, avec le sens droit qui vous caracté-
rise, vous m'approuverez.

A. NAQUET.

Le Voltaire du jeudi 3 juillet 1879

LE DIVORCE

Parmi les réformes combattues à ou-
trance par la secte cléricale se trouve
la question importante du Divorce.
M. Alfred Naquet, le promoteur énergique de cette réforme réclamée par
l'opinion publique, la poursuivra désormais dans le *Voltaire*.

Voici son entrée en matière :

M. JULES LAFFITTE, rédacteur en chef du
VOLTAIRE.

Vous me demandez si je ne consenti-
rais pas à traiter régulièrement au *Voltaire* la question du divorce.

Je suis bien occupé, bien fatigué
même, et j'hésiterais si je ne sentais
quelque point que vous me demandez
peut-être utile. Mais je le sens et j'accepte.

La France s'est constituée en République. Son gouvernement est, à cette
heure, celui de la nation par elle-même,
et la législation doit devenir l'œuvre des
citoyens agissant dans la plénitude de
leur liberté.

Sous la monarchie, c'est le monarque
qui fait la loi ou qui l'impose. Convaincre le monarque suffit. Sous la République, il n'y a de souverain que le peuple
et c'est le peuple qu'il faut convaincre
d'abord.

Un homme d'un grand esprit, écrivain célèbre qui ne partage pas nos idées politiques, mais avec qui je me trouve d'accord sur la question du divorce, ce qui m'a procuré l'agrément de quelques charmantes heures passées avec lui, M. Alexandre Dumas développait l'autre jour cette idée devant moi dans une comparaison charmante.

« La monarchie, me disait-il, est une
» bouteille qu'on emplit par le goulot et
» la République une bouteille que l'on
» chercherait à emplir par le fond. »

Il ajoutait que c'est là la supériorité de la monarchie.

« Quand Voltaire avait su captiver
» Frédéric ou Catherine, il était maître
» du goulot de ces deux bouteilles : la
» Prusse, la Russie ; il lui était facile de
» les remplir.

» Sous la République, il faut convain-
» cre tout le monde ; le travail se fait en
» même temps qu'il se fait : c'est une
» toile de Pénélope. »

Monsieur Alexandre Dumas avait raison ; mais, ne lui en déplaise, je vois la
supériorité de la République là où il
voit la supériorité de la monarchie.

Sans doute un monarque absolu, un
César, peut imposer, quand il est
vaincu de sa nécessité, une réforme
utile à un peuple qui n'est pas disposé
à la recevoir, comme le fit Napoléon III
en 1860 à propos des traités de commerce conclus pour ma part, qui les
blâmai. Mais il n'est pas toujours facile
de se rendre le monarque favorable.
Lorsqu'un homme est rétif, on a moins
d'action sur lui que sur un peuple : un
seul homme peut opposer une opiniâtre
résistance à la vérité ; un peuple ne résiste pas à son empire, quand ceux qui
en sont les initiateurs peuvent la défendre librement devant lui.

Lorsqu'une réforme mûrie par
les réflexions, avant d'être tranché
en ... bienfait du
rable pour plus ... en semble

[...] Une réforme importante rencontre des obstacles d'au[tant ...] lorsqu'elle est réalisée, que pour la faire adopter lorsqu'il s'agit d'en obtenir la réalisation. [...]

Après 19 ans, et malgré les services qu'ils ont rendus, les traités de commerce sont encore discutés. Ils ne le seraient plus depuis longtemps s'ils avaient été introduits chez nous par la méthode libérale et républicaine au lieu de l'être par la méthode césarienne et autocratique.

Cette méthode libérale, quelle est-elle? C'est celle que nos voisins les Anglais ont appelée une agitation pacifique; c'est celle que j'emploie à cette heure pour faire triompher l'idée du rétablissement du divorce dans nos lois et par laquelle je réussirai, je n'en doute pas, ne doutant pas de la vérité de la thèse que je défends.

Cette agitation pacifique peut s'exercer par trois moyens: la tribune nationale, les conférences publiques et la presse.

Député, conférencier, journaliste au besoin, je puis les mettre en œuvre tous trois et je ne dois n'en négliger aucun.

Dès 1876 — et c'est par là que j'ai commencé — j'ai présenté à la Chambre des députés une proposition de loi qui, emportée par le 16 mai et la dissolution, a été reprise par moi dès ma rentrée à la Chambre et qui, ayant trouvé d'abord la Chambre hostile, grâce au progrès de l'opinion, se déroule en ce moment devant une commission favorable.

Je ne trompe en disant que c'est par là que j'ai commencé. Un député soucieux de ses devoirs, ne saurait entamer une pareille campagne qu'après en avoir avisé ses électeurs. Mon premier acte fut, à la fin de 1875, d'inscrire le rétablissement du divorce dans mon programme.

L'effet ne fut d'abord pas heureux. Le préjugé était alors encore très vivace et mes amis les plus intimes m'écrivirent de ne pas revenir dans le Midi, parce que j'avais rendu ma candidature impossible.

Mais j'ai foi dans la vérité qui s'impose. Je ne me décourageai pas; je me transportai dans les cinquante communes dont mon arrondissement se compose; je réunis mes électeurs; je m'expliquai devant eux et ils m'élurent.

Une fois élu, j'étais libre; je déposai ma proposition de loi à la Chambre et je commençai à la faire connaître au public par des conférences.

Le 16 Mai vint interrompre ce travail et nous faire perdre deux ans.

Ces deux ans toutefois n'ont point été entièrement perdus, car ils ont servi à rapprocher entre elles les diverses fractions de l'opinion républicaine, à faire tomber bien des antipathies et à dissiper bien des erreurs.

Dès que la France a été rentrée dans la possession de sa liberté, j'ai repris mon œuvre. J'ai fait dix conférences sur le divorce à Paris, j'en ai fait à Lyon, à Avignon, à Asnières, à Troyes. Je continue cette campagne avec une ardeur d'autant plus grande que le but est plus proche. La semaine dernière, j'allais soutenir mes idées à Asnières et à Boulogne; demain, j'irai les défendre à Versailles; dimanche, je serai à Lille, et je continue ainsi, employant à ce travail de propagande tout le loisir dont mes occupations parlementaires d'un côté, et de l'autre ma santé — malheureusement un peu ébranlée, — me permettent de disposer.

Cela ne suffit pas. La parole parlée est nécessaire; elle va là où ne vont pas les journaux, et elle impressionne plus que la parole écrite.

Mais les journaux vont trouver chez elles bien des personnes qui n'assistent pas aux conférences, et la parole écrite a de plus sur la parole parlée l'avantage de pouvoir être conservée et par cela même méditée plus profondément.

La presse et les conférences sont donc non point deux moyens d'action exclusifs l'un de l'autre, mais deux moyens qui s'aident l'un l'autre, qui se prêtent un mutuel appui.

Je dois le dire ici avec reconnaissance, la presse, et la presse de toute opinion m'a prêté un concours efficace qui a largement contribué au succès déjà obtenu.

J'ai été heureux de cet appui qui m'était indispensable. J'ai été heureux surtout de me voir soutenu par des journaux qui ne m'avaient guère habitué jusque-là à leurs faveurs. Cela me permettait d'établir que le rétablissement du divorce est une réforme d'ordre social, qui n'a rien à voir avec la politique, et dont aucun parti ne peut revendiquer exclusivement le bénéfice, pas plus qu'on ne peut raisonnablement l'invoquer contre aucun parti.

Je remercie ici tous ceux qui m'ont ainsi aidé à déterminer un manifeste courant d'opinion en faveur d'un progrès moralisateur auquel presque personne ne songeait il y a trois ans, et dont on parle partout à cette heure.

Mais à côté de cette campagne généreuse et générale, que font tous les journaux, chacun à sa manière, il était peut-être bon que celui qui a été l'initiateur du mouvement eût un organe dans lequel il pût exprimer librement sa pensée, coordonner ses efforts et généraliser son action, que le système des conférences laisse nécessairement toujours limitée, un homme ne pouvant être partout à la fois.

C'est là sans doute ce que vous voulez de moi; c'est pour cela que vous mettez à ma disposition le *Voltaire*.

C'est pour cela que, malgré l'excessif besoin de repos que je ressens et ma tendance instinctive à écarter de moi tout surcroît de travail, je me rends à vos désirs.

A bientôt donc un premier article sur le divorce.

Veuillez agréer, monsieur le rédacteur, l'assurance de ma parfaite considération et de mes sentiments les plus sympathiques.

A. NAQUET.

Le Réveil de la H.te Garonne

30 Juin 1879

Notre ami, M. Alfred Naquet, député, nous adresse la lettre suivante au sujet des conférences qu'il se propose de faire en province, comme nous l'a déjà annoncé notre correspondant parisien :

Monsieur le Rédacteur,

J'adresse cette communication à tous les journaux de province, quelle que soit leur couleur politique, et j'espère de leur courtoisie, que tous voudront bien l'insérer.

Mon but, en la leur adressant à tous indistinctement, est de bien établir ce que j'ai déjà dit à la tribune de la Chambre des députés et dans une foule de conférences : que je ne considère pas mon agitation pacifique en faveur du divorce comme un acte politique, mais comme la revendication d'une réforme que je crois utile à la moralisation de notre pays, et qui, à ce titre, doit intéresser également tous les partis.

J'ai voulu le répéter encore, afin qu'aucune considération n'arrête mes adversaires politiques, hommes ou femmes.

C'est parmi eux que mon idée rencontre le plus d'hostilité systématique, et c'est d'eux, par suite, que je tiens le plus à être entendu, parce que je crois pouvoir leur démontrer que leur hostilité découle d'un simple préjugé, d'un défaut d'examen.

Me trompé-je sur ce point? Y y a-t il présomption de ma part? C'est possible et le public en jugera après m'avoir entendu.

Mais il est un point sur lequel je suis certain de n'être pas présomptueux, c'est lorsque j'affirme que toutes les convenances seront respectées dans mon discours, et qu'aucune conviction de quelque nature qu'elle soit ne sera froissée.

J'ai traité d'autres fois des sujets philosophiques et religieux en conférence publique.

J'en traiterai peut-être encore dans l'avenir; mais ici, il ne s'agit que d'une question juridique et morale, sujet dont je ne m'écarterai pas.

Veuillez agréer, monsieur le rédacteur, l'assurance de ma considération la plus distinguée,

A. NAQUET.

Le Réveil du midi

2 juillet 1879

Lettre de M. Alfred Naquet

Nous trouvons dans *l'École laïque* la lettre suivante :

Paris, le 25 juin 1879.

Mon cher rédacteur, collègue et ami,

Je lis attentivement votre feuille et j'applaudis aux efforts que vous faites en vue de pousser l'État dans la voie de la laïcité de l'instruction.

La laïcité de l'instruction découle de la conception que nous nous faisons actuellement de l'État, espèce de conseil d'administration nommé par l'assemblée générale de la société, chargé de veiller à la sûreté de tous et de faire respecter la liberté de tous, sans jamais diminuer la liberté de l'un au profit de l'autre.

La laïcité de l'instruction est la conséquence du principe de neutralité en matière philosophique et religieuse que doit professer l'État si, fidèle à sa mission, il veut laisser se manifester librement toutes les croyances et n'en protéger aucune.

Sur ce point nous sommes d'accord et je pense avec vous que la laïcité de l'instruction devra s'imposer dans un avenir prochain au même titre que la gratuité et l'obligation.

Mais il est un spectacle qui m'attriste.

En attendant que l'État ait appliqué le principe de la laïcité absolue à ses écoles, faudra-t-il donc que les citoyens s'endorment et continuent, lorsqu'ils sont libres-penseurs et qu'ils ont le choix entre deux écoles, d'envoyer leurs enfants à l'école congréganiste?

C'est là un fait déplorable, et l'on ne saurait trop réagir contre cet esprit gouvernemental que des siècles de monarchie et de dictature ont fait à la France ; contre cette tendance individuelle à la mollesse, à l'inaction, contre la funeste habitude d'attendre d'en haut tous les progrès. On ne veut pas s'émanciper soi-même.

Dans [...] on [...]
en faveur de l'établissement du divorce, le [...]
d'agitation qui s'est produit dans le pays [...]
jet de ce projet de réforme.

On avait tort, sans doute, par la double raison
que l'agitation est plus forte qu'on ne pense et
que, d'ailleurs, quand un progrès est urgent,
les Chambres doivent le voter sans s'inquiéter
de savoir qui le réclame, une assemblée législative ne pouvant pas s'astreindre à devenir un
simple conseil d'enregistrement.

Mais les citoyens ont tort et grand tort de leur
côté lorsqu'ils s'abandonnent, lorsqu'ils attendent tout de leurs gouvernants.

Non-seulement ils éloignent ainsi un progrès
qu'ils pourraient, partiellement au moins, réaliser immédiatement par voie d'initiative privée, mais ils éloignent même la réforme générale qu'ils souhaitent. Le gouvernement, voyant
la conduite des citoyens en opposition avec les
convictions qu'ils affichent dans leurs paroles
et leurs discours, se dit que ces convictions sont
peu profondes, et il ajourne les projets qu'il serait obligé de présenter, sans plus attendre si
les citoyens, par leur initiative privée savaient
les lui imposer. C'est là ce que malheureusement les citoyens ne comprennent pas.

Vous voyez hommes et femmes acclamer dans
les réunions publiques les orateurs qui affirment
le principe de la laïcité de l'instruction.

Électeurs, aussi bien lorsqu'il s'agit de l'élection d'un conseil municipal que lorsqu'il s'agit
de choisir un député, ils imposent à leurs can-
didats l'obligation, si c'est un député, de voter
la laïcité à la Chambre ; si c'est un conseiller
municipal, de créer une école laïque dans le
pays pour combattre l'influence de la faction
cléricale.

Les libres-penseurs arrivent au conseil ; ils y
arrivent avec une majorité brillante et fidèles à
leurs promesses, ils fondent une école laïque
qu'ils opposent à celle des frères ignorantins ;
ils sont convaincus que les membres de la majorité qui les a élus enverront leurs enfants à la
nouvelle école ; ils voient dans un rêve l'institution congréganiste désertée, abandonnée, condamnée.

Mais l'illusion ne dure pas longtemps, et ils
s'aperçoivent bientôt que, sans raison, je dirais
presque sans prétexte, la plupart de ceux qui les
ont élus en réclamant à grands cris l'expulsion
des frères, et qui ont maintenant à leur disposition deux écoles, — envoient de préférence leurs
enfants à l'école congréganiste.

Un Belge, très-hostile aux empiétements [...]

[...] de l'intelligence, sont [...]
s'en doutât.

Il avait raison, et il avait raison [...]
France comme pour la Belgique, et pl[...]
pour la Belgique peut-être.

Réagi-ssez contre cet état ; faites compr[...]
aux libéraux, à quelque classe de la [...]
qu'ils appartiennent, qu'il est toujours v[rai ...]
vieil adage : *Aide-toi* !

Vous faites une croisade pour que le gouvernement et les communes remplacent partou[t les]
frères par des instituteurs civils. Mais en [atten-]
dant que ce grand résultat soit atteint, que [par-]
tout où ils en ont le choix, les parents n'hés[itent]
pas, s'ils sont républicains, libéraux, hosti[les]
aux empiétements du cléricalisme, qu'ils n'hésitent pas à envoyer leurs enfants à l'école qui
échappe à la domination du clergé et à [celle de]
l'autre déserte.

Dites-leur cela ; répétez-le-leur sans [cesse ;]
car, parmi les vérités, celles-là seules [entrent]
dans l'esprit et passent dans les mœurs [qu'on]
entend et qu'on écoute plusieurs fois, un [grand]
nombre de fois. Dites-leur cela, et le [jour où]
vous aurez donné à l'État, désireux d'acco[mplir]
de grandes réformes, ce point d'appui [indispensa-]
ble, une opinion publique préparée, qui [l']a
devancé, — ce jour-là vous aurez rendu [un]
éminent service à l'esprit laïque dan[s] [notre]
pays de France.

Croyez, mon cher rédacteur, collègue [...]
à ma bien vive sympathie, à ma bien pro[fonde]
amitié.

A. NAQUET, député

Le Voltaire

5 juillet 1879

LE DIVORCE

Les lecteurs du *Voltaire* savent déjà ce
qui a été fait à la commission du divorce
dans la séance de mercredi.

L'abrogation de la loi du 8 mai 1816,
et le rétablissement de l'article 227 du

Code civil qui reconnaît le principe du divorce, ayant été décidés dans la précédente séance, la commission avait à aborder le chapitre Ier du titre VI du Code civ., chapitre relatif aux causes du divorce, et quelques amendements proposés par moi à ce chapitre Ier.

Le chapitre premier du titre VI porte:

« ART. 229. — Le mari pourra demander le divorce pour cause d'adultère de sa femme.

» ART. 230. — La femme pourra demander le divorce pour cause d'adultère de son mari, lorsqu'il aura tenu sa concubine dans la maison commune.

» ART. 231. — Les époux pourront réciproquement demander le divorce pour excès, sévices, injures graves.

» ART. 232. — La condamnation de l'un des époux à une peine infamante sera pour l'autre époux une cause de divorce.

» ART. 233. — . . . . . »

L'article 229 a été adopté sans discussion.

J'avais proposé d'amender l'art. 230, en en supprimant le dernier membre de phrase et en plaçant l'homme et la femme sur le pied de l'égalité. Une discussion a eu lieu sur cet amendement qui, du reste, a été finalement adopté. — Cette modification est éminemment morale. Non-seulement la clause restrictive admise par le législateur de 1803 était l'affirmation d'une inégalité choquante et inutile entre les deux sexes; mais encore il y avait dans cette clause un demi-encouragement accordé à l'adultère du mari.

On a fait valoir, en faveur du principe qui a prévalu parmi les auteurs du Code, que l'adultère de la femme entraîne des conséquences plus graves que celui de l'homme, puisqu'elle peut introduire des enfants dans la famille, tandis que celui de l'homme ne le peut pas. Il y a là une erreur de fait.

L'homme adultère, il est vrai, n'introduit pas d'enfants dans la famille; mais il crée une famille à côté, et, malgré la loi qui rend les enfants adultérins incapables d'hériter, en fait, ils héritent et viennent prendre une part de la fortune des enfants légitimes. Grâce à l'immense extension de la fortune mobilière, presque inconnue en 1803, il devient en effet très facile de tourner la loi sur les héritages, et d'ailleurs, le Code, en refusant aux enfants adultérins tout droit à la fortune de leur père, même lorsque celui-ci la leur lègue par testament, a édicté une disposition qui n'est sanctionnée par rien, puisque la recherche de la paternité est interdite.

L'adultère de l'homme a donc des effets tout aussi funestes que l'adultère de la femme et rien ne justifie, dès lors, une disposition blessante pour la femme, que la commission a eu raison de supprimer.

Les tribunaux, du reste, dans les causes de séparation de corps, réagissent autant qu'ils le peuvent contre cette inégalité injustifiable. Ils admettent que les termes « domicile conjugal » doivent s'entendre de toute maison où la femme a le droit d'aller, et ils considèrent que la femme a le droit d'aller dans toute maison louée par le mari ou par une tierce personne à l'usage du mari. Aussi prononcent-ils chaque jour des séparations de corps lorsqu'il est démontré qu'un homme est en relations criminelles avec une femme, encore bien que le loyer soit sous le nom de la femme, pour peu qu'il puisse être démontré que c'est l'homme qui le paye. Il s'agissait simplement de sanctionner cette jurisprudence, à laquelle les plus éminents jurisconsultes prêtent l'appui de leur opinion. La commission ne pouvait pas hésiter.

Elle s'est cependant demandé si une simple infidélité du mari, passagère et sans conséquence, pourrait devenir une cause de divorce. J'aurais même accepté, par esprit de transaction, et malgré mon principe, que l'adultère du mari ne devînt une cause de divorce que lorsqu'il se traduit par une liaison durable. Mais la commission a jugé avec raison que la crainte exprimée ne reposait sur rien. L'adultère soit de l'homme, soit de la femme est difficile à établir et échappe toujours à la preuve lorsqu'il ne se traduit pas de part ou d'autre par une liaison durable. La concession que j'aurais faite aurait donc eu pour effet de consacrer un inégalité qui ne saurait être défendue par personne, et cela sans utilité d'aucune sorte. Nous nous sommes arrêtés au principe de l'égalité absolue.

L'article 231 a été admis sans discussion.

L'article 232, au contraire, a donné lieu à une discussion assez importante. Au nombre des peines infamantes se trouvent le bannissement et la dégradation civique. Or, la dégradation civique et le bannissement peuvent être prononcés pour cause politique, et, si l'on comprend qu'une condamnation, même politique, devienne une cause de divorce, lorsqu'elle entraîne pour le condamné la privation de liberté, et par conséquent une séparation matérielle forcée entre les époux, on ne peut raisonnablement admettre qu'il en soit de même d'une condamnation politique qui n'entraîne pas pour le condamné la privation de liberté. Des condamnations de cet ordre ne sont des causes légitimes de divorce que lorsqu'elles ont pour conséquence le déshonneur du coupable. Ce n'est pas le cas des condamnations politiques : encore bien que la loi les déclare infamantes, les mœurs sur ce point ne ratifient point la législation. La commission a, par suite, décidé que la rédaction du Code serait remplacée par celle-ci :

« ART. 232. — La condamnation de
» l'un des époux, soit à une peine empor-
» tant à la fois infamie et privation de
» liberté, soit à la dégradation civique
» pour cause non politique, sera, pour
» l'autre époux, une cause de divorce. »

J'avais proposé, par amendement, d'intercaler un article nouveau entre les articles 232 et 233, introduisant, comme nouvelles causes du divorce « l'aliénation mentale durant depuis deux ans et plus », « l'absence déclarée » et « les
» dissentiments religieux survenus après

» le mariage et prouvés soit par le
» changement de religion de l'un des
» époux, soit par la religion imposée
» aux enfants lors de leur naissance ou
» plus tard, par l'un des époux, malgré
» la volonté ou à l'insu de l'autre. »

Les deux premières de ces trois causes de divorce ont été seules discutées. La première a été rejetée.

Je l'ai soutenue d'abord avec la conviction qu'une aliénation mentale durant depuis plus de deux ans est incurable. Or, s'il est peu conforme aux devoirs réciproques auxquels s'engagent les époux en se mariant que l'un d'eux se soustraie lorsque l'autre a besoin de ses soins et de sa tendresse ; s'il est contraire au sens moral que, comme en Prusse, les infirmités dégoûtantes et incurables puissent autoriser l'époux sain à divorcer, il n'en est plus de même de la folie. Non-seulement, en effet, les fous n'ont pas la notion de la situation qui leur est faite et ne souffrent pas du divorce prononcé contre eux ; mais encore ils ne peuvent pas invoquer des soins auxquels ils auraient droit. Ils sont séquestrés et le mariage, en fait, est dissous.

J'ai un ami, dans mon département, dont la femme, absolument incurable, est depuis dix-huit ans dans un asile d'aliénés. Il avait trente ans, lorsqu'il a été obligé de l'y faire admettre. Voilà donc un homme jeune encore, seul, isolé, sans famille, dans cette position intolérable, qui rend si difficile d'éviter les écueils d'une vie irrégulière et que, par le rétablissement du divorce, nous nous proposons de supprimer dans la société.

Ma proposition était donc on ne peut plus justifiée. Elle était tirée de la législation suisse et de la législation allemande et n'était pas une innovation. Mais on a craint que son adoption ne devînt une cause de crimes ; que la faculté de divorcer, ainsi accordée aux époux dont le conjoint serait aliéné, ne poussât à des séquestrations arbitraires. Et cette crainte était si honorable et si humaine, que j'ai cru devoir m'y rallier en retirant mon amendement.

Sur le second point, *l'absence déclarée*, il y avait lieu, tout au moins, à rédaction nouvelle. L'absence ne peut être déclarée qu'après trente ans, et le divorce après trente ans n'aurait plus guère d'effet utile. J'ai donc abandonné ma rédaction et la discussion a exclusivement porté sur ceci : En principe, et sauf à déterminer les garanties, l'abandon suffisamment prolongé d'un époux par l'autre, doit-il autoriser ce dernier à réclamer le divorce?

La fin de la délibération sur ce point a été renvoyée à la séance prochaine. Mais il me semble difficile que le principe que je défends ne soit point adopté.

Il y a là un dilemme qui s'impose : ou l'abandon est volontaire ou il est le résultat d'une mort demeurée ignorée.

Volontaire, c'est une injure grave qui autorise les tribunaux à prononcer le divorce et, de fait, les tribunaux prononcent chaque jour, dans ce cas, le divorce en Belgique et la séparation de corps chez nous. Il n'y a qu'à consacrer leur jurisprudence.

Résultat d'une mort ignorée, l'absence prolongée a tous les inconvénients du veuvage sans en avoir les effets réparateurs. L'époux abandonné est plus à plaindre encore que l'époux séparé de corps, car celui-ci peut éventuellement reconquérir sa liberté par le veuvage, et celui-là ne le peut pas.

L'abandon prolongé doit donc devenir une cause de divorce, sauf à nous à créer une exception au profit des soldats en campagne et des marins dont l'absence pourrait être involontaire sans qu'ils fussent morts. J'ai le ferme espoir que c'est ainsi que la commission l'appréciera.

En attendant je lui soumets, je soumets à mes lecteurs une lettre que je recevais, il y a un an, d'une femme qui habite la Côte-d'Or et dont on concevra que je taise le nom :

« Pardonnez-moi, monsieur, y était-il
» dit, de venir vous troubler au milieu
» de vos travaux et de vos occupations ;
» mais l'œuvre moralisatrice à laquelle
» vous vous dévouez ne pourra être
» menée à bonne fin et remplir complè-
» tement le but que vous vous proposez,
» que si beaucoup de cas particuliers
» vous permettent d'étudier la question
» sous toutes ses faces. Je crois remplir
» un devoir en venant vous soumettre
» la situation dans laquelle je me trouve,
» hélas ! depuis douze ans. »

» Mariée en 1864 à un homme que
» j'aimais, et dont j'étais aimée, j'avais,
» dès 1865, un enfant, une fille, qui fai-
» sait notre joie à tous deux. Malheureu-
» sement nous n'avions aucune fortune.
» Mon mari fut chargé par une maison de
» commerce d'aller représenter ses inté-
» rêts au Brésil. Il partit à contre-cœur,
» en pleurant ; mais dans l'idée qu'il ac-
» complissait un devoir sacré, qu'il al-
» lait assurer la position de sa femme et
» de sa fille, et que, avant trois ans, il
» reviendrait avec un petit pécule, l'em-
» bryon de notre fortune future. Il
» quitta la France le 20 février 1866, se
» dirigeant sur l'Amérique. Une lettre
» de lui m'apprit son arrivée à Pernam-
» buco. Depuis, plus de lettres, plus de
» nouvelles. Toutes les recherches sont
» demeurées infructueuses. Seule, iso-
» lée, sans ressources, que pouvais-je
» faire?

» J'ai d'abord travaillé sans relâche,
» et jusqu'en 1870, j'ai été assez heu-
» reuse pour suffire à mes besoins, aux
» besoins de mon enfant.

» Mais en 1870, la guerre eut pour
» conséquence la cessation du travail.
» Ma fille, d'ailleurs, grandissait et me
» coûtait chaque jour davantage ; ma
» bonne volonté était impuissante, mes
» forces étaient à bout.

» Ici, monsieur, j'hésite à continuer ;
» j'ai peur d'être méprisée par vous... Je
» le dois cependant, puisque je veux
» vous fournir des éléments de convic-
» tion. Je suis certaine d'ailleurs que
» vous trouverez dans votre cœur des
» sentiments d'excuse pour ma conduite
» et j'ai trop de confiance en vous pour
» n'être pas assurée que vous tairez
» mon nom.

» J'étais désespérée. Un homme se
» présenta qui m'aimait, qui était décidé

» à assumer sur lui les charges de ma
» famille. Je l'aimai à mon tour et.....
» Je n'achève pas, vous comprenez
» suffisamment.
» Depuis, douze ans se sont écoulés.
» Je suis demeurée sans aucune nou-
» velle de mon mari et je souffre cruel-
» lement, ainsi que ma fille, ainsi que
» l'honnête homme auquel j'ai associé
» ma vie, de la situation illégale qui
» nous est faite ; situation illégale qui
» nuit à ma considération, qui nuira
» certainement à l'établissement de ma
» fille, et qui s'est imposée cependant
» fatalement à moi.
» Pourquoi, je vous le demande, me
» refuserait-on le divorce ?
» Invoquera-t-on l'intérêt de ma fille ?
» Ma fille plus que moi, pour n'être pas
» compromise dans son avenir, a inté-
» rêt à ce que ma situation se régula-
» rise.
» Invoquera-t-on l'intérêt de mon
» mari ? — Mais de deux choses l'une :
» Ou, ce que je ne puis croire, mon
» mari, changeant de sentiment, m'a in-
» dignement abandonnée, et, alors, de
» quoi se plaindrait-il ?
» Ou il est mort, et, alors, le divorce
» prononcé en ma faveur ne sera que la
» consécration de mon veuvage.
» Pardonnez, monsieur, à la liberté
» que j'ai prise de vous écrire cette lon-
» gue lettre et croyez à la sincérité des
» vœux que je forme pour la réussite
» de votre projet. »

Il n'y a rien à ajouter à cette lettre
éloquente par les faits, aussi bien que
par la naïve franchise avec laquelle ils
sont exposés. Aussi n'y ajouté-je rien
et la livré-je telle quelle aux méditations de toutes les personnes de bonne
foi et des membres de la commission du
divorce en particulier.

A. NAQUET.

Le Voltaire du 10 juillet 1879

3ème article

LE DIVORCE

A la suite de mes conférences, de mes
discours, de mes articles, je reçois beaucoup de letttres.

Les unes, les plus nombreuses, sont
des lettres d'adhésion destinées à combattre l'argument de ceux qui prétendent que le divorce n'est pas demandé.

D'autres portent sur des faits particuliers, souvent très intéressants, qui
me sont soumis.

D'autres encore discutent quelques-
uns des points de détail dont la commission aura à s'occuper, et dont j'en-
tretiendrai les lecteurs du *Voltaire* à mesure que ces points seront examinés par
elle.

D'autres enfin — elles sont bien peu
nombreuses, puisque je n'en ai que quatre jusqu'ici — expriment certains
doutes sur le principe même du divorce,
doutes que je n'ai pas réussi à dissiper.

Je remercie toutes les personnes qui
veulent bien entrer ainsi en communication avec moi. Les arguments qu'elles me fournissent, soit directement, en
portant à ma connaissance des faits probants, soit indirectement en élevant des
objections que je puis dès lors réfuter,
ne peuvent qu'aider au succès de la
grande entreprise que je me suis promis de mener à bien. Je ne réponds pas
à ces lettres — le temps matériel me
manque pour le faire —; mais je les lis
et je profite des éléments de discussion
qu'elles m'apportent.

En outre — et ce ne sera pas là le
côté le moins utile de mon entrée au
Voltaire, — toutes les fois qu'elles éclaire-
ront un point spécial pendant devant la
commission, ou qu'elles seront capables
de faire tomber un préjugé ancré dans
l'opinion publique, ou qu'elles me pré-
senteront des objections qui me paraî-
tront de nature à se produire dans d'autres intelligences, et auxquelles, par
conséquent, je croirai nécessaire de répondre, je les publierai.

Inutile d'ajouter que, sauf en cas où il s'agira, comme aujourd'hui, d'une simple discussion de doctrine n'ayant rien à voir avec les mystères de la vie privée, je tairai le nom de leurs auteurs et éviterai tout ce qui pourrait les faire reconnaître.

J'ai reçu il y a quelques jours une lettre datée de Versailles le 3 juillet 1879. La voici, sans aucune modification, sans aucune coupure, telle qu'elle m'est parvenue :

« Monsieur le député,

» J'ai eu le plaisir d'assister à votre » conférence de mardi, et j'ai été char» mé, émerveillé de votre talent fin, dis» tingué, en même temps que j'ai été » frappé de la force, de l'enchaînement » et de la solidité de votre argumenta» tion.

» J'ai oublié, deux heures durant, ou » à peu près, les leçons de M. Franck » au Collège de France, et les livres de » mon maître et ami Jules Simon, et je » crois que s'il eût fallu voter séance » tenante pour votre projet, vous eus» siez eu ma voix, à moins que, me » souvenant qu'il est bon de se défier » d'un premier mouvement, je n'eusse » demandé remise au lendemain.

» Aujourd'hui, Monsieur, je vous » trouve le même talent, et vos argu» ments ne me semblent pas plus fai» bles. Je veux cependant vous soumet» tre deux très humbles objections :

» 1° Le contrat civil du mariage me » paraît absolument *sui generis*; il ne me » semble pas susceptible d'être comparé » à nul autre. Je n'insiste point, vous » êtes trop compétent en la matière pour » qu'il me faille développer ;

» 2° J'ai bien peur, quelque précau» tion que vous preniez, que le divorce » ne tourne au profit des messieurs, ce » que vous ne voudriez certainement à » aucun prix ;

» 3° Enfin, je vois que l'Académie a » couronné le *Mariage*, de votre collè» gue, M. Louis Legrand, et que, en of» frant cet ouvrage, M. Jules Simon a » déclaré qu'il en approuvait les conclu» sions contre le divorce et les tours, ce » qui m'embarrasse.

» J'espère en tout état, Monsieur, que » votre projet sera amplement discuté à » la Chambre et au Sénat. Je suppose » que M. Louis Legrand vous répondra, » et je suis certain que M. le sénateur » inamovible prendra la parole. Si la loi » est votée malgré un tel adversaire, il » faudra bien convenir que la vérité, la » justice et la liberté sont avec vous.

» En attendant, je vous prie, Mon» sieur, d'agréer l'hommage de ma vive » gratitude pour la bonne soirée que » nous vous devons.

« H. LANGLACÉ. »

Je n'ai point demandé à M. Langlacé l'autorisation de publier son nom. Sa lettre est si sincère, si élevée, si pleine de l'esprit de justice ; elle indique une intelligence si désintéressée; elle fait tant d'honneur à celui qui l'a écrite, que je n'en avais nul besoin.

M. Langlacé me présente trois objections. Je commence par la dernière : l'autorité de mon collègue M. Louis Legrand, de M. Jules Simon, de M. Franck du collège de France, auxquels il faut joindre M. Henri Brisson et, dans une certaine mesure, M. Gambetta lui-même.

Je dis « *dans une certaine mesure,* » parce que M. Gambetta n'élève pas contre ma proposition une opposition absolue et doctrinale, mais seulement une opposition tirée de la tradition française et de l'opinion, qu'il ne croit pas suffisamment préparée à cette réforme. Il est clair que je diminue la valeur de son objection chaque fois que par mes conférences ou autrement je détermine l'opinion à se prononcer dans mon sens.

Restent donc MM. Louis Legrand, Jules Simon, Franck, Henri Brisson — et probablement beaucoup d'autres — qui combattent le divorce en principe.

Mais, l'honorable M. Langlacé me permettra de le lui dire, discuter en s'appuyant sur des autorités, si haut placées, si sympathiques soient-elles, c'est s'exposer à faire fausse route. Il ne faut envisager que les arguments, il ne faut pas envisager les hommes.

Et en effet, il n'y a pas d'idée en faveur de laquelle, mais aussi contre laquelle, on ne puisse invoquer de grandes

autorités, M. Louis Legrand, M. Jules
Simon, M. Henri Brisson sont contre le
divorce; mais M. Jules Favre, M. Cré-
mieux et Victor Hugo sont pour; mais
Guadet, mais Cambacérès, mais Portalis l'ancien, mais Treilhardt, mais Napoléon Ier, mais Odilon Barot étaient
pour.

J'ai donc en faveur de ma thèse des
autorités tout aussi importantes que
celles qui soutiennent la thèse contraire.

Il y a plus : des autorités contraires,
je puis quelquefois tirer un argument
en ma faveur.

J'ignore comment M. Brisson et M.
Jules Simon défendront l'indissolubilité
du mariage. Ce que je sais, c'est que les
avocats les plus illustres plaident mal
les mauvaises causes, tandis que les
avocats les plus médiocres parviennent
à plaider supérieurement les causes qui
sont bonnes.

Aussi lorsqu'un homme d'une grande,
d'une très grande valeur, défend mal sa
thèse, on peut presque toujours affirmer que sa thèse était fausse.

Proudhon, ses ennemis lui rendent
cette justice, était un grand penseur, un
grand logicien. Et lors même — ce qui
lui arrivait souvent — qu'il défendait
une idée erronée, il suffisait qu'elle
eût quelque apparence de vérité, pour
que, avec sa puissante intelligence,
il parvînt à faire illusion à ses lecteurs.

Eh bien ! qu'on lise dans le troisième
volume de son ouvrage : « *De la justice
dans la Révolution et dans l'Église,* » ce
que Proudhon a écrit contre le divorce !
On sera étonné d'une faiblesse d'argumentation à laquelle ce hardi jouteur
ne nous avait point habitués.

Pourquoi ? parce que, obéissant à un
pur préjugé, dont personne n'est exempt
— pas même les hommes de génie — il
n'avait pas pour lui la moindre apparence de vérité.

J'arrive maintenant aux objections
doctrinales.

M. Langlacé craint que le divorce ne
profite aux hommes plus qu'aux femmes. Je crois le contraire.

Certes, avec ou sans le divorce, et
pendant longtemps encore, l'homme
aura dans notre société une situation
plus avantageuse que celle de la femme.
C'est là une inégalité, une injustice qui
tend à disparaître, mais qui dépend des
mœurs et qu'on ne peut pas supprimer
en un jour.

Mais il s'agit de savoir si la situation
que leur fait la séparation de corps est
meilleure pour les femmes que celle
qu'elles auraient sous le régime du divorce.

Ainsi posée, la question n'est pas douteuse. La législation du divorce leur est
plus avantageuse.

Dira-t-on que les femmes divorcées
d'un certain âge ne trouveront pas à se
remarier ?

Soit ! Celles-là se trouveront dans la
même situation qu'aujourd'hui. Le divorce vaudra pour elles ce qu'aurait
valu une simple séparation. Leur situation ne sera pas aggravée : elle sera la
même.

Mais à côté de ces femmes qui ne bénéficieront pas du divorce, mais qui
n'en souffriront pas, il y a la masse de
celles qui, jeunes encore, pourront se
remarier, se reconstituer une famille,
se refaire une vie, et qui en profiteront.

Et je fais une concession outrée en
concédant que les premières ne bénéficieront pas de la réforme. Même lorsqu'on n'a pas l'espérance de se remarier, on est intéressé à ne plus porter
un nom flétri, à ne plus être sous la tutelle d'un ennemi, quelquefois d'un
malfaiteur, à reconquérir une liberté
qui est la base de la dignité humaine.

Enfin, la différence de jugement porté
par la société, suivant qu'ils sont hommes ou femmes, contre ceux qui se
soustraient, par des liaisons illicites, à
l'horreur de la solitude, horreur à laquelle la séparation de corps condamne
ses victimes; cette différence de jugement rend encore le divorce plus nécessaire à la femme qu'à l'homme.

Aussi les femmes ne s'y trompent-
elles pas, et, de tout temps, celles qui
réfléchissent et n'obéissent point à un
mot d'ordre, ont-elles considéré le divorce comme une loi tout en leur faveur.

Reste l'argument de M. Langlacé, relatif à la nature spéciale de ce contrat
« le mariage ».

Oui ! le mariage est un contrat spécial

mais un contrat spécial d'une nature telle que, d'après les règles de notre droit public, au lieu d'être plus difficile que celle des autres contrats, sa dissolution devrait être plus facile. L'article 18 de la déclaration des Droits du 24 juin 1793 porte :

« Tout homme peut engager ses ser-vices, son temps ; mais il ne peut se vendre ni être vendu, sa personne n'est pas une propriété aliénable. La loi ne connaît pas de domesticité ; il ne peut exister qu'un engagement de soins et de reconnaissance entre l'hom-me qui travaille et celui qui l'em-ploie. »

L'article 352 de la Constitution de l'an III est ainsi conçu : « La loi ne re-connaît ni vœux religieux, ni *aucun engagement contraire aux droits naturels de l'homme.* »

De ces dispositions, toujours en vi-gueur, il résulte — et cela est sanc-tionné par la jurisprudence — qu'en aucun cas on ne peut contraindre un in-dividu « à faire une action... » Ces sortes d'engagements qui obligent corporelle-ment la personne des contractants, et que M. de Flotte a justement nommés *contrats personnels* sont nuls d'après notre droit moderne ou, tout au moins, ne peuvent être résolus que sous la forme de dommages-intérêts.

Un homme loue ses services pour dix ans, et s'en va au bout de quarante-huit heures : on est en droit de lui intenter une action en dommages-intérêts, on ne peut pas le forcer à rester et à rendre en personne les services qu'il s'est en-gagé à rendre.

Or, le mariage est un contrat personnel. La conséquence de sa nature particu-lière porterait donc à admettre qu'il doit pouvoir être résolu non-seulement par consentement mutuel, non-seule-ment pour causes déterminées, mais encore — sauf recours pécuniaire — par la volonté persistante d'un seul des con-joints.

C'est là ce que la loi du 20 sep-septembre 1792 avait consacré par son article 3.

« L'un des époux peut faire pronon-cer le divorce sur la simple allégation d'incompatibilité d'humeur ou de ca-ractère. »

C'est là ce que la loi prussienne reconnaît en admettant au nombre des causes de divorce :

« L'aversion profonde et invincible de l'un des époux pour l'autre. »

C'est là enfin ce qui poussait Napo-léon Iᵉʳ dont, en cette circonstance, l'opi-nion ne prévalut pas au Conseil d'Etat, à demander le maintien dans le Code de l'article 3 de la loi de 1792 cité plus haut.

Nous n'allons pas aussi loin aujour-d'hui dans nos revendications ; mais à ceux qui invoquent contre le divorce la nature particulière du contrat que vise le divorce, il y a lieu d'opposer ces principes universellement admis et qui exigeraient non-seulement que le di-vorce fût rétabli, mais qu'il le fût sur une base encore plus large que nous ne le demandons.

L'indissolubilité du mariage est donc doublement en opposition avec les rè-gles générales qui forment la base de notre législation, et, pour avoir le droit de les enfreindre ainsi, il ne faudrait pas se borner à invoquer la nature par-ticulière du contrat, il faudrait encore indiquer en quoi cette nature particu-lière autorise une telle dérogation.

On l'a essayé. Mais je retombe ici dans les trois arguments qui ont été in-voqués, et que je crois avoir suffisam-ment réfutés dans la conférence à la-quelle M. Langlacé se réporte.

Il est possible que je m'abuse sur ce point et que ma réfutation soit impar-faite. Mais alors je demande qu'on me dise en quoi je me suis trompé, ce que l'on n'a pas fait jusqu'à ce jour.

Si, au contraire je ne m'abuse pas, si ma réfutation est irréprochable ; s'il n'y a aucun motif pour excepter le mariage de la règle qui régit les autres contrats.

Si, de plus, ainsi que je me suis tou-jours efforcé de le prouver, l'intérêt des conjoints, l'intérêt des enfants, l'intérêt de la société veulent que le divorce soit substitué à la séparation de corps, et cela sans que le sentiment religieux de qui que ce soit puisse être froissé. — Le divorce doit être rétabli.

Encore une fois, en terminant, je veux remercier M. Langlacé de sa charmante lettre. Elle m'a donné l'occasion de répondre à des hésitations qui se sont probablement produites plus d'une fois déjà, mais que personne n'avait encore aussi nettement formulées.

A. NAQUET.

Le Voltaire du 19 Juillet 1879

LE DIVORCE

Depuis qu'une commission favorable au rétablissement du divorce a été élue par les bureaux de la Chambre des députés, et s'occupe de déterminer les cas qui devront être de nature à légitimer la dissolution du lien conjugal, les époux qui ont à faire valoir des griefs véritablement graves, et qui craignent de ne pouvoir bénéficier de la loi par suite d'une lacune de celle-ci, se plaisent à me faire connaître leur situation particulière. Ils espèrent me fournir ainsi le moyen d'amener la commission à laisser le moins possible de malheureux dans la position vraiment immorale que leur fait la loi actuelle, sans cependant oublier aucune des ga anties que l'on est en droit d'exiger en pareille matière.

J'ai fait récemment connaître aux lecteurs du *Voltaire* que la commission avait admis au nombre des causes de divorce « la condamnation de l'un des époux à une peine emportant infamie et privation de liberté, ou à une peine emportant infamie seulement, comme la dégradation civique prononcée pour des causes non politiques. »

Là-dessus, je reçois une communication qui, si les conclusions en étaient acceptées, aurait pour effet d'étendre la portée de l'article ci-dessus aux cas où l'infamie de l'un des époux ne résulterait pas d'une condamnation, mais serait le fait d'actes de la vie privée ou publique, universellement considérés comme entachant l'honneur : sauf bien entendu à laisser aux tribunaux, dans la plus large mesure, la liberté d'apprécier.

Il est évident que nous ne pouvons pas avoir l'espérance de rédiger la loi avec assez de bonheur pour qu'elle réponde à tout, sans encourir le reproche de multiplier outre mesure les causes de divorce. La loi la mieux étudiée est toujours une œuvre humaine comportant de nombreuses imperfections. D'ailleurs il importe avant tout, je l'ai déjà dit, de rompre le préjugé en supprimant de nos codes le principe de l'indissolubilité du mariage. Si l'on voulait rendre le divorce trop facile on aboutirait à un échec. Mieux vaut laisser à nos successeurs le soin de compléter notre œuvre si plus tard la pratique démontre qu'elle est imparfaite.

En l'espèce cependant, il est juste de reconnaître que l'addition demandée serait conforme aux idées qui ont jusqu'ici prévalu dans la commission La commission, en distinguant la dégradation civique prononcée pour motifs politiques de la même peine prononcée pour des motifs non politiques, a nettement séparé l'infamie légale de ce qu'on me permettra d'appeler l'infamie morale. Elle a considéré que certaines actions entraînant l'infamie au point de vue légal, n'entachaient pas l'honneur et ne devaient point autoriser la rupture du mariage. Il est, par contre, des actes qui n'emportent pas l'infamie au point de vue légal et qui déshonorent leurs auteurs. Les admettre comme pouvant amener la rupture du mariage serait la contre-partie parfaitement logique de la disposition déjà adoptée. Pour ma part, j'inclinerai d'autant plus vers cette solution que, dans des matières de cet ordre, il est bon de donner aux lois une certaine élasticité et aux tribunaux une certaine liberté d'appréciation.

Quoi qu'il en soit, voici le fait qui

m'est soumis et que, à mon tour, je soumets à la Chambre des députés et au public.

Un père de famille, il y a quelques années, accorda sa fille en mariage à un lieutenant qui lui était parfaitement inconnu, mais sur lequel des personnes tout à fait honorables, trompées sans doute elles-mêmes, lui avaient donné les meilleurs renseignements.

Le lieutenant vint passer dans sa famille les quelques semaines qui précédèrent le mariage. Il sortait à peine et avait une conduite en apparence la plus exemplaire. Mais en fait, — on le sut plus tard, — il avait amené avec lui une ancienne maîtresse qu'il allait voir à la dérobée et avec laquelle il conserva des relations une fois marié. Il était en outre criblé de dettes et adonné à l'ivrognerie. Il est bon d'ajouter que, parmi ses dettes, il y en avait de vraiment honteuses, et que tout cela était d'autant moins excusable que son intelligence était hors ligne.

Deux années s'étaient à peine écoulées que la jeune femme crut devoir plaider en séparation. Elle fut déboutée de sa demande. Elle avait été abreuvée de grossièretés, de brutalités, d'injures sans cesse renouvelées; mais ces sévices, ces violences n'avaient pas eu de témoins et la preuve ne put en être faite.

Malgré le rejet de la demande de séparation de corps, les deux époux ont vécu depuis séparés en fait.

Cependant le mari, qui avait été promu quelque temps après au grade de capitaine, ne tarda pas à donner lieu par son immoralité et ses dettes, à de nombreuses plaintes qui décidèrent son colonel à le mettre en retrait d'emploi.

Il retourna alors chez ses parents, où l'autorité militaire lasse de sa conduite, vint le reprendre pour lui infliger disciplinairement un mois de prison qui fut suivi d'une enquête sévère.

Cette enquête, faite par des officiers supérieurs, a eu pour résultat sa dégradation et son exclusion de l'armée, où il a été jugé indigne de servir, même en qualité de simple soldat.

Aux yeux de quiconque sait avec quel soin jaloux l'armée défend l'honneur de ses membres, une pareille décision est aussi infamante que pourraient l'être bien des condamnations prononcées par des tribunaux.

« Eh bien, dit la personne à laquelle
» je dois la connaissance de ce fait, voilà
» un homme déchu de son grade, ré-
» formé comme indigne, n'est-ce pas là
» l'équivalent de la dégradation civique,
» et si la dégradation civique doit en-
» traîner le divorce, des cas, tels que
» celui-ci ne doivent-ils pas l'entraîner
» aussi? »

Je me borne à citer et je livre ce qui précède aux méditations de tous ceux qu'intéresse cette grande question du divorce, comme toutes celles qui touchent à la liberté et à la dignité humaine.

Puisque j'en suis à citer les communications que je reçois, que les lecteurs du *Voltaire* veuillent bien m'accorder encore quelques instants de leur attention. Je veux mettre sous leurs yeux un passage d'une intéressante lettre qui plaide non point en faveur de telle ou telle cause déterminée de divorce, mais en faveur du divorce en général. Cette lettre répond éloquemment à ceux qui prétendent que le divorce ne profiterait pas à la femme.

« Est-il admissible, y est-il dit, que la
» femme qui a obtenu la séparation de-
» meure néanmoins dans l'état de tu-
» telle? Cette situation est cependant
» celle de toutes les femmes séparées;
» c'est la mienne. Si je veux acheter, il
» me faut l'autorisation du tribunal; si
» je veux vendre, on m'oblige à faire
» remploi de mon argent en rente fran-
» çaise. Ma fortune ne m'appartient pas;
» je ne puis pas en disposer à mon gré. Et
» cependant, cette fortune, c'est moi

» qui l'ai gagnée dans les affaires. Je
» n'ai jamais eu d'héritages, j'ai payé
» les dettes de mon mari. J'ai élevé ma
» fille; je l'ai mariée, dotée par mon
» travail. Logiquement, je n'ai de comp-
» tes à rendre à personne, cela est clair.
» Et cependant la loi me traite en mi-
» neure. N'est-ce pas douter de mon in-
» telligence et porter atteinte à ma li-
» berté? Trouvez donc un autre pays où
» de pareilles monstruosités existent?
» Vous ne le trouverez qu'en Turquie !

» Si vous obtenez le divorce, on ne
» vous l'accordera pas aussi large qu'en
» Allemagne. Peut-être ne vous l'accor-
» dera-t-on pas du tout. Vous aurez con-
» tre vous les femmes ignorantes. Com-
» bien de demoiselles qui ont peur du
» divorce avant même de savoir si elles
» trouveront un mari.

» On vous dira que le divorce est nui-
» sible à la femme; qu'une femme divor-
» cée ne trouvera pas un second mari,
» parce qu'elle aura perdu ses charmes...
» que sais-je encore ?

» Et cependant que de veuves qui se
» remarient et qui sont une réponse vi-
» vante à ces objections.

» Moi-même, si j'osais me citer com-
» me exemple, je vous dirais que j'ai été
» bien souvent demandée en mariage
» par des hommes du meilleur monde
» qui ignoraient ma position.

» Il n'en a pas été de même de ma
» fille, que j'ai mariée avec les plus
» grandes difficultés, et qui aurait trou-
» vé bien plus facilement un époux si,
» au lieu d'une mère séparée de corps,
» — il fallait bien dire ma position à
» ceux qui se présentaient pour épouser
» ma fille et que cette situation éloi-
» gnaient, — elle avait eu une mère re-
» mariée et protégée dans la société par
» son mari.

» Voilà pour l'intérêt des enfants...
» Autre argument qu'on vous oppose... »

Cette lettre ne dit que ce que nous
devrions tous savoir, mais hélas ! tant
de personnes ont évité de réfléchir à ces
plaies saignantes qu'il faut les porter
sous leurs yeux et les forcer à voir.

M. Albert Wolf disait l'autre jour dans
le *Figaro* que je devrais me borner à indiquer les garanties que prendra la loi
contre l'abus du divorce et ne pas perdre mon temps à défendre en thèse générale une institution sur la nécessité
de laquelle tout le monde est d'accord.

Je prends acte de cette déclaration.
Mais M. Wolff se trompe s'il s'imagine
que tous les préjugés qui soutiennent
l'indissolubilité du mariage ont disparu.
Ils vont diminuant chaque jour, parce
que la vérité s'impose même à ceux
qui ne veulent pas la voir quand on la
leur démontre ; mais il reste encore
beaucoup de besogne à faire et, en attendant que le projet de loi ait été complètement élaboré par la commission et
que je puisse en exposer les dispositions,
je ne crois pas perdre mon temps en si-
gnalant à mes concitoyens les raisons
majeures qui militent en faveur du rétablissement du divorce.

A. NAQUET.

Le Voltaire du 26 juillet 1879

LE DIVORCE

La commission relative au rétablissement du divorce vient d'admettre, comme le législateur de 1803, et malgré une
vive opposition de M. Durand, le divorce par consentement mutuel.

M. Durand est un adversaire de la
réforme projetée, mais un adversaire
loyal autant que versé dans la pratique
des affaires; un de ces adversaires dont
la présence dans une commission est
extrêmement utile, en ce sens qu'ils
mettent leurs collègues en garde contre
toutes les imperfections que, sans eux,
ils pourraient laisser subsister dans une
loi.

L'argument dont M. Durand s'est servi est un argument nouveau, ce qui est
rare en pareille matière. Laissant de côté, tout en en faisant la réserve expresse, les raisons que l'on invoque en géné-

al en faveur de l'indissolubilité du mariage, et ne s'attaquant qu'au divorce
par consentement mutuel, il craint que
ce mode de dissolution de l'union conjugale n'entraîne des fraudes à l'encontre
des créanciers de la communauté.

Ces fraudes, il le reconnaît, ne sont
pas possibles lorsque les époux sont
mariés sous le régime de la séparation
de biens, ou sous le régime paraphernal
pur, ou sous le régime de la communauté réduite aux acquêts, ou sous le régime dotal; mais il les croit possibles
sous le régime de la communauté légale, et, même ainsi restreintes, elles
lui paraissent assez redoutables pour
faire repousser l'article 233 du Code civil et tout le chapitre du titre VI, qui
est relatif au divorce par consentement
mutuel.

Qu'on suppose, dit-il, un homme qui a
contracté 100,000 francs de dettes personnelles, de dettes dont la communauté
n'a pas ou n'est pas censée avoir profité.
Ces dettes tombent cependant dans la
communauté, *à charge de reconnaissance*;
mais si la communauté vient à se dissoudre avant leur extinction, la femme
en est déchargée et les créanciers n'ont
plus de recours que contre le mari.

Ne pourra-t-il pas arriver, lorsqu'un
mari aura gaspillé sa fortune, même de
l'aveu de sa femme, et contracté des
dettes dont, en apparence, la femme
n'aura pas profité, que, pour éviter de
voir une succession future de la femme
absorbée par ces dettes, les époux ne se
décident à un divorce qui léserait les
créanciers.

Sans doute, rien de tel n'est à redouter lorsque les dettes sont contractées
soit par les deux époux, soit par le mari
pour la communauté; mais cette crainte
se justifie dans le cas que nous venons
de spécifier. Telle est, du moins, l'opinion de M. Durand.

Cette objection n'a pas impressionné
beaucoup la commission. Il est évident,
en effet, que, en vue de la fraude dont il
est question, des époux heureux ne se
résoudraient pas à rompre leur union.
Tout au plus des époux mal assortis,
décidés à divorcer par d'autres motifs,
pourraient-ils profiter de l'occasion pour
léser leurs créanciers; mais jamais ce
ne pourrait être là la cause déterminante
du divorce par consentement mutuel,
alors surtout que le Code civil exige ex-

pressément le consentement des parents
pour que cette forme particulière de divorce soit admise.

Même dans le cas où les époux seraient disposés à divorcer par d'autres
motifs, il serait bien difficile que les
dols que l'on redoute puissent se produire. L'époux auquel incomberaient les
dettes aurait, en effet, tout intérêt à se
voir libérer par la succession de son
conjoint et ne consentirait pas à la rupture du contrat.

On nous dit, il est vrai, que s'il s'agit
d'un époux insolvable, on pourra obtenir son consentement en lui promettant
une part de la somme soustraite aux
créanciers.

Ce n'est guère présumable.

Nous l'avons dit; il ne faut pas prévoir le cas tout à fait inadmissible d'é-
poux parfaitement unis et divorçant
pour frustrer ceux à qui ils doivent. Il
ne peut s'agir que d'époux profondément divisés qui, décidés à divorcer,
voudraient retirer du divorce un double
profit.

S'il s'agissait d'une somme à partager immédiatement, l'accord serait malgré cela, à la rigueur, possible. Mais il
s'agit d'une succession éventuelle. L'é-
poux sur lequel doivent retomber les
dettes, du fait de la dissolution du contrat, peut bien recevoir des promesses;
il ne peut pas recevoir immédiatement
de l'argent.

Ces promesses faites par un ennemi
— car on ne peut pas considérer comme un ami le conjoint dont on se sépare par le divorce, — faites de plus
par une personne malhonnête, — car
une personne honnête ne stipulerait pas
des bénéfices basés sur la méconnais-
sance des droits des tiers, — faites sans
garantie légale, — car un contrat qui
prévoit des bénéfices frauduleux est nul
aux yeux de la loi; — ces promesses que
vaudraient-elles? Quel serait l'homme
assez peu avisé pour faire volontairement retomber sur lui une charge certaine, en vue d'avantages aussi problé-
matiques?

Les craintes de M. Durand sont donc
chimériques. Du reste, une fois le divorce rétabli, les créanciers sauront à
quoi ils s'exposent en prêtant au mari
seul. C'est à eux qu'il appartiendra de
sauvegarder leurs intérêts en exigeant
que la dette soit reconnue par la femme.
Si la femme y consent, ils ne courront

plus aucun risque; si elle n'y consent pas, ils connaîtront en prenant les risques qu'ils courent et ne pourront s'en prendre qu'à eux-mêmes, s'ils vont volontairement au-devant de dangers prévus.

Enfin, sous l'empire de la législation actuelle, les fraudes que l'on redoute sont possibles par le seul effet de la séparation de biens. Et ce moyen qui peut être employé par des époux unis dont cette séparation de biens ne rompra pas l'union, est par cela même bien plus dangereux ici qu'avec le divorce.

Le cas que prévoit M. Durand est certainement, en effet, un de ceux qui permettent la séparation de biens.

On objecte que la procédure de la séparation de biens entraîne une publicité que n'entraînait pas, sous la loi de 1803, le divorce par consentement mutuel, et qu'elle permet une intervention des créanciers qui n'est pas possible avec la procédure du Code sur ce mode de divorce.

Mais cette intervention des créanciers est en fait généralement inutile et n'a pas lieu, à moins qu'il ne s'agisse d'une liquidation.

Quoi qu'il en soit, et bien que peu frappée des craintes exprimées dans son sein, la commission voulant introduire dans la loi nouvelle toutes les garanties désirables, ne fût-ce que dans l'intérêt même de cette loi, et pour écarter toutes les objections qui pourront lui être faites, a résolu de rédiger un article additionnel qui, tout en laissant subsister le divorce par consentement mutuel, sauvegardera les créanciers de la communauté aussi complètement que la législation actuelle sur la séparation de biens.

Il restait à la commission, avant d'aborder un autre point de son travail, à se prononcer sur un amendement proposé par moi. Cet amendement a pour but d'abroger une disposition de notre ancien titre VI, aux termes de laquelle le divorce par consentement mutuel n'est plus admis lorsque le mariage date de plus de vingt ans ou que la femme a dépassé sa quarante-cinquième année.

Déjà, en 1831, un amendement pareil au mien avait été présenté et développé. Il avait été repoussé, mais sans qu'on eût répondu aux excellentes raisons in-

voquées par son auteur, et sans qu'il soit possible à cette heure de se rendre compte des motifs qui déterminèrent la décision de la Chambre.

Lorsque, en 1803, le divorce par consentement mutuel fut voté, Treilhard le défendit énergiquement. Il est des cas, disait-il, où l'époux lésé ne pourrait obtenir satisfaction devant les tribunaux qu'en dévoilant des faits dont la publicité aurait pour conséquence nécessaire de livrer son conjoint à la justice. Ainsi, dans le cas d'attentat par l'un des époux contre la vie de l'autre. — Souvent, sans aller jusque-là, la publication des motifs sur lesquels s'appuierait la demande de divorce serait une cause de flétrissure pour la famille.

C'est en vue d'éviter ces inconvénients, inconvénients si graves, que bien des gens souffriraient en silence plutôt que de les braver. C'est en vue d'éviter ces inconvénients, que le divorce par consentement mutuel était nécessaire et que les auteurs du Code ont été sages en le conservant.

Mais les faits déshonorants, délictueux ou criminels dont ils ont voulu donner à l'époux honnête le moyen d'éviter la divulgation, seront-ils moins déshonorants, moins délictueux, moins criminels quand le mariage datera de vingt et un ans que quand il datera de dix-neuf, quand la femme aura atteint sa quarante-sixième année que lorsqu'elle n'aura pas dépassé la quarante-cinquième?

Une femme de quarante-six ans hésitera-t-elle moins qu'une femme de quarante-quatre à abandonner à la justice un mari criminel ou à livrer à la malignité publique des faits dont ses enfants auraient à souffrir, ne sera-t-elle pas portée, à quarante-six ans tout comme à quarante-quatre, à boire ses larmes en silence plutôt que de flétrir et de déshonorer sa famille, et la douleur d'une femme de quarante-six ans n'est-elle pas aussi digne de sympathie que celle d'une femme moins âgée?

La disposition visée par mon amendement n'a d'ailleurs jamais été défendue par qui que ce soit. En 1803, — ceci a été remis en lumière au cours de la discussion de 1831, l'orateur du gouvernement avouait qu'il ne savait pas pourquoi le conseil d'État l'avait inséré dans la loi, les raisons qui l'avaient insde ne lui ayant pas été transmises.

Plus heureux que l'auteur de l'amendement de 1831, je n'ai pas eu besoin devant la commission d'entrer dans les développements que je crois utile de donner ici. Les adversaires mêmes du divorce ont reconnu que, le principe du divorce admis, la limitation combattue par moi n'avait pas de raison d'être. Mon amendement a donc été adopté; le divorce par consentement mutuel, sera, si la loi passe, possible aux époux dont le mariage date de plus de vingt ans, et quoique la femme ait dépassé sa quarante-cinquième année.

Je suis d'autant plus heureux de ce résultat qu'un grand nombre de personnes intéressées m'avaient adressé leurs observations à cet égard. S'il est vrai, en effet, qu'après quarante-cinq ans une femme n'ait en général pas intérêt à se remarier, il est également vrai qu'elle peut légitimement désirer reconquérir la plénitude de sa liberté, qu'elle peut vouloir ne pas demeurer en tutelle, ne plus porter un nom que, par un reste de respect pour celui qui fut son époux, elle ne livre pas à la justice, mais qu'elle considère comme déshonoré.

Nous voulons nous écarter le moins possible du Code civil; parce que notre meilleur argument aux yeux de bien des gens est que la loi proposée par nous a existé; parce qu'une loi entièrement nouvelle, fût-elle meilleure, mieux faite, rencontrerait plus d'hostilité; parce que c'est une condition de succès et qu'améliorer plus tard la législation du divorce sera plus facile que d'en faire accepter le principe.

Puis il est des dispositions de détail auxquelles on peut toucher sans danger et auxquelles il faut toucher s'il doit en résulter un perfectionnement sensible dans la loi. J'estime que la disposition visée par mon amendement est dans ce cas.

— A. NAQUET.

P. S. — Dans une nouvelle séance tenue mercredi matin, la commission a adopté en bloc les divers chapitres du titre VI du Code civil sur lesquels elle ne s'était pas encore prononcée, et elle a rejeté un amendement de M. Lisbonne tendant à permettre aux enfants d'intervenir dans l'instance en divorce directement ou par l'intermédiaire d'un curateur.

Un autre amendement de M. Lisbonne rendant le consentement mutuel irrecevable comme cause de divorce lorsqu'il y a des enfants mineurs a été également repoussé.

Enfin un troisième amendement de M. Lisbonne demandait qu'il fût permis aux époux divorcés qui ont des enfants de se remarier entre eux contrairement à l'article 295 du code civil. L'article 295, on le sait, défend tout nouveau mariage entre les époux divorcés dans quelque condition que ce soit.

La commission a adopté sur ce point les vues de M. Lisbonne en modifiant sa rédaction. Elle a admis que quand des époux divorcés n'ont contracté ni l'un ni l'autre un second mariage ils pourront se remarier, sauf à leur imposer des conditions de nature à indiquer une persistance de leur volonté et analogues à celles qui sont admises pour le divorce par consentement mutuel.

Je reviendrai prochainement sur ces questions dans le *Voltaire*, et les discuterai.

Vendredi la commission doit se réunir à nouveau pour examiner quelques derniers points de la loi qu'elle est chargée de rapporter et pour en nommer le rapporteur.

A. N.

Le Télégraphe

Du 28 juillet 1879

M. A. Naquet nous adresse la lettre suivante :

Paris, le 23 juillet 1879.

Monsieur,

La question du divorce que j'ai posée en 1876 est entrée dans une nouvelle voie à partir du jour où la Chambre a élu, pour examiner ma proposition, une commission spéciale, qui lui est favorable.

Mais ce serait une erreur de croire que toutes les difficultés soient vaincues.

Des députés et des sénateurs d'un immense mérite, mais qui — sans que je puisse m'en rendre compte — conservent à propos de la loi du divorce les mêmes préjugés qui se rencontrent dans les masses, prendront la parole pour me combattre, et, bien qu'il y ait tout lieu de croire que la réforme sera votée à la Chambre, nous ne pouvons pas le garantir, et nous pouvons garantir moins encore qu'elle le sera au Sénat.

Pour assurer la victoire, il faut prendre corps à corps le préjugé dans le pays et le terrasser. J'y travaille par mes conférences, par mes articles au *Voltaire*, et presque toute la presse, grande et petite, me vient en aide.

Cela ne suffit pas, il faut pénétrer les couches profondes par la propagande individuelle et par les brochures.

Mais ici, les forces humaines ont une limite, et je suis insuffisant.

Il faut que toutes les personnes convaincues comme moi de l'utilité sociale de l'œuvre que j'ai entreprise se groupent et m'aident, qu'elles constituent un comité, qu'elles se créent des relations en province, qu'elles se cotisent en vue de préparer et de répandre des brochures utiles, en un mot qu'elles multiplient les efforts. A ce prix le triomphe est assuré.

Dans le but de discuter les voies et moyens d'une action commune comme celle dont je viens de vous exposer la nécessité, je vous prie de vouloir bien vous rendre le mardi 27, à la salle des Conférences, 39, boulevard des Capucines, à 8 heures du soir, afin d'assister à une réunion où je convoque en même temps un certain nombre de personnes sympathiques à la cause que je défends.

Je compte sur votre présence.

A. NAQUET.

Le Voltaire
du 3 août 1889

LE DIVORCE

La commission parlementaire chargée de rapporter la proposition du divorce ayant achevé ses travaux préparatoires et ayant nommé son rapporteur, l'honorable M. Léon Renault, nous devons revenir sur quelques points sur lesquels nous n'avions pas eu le temps de nous appesantir encore, notamment sur la modification apportée à l'article 295 du Code civil et sur les dispositions transitoires que la commission a adoptées.

Nous voulons parler aujourd'hui de ce qui est relatif à l'article 295.

[...] til que ce soit, de se remarier entre eux. Un amendement de M. [illegible] demandait que cette disposition restrictive cessât d'être applicable aux époux qui ont des enfants ; et une lettre adressée à la commission par M. Astruc, grand rabbin de Belgique, plaidait éloquemment contre une prescription draconienne qui n'est nullement justifiée à ses yeux.

« Vous ne voulez pas, dit M. Astruc, que le mariage soit indissoluble et vous avez raison de ne pas le vouloir. Mais alors, et quand vous proclamez la faculté de dissoudre le mariage, pourquoi voulez-vous rendre *le Divorce indissoluble* ? »

Les arguments donnés par M. Liébonne, et ceux de M. Astruc ont d'autant moins de peine à entraîner la commission qu'elle était convaincue d'avance des inconvénients que présenterait la conservation pure et simple de l'article 295. Personne n'a élevé la voix pour défendre cet article tel qu'il était conçu.

La loi de 1792, la loi prussienne, [permettent] aux époux divorcés de contracter entre eux une nouvelle union. Pourquoi la loi de 1803 leur avait-elle refusé cette faculté ?

Parce que, avait dit le législateur de 1803, le mariage est un acte grave, sérieux, qu'il doit en être de même du divorce, et que l'on tomberait dans le ridicule si les unions conjugales pouvaient se dénouer pour se renouer, à se dénouer encore. Parce que l'institution du mariage perdrait de sa sainteté et de son élévation dans ces ruptures suivies de réunions et peut-être de nouvelles ruptures.

Que le divorce soit admis et l'indissolubilité repoussée, soit ! Le divorce vaut mieux que la séparation de corps, quand la séparation est nécessaire. C'est une nécessité qui s'impose et à laquelle on ne peut résister sans les plus grands inconvénients. Mais un mariage ne se [illegible] jamais et les mêmes motifs sérieux qui rendent impossible la [...]

nal pas lorsqu'il s'agit de permettre aux époux divorcés de revenir sur le divorce. L'indissolubilité du mariage conduit à des situations intolérables. « *L'indissolubilité du divorce* » comme dit M. Astruc, ne conduit jamais à une situation qu'on ne puisse accepter.

L'intérêt de la famille exige que le mariage ne soit pas indissoluble ; mais l'intérêt de la famille exige aussi que du divorce et du mariage on ne se fasse pas un jeu.

M. Astruc, dans sa lettre, reconnaissait parfaitement le côté moral de ces objections sans les croire irréfutables.

Il est évident que le divorce n'est qu'un moindre mal, mais qu'il est un mal ; que, à tous les points de vue, l'union des époux est ce que nous devons désirer. C'est même ce point de vue — trop étroitement considéré — qui pousse certains moralistes à repousser le divorce et à lui préférer la séparation de corps. La séparation de corps, disent-ils, laisse la porte ouverte à la réconciliation.

Les législateurs de 1803 avaient, à juste titre, cru cette conclusion exagérée et fausse ; mais pourquoi aller à l'extrême opposé et renoncer systématiquement à toute espérance de réconciliation lorsqu'en principe on considère la réconciliation comme le bien suprême.

Deux époux sont irrités. Sous l'empire de cette irritation profonde, ils divorcent. Mais s'ils ont recours à ce moyen héroïque plutôt qu'au moyen bâtard de séparation de corps, ce n'est pas en vue de se remarier, c'est uniquement pour devenir complètement étrangers l'un à l'autre. Quant à un nouveau mariage, ni l'un ni l'autre n'y songe : ils sont trop ulcérés tous deux, trop irrités contre le mariage lui-même pour y penser un seul instant.

Seulement, une fois libres, ils sentent leur passion haineuse s'apaiser ; le calme succède à la fureur, puis la réflexion vient ; ils ont des enfants, ils reconnaissent que leur état de séparation leur est préjudiciable, et ils sont ainsi amenés au désir d'un rapprochement. Pourquoi voudrait-on rendre impossible la réalisation de ce désir qui n'est inspiré que par des sentiments honnêtes et bons ?

Et qu'on ne vienne pas nous dire que le fait ne se produira pas. Il se produit — rarement, il est vrai — mais enfin il se produit sous l'empire de la séparation de corps ; avec le divorce, il se produira plus encore.

Avec la séparation de corps, la situation irrégulière et pénible dans laquelle vivent les époux, entretient leur colère et rend leur réunion difficile. Avec le divorce, l'apaisement naîtra souvent de la liberté reconquise, et nous ne voyons pas qu'il soit utile d'y mettre obstacle, comme on l'avait fait en 1803.

Du reste, si le fait ne doit pas se produire, il est nécessairement sans danger, et s'il doit se produire, nous ne croyons pas qu'il soit bon de s'y opposer.

Quant à ce que pourrait présenter de démoralisateur le spectacle d'unions qui se dissoudraient pour se reconstituer et se reconstitueraient pour se dissoudre encore, M. Astruc pensait qu'on pourrait y remédier en mettant à la réunion des époux divorcés des conditions analogues à celles qui président au divorce par consentement mutuel.

La commission n'est pas entrée dans cette voie.

Les époux divorcés peuvent se ranger en deux catégories : ceux qui, après le divorce, contractent un nouveau mariage, et ceux qui, après le divorce, demeurent dans le célibat tout comme s'ils étaient simplement séparés.

Pour les premiers, si leur second mariage se dissout d'une manière quelconque, il n'est pas admissible qu'un rapprochement soit toléré. Le spectacle d'époux qui divorceraient pour contracter un nouveau mariage, et rompraient ensuite ce nouveau mariage pour revenir au premier serait évidemment un exemple dissolvant qu'on ne saurait tolérer. Ils pourraient d'ailleurs avoir des enfants du second mariage et, dans ce cas, leur réunion présenterait beaucoup moins d'avantages que d'inconvénients.

Quant aux seconds, à ceux qui sont demeurés dans l'état de séparation, de célibat, qui n'ont contracté aucun noureau mariage, leur réunion présente mille fois moins d'inconvénients que d'avantages et il n'y a pas plus de bonne raison pour l'empêcher, qu'il n'y en aurait pour empêcher un rapprochement sous l'empire de la législation actuelle.

Il y a même un argument d'ordre religieux qui doit nous porter à modifier l'article 295, dans le sens que je viens d'indiquer.

Un des arguments des catholiques contre le divorce, c'est qu'il rend tout rapprochement impossible, et que la religion catholique vise toujours au rapprochement comme à un but souverainement désirable.

Permettre aux époux catholiques qui, liés par le sacrement, auraient néanmoins recouru au divorce pour se délier de toute obligation civile, sauf à obéir à leur foi et à donner à cet acte, en ne se remariant pas, la valeur d'une simple séparation, leur permettre, dis-je, de se réunir un jour, c'est faire disparaître bien des scrupules qui s'élèvent contre le rétablissement du divorce. Or, il est clair que nous devons tenir le plus grand compte des scrupules religieux toutes les fois que nous le pouvons sans porter atteinte au grand principe de la sécularisation de l'Etat.

C'est sous l'empire de ces arguments que la commission a remplacé l'article 295 du Code civil par un nouvel article 295, lequel se borne à interdire la réunion des époux divorcés qui auront, depuis le divorce, contracté un nouveau mariage, quelle que soit d'ailleurs la cause de sa dissolution.

Mais une nouvelle question se posait alors. Les époux divorcés et remariés pourront-ils divorcer à nouveau?

Evidemment, si la séparation de corps était supprimée, comme en 1792, il faudrait bien se résigner à cette solution. Mais, comme la séparation subsiste, on peut éviter d'admettre une pratique qui risquerait de déconsidérer l'institution du mariage aussi bien que celle du divorce. Quand les époux divorcés se seront réunis, ils ne pourront plus divorcer. Ils se trouveront alors placés dans la position où nous sommes tous aujourd'hui, et ils ne pourront s'en prendre qu'à eux-mêmes de la situation qui leur sera faite, personne ne les obligeant à revenir sur l'acte de divorce.

Cette solution eût cependant été excessive si elle était demeurée aussi absolue. Dans le cas d'adultère, dans le cas de crime entraînant la condamnation de l'un des époux à une peine afflictive et infamante, dans le cas d'attentat par l'un des époux contre la vie de l'autre, il nous a paru impossible de proscrire la faculté du divorce. Dans ce cas, en effet, la victime est d'autant plus intéressante qu'elle a fait plus complètement preuve de bonne volonté par un pardon généreux.

La commission s'est donc bornée à établir qu'en cas de réunion des époux divorcés, ceux-ci ne pourront pas divorcer à nouveau, à moins que ce ne soit pour cause d'adultère, pour cause de condamnation criminelle de l'un des époux ou pour cause d'attentat par l'un des époux contre la vie de l'autre.

Cette disposition sera certainement approuvée comme satisfaisant à toutes les conditions de justice et de moralité.

A. NAQUET.

Le XIXᵐᵉ Siècle du 5 août 1879

LE DIVORCE

Monsieur le rédacteur en chef,

Je vous serai obligé de vouloir bien donner à vos lecteurs communication du fait suivant. Afin d'activer la propagande à laquelle je me livre depuis trois ans en faveur du rétablissement du divorce et pour m'aider dans cette lutte importante, il vient de se constituer un comité.

Ce comité, qui se compose de personnes prises indistinctement dans toutes les opinions politiques et religieuses, m'a fait l'honneur de me choisir pour président et a choisi comme secrétaire M. Renouard.

M. Armand Caillavet a consenti à

mer les délicates fonctions de trésorier.

Il importe que le comité se crée des ressources, soit pour organiser des conférences dans les petites localités, soit pour y répandre des brochures à bon marché qui élucident la question et portent le dernier coup aux préjugés que nous combattons.

Il est donc nécessaire que tous ceux qui veulent nous aider dans notre œuvre consentent à y contribuer par des souscriptions personnelles qui pourront demeurer anonymes et qui, centralisées par notre honorable trésorier, seront versées par lui à la banque Lehideux et Cie, à Paris.

Vous mettrez le comble à votre obligeance si vous voulez bien recevoir vous-même les souscriptions et nous les adresser.

Notre secrétaire M. Renaudot demeure 15, boulevard de Courcelles. Notre trésorier, M. Armand Caillavet, demeure 12, avenue de la Reine-Hortense.

Je compte, monsieur le rédacteur, sur votre dévouement à cette cause si juste et si réalisable.

Et je vous prie d'agréer, avec mes remerciements, l'assurance de ma parfaite considération.

A. NAQUET.

P.S. — Veuillez aussi indiquer, je vous prie, que le secret des signatures de toutes les personnes qui m'écriront sera scrupuleusement gardé.

Le Voltaire du 9 août 1879

LE DIVORCE

Sous ce titre : LETTRES D'UN CULTIVATEUR, le *Courrier de l'Ain*, du 31 juillet, me consacre un article dû à la plume de M. Claude Sarrasin.

Cet article est très bienveillant pour l'auteur de la proposition du divorce qu'il invite même à venir donner une conférence à Bourg. Mais si M. Sarrasin est désireux d'entendre développer les arguments favorables au divorce afin de fournir à ses concitoyens l'occasion d'étudier à fond cette question si importante; s'il se réserve même, en ce qui le concerne, après avoir plus complètement pesé les raisons pour et contre, de modifier son opinion actuelle; il n'en est pas moins en l'état, *provisoirement je l'espère*, l'adversaire des idées que je défends, adversaire de bonne foi, hâtons-nous de l'ajouter, adversaire loyal qui ne demande qu'à revenir de son erreur, pourvu qu'on lui démontre qu'il se trompe. Je l'essaierai.

A côté du bonheur des époux qu'il faut assurer, dit M. Sarrasin, il y a aussi le bonheur et l'avenir des enfants qu'il ne faut pas compromettre. Cette question des enfants, on vous l'a posée déjà cent fois, mais on n'a pas encore assez insisté et je crois que vous n'avez pas encore assez répondu : je la reprends :

. . . .

. . . .

« Quant aux motifs de *divorce* ne les multipliez-vous pas à l'excès? Que penser par exemple du divorce pour cause de dissentiments religieux? N'entraînera-t-il pas des abus? Supposez un mari las de sa femme; il se plaindra qu'elle va trop souvent à la messe, ou qu'elle fait baptiser ses enfants; ou bien il se fera circoncire et se déclarera mahométan, ce qui lui permettra d'avoir un harem enrichi de nombreuses odalisques.

Quant à la femme, si elle est religieuse, elle sera obligée de subir une loi que sa conscience réprouve. En effet, le prêtre lui a dit, le jour de son mariage, que l'homme devait quitter son père et sa mère pour rester avec sa femme, qu'ils seraient deux dans une même chair, en sorte qu'ils ne fussent plus deux, mais une même chose; on lui a dit encore que l'homme ne peut pas séparer ce que Dieu a uni; on le lui a dit et elle y croit. Si elle agit contre cette croyance, elle aura le remords d'une faute commise; si elle résiste au nom de sa religion, elle se condamne à une existence insupportable, en présence d'un mari, irrité de son refus. Qu'en pensez-vous?

Vous admettez aussi, je crois, le divorce pour incompatibilité d'humeur. N'est-ce pas ouvrir bien légèrement la porte aux caprices? N'est-ce pas favoriser la légèreté et l'inconstance des époux?

. . . .

. . . .

Le divorce pour incompatibilité d'humeur avait été adopté par la Convention et, trois ans après, on demandait la révision de cette loi. Un orateur du conseil des Cinq-Cents venait déclarer à la tribune que rien n'était plus immoral que de permettre à l'homme de changer de femme comme d'habit et à la femme de changer de mari comme de chapeau. C'était, selon lui, porter atteinte à la dignité du mariage, en faire le jouet du caprice et de la légèreté, et le c...

ger en concubinage successif. Un autre dirait qu'il fallait faire cesser ce marché de chair humaine que les abus d'un divorce rendu trop facile avaient introduit dans la société. Ces raisons ne sont-elles pas aussi justes, aussi sages qu'il y a quatre-vingts ans?

Enfin, monsieur, je veux vous soumettre une autre réflexion. Vous avez dit que le mariage depuis 89 est un contrat civil, purement civil. Et, comme les contrats peuvent se dissoudre soit d'un commun accord, soit quelquefois sur le désir de l'une des parties, vous ne voyez pas pourquoi l'on s'obstine à vouloir que, de tous les contrats, le mariage soit le seul indissoluble.

Eh bien! suivant ma petite jugeotte, monsieur le député, le contrat de mariage n'est pas un contrat comme un autre. Comparer le mariage à l'achat d'un champ ou d'une maison, cela me semble un peu risqué...................
....
....

Eu attendant de me rendre à l'invitation de M. Sarrasin et d'aller à Bourg, ainsi que je me propose de le faire, je veux répondre ici à la lettre d'un cultivateur.

M. Sarrasin me parle de l'intérêt des enfants. Je crois avoir répondu déjà à cette objection. J'y répondrai encore prochainement; et comme les faits parlent plus haut que la théorie, je citerai des faits probants entre tous, des faits qui ne laisseront pas le moindre doute dans l'esprit et démontreront de la manière la plus éclatante que l'objection tirée de l'intérêt des enfants se retourne contre ceux qui l'invoquent; mon estimable contradicteur voudra bien me faire crédit jusque-là.

Le divorce est un mal sans doute pour les enfants; mais un mal moindre que la séparation de corps; et c'est au nom des enfants aussi bien qu'au nom des parents que nous demandons que notre législation soit modifiée.

M. Sarrasin nous reproche aussi de multiplier outre mesure les causes de divorce et notamment d'admettre le divorce pour dissentiments religieux et aussi pour incompatibilité d'humeur et de caractère.

Il y a là une erreur d'appréciation et une erreur de fait : erreur d'appréciation en ce qui concerne les dissentiments religieux, erreur de fait en ce qui concerne l'incompatibilité d'humeur.

La commission avait d'abord admis les dissentiments religieux au nombre des causes de divorce. Depuis lors, elle est en partie revenue sur son vote; elle a chargé son rapporteur d'étudier à fond la question, en réservant sa décision définitive pour le jour de la lecture du rapport.

Mais — qu'on le sache bien ici — en admettant cette cause de divorce, nous n'entendions pas innover, nous voulions surtout mettre la législation en harmonie avec la jurisprudence actuelle et empêcher les tribunaux de rendre des jugements contradictoires suivant les sentiments philosophiques et religieux professés par ceux qui s'adressent à eux.

Aujourd'hui, lorsqu'une femme intente une action en séparation de corps à son mari, soit parce que ce dernier s'oppose à ce qu'elle remplisse ses devoirs religieux, soit parce que — malgré des conventions formelles — il veut élever ses enfants dans un culte différent de celui aux ministres duquel les époux ont demandé la bénédiction nuptiale, les tribunaux n'hésitent pas. Ils voient là une injure grave du mari envers la femme, et ils prononcent en France la séparation de corps et de biens, en Belgique le divorce.

En serait-il de même si le fait inverse se produisait, si une femme, non mariée à l'église cependant, mais revenue à des sentiments catholiques, voulait imposer sa religion à ses enfants et que le mari plaidât contre elle, les tribunaux français verraient-ils dans cet acte de la femme une injure grave contre le mari? Prononceraient-ils la séparation de corps en faveur du mari en accordant à ce dernier la garde de ses enfants?

Et s'ils ne le faisaient pas, n'y aurait-il pas là deux poids et deux mesures, suivant que le demandeur serait croyant ou libre penseur?

Il faut éviter autant que possible aux hommes — et les juges sont hommes — les occasions d'obéir aux entraînements de la passion; et il est bon pour cela de lier les magistrats par des textes précis. C'est ce qui avait déterminé la commis-

sion tout d'abord à admettre législative-
ment, les dissentiments religieux au
nombre des causes de divorce.

Malheureusement nous n'avons pas
tardé à nous heurter à une difficulté de
rédaction. Toutes les formules que nous
trouvions étaient trop larges ou trop
étroites : trop larges, elle permettaient
d'une manière détournée le divorce par
consentement mutuel sans les garanties
dont le législateur a cru devoir l'entou-
rer ; trop étroites, elles diminuaient au
lieu de les augmenter les facilités reconnues aux époux par la législation actuelle.

C'est alors que la commission a chargé
le savant jurisconsulte auquel elle a
confié le soin de présenter le rapport
sur la nouvelle loi de chercher une formule qui pût tout concilier. S'il n'y
réussit pas, nous renoncerons à introduire dans le Code les dissentiments religieux au nombre des motifs de divorce,
en laissant, comme aujourd'hui les tribunaux libres de décider, suivant le cas,
que ces dissentiments constituent ou ne
constituent pas une injure grave de l'un
des époux envers l'autre.

En attendant, et pour légitimer au
moins le mobile qui avait poussé la
commission — sinon un texte définitivement adopté par elle — qu'on me permette de citer quelques extraits d'une
intéressante lettre qui m'a été adressée,
il y a un mois, du chef-lieu de l'un de
nos départements de l'ouest.

« Je me suis marié en 1873, y est-il
» dit, avec une jeune femme que ma
» famille estimait, et mon mariage a été
» purement civil, bien que tous deux
» nous fussions d'origine catholique ;
» mais nos familles et nous apparte-
» nions, par le cœur, à la libre pensée.
» Rien ne vint assombrir les premières
» années de notre union ; deux enfants
» en naquirent qui ne furent pas bapti-
» sés, et nos pensées continuaient à se
» confondre ;... lorsque je fus chargé
» d'une mission commerciale qui m'o-
» bligea à demeurer pendant un an loin
» du domicile commun.

» Que se passa-t-il pendant ce temps ?

» Je ne l'ai jamais su. Mais quand je re-
» vins, ma femme ne quittait plus le
» confessionnal et mes enfants étaient
» couverts de scapulaires.

» Vainement je protestai, j'invoquai
» nos conventions premières. Ma femme
» fut inflexible, comme le sont toutes
» celles qui obéissent à la passion reli-
» gieuse.

» Je menaçai après avoir prié ; la me-
» nace fut aussi vaine que la prière. Je
» brisai les scapulaires qui étaient sus-
» pendus au cou de mes enfants ; un
» nouveau scapulaire remplaçait celui
» que j'avais brisé, et ma femme ensei-
» gnait à mes enfants à prier Dieu pour
» qu'il arrachât leur père à l'impiété. Sa
» ténacité fut telle que, sentant mon
» impuissance à rien empêcher, et ne
» pouvant supporter plus longtemps
» cette profanation de tout ce qui est
» pour moi un culte, je dus me séparer
» de celle avec qui j'avais cru fonder
» une union éternelle.

» Vous dire les déchirements que j'ai
» éprouvés serait inutile... Vous avez
» passé par là. Mais je n'avais pas les
» mêmes raisons que vous pour me rési-
» gner. Les motifs que vous invoquez
» dans votre touchante lettre au *Figaro*,
» pour laisser votre fils à sa mère,
» n'existaient pas pour moi, et j'aurais
» voulu plaider la séparation et obtenir
» la garde de mes enfants, afin de les
» élever dans mes idées.

» Certes, il y avait injure grave de ma
» femme envers moi, et, si la situation
» eût été inverse, je n'aurais pas eu de
» peine à obtenir gain de cause. C'est
» du moins ce que m'ont affirmé tous
» les avocats auxquels je me suis adres-
» sé. Mais ils ont ajouté que le tribunal
» et la cour de qui ressortirait l'affaire
» étaient dans des idées telles que mon
» procès, si j'en faisais un, serait perdu
» d'avance. Dans ces conditions, quelle
» conduite devais-je tenir ? Engager une
» action inutile, aggraver la situation
» sans espoir de l'améliorer ? J'ai pré-
» féré me taire et pleurer.

» Mais ne pensez-vous pas qu'il y ait
» quelque chose à faire pour enlever aux
» tribunaux cette omnipotence d'appré-

» ciation ! Que les catholiques soient
» protégés dans leurs croyances, dans
» leur liberté, rien de plus juste. Je le
» demande comme eux. Mais que les
» non catholiques le soient aussi, voilà
» ce que veut la justice; voilà ce que je
» réclame; voilà ce sur quoi je vous de-
» monde d'appeler l'attention de la com-
» mission du divorce... »

Voilà aussi ce qui avait déterminé la
commission à ajouter aux causes de divorce inscrites au titre VI du Code civil
une cause nouvelle, que malheureusement, par suite des difficultés sur lesquelles je me suis expliqué plus haut,
elle a été obligée d'abandonner, provisoirement au moins, et sauf nouvel
examen.

Quant au divorce pour incompatibilité
d'humeur, admis par la Législative de
1792 et par la Convention, si plusieurs
orateurs des Cinq-Cents le déclaraient
immoral, il se trouvait dans la même
assemblée d'autres orateurs, Darracq
entre autres, qui le défendaient énergiquement (1). Mais moi même je déclare que j'en suis résolument partisan
et que je n'hésiterais pas à l'établir s'il
dépendait de moi que tous nos concitoyens pensassent ce que je pense.

Mais je n'ai pas à discuter ici mes opinions personnelles, non plus que celles
qui avaient prévalu à la Législative et à
la Convention. J'ai à discuter la proposition de loi que la commission du divorce va soumettre aux Chambres, et
cette proposition ne conclut pas au rétablissement du divorce pour incompatibilité d'humeur. Il n'y a même pas eu de
tentative faite dans ce sens; un homme
politique doit tenir compte du milieu
dans lequel il agit, et j'aurais irrévocablement compromis ma loi en proposant
de revenir à la législation de 1792.
M. Sarrasin avait donc été mal informé
sur ce point. Il nous attribuait une décision que nous n'avions pas prise, et
qui certainement, si elle eût été proposée, aurait eu contre elle l'immense
majorité de la commission.

(1) *Le Divorce*, par A. Naquet. Dentu, éditeur, 1877. Appendice, page 234.

Quant à cette dernière objection de M.
Sarrasin que le mariage n'est pas un
contrat ordinaire, nous l'admettons. Le
mariage appartient à un catégorie spéciale de contrats; mais les contrats de
cette catégorie, les *Contrats personnels*,
sont, d'après les principes de notre législation, plus faciles à dissoudre que les
autres, et, pour être logique avec ces
principes, nous devrions admettre au
nombre des cas de divorce l'incompatibilité d'humeur et de caractère elle-
même.

Nous ne le faisons pas; nous tenons
compte du milieu; nous nous bornons à
agir comme si le mariage était comparable à un achat ou à une vente, nous
ne plaçons pas le mariage dans la catégorie des contrats à laquelle il appartient.

Mais en le déclassant ainsi nous faisons une concession aux adversaires du
divorce et nous ne pouvons permettre
que cette concession se retourne contre
nous.

Nous ne voulons pas du reste nous
étendre longuement sur cette question
des contrats personnels que nous avons
déjà longuement traitée ici. Nous nous
bornons à renvoyer nos lecteurs à ce
que nous en avons dit dans le numéro
du *Voltaire* du 10 juillet 1879.

M. Sarrasin craint encore que le divorce ne blesse les consciences catholiques. Je connais bien des catholiques
qui ne pensent pas comme lui. Quoique
je croie avoir fait complètement la lumière sur ce point comme sur ce qui
touche aux enfants, j'y reviendrai cependant dans le *Voltaire*. En pareille
matière, et pour vaincre un préjugé, si
profond que des hommes de la valeur de
M. Sarrasin n'en sont pas affranchis, il
ne faut pas craindre de se répéter. Tout
ce qui a trait à la liberté de conscience
mérite d'ailleurs à un si haut degré le
respect de tous que, quelque utile que
soit à mes yeux cette réforme, j'hésiterais moi-même à voter le divorce si je
pouvais supposer qu'il blessât la conscience religieuse d'un certain nombre

de mes concitoyens. Heureusement, il ne blesse . . . conscience de personne, et si quelque chose opprime les catholiques, ce ne sera pas le divorce. C'est bien plutôt la législation actuelle, plus restrictive mille fois que les canons de l'Eglise; la législation actuelle dont ils ont intérêt à pouvoir s'affranchir par le divorce pour bénéficier au moins de la liberté que le droit canonique leur reconnaît.

A. NAQUET.

◆

LE DIVORCE

―

L'INTÉRÊT DES ENFANTS

Je me suis engagé vis-à-vis des lecteurs du *Voltaire* à citer des faits démonstratifs de cette vérité que, dans les cas graves où l'union des époux est brisée, les enfants ont moins à souffrir du divorce que de la séparation de corps. Je commence.

Voici une lettre que m'a adressée de Marseille, à la date du 15 juin dernier, un riche négociant en tissus de cette ville :

« Il est probab'e que le récit que je vais vous faire vous a été fait bien des fois déjà par d'autres aussi malheureux que moi. Je vais cependant, en m'efforçant d'être bref, vous raconter mon cas pour grossir votre dossier, et pour que vous puissiez fournir à la commission relative à la loi du divorce un argument de plus.

» J'avais vingt-deux ans lorsque je me mariai, le 28 août 1859; ma femme en avait dix-neuf. J'étais alors dans l'armée.

» De mon union sont issus quatre enfants, tous quatre vivants, un garçon et trois filles. Le garçon a actuellement sept ans; les trois filles ont l'une douze ans, la seconde dix-sept, l'autre dix-neuf.

» Après seize années de souffrances, durant lesquelles rien ne m'a été épargné, j'ai dû enfin me résoudre à une séparation de corps, séparation qui a été prononcée en ma faveur en 1875. Le tribunal m'a accordé la garde des enfants.

» Je ne veux pas vous parler de ce que j'ai souffert moi-même pendant seize ans. Ceci n'aurait rien de nouveau pour personne. Ma vie a été empoisonnée ; je suis sacrifié ; soit ! je m'exécute. Mais c'est sur mes enfants que je veux appeler votre attention.

» Le grand écueil que vous rencontrez, dans la poursuite du but généreux que vous vous efforcez d'atteindre, est *l'intérêt des enfants*. Je crois que c'est surtout le sort des enfants qui exige le rétablissement du divorce et je vais m'efforcer de le démontrer par mon exemple.

» Lorsque, vers la fin de 1874, je formai ma demande en séparation de corps, j'obtins du tribunal, à titre provisoire, que mes enfants me fussent confiés.

» Leur mère, sans parler des mauvais instincts qu'elle possède, est dénuée de tout sentiment maternel. Depuis cinq ans bientôt — et quoiqu'elle en ait le droit — elle n'a pas demandé une seule fois à voir ses enfants.

» Or, me trouvant seul à Marseille à la tête de l'une des plus importantes maisons de notre commerce, ne pouvant surveiller mes enfants moi-même, j'ai dû donner une institutrice aux plus jeunes d'entre eux, tandis que je mettais en pension les aînées.

» J'ai, sous ce double rapport, parfaitement réussi. Mes jeunes filles reçoivent une excellente éducation dans un des meilleurs pensionnats du Midi, et mes plus jeunes enfants sont élevés devant moi par une digne femme qui leur tient lieu de mère, et qui a pour eux une affection telle, qu'ils ne se souviennent même plus de celle qui leur a donné le jour.

» Jusqu'ici, rien de fâcheux ne leur est arrivé, vous le voyez.

» Mais voici venir l'heure de leur établissement. Ma fille aînée, je vous l'ai dit, va avoir dix-neuf ans. Le moment approche où je devrai songer à lui trouver un mari; mais ce mari où puis-je espérer le rencontrer?

» Ma femme porte encore mon nom. Deux fois déjà depuis notre séparation elle a été arrêtée comme adultère ou complice d'adultère et condamnée comme telle. Elle vit publiquement avec un homme qui a été plusieurs fois frappé par la justice pour des faits déshonorants, qui est marié lui-même et dont elle a eu déjà deux enfants. Sa vie est épouvantable de scandale et je ne veux pas arrêter ma pensée sur les lieux où elle pourrait bien terminer sa vie.

» Elle doit donner son consentement au mariage de mes enfants, et cette formalité obligatoire m'oblige à parler d'elle. Or, dites-moi, monsieur, quel est le mari, quel est le père qui voudront ainsi entrer dans une famille à ce point salie par l'un de ses membres.

» Sans doute, avec le divorce, il faudrait aussi demander le consentement de la mère pour marier les filles; mais la mère ne porterait plus mon nom; ses débordements ne rejailliraient plus sur ses filles, et, par cela même, bien des hésitations disparaîtraient, qui sont fatales avec la loi qui nous régit.

» Et pourtant j'élève bien mes enfants, je travaille pour eux; ils ont de bons sentiments; mes chagrins ont fortifié leur esprit et leur cœur.

» La femme qui porte encore notre nom — bien qu'elle y tienne peu — et qui le souille — est une entrave vivante à notre bonheur à tous.

» Croyez-vous que le divorce serait ici favorable ou nuisible aux enfants? Poser la question, c'est la résoudre. La séparation brise l'avenir de mes filles, le divorce les sauverait.

» Je glisse légèrement sur les souffrances morales qu'ont eu à subir mes enfants du fait de notre séparation. Quiconque a vécu près des enfants pourra s'en rendre compte. La méchanceté a été de toutes les époques dans les pensionnats, et les enfants font d'autant plus facilement le mal qu'ils n'en ont pas conscience... Mais passons!

» Mon garçon, mes filles n'avaient plus de mère, et vous savez mieux que beaucoup si jamais le meilleur des pères peut en tenir lieu.

» Cette idée seule m'a fait supporter seize années de tortures avant de me séparer.

» N'ayant plus de mère, elles n'ont plus de compagnes; on n'est reçu que lorsqu'on reçoit, et quelle mère confierait ses filles, ne fût ce que pour quelques heures, à un chef de famille sans femme à la maison?

» Donc, plus de société, plus de relations!

» Quoi de plus nuisible à l'établissement, à l'avenir de mes enfants?

» Et à tout cela vient s'ajouter une complication nouvelle qui rend leur avenir plus compromis encore.

» J'ai donné, je vous l'ai dit, une institutrice à mes plus jeunes enfants. Le garçon n'avait que trois ans au moment de ma séparation, pouvais-je le mettre en pension?

» Je ne pouvais pas d'ailleurs, puisque la loi s'y oppose, remplacer leur mère par une belle-mère.

» L'institutrice qui s'est chargée de diriger mes enfants est de mon âge et appartient à une excellente famille; elle a reçu une éducation parfaite et une instruction supérieure. Lorsqu'elle est entrée chez moi, elle était séparée depuis cinq ans de son mari. La séparation avait été prononcée à son profit et elle avait un enfant mâle dont le tribunal lui avait confié la garde.

» Son sort serait aussi intéressant à narrer que le mien; mais je ne veux pas allonger cette lettre.

» Je vous dirai seulement qu'elle est seule pour élever son fils, que son mari, après avoir dilapidé la fortune de sa femme a fait des faux, et que la malheureuse, fuyant son pays devant une pareille honte, est venue se réfugier à Marseille dans une famille honorable amie de la sienne où je l'ai connue.

» Depuis qu'elle est entrée chez nous, cette jeune femme a rempli vis-à-vis de mes enfants tous ses devoirs, comme si elle eût été leur mère; elle les a remplis avec le cœur; mes enfants l'adorent et croiraient manquer à ce qu'ils lui doivent en l'appelant autrement que « ma mère. » Quant à celle qui, physiquement, fut leur mère, ils l'ont oubliée.

» Moi, de mon côté, j'ai été un père pour son enfant à elle. Je le devrais par simple gratitude; mais cette gratitude m'est douce, car l'enfant qui en est l'objet en est digne.

» Si la loi eût été autre; si, comme les Belges, nous possédions le divorce, nous nous serions mariés. Nos enfants auraient eu les uns et les autres un père et une mère; et les filles ayant dans la maison une femme estimée autant qu'estimable n'auraient pas été privées de relations et menacées dans leur avenir.

» Mais le mariage est chez nous indissoluble, et nous n'aurions pu nouer entre nous qu'une union illégitime, qui aurait ajouté à nos souffrances au lieu de les atténuer. D'ailleurs, la jeune femme est trop attachée à ses devoirs, trop fière et trop digne pour vouloir lier des nœuds que la loi ne saurait légitimer. Moi-même, je la respecte trop pour avoir nourri de tels projets une seule minute.

» Mais le monde est soupçonneux, et ce qui n'existe pas il le suppose. Aux yeux de bien des gens, la directrice de mes enfants est ma maîtresse, etce soupçon injurieux est pour elle une douleur qu'elle cache pudiquement, pour moi peut-être une douleur plus grande encore.

» Ceux-là même qui ne la soupçonnent pas passent à côté de son dévouement sans le comprendre et ne voient en elle qu'une mercenaire.

» Et cette situation rend les relations de mes filles plus difficiles encore.

» Voilà donc, du fait de la loi, quatre enfants sans mère et un enfant sans père, qui pourraient avoir l'un et l'autre si le divorce existait.

» Que dis-je sans père et sans mère?

» Mes enfants ont une mère, une mère qui porte encore leur nom et qui en se déshonorant les déshonore.

» Le garçon de mon institutrice a un père, un père criminel qui expie son crime dans un bagne, un père dont il rougit; un père dont, à la maison il ne porte plus le nom, ne voulant se souvenir que de celui de sa mère.

» Voilà, monsieur, les effets de la séparation de corps. Voilà le sort qu'elle réserve aux enfants. Voilà comment cette loi protège ceux dont elle entend se préoccuper.

» Est-il utile d'opposer à cette fatalité le bénéfice que tous recueilleraient du divorce? Je le crois superflu.

» Avec le divorce, cette situation doublement fausse faite à deux familles disparaîtrait. Le monde qui se croit obligé de nous tourner le dos tout en nous désirant, nous rechercherait. Nos enfants seraient reçus partout; ils seraient heureux; leur avenir serait assuré.

» Leurs intérêts matériels dans la succession future de leurs parents ne seraient en rien compromis: leurs parts seraient faciles à établir par notre apport respectif au mariage.

» Et en faisant ainsi le bonheur des nôtres on nous accorderait quelques beaux jours qui nous feraient oublier les mauvais et nous fortifieraient dans l'œuvre de travailler assez, de travailler sans cesse en vue d'élever pour le bien une nombreuse famille.

» Ajoutez que la séparation de corps est, au point de vue pécuniaire, la ruine. Le commerçant le mieux accrédité voit son crédit s'effondrer; le rentier qui vit dans l'aisance voit ses charges augmenter au point de rendre insuffisants ses revenus et d'entamer son capital.

» Qu'ont encore à gagner les enfants dans cette ruine?

» Je vous demande pardon, monsieur, de vous avoir fatigué par une aussi longue histoire; mais il m'a semblé qu'elle ne serait pas tout à fait inutile au but moralisateur que vous poursuivez.

» Si je me trompe, vous voudrez bien me pardonner le temps que je vous coûte en raison du mobile qui me fait agir.

» En tout état de cause, je vous prie de recevoir l'expression de ma reconnaissance pour l'ardeur que vous mettez à la défense d'une cause juste, et l'assurance de ma parfaite considération... »

Ne me demandez pas pardon, monsieur. Votre situation est éloquente, et éloquente est la lettre touchante et simple qui l'expose. C'est en mettant ainsi les plaies sociales sous les yeux de tous que nous aurons raison de préventions que rien ne justifie. Je vous remercie au nom de tous ceux qui souffrent comme vous et qui, comme vous, attendent la délivrance.

A. NAQUET.

Le Voltaire

Du 30 août 1879

LE DIVORCE

—

ENCORE L'INTÉRÊT DES ENFANTS

J'ai promis de démontrer par des faits l'intérêt majeur qu'ont les enfants, lorsque leurs parents sont gravement désunis, à ce que le mariage de ces derniers soit rompu complètement par le divorce au lieu de l'être à moitié par la séparation de corps. J'ai commencé à m'exécuter dans mon dernier article. Je continue aujourd'hui en mettant sous les yeux de mes lecteurs une intéressante communication qui m'a été faite il y a quelques mois :

« On vous objecte toujours l'intérêt des enfants lorsque vous vous élevez contre la législation qui nous régit, lorsque vous réclamez le rétablissement du divorce avec une persistance et un courage qui ne peuvent manquer d'amener le triomphe de la cause humanitaire que vous défendez.

» Comment ne voit-on pas que l'intérêt des enfants est identique ici à l'intérêt des parents, au lieu de se développer en sens inverse ? Faut-il donc avoir été fils d'époux séparés pour comprendre tout ce que les enfants ont à souffrir de la séparation de corps ? Je le crains, et, comme j'ai eu le malheur de me trouver dans cette situation qui a influé sur ma vie tout entière, je vous demande la permission de vous faire connaître mon histoire. Publiez-la si vous le croyez utile, si vous pensez qu'elle puisse éclairer ceux auxquels ces drames intimes sont inconnus.

» Mon père s'était marié jeune avec une femme plus jeune encore, qu'il avait épousée par amour, et de qui il était adoré. Il n'avait d'autre position qu'une petite place bien modeste dans les bureaux d'une grande maison de commerce ; mais ma mère était économe, et l'amour remplaçait par ses joies les plaisirs de la fortune absente.

» Je naquis un an et demi après le mariage. L'amour paternel vint s'ajouter à l'amour conjugal, et le bonheur le plus pur, le plus exempt d'amertume, régnait au foyer de la famille.

» Tout à coup et sans qu'il soit possible d'en deviner la cause, une terrible passion, la jalousie, vint mordre mon père au cœur. Il tut d'abord ses soupçons et ses doutes, se bornant à exprimer sa mauvaise humeur à propos des motifs les plus futiles ; mais, un jour, la passion devint la plus forte, il parla.

» A partir de ce moment, les scènes se multiplièrent. Vaincu par la douleur — car il paraît que la jalousie qui ne repose sur rien est tout aussi cruelle à celui qui l'éprouve que si elle avait un fondement de vérité — mon père, pour s'étourdir, s'adonna aux boissons alcooliques.

» Ces boissons excitèrent davantage son esprit malade. Mon père restait absent la plus grande partie de la journée et quand il rentrait, c'était tantôt pour éclater en sanglots, tantôt pour éclater en menaces furieuses. Je n'avais guère alors que cinq ans, et j'en ai trente à cette heure; mais, quelque éloigné que soit tout cela, j'ai conservé un souvenir bien amer du spectacle qui s'offrait journellement à mes regards, de ces scènes furieuses qui allèrent plusieurs fois jusqu'aux coups en ma présence et qui ont laissé dans mon cœur une trace douloureuse que rien n'effacera jamais.

» Une nuit — je n'oublierai de ma vie cette nuit horrible! — mon père entra plus sombre encore que d'habitude. Il cria, il injuria, il frappa ma mère; puis, soudain, il prit un couteau et il aurait infailliblement tué celle à qui je dois le jour, si elle n'eut eu le temps de se précipiter dans une grande armoire qu'elle referma sur elle.

» Mon père n'était pas mauvais; il n'était qu'halluciné. Désarmé par l'excès même de sa colère, il jeta au loin son arme et réclama son pardon. C'était la vingtième fois qu'il le demandait. Ma mère l'avait toujours accordé jusque-là. Cette fois, elle fut inflexible. Elle avait un fils qui avait besoin d'elle; elle ne pouvait exposer sa vie. Une bonne avait tout vu et d'ailleurs mon père ne niait pas; ma mère demanda sa séparation et l'obtint.

» Tout cela avait développé en moi des sentiments de haine et de vengeance contre un homme qui m'aimait cependant d'une tendresse profonde, mais à qui je ne pouvais pardonner sa conduite vis-à-vis d'une mère bien-aimée. Ces sentiments sont malsains au cœur de l'homme; ils le sont bien plus au cœur de l'enfant. A cette heure encore, je ne suis pas complètement guéri de la blessure que j'ai reçue à cette époque, et je regrette bien souvent que, par une fausse appréciation de mon intérêt, ma mère n'ait pas quitté mon père deux ans plus tôt. J'aurais été privé, il est vrai — pas plus, toutefois, que je ne l'ai été — des joies intimes de la famille; mais j'aurais été à l'abri du spectacle qui s'est, pendant deux années, imposé à ma

vue et qui a déterminé chez moi un développement hâtif et morbide.

» Une fois séparé, mon père ne laissa pas ma mère tranquille. Si, au lieu de de séparation, le divorce avait existé; si ma mère avait pu se remarier — et elle l'aurait fait certainement pour se remarier, pour me donner un protecteur, — s'il y avait eu dans la maison un homme pour la défendre, il est à supposer que mon père se serait résigné.

» Mais, ma mère était seule avec moi, avec moi dont le tribunal lui avait confié la garde, en laissant cependant à mon père le droit de me voir quelquefois.

» Mon père profita d'abord de la solitude dans laquelle nous étions pour venir, au mépris de la décision de la justice, recommencer chez nous ses scènes de fureur: il fallut pour le faire cesser l'action de la police.

» Il finit cependant par ne plus venir; mais quelque douce qu'elle fût, quelque grande que fût sa résignation toute chrétienne, ma mère avait trop souffert pour pardonner. Elle n'avait que vingt-cinq ans; elle sentait les sentiments les plus légitimes de la femme se révolter en elle. Elle m'aimait avec passion; mais l'affection que l'on a pour un enfant de cinq ans ne saurait remplir la vie. Ma mère aurait voulu aimer encore et se sentir aimée; et elle avait à un trop haut degré — malgré les soupçons injurieux dont elle avait été la victime — le sentiment de ce qu'une femme doit à sa famille, se doit à elle-même, pour oublier jamais ses devoirs et pour chercher une consolation dans des relations illégitimes qui — ainsi que le disait le conseiller d'Etat Treilhardt dans le rapport cité par vous dans votre beau livre : *le Divorce* — « *ne sont jamais sans amertume parce qu'elles ne sont jamais sans remords.* »

» Ma mère était honnête; mais elle souffrait et, chose étrange! sa souffrance — résultat de ses aspirations non satisfaites — s'accroissait au lieu de s'atténuer avec les années.

» Cette souffrance entretenait dans son âme la haine contre celui qui en était la cause et cette haine amenait la soif de la vengeance. Vainement, profondément religieuse, elle allait chercher des consolations dans les paroles des ministres de Dieu; vainement — à défaut de la confession que n'admet pas la religion réformée à laquelle nous appartenons, — elle allait demander le calme aux cérémonies du culte. La religion, mes études me l'ont appris depuis, ne peut rien contre les lois immuables de la nature. Les consolations que ma mère trouvait là étaient factices et faisaient place à un désespoir d'autant plus terrible qu'il était plus contenu.

» Certes! elle s'efforçait de me cacher ses peines; mais elle succombait souvent dans la lutte qu'elle entreprenait avec elle-même pour se contenir; et que de fois n'ai-je pas vu les larmes inonder sa paupière; et que de fois ne l'ai-je pas entendue proférer contre mon père des imprécations qu'elle regrettait ensuite.

» Quant à mon père, son amour morbide s'était calmé peu à peu. Il avait rencontré une jeune femme séparée comme lui à laquelle il avait lié sa vie. Et — cela peut vous surprendre; mais la nature humaine présente de ces étrangetés-là — rien de ce qui avait détruit son premier ménage ne se reproduisit dans le second... La jalousie ne se manifesta pas chez lui contre sa concubine, et, s'il avait pu l'épouser et se créer une situation régulière, il aurait reconquis le repos et le bonheur.

» Mais une nouvelle difficulté ne tarda pas à se présenter. Mon père n'avait jamais cessé de m'aimer et il voulait me voir. Or, ma mère, qui n'aurait pas hésité à m'envoyer chez lui si j'avais dû y rencontrer une honnête femme; ma mère ne voulait pas m'envoyer au milieu d'un ménage illégitime; elle ne voulait pas me rendre témoin de ce qu'elle considérait comme d'inexcusables débordements.

» Mon père alors guettait mes entrées et mes sorties et, lorsqu'il pouvait me surprendre allant à la pension ou en revenant et accompagné de la bonne seule, il s'approchait de moi et cherchait à m'inculquer la haine d'une mère que je vénérais. Ce n'était plus la jalousie qui dictait alors ses paroles; c'était la pensée que sa situation était irrégulière et que l'existence de ma mère l'empêchait de la régulariser; c'était l'amour paternel — un noble sentiment celui-là — impossible à satisfaire. Sa colère était, en un mot, le résultat de la position pénible dans la l'indissolubilité du mariage place les époux séparés, quelque conduite qu'ils adoptent, qu'ils respectent ou qu'ils violent la loi.

» Et voilà deux êtres qui tous les deux m'aimaient, qui tous les deux étaient bons, car les fureurs jalouses de mon père avaient été le symptôme d'une maladie mentale, bien plutôt que l'indice d'une mauvaise nature, et qui cependant minaient en moi l'un et l'autre le respect qu'un enfant né doit jamais cesser d'avoir pour ses parents.

» J'ai eu le bonheur d'être assez fort pour résister à cette cause de démoralisation à laquelle tant d'autres ont certainement succombé. Mais ni mon père, obsédé par l'insuffisance morale de son existence, ni ma mère, accablée par la solitude et la tristesse, n'ont pu donner à mon éducation première les soins qu'elle aurait nécessités.

» Ma mère, d'ailleurs, trop fière pour rien demander à mon père, qui était lui-même trop pauvre pour suffire aux besoins de deux ménages, était obligée de travailler pour vivre et ne pouvait — n'ayant aucun soutien dans la vie — me consacrer tout le temps qu'il aurait été nécessaire qu'elle me consacrât.

» Depuis — et dans la limite du possible — j'ai réparé par le travail ce que mon instruction avait été incomplet, mais il était trop tard pour me créer la position à laquelle je serais peut-être arrivé si j'avais été placé dans des conditions meilleures; et d'ailleurs si j'ai réparé les lacunes de l'instruction, je n'ai pas réparé celles de l'éducation: il y a quelque chose de brisé en moi et à cela je ne remédierai jamais.

» Et cependant, ma mère a rencontré deux fois une occasion qui lui eût permis de se remarier si elle eût été libre. Elle a rencontré deux hommes honnêtes et dévoués qui consentaient à assumer sur eux les charges d'une famille qui n'était pas la leur. Mais ma mère ne voulait pas rompre en visière avec la société. Elle a repoussé leurs hommages. Libre, elle aurait épousé l'un d'eux, comme mon père eût épousé la femme à laquelle il avait associé son existence. Heureux l'un et l'autre, ils se seraient pardonné; la maison de mon père étant dès lors une maison honorable, ma mère m'aurait permis d'y aller goûter les caresses paternelles. Je n'aurais pas entendu les auteurs de mes jours se répandre en invectives l'un contre l'autre; et mieux instruit, mieux protégé contre tout ce qui peut exercer sur l'intelligence d'un enfant une influence fâcheuse, j'aurais oublié le passé, je jouirais à cette heure d'une position matérielle meilleure, et je ne porterais pas en moi ce quelque chose de brisé qui m'accompagnera jusqu'à la tombe, et qui est cause que je n'ose pas me marier comme un autre, ne me sentant pas capable d'être heureux et de rendre heureux ceux qui vivraient avec moi.

» Une passion désastreuse ayant détruit l'union de mon père et de ma mère, le divorce aurait permis de remédier à ce désastre, en ce qui me concerne, comme en ce qui concerne mes parents.

» La séparation de corps a rendu le mal sans remède; elle a abrégé la vie de mes parents, tous les deux morts aujourd'hui; et elle m'a fait à même une enfance qui a empoisonné ma vie.

» Dira-t-on encore, après avoir lu cette lamentable histoire qui est la mienne, qu'il faut repousser le divorce dans l'intérêt des enfants?... »

On le dira peut-être encore, parce que rien n'est plus long à déraciner qu'un préjugé; parce que ces idées-là sont les plus difficiles à détruire qui n'ont aucun fondement sérieux. Mais, en faisant passer sous les yeux du public une série de cas comme celui qui précède, nous finirons bien par amener les plus récalcitrants à se rendre à la vérité, les plus aveugles à confesser la lumière.

A. NAQUET.

Le Voltaire
Du 4 7bre 1879

LE DIVORCE

TOUJOURS L'INTÉRÊT DES ENFANTS

Les faits que nous avons cités dans les deux derniers numéros du *Voltaire* où nous nous sommes occupé du divorce sont probants et démontrent victorieusement que l'objection tirée de l'intérêt des enfants n'a aucune portée; que l'intérêt des enfants est même, contrairement à l'opinion de ceux qui nous l'opposent, un argument contre l'indissolubilité du mariage. Nous continuons aujourd'hui notre démonstration vivante.

Un homme se marie en 1854 à Paris. Il a un premier enfant en 1855 et un deuxième enfant en 1857. Mais en 1858 un voisin, qui était depuis quelques années séparé de sa femme, s'introduisit chez lui sous prétexte de bon voisinage, et, quelques mois après, le malheureux mari recevait une lettre conçue en ces termes:

« Je pars. Tu ne me reverras jamais
plus. Aie bien soin de ces pauvres enfants que je quitte à regret. Oublie toi-
même les quelques années que nous
avons passées ensemble. Sois heureux !
Et si tu penses quelquefois à moi, que
ce soit sans amertume et avec un
sentiment de pardon. La passion est
la plus forte. En restant, je ne pourrais
te laiss er qu'un cœur qui appartient à
un autre et un corps dont un autre aurait la moitié ; mieux vaut une éternelle
séparation que ce partage odieux. »

La lettre ne disait naturellement pas
où allaient les fugitifs. Le mari avait
toujours aimé sa femme ; il était sans le
moindre soupçon. Cette révélation fut
pour lui un coup de foudre. Il faillit en
devenir fou. Puis le calme revint ; il son-
gea qu'il devait vivre pour ses enfants
à moitié orphelins par l'abandon de leur
mère ; il reprit courage et introduisit
contre sa femme absente une action en
séparation. La séparation fut prononcée
à son profit.

Cet honnê e homme est mort en 1878.
Son fils aîné avait alors vingt-trois ans,
son second fils vingt et un ans.

Depuis l'évasion de sa femme, il n'a-
vait plus entendu parler ni d'elle ni de
son séducteur et, disons le, absorbé par
le travail il avait fini par ne plus songer
à eux. Il avait amassé dans le commerce une petite fortune : 300,000 francs
environ.

Mais sa femme ne l'avait pas perdu
de vue : quoique en Amérique, elle avait
été tenue au courant — par qui ? je l'i-
gnore — des faits et gestes de son
mari.

Lui mort, elle est arrivée avec trois
enfants, tous trois adultérins, mais tous
trois enregistrés sous le nom du mari,
et dès lors réputés lui appartenir, puisque, ignorant leur existence, celui-ci
n'avait pu en désavouer la paternité et
que sa mort rendait toute action ultérieure en désaveu désormais irrecevable.
Ces enfants sont venus réclamer, sans
qu'il ait été possible de s'opposer à leurs
réclamations, les trois cinquièmes de
l'héritage paternel. L'honnête homme

qui est plus se trouve ainsi avoir travaillé non pour ses propres enfants, mais
pour des enfants qui ne lui étaient rien
et qui, s'il pouvait encore avoir conscience de ce qui se passe, ne lui rap-
pelleraient que la débauche et la honte
de leur mère. Quant aux enfants légitimes, ils se voient de la sorte enlever
plus de la moitié de leur fortune — non
de leur fortune maternelle, nulle
d'ailleurs dans l'espèce, ce qui à la rigueur pourrait être considéré comme
juste, mais de leur fortune paternelle, —
alors que leur père n'était pour rien
dans la naissance de ceux qui viennent
réclamer leur part d'héritage, et que
certainement il n'avait point entendu
travailler pour eux.

« La loi, m'écrit l'aîné des deux jeunes gens lésés dans cette triste affaire,
refuse aux pères séparés de leur femme
de se remarier, et cela pour sauvegarder leurs enfants. Comme la généralité
résulte de l'ensemble des cas particuliers, j'ai le droit de dire que c'est pour
nous protéger, mon frère et moi, qu'on
a interdit le divorce à notre père. Or,
cette protection qu'on a voulu nous accorder se chiffre par la perte de plus de
la moitié de ce que notre père avait gagné pour nous par un labeur opiniâtre.
Je vous avoue, monsieur, que je préfé-
rerais qu'on nous eût protégés de toute
autre manière, et, puisque nous nous
trouvons sacrifiés sans retour, je me
fais un devoir de vous signaler la situation que nous a faite l'indissolubilité du
mariage. Peut-être, à force de livrer à
la publicité des faits de cette nature,
parviendrez-vous à dessiller les yeux de
nos contemporains. Peut-être cela pourra-t-il contribuer à hâter le vote d'une
loi réparatrice dont rien ne justifierait
le rejet. »

Le *Courrier de l'Ain*, dans un article
que nous avons en partie reproduit dans
le numéro du *Voltaire* du 9 août, nous
demandait si, le divorce existant, « les
droits d'héritage des enfants seraient
respectés, leurs intérêts sauvegardés. »
Ce qui précède répond à la question de
notre honorable confrère de Bourg et y
répond d'une manière assez péremp-

jolre pour qu'il soit inutile de rien ajou-
ler.

Autre cas.

C'est une femme qui m'écrit cette
fois.

Sa mère, mariée en 1849, fut abandonnée par son mari pendant qu'elle
était grosse et mit au monde une fille
dans le courant de l'hiver 1850. Elle n'a-
vait aucune fortune; et les travaux
d'aiguille sont peu productifs, surtout
pour qui doit rester au logis pour soi-
gner et allaiter un enfant. La mère cependant travailla sans relâche; en passant toutes ses journées et la moitié de
ses nuits à coudre, elle parvint pendant
un an à vivre et à faire vivre la frêle
créature qui n'avait qu'elle pour soutien.

Mais une pareille existence tue; bientôt elle se sentit malade; elle serait certainement morte d'épuisement en laissant sa fille sans parents, sans protecteurs dans le monde. Cette idée la fit
frémir.

Dans la maison qu'elle habitait, vivait
un jeune homme laborieux et honnête
qui avait commencé par la plaindre et
qui avait successivement passé de la
commisération à la sympathie, de la
sympathie à l'amitié, de l'amitié à l'a-
mour. Libre, il l'eût épousée et sa fille
aurait eu un père. Mais l'inflexible loi
de l'indissolubité du mariage était. Il
ne pouvait lui offrir qu'une union concubinaire. Cette union, elle la repoussa
d'abord avec mépris. Elle avait trop
souffert pour songer à l'amour. Toutefois, lorsqu'elle se sentit malade, seule
et sans ressource, l'intérêt de sa fille la
conduisit à accepter ce qu'elle n'aurait
jamais accepté pour elle.

Ils changèrent de domicile; ils se
donnèrent pour mari et femme. L'homme se disait le père de la pauvre enfant
qui, aux yeux du monde, portait son
nom, et ils étaient généralement estimés
dans leur quartier.

Mais les années s'écoulèrent. La jeune
fille grandit. Son cœur parla, et le moment vint de la marier. Ceci se passait
en 1873.

Malheureusement, on ne peut pas se
marier sous un nom d'emprunt. Il fallut
bien alors avouer que le nom qu'elle
avait porté jusque-là n'était pas le sien;
que celui qui se disait son père n'était
qu'un étranger pour elle : l'amant de sa
mère; que son vrai père vivait toujours
et que la liaison que depuis son enfance elle avait vu se dérouler sous ses
yeux était une liaison *criminelle*.

Certes, rien de plus excusable que
cette liaison, fruit d'une législation im-
pitoyable et dont seul l'amour maternel
avait été la cause. Mais le monde, si facile à excuser le vice qui se cache, ne
pardonne pas l'irrégularité lorsqu'elle
devient apparente. Le mariage n'eut
pas lieu. Les amies se retirèrent, et il
devint bientôt évident qu'il fallait renoncer au mariage et aux charmes de
la famille.

Une jeune fille à qui la société interdit le mariage; une jeune fille innocente
qui se sent repoussée pour un crime qui
n'est ni le sien, ni même celui de ses
parents, qui n'est que le résultat inéluc-
table d'une inexorable fatalité, une
jeune fille qui souffre ainsi d'un isolement immérité est une proie toute trouvée pour le vice.

La pauvre enfant de qui je tiens ce
récit navrant a suivi cette pente fatale.
Elle est aujourd'hui au nombre de celles
que le peuple flétrit et conspue sans se
demander quels événements ont présidé
à leur naissance et quel enchaînement
inextricable de circonstances les a con-
duites où elles sont. Si le divorce eût
existé, sa mère devenue libre se fût mariée avec l'homme dévoué qui a été pour
elle un époux, pour sa fille un père, dans
la limite où la loi lui a permis d'être
l'un et l'autre. L'enfant, devenue femme
et placée dans une situation régulière,
aurait trouvé un époux, — celui-là même qui s'est présenté et qui n'a pas eu
le courage d'affronter le préjugé social.
— A cette heure, honnête mère de famille, elle élèverait des enfants pour la
société.

Le divorce n'existait pas. La situation
irrégulière de ses parents lui a interdit
le mariage, et elle est aujourd'hui reje-

tée dans la débauche et le vice.

Voilà comment l'enfant, ici encore, a été protégée par l'indissolubilité du mariage.

Que chacun regarde autour de soi. Qu'il se remémore les faits qu'il a vus, les drames auxquels il a assisté et l'on sera bien obligé de reconnaître que c'est en vue des enfants, des enfants surtout, qu'il est nécessaire d'admettre le divorce; que non-seulement leur intérêt exige cette réforme tout comme celui des époux, mais qu'il l'exige à un degré bien plus élevé encore. Les époux peuvent, à la rigueur, se suffire. Les enfants ne le peuvent pas. Ils ont besoin de protection, de quelqu'un qui réponde d'eux devant le monde. Ce protecteur, ce répondant, la séparation de corps le leur refuse, le divorce le leur accorde. Si l'on veut maintenir le mariage indissoluble, c'est ailleurs qu'il faudra chercher des arguments pour défendre cette institution.

A. NAQUET.

Le Réveil de la Hte Garonne

oublié à son ordre chronologique

M. Charles Journet a reçu de M. Naquet la lettre suivante qu'il nous prie d'insérer :

Paris, 4 juillet 1879.

Mon cher Monsieur,

Il est en effet probable que je viendrai en octobre faire une tournée de conférences dans le Midi. Mais je monterai ces conférences moi-même, à mes risques et périls, ou les ferai monter par un entrepreneur, avec le concours de ceux de mes bons amis qui, comme vous, voudront bien nous aider.

Le motif de cette manière d'agir est double.

D'abord cette tournée sera pour moi à la fois fatigante et coûteuse, coûteuse à cause des frais de voyage, coûteuse à cause du travail productif qu'elle m'empêche de faire. Ma fortune ne me permettant pas ces pertes, je dois me récupérer sur le profit des conférences.

Ce motif est le motif d'intérêt personnel.

Le second motif est d'intérêt général.

La lettre que vous avez publiée vous l'explique. C'est parmi les personnes opposées à nos idées républicaines que je trouve mes plus ardents adversaires. Eux convaincus — et j'atteins ce but partout où je passe — tous les obstacles sont levés.

Il faut donc que les non-républicains viennent en grand nombre, viennent surtout.

Or, si la conférence était montée par le parti républicain, au bénéfice d'une œuvre démocratique, ils ne viendraient pas et le but ne serait pas atteint.

Enfin, je veux introduire en France les mœurs anglaises qui font de l'art des conférences une *profession* comparable à celle du journaliste.

Aussi longtemps qu'on a fait une conférence par hasard, on l'a faite gratuite. Et c'est encore ainsi que font ceux qui en font une en passant.

Mais les gens qui, comme moi, comme Sarcey, comme Madier de Montjau, comme Talandier, font des conférences une œuvre suivie, comme d'autres font du journalisme, ne font des conférences gratuites que dans des cas exceptionnels et jamais dans une tournée générale.

« On ne peut, en effet, rien fonder sur la gratuité. Avec la gratuité de rédaction, on n'aurait pas de journaux ; avec la gratuité des conférences, on n'aurait jamais une œuvre suivie de conférences (car c'est autrement pénible que le journalisme qui, lui, n'exige aucun déplacement) et, si l'on en veut, il faut leur appliquer le principe démocratique que « tout travail doit être au moins indemnisé. »

Dans le cas où je n'aurais pas d'entrepreneur, je vous prierais de louer la salle pour moi, de faire apposer mes affiches, de me choisir un personnel de contrôle pour recevoir l'argent et surveiller les entrées, le tout à ma charge. Je vous préviendrai en temps opportun.

S'il doit y avoir ensuite une manifestation républicaine, nous nous arrangerons pour qu'elle n'ait rien de commun avec la conférence qui doit demeurer étrangère à la politique.

Veuillez agréer, etc.

A. NAQUET.

Le Voltaire du 11 9bre 1879

LE DIVORCE

LE DIVORCE PAR CONSENTEMENT MUTUEL

J'avais entrepris d'exposer le projet de loi relatif au rétablissement du divorce, tel qu'il est sorti des travaux de la commission parlementaire chargée de l'élaborer ; et je m'efforçais de développer les motifs qui en avaient fait adopter les diverses dispositions, lorsque la *Lettre d'un cultivateur*, publiée par le *Courrier de l'Ain*, est venue m'interrompre dans cette exposition et ce développement.

Dès l'instant où l'on m'opposait des objections, je devais répondre. Je devais surtout établir péremptoirement par des faits que la nécessité de rétablir le divorce est également facile à démontrer, soit qu'on se place au point de vue des parents, soit qu'on se place au point de vue des enfants. L'argument des enfants est, en effet, sans cesse invoqué contre les partisans du divorce et ne saurait être réfuté d'une manière trop surabondante.

Mais à cette heure la réfutation me paraît suffisante (1) et je puis reprendre mon exposition interrompue.

La commission, nous l'avons déjà vu, a accepté, comme l'avaient fait avant elle les auteurs du Co 'e, le divorce par consentement mutuel.

C'est là certainement — une fois le principe général admis — ce qui sera le plus attaqué, le plus critiqué dans la nouvelle loi.

Permettre aux époux de divorcer par cela seul qu'ils y consentent l'un et l'autre, c'est, ne manquera-t-on certainement pas de nous dire, favoriser outre mesure la rupture des mariages, c'est ouvrir la porte à tous les caprices, c'est provoquer la dissolution des mœurs.

Je ne crois pas que cet argument fût sérieux, alors même que le divorce par consentement mutuel ne serait pas entouré des garanties que le législateur de 1803 avait cru devoir introduire dans le titre VI du Code civil et qu'a conser-

vées la commission actuelle. Mais en présence de ces garanties il ne supporte plus l'examen. Énumérons-les d'abord. Ces garanties, quelles sont-elles ?

Le consentement mutuel des époux ne suffit pas, à moins qu'il ne reste plus à ces derniers d'ascendants en vie, pour que la demande en divorce soit admise. Le consentement des ascendants est nécessaire comme s'il s'agissait d'un mariage à conclure ; il l'est même à un degré supérieur, puisqu'on peut, à l'aide des sommations respectueuses, se passer de ce consentement pour se marier tandis qu'on ne le peut, en aucun cas, pour divorcer.

Ce n'est pas tout. La loi impose aux époux qui sont déterminés à rompre leur union un temps d'épreuve. Ils doivent, après avoir fait leur déclaration en personne devant le magistrat, et avoir produit les pièces qui établissent l'adhésion de leurs pères et mères, demeurer séparés pendant six mois. Ces six mois écoulés, ils ont à refaire en personne la même déclaration et à produire une seconde fois le consentement de leurs ascendants, établi par des pièces nouvelles ; enfin, cette double formalité est obligatoire une troisième fois après un second délai de six mois. C'est seulement lorsqu'elle a eu lieu que les époux sont autorisés par le tribunal à faire prononcer leur divorce par l'officier de l'état civil.

Le Code ne s'est même pas arrêté là. Il a voulu — lorsque le consentement mutuel est la cause du divorce — que, s'il y a des enfants, la succession des époux divorcés soit ouverte, et que les enfants entrent immédiatement en possession de la nue-propriété de la moitié de la fortune de leurs parents.

Croit-on qu'avec des dispositions légales pareilles, il soit facile à des époux de divorcer à propos d'un caprice ou d'une querelle ? Croit-on que les parents donneraient dans ce cas leur consentement et le reproduiraient trois fois à six mois d'intervalle ? Croit-on que le caprice n'aurait pas cessé d'être et que la colère ne serait pas éteinte après un

(1) Voir les numéros du *Voltaire* du 3 août, 9 août, 21 août, 30 août et 4 septembre.

an de séparation, d'attente, de réflexion ?

Croit-on enfin que l'on se résoudra à la légère à faire l'abandon de la moitié de sa fortune ?

Sauf le cas où il n'y aura ni ascendants vivants, ni enfants issus du mariage, — auquel cas le divorce ne présente aucun inconvénient, — il est clair que les formalités exigées par la loi, et les conséquences qu'entraîne le divorce par consentement mutuel rendent ce mode de divorce presque impraticable et qu'on aurait grand tort d'en redouter les effets sociaux.

Mais alors s'élève une nouvelle objection :

Si le divorce par consentement mutuel est rendu si difficile qu'il soit presque impossible d'en user, à quoi bon lui consacrer un chapitre du Code ? N'était-il pas plus simple de ne pas l'admettre du tout ?

Non !

Il n'était pas plus simple de ne pas l'admettre du tout parce que, bien qu'entouré de garanties qui le rendent impuissant à produire la dissolution morale et qui en restreignent l'application, il est des cas graves auxquels il s'applique et auxquels il peut seul s'appliquer.

Il est des circonstances où la gravité même du fait qui pousse l'un des conjoints à désirer divorcer l'empêcherait d'introduire une action en divorce pour cause déterminée s'il devait nécessairement faire connaître quelle est cette cause.

Voilà un homme qui a des filles et que sa femme trompe honteusement. Va-t-il se résoudre à demander le divorce pour cause d'adultère ?

Mais sans parler du préjugé absurde qui rend ridicule un mari trompé et auquel bien des hommes répugnent à s'exposer, il aura à considérer l'intérêt de ses enfants. Publier la honte de la mère, c'est faire rejaillir en partie cette honte sur les filles dont l'établissement pourra devenir difficile plus tard.

Bien des maris hésiteront dans ces conditions. S'ils hésitent, vous les condamnerez au supplice de l'union à per-

pétuité avec une femme adultère, et s'ils n'hésitent pas c'est la famille qui risque d'être atteinte dans ses intérêts.

Supposons un autre cas plus grave encore. L'un des époux attente à la vie de l'autre conjoint qui a la preuve de cette tentative avortée.

L'époux innocent consentira-t-il à invoquer publiquement cette cause en demandant la rupture de son mariage ?

Il est présumable que, dans la plupart des cas, il ne s'y résoudra pas.

S'y résoudre, c'est livrer l'époux coupable aux mains de la justice ; c'est le faire condamner au bagne peut-être ; c'est peut-être même l'envoyer à l'échafaud.

Quel est donc l'honnête homme, quelle est donc l'honnête femme qui ne reculeront pas épouvantés devant une pareille conséquence de leur acte, qui ne préféreront pas souffrir des tortures et exposer leur vie plutôt que de salir leur nom et le nom de leurs enfants, qui oseront faire prononcer une condamnation infamante de nature à souiller la famille tout entière ?

Et cependant, peut-on placer l'époux innocent dans cette terrible alternative ou de demeurer avec qui aura cherché à l'assassiner — et recommencera peut-être — ou de commettre un acte monstrueux en dévoilant la tentative criminelle ?

La loi devait se préoccuper des cas de cet ordre, et c'est pour eux que le divorce par consentement mutuel a été admis.

Ajoutons que, même dans les cas moins graves, un procès en divorce — tout comme d'ailleurs un procès en séparation — laisse une certaine tache sur la famille : si l'époux demandeur a assez d'abnégation pour renoncer au procès et pour ne recourir qu'au consentement mutuel, les intérêts des enfants seront sauvegardés d'une manière bien plus efficace.

Le consentement mutuel n'a donc pas pour but de permettre le divorce à des personnes qui ne pourraient pas divorcer sans cela : — On en arrive vite à l'injure grave, lorsqu'on se hait assez pour consentir de part et d'autre au di-

...orce et que le divorce par consentement mutuel n'est pas admis, il a pour but de permettre aux époux qui pourraient divorcer, pour cause déterminée, de rendre leur divorce moins préjudiciable à la famille en évitant l'éclat qui est la conséquence fatale de tout procès.

Tels sont les motifs qui ont déterminé les législateurs de 1803, qui ont dirigé les membres de la commission de la Chambre des députés actuelle. Il est impossible qu'ils ne soient pas ratifiés par l'opinion publique.

A. NAQUET.

Le Voltaire

du 17 7bre 1879

LE DIVORCE

L'ARTICLE 310 DU CODE CIVIL

C'est au cours d'un voyage à l'étranger que j'écris ces lignes, et je n'ai pas le Code français sous la main. Je ne puis donc pas citer textuellement l'article 310 du Code civil ; mais si je ne suis pas en mesure de reproduire les termes même de cet article, je puis en reproduire l'esprit, les dispositions.

J'ai eu plusieurs fois déjà l'occasion de rappeler que, par un scrupule à coup sûr exagéré, mais néanmoins respectable, et afin qu'aucune objection religieuse, — même non fondée, — ne pût s'élever contre eux, les auteurs du Code, à l'inverse des législateurs français de 1792 et des législateurs allemands, — avaient laissé subsister dans nos lois la séparation de corps et de biens à côté du divorce, laissant aux époux le libre choix entre ces deux solutions. J'ai dit aussi que la commission actuelle de la Chambre des députés avait respecté entièrement sur ce point l'œuvre du législateur de 1803.

Le divorce rétabli, la séparation de corps ne sera donc pas abolie pour cela, pas plus qu'elle ne l'était sous le premier empire.

Mais il y aurait ici un abus évident et, par peur de porter atteinte à la conscience religieuse qui en réalité n'est nullement en jeu, on violerait d'autres libertés si, laissant subsister la séparation de corps, on n'établissait pas un correctif à la rigueur de ce principe.

Qu'il soit prudent, qu'il soit sage de ne point obliger de recourir au divorce deux époux désunis qui veulent l'un et l'autre n'avoir recours qu'à la séparation, soit !

Mais il serait certainement abusif de maintenir à perpétuité contre son gré, dans l'état de séparation, l'époux qui n'a pas demandé à se séparer, qui s'est même défendu contre la demande de son conjoint.

L'état de séparation peut être moral, lorsqu'il est consenti, il devient forcément immoral lorsqu'il est imposé, et qu'il jette malgré lui celui auquel on l'impose dans les douleurs de la solitude ou dans les souffrances d'une vie irrégulière.

Or, sans correctif, le maintien de la séparation de corps aurait permis à l'époux demandeur de placer l'époux défendeur dans cette intolérable situation et cela, malgré la volonté de ce dernier. Un correctif était donc nécessaire. Ce correctif a été l'article 310 du Code civil.

Aux termes de l'article 310, lorsqu'un jugement de séparation de corps a été obtenu, et que trois années se sont écoulées depuis le prononcé de ce jugement, celui des époux qui a été défendeur peut sommer l'autre d'avoir à faire cesser la séparation, et, sur son refus, il a le droit de faire convertir la séparation en divorce.

Cet article a été combattu par M. Berryer à la Chambre des députés en 1831.

M. Berryer admettait très bien qu'on rétablit le divorce, puisque la charte ne reconnaissait plus de religion d'Etat ; mais il protestait contre l'article 310, dans lequel il voyait une violation de la liberté de conscience des catholiques.

Dès l'instant où une séparation peut être convertie en divorce au bout de trois ans sur la demande du défendeur primitif devenu demandeur, il paraissait à M. Berryer que l'on placerait les époux catholiques dans l'alternative de plaider en divorce d'une manière indirecte, malgré les prescriptions formelles de leur religion ou de renoncer aux bénéfices de la séparation de corps, dont leur religion les autorise à user.

Ce fut le rapporteur de la proposition de loi, M. Odilon Barrot, qui lui répondit, et qui lui répondit victorieusement.

L'argument de M. Berryer ne prouverait qu'une chose, c'est qu'on a tort de pousser trop loin les scrupules. De ce qu'on a maintenu en 1803 la séparation de corps, solution que la liberté de conscience ne rendait pas obligatoire, les catholiques ont cru pouvoir se faire de cette concession une arme contre le divorce. M. Odilon Barrot ne le leur permit pas plus en 1831 que nous ne le leur permettrons aujourd'hui.

Au fond, on pourrait se dispenser de maintenir la séparation de corps, et les époux catholiques n'auraient pas plus à s'en plaindre que ne s'en plaignent nos anciens compatriotes alsaciens-lorrains aujourd'hui régis par la législation prussienne.

Le divorce ne dissout que le mariage civil et ne touche point au sacrement, seul indissoluble aux yeux de la religion. Les catholiques ont parfaitement le droit de plaider en divorce et il leur suffit pour demeurer en paix avec leur conscience de ne pas se remarier une fois divorcés.

Cela est si vrai que bien souvent, dans des pays où existent simultanément la séparation de corps et le divorce, des époux catholiques plaident en divorce pour rompre tous les effets civils du mariage, et se bornent ensuite à faire en ne se remariant pas que, au point de vue religieux, le divorce vaille pour eux ce qu'aurait valu une simple séparation.

On aurait donc pu établir le divorce et le divorce seul, et personne n'aurait été fondé à se dire opprimé par cette loi.

Il n'y avait toutefois aucun inconvénient à pousser le scrupule aux dernières limites et à permettre aux époux catholiques de ne recourir qu'à la séparation de corps, même au point de vue civil, lorsqu'ils sont d'un commun accord sur ce point.

Mais permettre à un époux, parce qu'il est catholique, d'imposer l'état de séparation à l'autre époux, qui n'aurait jamais été catholique ou qui aurait cessé de l'être, ou qui même l'étant encore, et par des motifs qui ne regarderaient que lui, la loi n'ayant pas à s'entremettre dans des questions de conscience, préférerait user du divorce; permettre cela, ce serait consacrer une monstrueuse violation de la liberté de conscience.

L'article 310, en exigeant que trois années se soient écoulées depuis le prononcé du jugement de séparation pour que l'époux défendeur puisse se transformer en demandeur et exiger la transformation de la séparation en divorce, l'article 310 a même dépassé la limite des concessions acceptables, et ce n'est que par respect pour des sentiments qui reposent cependant uniquement sur des préjugés, que nous consentons à le maintenir tel qu'il est.

Qu'on ne nous dise donc plus que nous opprimons par cet article les catholiques dans leur conscience, si nous opprimons quelqu'un, ce n'est que les non catholiques auxquels nous imposons trois ans de séparation malgré eux. Ils consentent à ce sacrifice dans l'intérêt même de la cause du divorce qu'ils veulent faire triompher; mais ils ne sauraient tolérer qu'on se fît de leur concession une arme contre eux.

Mais, disait M. Berryer, l'époux demandeur en séparation et qui est catholique, verra sa réparation convertie en divorce. Il ne se remariera pas, soit, mais son conjoint se remariera et cela seul le blessera profondément dans ses croyances.

A cela, nous répondons, que les croyances sont personnelles et ne s'imposent pas; que chacun est responsable de sa propre conduite et d'elle seule, et que l'époux catholique n'est pas fondé à se dire opprimé parce que son conjoint ne partage point ses convictions.

L'Église du reste a jugé comme nous sur ce point.

Le Concordat autrichien a admis la possibilité de mariages mixtes entre protestants et catholiques, et ce principe a été consacré en Autriche que, lorsque de tels mariages se brisent, le jugement vaut comme simple jugement de séparation pour l'époux catholique et vaut comme divorce pour l'époux réformé. Qu'est cela, sinon l'acceptation par l'Eglise, sous une autre forme, du principe que formule l'article 310 de notre Code civil?

La Chambre des députés, en 1831, donna raison à son rapporteur, M. Odilon Barrot, contre M. Berryer.

Il en serait de même aujourd'hui si cet article, qui n'a point été attaqué dans la commission, l'était au cours de la discussion publique; telle est au moins ma ferme conviction.

Aller au delà de l'article 310, imposer l'état de séparation aux époux non catholiques, ce serait briser l'unité de notre droit civil qui s'applique à tous les citoyens, sans considération de croyances philosophiques ou religieuses; ce serait faire un pas vers le retour aux religions d'Etat. Les catholiques, qui affirment aujourd'hui se contenter de la liberté et de l'égalité civile, ne voudront même probablement pas le tenter.

A. NAQUET.

Le Voltaire du 2? 7bre 1879

LE DIVORCE

Dispositions transitoires de la nouvelle loi. — La situation des séparés de corps actuels.

Les lois qui touchent à l'état des personnes visent sans doute l'avenir. Mais, lorsqu'elles apportent des modifications libérales dans cet état, il est difficile qu'elles ne se préoccupent pas de ceux qui ont eu à souffrir des imperfections de la législation antérieure. Il y aurait quelque chose de choquant, en effet, dans une division des citoyens en deux classes : les uns jouissant des bienfaits de la loi nouvelle, les autres continuant à souffrir des vices d'une ancienne loi reconnue mauvaise, et cela sans autre raison que la date du jugement des diverses affaires soumises à l'appréciation des tribunaux.

Aussi introduit-on presque toujours dans les lois de cette nature des dispositions transitoires, destinées à faire participer au bénéfice des améliorations qu'elles apportent les citoyens dont la situation a été réglée avant leur promulgation.

Nulle part la nécessité de pareilles dispositions n'était plus indispensable que dans une loi portant rétablissement du divorce.

Aussi, en 1831, lorsqu'on discuta et qu'on vota le rétablissement du divorce à la Chambre des députés, sur l'initiative de M. de Schonen, la situation des personnes antérieurement séparées de corps et de biens préoccupa surtout la commission et la Chambre.

L'article 310 du code civil, dont nous avons parlé dans notre précédent article, offrait sans doute un commencement de solution, mais non une solution complète.

Cet article, on s'en souvient, permet, trois ans après le jugement de séparation de corps, à l'époux primitivement défendeur, de devenir demandeur à son tour et de faire transformer la séparation en divorce si le demandeur primitif ne consent pas à faire casser la séparation; mais il n'autorise pas l'époux primitivement demandeur à exiger la même transformation.

Si donc la loi ne renfermait pas de dispositions transitoires, les époux défendeurs — c'est-à-dire les époux contre lesquels la séparation aurait été prononcée — pourraient, trois ans après, obtenir le divorce sans recourir de nouveau à une procédure compliquée et coûteuse; et les époux demandeurs —

c'est-à-dire ceux auxquels les tribunaux auraient donné gain de cause — ne le pourraient pas. Tous les avantages seraient pour les coupables; tous les désavantages contre les innocents.

Cela se conçoit sous une législation qui admet le divorce, puisque l'époux qui a plaidé en séparation, l'a fait alors librement, de son plein gré. Mais cela ne se concevrait plus après une longue période pendant laquelle, le divorce étant supprimé, les personnes qui ont demandé la séparation de corps n'ont pas eu la liberté de demander autre chose. Ici, et à peine de faire une loi toute à l'avantage des coupables, il était indispensable de permettre à tous les époux séparés de corps de profiter des dispositions de l'article 310, sans distinction entre demandeurs et défendeurs.

Sur ce point aucune hésitation ne se produisit ni dans le sein de la commission ni à la Chambre; mais on se divisa sur l'appréciation de l'époque à partir de laquelle on ferait courir les trois années qu'exige l'article 310. La commission voulait que, ne tenant aucun compte du temps écoulé entre le jugement de séparation et la promulgation de la nouvelle loi, on ne les comptât qu'à partir de cette promulgation (art. 5).

M. de Schonen et M. Teste, au contraire, amendaient le projet de la commission et demandaient que la transformation de la séparation en divorce fût possible toutes les fois que trois ans se seraient écoulés depuis le prononcé du jugement, encore bien que le même délai ne se fût pas écoulé depuis la promulgation de la loi portant rétablissement du divorce.

La Chambre des députés repoussa l'amendement et adopta l'article 5 du projet de la commission.

La commission de la Chambre des députés actuelle s'est prononcée en sens inverse. Elle a admis le principe de l'amendement rejeté en 1831.

Les motifs que l'on avait fait valoir à cette époque contre cet amendement étaient au nombre de trois.

La loi, disait-on d'abord, ne doit pas avoir d'effet rétroactif.

Les époux qui ont demandé la séparation sous une législation qui ne permettait pas le divorce, ne l'auraient pas demandée, ajoutait-on, s'ils avaient su qu'ils étaient exposés au divorce; et il est juste de leur laisser, alors qu'on rétablit le divorce, les trois années de réflexion que leur concédait l'ancien code.

Enfin, disait-on encore, si l'on permet de divorcer à tous les séparés de corps dont la séparation remonte à trois ans, le nombre des divorces sera très considérable au début, puisque toutes les séparations anciennes se *liquideront* dans un très court espace de temps, et cela portera un coup fatal à la loi dans l'opinion publique.

Ces arguments, qui avaient touché la Chambre, pourtant si éclairée, de 1831, ont paru insuffisants à la commission actuelle.

Que la loi n'ait pas d'effet rétroactif lorsqu'elle établit des restrictions, cela est juste, et l'on va rarement contre ce principe bien que, même dans ces conditions, la non-rétroactivité ne soit point une de ces prescriptions constitutionnelles que le pouvoir législatif n'a pas le droit d'enfreindre. Mais dans le cas de dispositions libérales, c'est au contraire la rétroactivité qui est le principe général. Verrait-on jamais une loi abolir la peine de mort et déclarer néanmoins que ses dispositions ne sont pas applicables aux condamnés non encore exécutés dont la condamnation est antérieure à l'abolition de la peine capitale?

Du reste, la Chambre de 1831, en permettant aux demandeurs comme aux défendeurs en séparation d'invoquer l'article 310 du code civil, avait elle-même donné un démenti à sa propre argumentation.

Le second argument opposé à MM. Teste et de Schomen avait moins de valeur encore.

En effet, ou ce serait le demandeur primitif ou ce serait le défendeur qui invoquerait les dispositions de l'article 310.

Si c'était le demandeur, on ne pourrait pas dire qu'il n'aurait pas plaidé en séparation s'il avait su que sa séparation pourrait être convertie en divorce, puisque, s'il était systématiquement opposé au divorce, ce ne serait pas lui qui le demanderait.

Si c'était le défendeur, le demandeur n'aurait qu'à consentir à faire cesser la séparation pour faire tomber la demande de divorce. Il pourrait toujours se placer dans la situation où il se serait trouvé si, le divorce existant, il l'avait craint au point de ne pas vouloir plaider, même en séparation. Et, s'il ne le faisait pas, il démontrerait par là que l'indissolubilité du mariage n'a été pour rien dans sa décision première.

Quant à la troisième objection, elle se retourne contre ses auteurs.

Si l'on admet que les séparés de corps pourront faire convertir leur séparation en divorce trois ans après le prononcé du jugement de séparation, il y aura sans doute beaucoup de divorces dans es premières années qui suivront la promulgation de la nouvelle loi, car il y a de soixante à quatre-vingt mille époux séparés en France. Mais tout le monde comprendra que ce ne sont point là des divorces nouveaux, que c'est une *liquidation* de situations antérieures, et cela ne pourra nuire en rien à la loi.

D'autre part, la date à partir de laquelle courront les trois ans étant variable, ces divorces se répartiront sur trois années et produiront par cela même moins d'effet.

Si, au contraire, on admettait la solution de 1831, tous ces divorces se produiraient à la fois, trois ans après la promulgation de la loi.

De plus, comme ils viendraient après trois ans, on ne se rendrait plus compte qu'ils ne font que régulariser des séparations existantes; on les prendrait pour des divorces nouveaux; on crierait à la corruption envahissante, et c'est alors que le principe de la loi risquerait d'être ruiné dans l'opinion publique.

En 1831, on disait encore, pour combattre l'amendement de MM. Teste et de Schonen, que la loi du 20 septembre 1792 n'avait pas permis de transformer en divorces les séparations antérieures.

Mais on oubliait que, sous l'empire de la loi de 1792, le divorce était si facile, si rapide et si peu coûteux à obtenir, que des dispositions transitoires étaient tout à fait inutiles. Il était, en effet, beaucoup moins long de faire prononcer alors directement le divorce qu'il ne le sera, avec le projet actuel de la commission de la Chambre des députés, s'il est accepté, de faire convertir en divorce une séparation antérieure.

Du reste jusqu'ici, la décision de la commission n'a été attaquée par personne. En sera-t-il autrement dans l'avenir? Nous l'ignorons; mais nous ne le croyons pas, les motifs qui ont déterminé cette décision nous paraissant inattaquables.

A. NAQUET.

Le Voltaire du 3 8bre 1879

LE DIVORCE

CRI D'UN HONNÊTE HOMME (1)

M. Maresq a eu récemment l'heureuse idée, — idée dans laquelle je l'ai vivement encouragé, — de faire paraître une nouvelle édition d'un livre publié en 1769 par un magistrat français en faveur du Divorce.

Ce livre, écrit avec beaucoup de vigueur, tire son principal intérêt de l'époque même à laquelle il a été écrit.

En 1769, la société n'était point comme aujourd'hui sécularisée, et la question du divorce était nécessairement d'ordre religieux plus encore que d'ordre civil..

Il n'en est plus de même à cette heure. Les effets civils du mariage résultent d'un contrat civil et ne sont plus la conséquence d'un sacrement. Lorsque nous nous occupons du divorce, nous ne vi-

(1) *Cri d'un honnête homme*, qui le croit fondé en droit naturel et divin à répudier sa femme, suivi d'un projet de loi sur le divorce, par un magistrat français: 1769), — réédité par A. Maresq aîné, 20, rue Soufflot, avec une préface de A. Naquet, — 1879.

sons que le contrat civil. Nous laissons à chaque culte le soin de décider ce que devient, après le divorce civil, le s crement religieux, et nous ne cherchons pas à nous immiscer dans ses décisions.

Mais avant 1789 le mariage civil n'existait pas. Le prêtre remplaçait le magistrat municipal et, pour établir le divorce, il aurait été nécessaire d'aller beaucoup plus loin que nous n'allons aujourd'hui il aurait fallu armer les Parlements du droit de rompre les mariages, imposer à l'Eglise la reconnaissance de leurs jugements et obliger les prêtres à marier, à bénir de nouveau les époux divorcés contractant une nouvelle union.

Nous ne demandons rien de tel en 1879, parce qu'aujourd'hui les époux divorcés auront la faculté de se remarier devant l'officier de l'état civil, et que vouloir obliger les ministres du culte catholique à bénir cette union, ce serait confondre à nouveau ce que la Révolution a si justement séparé, le spirituel et le temporel.

Une fois le divorce rétabli, les catholiques pourront sans doute l'examiner, au point de vue de leur foi, dans ses rapports a ec l'Eglise, ils pourront soulever cette question : l'indissolubilité du mariage est-elle affai e de dogme ou simplement affaire de discipline sur laquelle l'Eglise puisse revenir? Ils pourront rechercher si les quatorze cas de nullité reconnus par le droit canonique suffisent ou ne suffisent pas aux besoins des fidèles. Quant à nous, qui faisons exclusivement de la législation civile, ce sont là des points de doctrine qui peuvent nous intéresser, comme philosophes, comme penseurs, mais qui ne nous intéressent nullement comme législateurs.

Par contre, ils intéressaient forcément le magistrat qui publiait en 1769 le *Cri d'un honnête homme*, et, à part l'exposé de sa propre histoire, histoire lamentable que je n'entreprendrai pas de raconter ici, c'est presque exclusivement sur ce point de doctrine que roule tout son livre.

Quoique la question soit à cette heure toute diff rente de ce qu'elle était alors, quoique le divorce tel qu'il est proposé ne puisse en rien blesser les consciences catholiques, puisqu'il ne touche point au sacrement, cependant nous pensons que les catholiques liront avec un puissant intérêt l'ouvrage que vient de rééditer M. Maresq.

Beaucoup d'entre eux ne se rendent pas un compte exact du but de la loi proposée à la Chambre des députés; ils craignent à tort que cette loi ne puisse empiéter sur le domaine de la religion. De là des préventions injustifiées, mais néanmoins difficiles à vaincre.

Ces préventions disparaîtraient sans doute si ceux qui les éprouvent étaient convaincus que l'indissolubilité du mariage n'est point affaire de dogme, mais simple affaire de discipline sur laquelle l'autorité ecclésiastique pourrait revenir, sans ébranler le moins du monde l'édifice religieux, les fondements de la foi.

C'est cette preuve que s'efforce de donner *l'honnête homme* dont nous analysons le travail.

Il établit d'abord de la manière la plus péremptoire que l'Eglise catholique a admis l'usage du divorce jusqu'au neuvième siècle; il affirme même (p. 144) que beaucoup de chrétiens des deux sexes qui avaient divorcé pendant leur vie, ont été malgré cela canonisés après leur mort.

Puis, abordant l'objection de ceux qui prétendent qu'avant le neuvième siècle on n'était pas encore parvenu à la connaissance des vrais principes qui fondent la perpétuité du mariage, mais que depuis lors l'Eglise a partout et toujours prohibé le divorce, il répond :

« Pour réfuter cette prétention, il suffirait de s'en tenir au fait qui est hors de doute, et de consulter les Polonais qui vivent parmi nous, ou ceux de notre nation qui ont séjourné en Pologne.

« Si l'on veut des preuves par écrit de l'existence du divorce dans le royaume, il faut recourir à l'histoire de cette nation. « On voit constamment à Varsovie,

» dit M. l'abbé Coyer (1) un nonce apos-
» tolique avec une étendue de pouvoirs
» qu'on ne souffre point ailleurs. Il n'en
» a pourtant pas assez pour maintenir
» l'indissolubilité du mariage. Il n'est
» pas rare en Pologne d'entendre dire à
» des maris *ma femme qui n'est plus ma*
» *femme*. Les évêques... juges de ces di-
» vorces, s'en consolent avec leurs
» grands revenus.

« L'église en Pologne remarie à d'au-
» tres ceux qu'elle a séparés, dit un ju-
» dicieux auteur de notre temps. Quel-
» qu'un demandera, ajoute-t-il; pour-
» quoi le reste des états catholiques
» n'obtiendrait pas la même liberté
» d'une manière com-mune. »

» Jamais aucun peuple chrétien n'a
été tant travaillé par les prêtres que
l'ont été les polonais et qu'ils le sont encore. Jamais nation ne fut plus soumise
au pape. Prenant *sur elle de faire ses rois*,
dit M. l'abbé Coyer, elle n'ose pas *les proclamer sans la permission de l'évêque de
Rome.* Cependant, elle a toujours le droit
de rompre les mariages quand les époux
ne veulent plus qu'ils subsistent, ainsi
que nous l'apprend M. La Combe dans
son abrégé chronologique des royaumes
du Nord.

» Il n'est pas nécessaire en Pologne
qu'il existe un de ces cas graves qui dis-
solvaient le mariage dans les dix premiers siècles de l'Eglise, pour opérer le
divorce. Outre l'adultère, l'absence af-
fectée, l'impuissance, l'antipathie, la
violence des parents, les degrés de consanguinité (2), etc., il est un moyen efficace pour dissoudre le mariage. De mauvais traitements ou la menace seulement
bien prouvée, suffisent pour produire cet
effet; et l'on juge aisément que ce moyen
de divorcer n'est pas employé par les
grands de Pologne. »

Cette citation est encore à cette heure
d'un grand intérêt parce que, bien que
la Pologne soit demeurée catholique

sous la domination russe, malgré les
persécutions dont le catholicisme polonais a été l'objet de la part de la Russie
orthodoxe, et bien que le mariage y soit
toujours un acte purement religieux, le
divorce continue d'y être pratiqué aujourd'hui comme il l'était en 1769.

Ailleurs le magistrat, auteur du « Cri
d'un honnête homme », va jusqu'à affirmer le droit qu'a le pouvoir civil de
subordonner à ses lois le pouvoir religieux. Il écrit :

« Je n'ai qu'à me retrancher sur un
seul point, qui est sans réplique parmi
nous. C'est d'exciper des privilèges de
l'Eglise gallicane et des modifications
avec lesquels le concile de Trente a été
reçu en France, où tout le monde sait
qu'il n'a point été accepté indéfiniment,
mais avec droit de l'examiner, et de
prendre en plus longue et plus ample
considération tout ce qu'il statue, surtout dans ces matières, *que l'on pourrait
appeler mixtes et qui ont la discipline pour
objet.*

» Non seulement cela était sage dans
la spéculation, mais cela se voit aussi
confirmé à divers égards par la pratique, témoins entre autres les mariages
des mineurs célébrés sans consentement
des parents.

» C'est en vain que le concile de
Trente ratifie ces prétendus mariages;
il nous suffit de savoir que nos lois civiles les improuvent. Nous nous en tenons
là, et c'est chose conclue, jugée et re-
jugée dans tous nos Parlements, que
l'on n'y tient aucun compte de ces sortes de copulations, quoique dûment bé-
nites, qu'on les casse et annule tous les
jours comme abusives et illégales, *qu'on
adjoint même dans ces occasions aux curés
de pourvoir*, SOUS PEINE DE SAISIE DE
LEUR TEMPOREL, *les gens ainsi démariés, à
leur première réquisition, et sans la moindre difficulté,* DE QUELQUE AUTRE SACRE-
MENT MOINS INDISCRET ET PLUS EXPÉ-
DIENT, *que celui qui se trouve avoir été
ainsi rescindé de la part du roi et de l'autorité de ses Cours.*

. . . .
. . . .

---

(1) Histoire de J. Robieski, p. 116, t. 1.

(2) La consanguinité et l'impuissance, si elle
date d'avant le mariage, sont demeurées dans
le droit canonique des causes de nullité.

« D'où je provoque aux lumières de
nos magistrats pour leur demander si
étant en possession de connaître de
quelques causes matrimoniales, ils ne
croient pas avoir la même compétence
dans toutes; si les préjugés que nous
avons hérités de nos pères sur la nature
de ces objets, étant aussi insensés et
aussi tyranniques qu'ils le sont, il leur
convient d'en laisser subsister des tra-
ces dans le sanctuaire de la justice; et
si enfin il ne serait pas de ce zèle éclairé
et actif, qui les a toujours rendus re-
commandables (de nos jours plus que
jamais) de solliciter le gouvernement,
au nom de la raison et de son propre
honneur, à porter le flambeau d'une
meilleure législation dans une partie
aussi intéressante. Assurément les motifs à faire valoir pour l'y déterminer
ne sauraient leur manquer. »

Je borne-là les citations; elles suffisent pour montrer dans quel esprit le
livre est conçu.

Je le répète, ces discussions sur le divorce, envisagé au point de vue du dog-
matisme catholique, sont désormais sans
intérêt pour notre société civile devenue exclusivement laïque grâce à la révolution française. Nous nous bornons
à réclamer le rétablissement du divorce
dans notre Code civil, sans nous inquiéter de la nature du sacrement que confère l'Eglise et que nous n'avons pas à
discuter. Mais il ne saurait être qu'utile
à notre cause de prouver que des catholiques ont pu réclamer le divorce à une
époque où le sacrement était le mariage
tout entier, et que l'indissolubilité du
mariage, si énergiquement défendue
par notre clergé jusque dans le domaine
civil, où il n'a cependant que faire, n'est
pas même un de ces points sur lesquels le dogme religieux est irrévocablement fixé.

C'est à ce titre — et à ce titre seulement — que nous avons tenu à citer ici
quelques pages intéressantes empruntées du livre publié par M. Marcsq.

A. NAQUET.

Le phare du Littoral.
de nice.
4 octobre 1879

Conférence de M. Naquet. — La
conférence sur le *Divorce* par M. Alfred
Naquet aura probablement lieu mardi prochain.

Voici, à ce sujet, la lettre que M. Naquet
adresse à notre rédacteur en chef :

Nice, le 3 octobre 1879.

Mon cher Mark Ivan,

J'espère donner ma conférence mardi.
Vous m'obligeriez beaucoup si vous vouliez vous charger du service de la presse
pour vos confrères de Nice et du département.

Croyez à ma gratitude et à mes meilleurs sentiments.

A. NAQUET.

C'est avec plaisir que M. Mark Ivan se
charge de ce soin.

Le phare du littoral (de Nice)
Du 7 octobre 1879

CONFÉRENCE SUR LE DIVORCE

Plusieurs personnes nous ayant mar-
qué leur étonnement de la non-gratuité
de la Conférence sur le *Divorce*, nous
nous sommes fait l'interprète de cet
étonnement auprès de M. Naquet qui
nous adresse à ce sujet la lettre suivante :

Nice, 6 octobre 1879.

Mon cher Mark Ivan,

Vous me dites que quelques amis trouvent singulier que je fasse une conférence
payante. J'éprouve le besoin de vous dire
pourquoi j'agis ainsi, ayant l'habitude de
dire toujours en toute circonstance quels
motifs dirigent ma conduite.

J'ai bien des raisons pour ne pas faire de
conférence gratuite au cours de la longue
campagne que j'ai entreprise, ou de n'en
faire que là où cela me paraît utile à ma
cause (comme ce sera le cas à St-Gaudens,
Haute-Garonne.)

C'est parmi les personnes opposées à nos idées républicaines que je trouve mes plus ardents adversaires. Eux convaincus — et j'atteins ce but partout où je passe — tous les obstacles sont levés. Les républicains opposés au divorce ne combattent en effet, le plus souvent mon projet, que par des raisons d'opportunité, parce qu'ils craignent que le pays n'y soit pas suffisamment préparé et que cette réforme ne soit exploitée contre la République. Dès que les ennemis de la République s'y rallient, ils s'y rallient aussi.

C'est donc parmi les non-républicains que je dois chercher surtout à recruter mon auditoire.

Or si je faisais monter la conférence par le parti républicain au lieu de la monter moi-même ; si j'en affectais le produit à une œuvre démocratique, — comme je le fais si souvent à Paris lorsque je donne des conférences dans un but spécial de bienfaisance, — les non-républicains ne viendraient pas et mon but serait manqué. J'aurais encore un auditoire nombreux et sympathique, mais un auditoire convaincu d'avance et l'effet produit serait nul.

Enfin, je veux introduire en France les mœurs anglaises, belges, américaines, qui font de l'art du conférencier une profession comparable à celle du journaliste.

Aussi longtemps qu'on se borne à faire quelques conférences de temps à autre on les fait gratuites. C'est ainsi que j'ai fait pendant longtemps ; c'est encore ainsi que font ceux qui donnent une conférence une fois en passant.

Mais les personnes qui, comme moi, comme Deschanel, comme Madier de Montjau, comme Talandier, font des conférences une œuvre suivie, comme d'autres font du journalisme, ceux-là ne donnent de conférences gratuites que dans des cas exceptionnels et jamais dans une tournée générale.

On ne peut, en effet, rien fonder sur la gratuité. Avec la gratuité de rédaction, on n'aurait pas de journaux ; avec la gratuité des conférences on n'aurait jamais une œuvre suivie de conférences, œuvre autrement pénible que celle du journalisme qui, lui, n'exige aucun déplacement. Si l'on en veut une, et l'on doit en vouloir une, car c'est la grande école du pays, il faut appliquer ici comme partout ailleurs le principe démocratique que « tout travail doit être rémunéré. »

Mais, me dit-on quelquefois, un député reçoit une indemnité et ne doit pas chercher dans des conférences un bénéfice, qui, licite pour d'autres, devient illicite pour lui.

Je ne sache pas qu'on veuille forcer le député à vivre de sa seule indemnité, même lorsque ses charges de famille la rendent insuffisante.

On n'a jamais interdit ni au député riche de dépenser ses revenus, ni au député avocat de plaider, ni au député médecin de voir des malades, ni au député journaliste d'écrire des articles, ni au député commerçant ou industriel de surveiller son commerce ou son industrie.

Si l'on élevait de telles prétentions on ne trouverait plus de représentants que parmi les impuissants et les incapables pour qui l'indemnité parlementaire est une ressource inespérée.

On n'a jamais prétendu que le rentier, l'avocat, le médecin, le publiciste, l'industriel, le négociant député dût employer à une œuvre quelconque le produit de ses rentes ou le produit de son travail.

Or on a le droit d'être conférencier, comme d'autres sont avocats, médecins, publicistes ou industriels. Et l'argent gagné dans une conférence est aussi honorablement gagné que celui que l'on gagne par une plaidoirie ou par un article de journal.

Cela ne veut pas dire qu'un conférencier ne doive jamais faire profiter des bonnes œuvres de sa parole ; pour ma part je suis souvent sur la brèche quand il s'agit d'une œuvre utile à favoriser. Mais quand j'agis ainsi je me place dans la situation d'un journaliste qui donne des articles gratuits, d'un rentier qui donne de l'argent, d'un avocat qui plaide sans rétribution..... Je fais un don volontaire qui ne saurait en rien m'engager pour la généralité des cas.

D'ailleurs une tournée comme celle que j'entreprends est extrêmement coûteuse, coûteuse par les dépenses qu'elle m'occasionne, coûteuse parce qu'elle m'empêche de me livrer à d'autres travaux productifs dont mon peu de fortune ne me permet pas de me priver. Je dois donc me récupérer de ces pertes sur le produit de mes conférences.

La profession de conférencier du reste fort estimée chez des peuples voisins où les hommes les plus estimables en vivent, et à Paris même où les personnalités les plus éminentes ne dédaignent pas de faire des conférences rétribuées au boulevard des

Capucines ; la profession de conférencier est absolument honorable, et je ne crois pas déchoir en l'exerçant.

Ajoutez que cette discussion est encore sous une autre forme : celle des 25 fr. par jour de 1848.

Il y a deux systèmes de gouvernement : le système aristocratique dans lequel la politique sous toutes ses formes étant l'apanage de grandes familles immensément riches, toutes les fonctions sont gratuites ; le système démocratique dans lequel la politique étant faite par tous, toutes les fonctions doivent être rétribuées — et cela s'étend aussi bien aux fonctions de journaliste et de conférencier qu'aux fonctions publiques proprement dites.

Entre ces deux systèmes on peut choisir. Mais quand on a opté pour la démocratie on ne peut pas se régir par les lois du système opposé.

Aussi, même riche, j'agirais comme j'agis. Faire autrement, ce serait jeter de la défaveur sur ceux qui agiraient d'une manière inverse et créer des inégalités que la démocratie réprouve.

Un député n'a pas le droit de renoncer à son indemnité.

Sauf dans des cas spéciaux et déterminés, un citoyen doit se faire un devoir de recevoir la rémunération de son travail.

Voilà, mon cher Mark Ivan, mes explications. Je pense qu'elles sont complètes, et qu'elles suffiront à faire cesser toutes les équivoques, et toutes les interprétations malveillantes.

A. NAQUET.

Le Radical de Marseille

Des 6 et 7 8bre 1879

Lettre d'Alfred Naquet

L'infatigable apôtre du divorce écrit de Nice la lettre suivante à un de nos collaborateurs pour laquelle il nous demande l'insertion dans notre feuille, ce que nous faisons avec le plus vif plaisir :

Mon cher Roux,

Je viens de lire votre article sur la gratuité des conférences. Je suis heureux que vous m'ayez si bien compris et que vous ayez si bien exprimé ma pensée. Je vous demande cependant la permission de compléter votre article par les quelques mots dont je vous demande l'insertion dans le Radical.»

J'avais, pour suivre la marche que je suis, des motifs généraux et des motifs personnels que je livre au public et qu'il appréciera certainement.

Lorsqu'on fait organiser une conférence par un parti, au profit d'une œuvre quelconque, on exclut toute la portion du public qui n'appartient point à ce parti, qui n'est pas sympathique à cette œuvre.

Or la question du divorce n'est pas politique. Et comme, dans un pays divisé comme le nôtre, c'est une bonne fortune que de pouvoir au moment effacer les divisions pour marcher tous unis à la conquête d'une réforme, je veux que l'accès de mes conférences soit ouvert à ceux qui ne partagent pas mes idées politiques comme à ceux qui les partagent. C'est parmi les premiers que j'ai le plus d'hostilité à vaincre, partant le plus de bien à faire et — avec la présomption peut-être d'un homme convaincu de la justesse de sa cause — avec la certitude dans tous les cas de ne blesser aucune croyance, de respecter celle d'autrui comme j'entends faire respecter les miennes, j'appelle tout le monde à venir m'entendre, hommes et femmes, sans distinction d'opinion.

Pour cela il fallait créer un terrain neutre comme le théâtre. C'est ce que j'ai fait.

Quant aux bénéfices, s'il y en a, ils serviront à couvrir les pertes qui pourraient ainsi se produire sur d'autres points, à m'indemniser de

ques frais de voyage, de me parle de —
temps, à indemniser mon organisa-
teur qui, lui aussi, a consacré à
ces conférences, un temps qu'il aurait pu employer lucrativement ailleurs.

Si je possédais de la fortune, je
serais, volontiers, à sacrifié de —
10 ou 30000 francs — cela ne coû-
erait pas pour le triomphe
d'une idée juste. mais, je n'ai —
aucune fortune et nul ne — peut
donner ce qu'il n'a pas.

« D'ailleurs il est de l'essence du
régime démocratique que tout
travail soit rémunéré, et —
l'indemnité que je demande pour
mes conférences, n'est que la
consécration de ce principe.

« Mais, me dit-on, vous êtes déjà
« indemnisé comme député. »

Oui ! pour siéger à la chambre ;
non ! pour courir, de moi, à faire
des conférences, dans tout le pays.

Je ne puis du reste que répéter
ici ce que je disais, à la date du
1 janvier 1879 dans le "réveil
du midi", en réponse à un article de "l'union de Vaucluse"
qui m'avait adressé la même question.

« Vous n'avez jamais eu, que je
sache, l'idée d'imposer aux député, l'obligation de vivre avec
leur seule — indemnité, même
lorsqu'ils ont des charges, de famille considérable. Vous n'avez
jamais interdit, ni au député
riche de dépenser ses revenus,
ni au député avocat de plaider,
ni au député médecin de voir
des malades, ni au député journaliste d'écrire des articles, ni
au député industriel ou commerçant de surveiller son commerce
ou son industrie.

Vous n'avez jamais prétendu que le
rentier, l'avocat, le médecin, le
publiciste, l'industriel, le négociant
député doit employer à une œuvre —
quelconque le produit de se,
rentes, ou le fruit de — son travail.

Or, on a le droit d'être conférencier comme d'autres sont avocats, médecins, publicistes ou industriels, et l'argent gagné
dans une conférence l'est aussi légitimement que celui que l'on gagne par une
plaidoirie ou un article de journal.

Cela ne veut pas dire qu'un conférencier ne doive jamais faire profiter de bonnes œuvres de sa parole. Pour ma part,
j'ai parlé récemment à Apt au profit des
pauvres ; en octobre, à Béziers et à Cette,
j'ai abandonné en faveur des proscrits la
moitié du produit de mes conférences, et
après-demain, à Genève, je fais une conférence dont les 2/3 du produit sont réservés à des œuvres utiles.

Je puis ajouter qu'à cette heure comme
toujours, je n'hésite pas à faire le sacrifice de mon temps lorsque l'intérêt de ma
cause l'exige et que, quand la gratuité
me paraît s'imposer, comme c'est le cas à
St-Gaudens, jugeant la conférence utile
dans ce pays, je ne la fais pas moins. »

Mais quand je fais cela, je me place
dans la situation d'un journaliste qui
donne des articles gratuits, d'un rentier qui donne de l'argent, d'un avocat
qui plaide sans rétribution... etc. ; je fais
un don volontaire, qui ne saurait en rien
m'engager pour la généralité des cas, et
m'empêcher, surtout, lorsque tous les
frais généraux de la conférence, et par
conséquent l'aléa m'incombent, d'en toucher le produit.

Tant mieux pour les riches qui peuvent
donner leur temps tout entier. Moi je ne
le puis pas, et, lorsque je fais des conférences qui absorbent mon temps et m'en-

Le Voltaire —
10 8bre 1879

pêchent de me livrer à un autre travail productif, je trouve naturel qu'elles soient rémunérées, comme le serait un autre travail quelconque.

La profession de conférencier, fort estimée en Angleterre où des hommes très-honorables en vivent, est de celles que l'on peut avouer et que j'avoue hautement. Notre illustre Louis Blanc lui a demandé longtemps pendant l'exil ses moyens d'existence, pendant que notre collègue actuel M. Deschanel les lui demandait en France, et je ne crois pas déchoir en lui demandant, dans les loisirs que me laisse la vie parlementaire, le complément des miens.

. . . .

D'ailleurs si l'œuvre des conférences est utile, il est évident qu'on ne peut la généraliser qu'en la rétribuant. Avec la gratuité des conférences, vous n'auriez pas plus de conférences suivies que vous n'auriez de journaux réguliers avec la gratuité de la presse, ou d'avocats avec la gratuité du barreau.

Cet éclaircissement que m'avait demandé l'Union de Vaucluse, que je lui ai donné et qu'ont approuvé alors mes concitoyens d'Avignon, comme l'ont approuvé depuis tous ceux à qui j'ai cru devoir le donner de nouveau, je vous prie de vouloir bien le donner aussi à Marseille.

Non seulement il aura pour effet de dissiper tous les doutes et de couper court à toutes les insinuations ; mais il aura encore ce résultat de contribuer à faire des conférences ce qu'elles doivent être : une œuvre d'instruction intermédiaire entre le professorat et le journalisme, œuvre rétribuée comme le journalisme (qui est bien moins pénible) et le professorat, sans quoi elle ne serait pas.

A. NAQUET.

LE DIVORCE

Le mouvement en faveur du rétablissement du divorce gagne chaque jour du terrain. Les hommes d'opinions les plus diverses s'y rallient, et des journaux aussi résolument conservateurs que possible, désireux sans doute d'apporter leur appui à un progrès incontestable et de ne pas en laisser toute la gloire au parti républicain, prennent nettement parti pour la réforme projetée.

Le *Figaro* ouvre ses colonnes à M. Alexandre Dumas, lequel se prononce énergiquement et éloquemment pour le rétablissement du divorce.

Un candidat à la députation dans la circonscription de S... B... déclarait récemment que s'il était élu, *il combattrait ces lois qui tendent à désorganiser la famille par le divorce.*

« Eh bien, dit M. Alexandre Dumas, après avoir cité cette phrase, je voudrais par exemple qu'un homme honorable et convaincu comme ce candidat, exposât dans votre journal les raisons qu'il a de croire que le divorce détruirait plus la famille en France.

« Si ces raisons étaient bonnes, je m'y rendrais et je serais dispensé de toute discussion ; si *elles étaient celles que j'ai entendues jusqu'à présent, je serais également dispensé d'y répondre, CES RAISONS NE REPOSANT JAMAIS QUE SUR DES AXIOMES DE SENTIMENTALITÉ VAGUE ET,* comme il est facile de le prouver, *SANS AUCUNE CONSISTANCE A L'ENDROIT DES ENFANTS, sur la peinture d'un idéal à jamais irréalisable quand la faute et le crime ont envahi le mariage... »*

Pendant que le *Figaro* entame ainsi sa campagne, le *Gaulois* offre à M. Emile Augier de faire chez lui ce que M. Magnard demande à M. Alexandre Dumas.

L'*Estafette* est à l'avant-garde des journaux qui, sans être dans les rangs républicains, n'hésitent pas, bien qu'elle soit défendue à la Chambre par un républicain, à soutenir une réforme de législation civile qui, quoi qued'autres en aient dit ou se proposent d'en dire, n'a rien à faire ni avec la politique ni avec la religion.

On aura quelque peine à faire passer les rédacteurs du *Gaulois*, du *Figaro* et de l'*Estafette* pour des républicains, des libres-penseurs, des athées, des internationalistes; et bien des personnes encore hésitantes à cette heure cesseront bien vite de l'être en présence de telles adhésions.

Une autre preuve du chemin qu'a parcouru déjà l'idée que nous défendons est l'attitude nettement favorable au divorce qu'a prise récemment dans le camp républicain, la *République française*.

Ce journal, nous le savons, a cessé d'avoir pour directeur politique M. Léon Gambetta depuis que celui-ci a été appelé aux hautes fonctions de président de la Chambre des députés. Mais la rédaction du journal est demeurée la même; et, comme il y règne une grande unité, que M. Gambetta s'était entouré d'hommes dont les idées étaient en parfaite harmonie avec les siennes et dont la manière de voir n'a pas changé depuis qu'il n'est plus là, on peut dire que l'esprit du président de la Chambre plane encore sur la feuille qu'il a si longtemps dirigée.

Or, M. Gambetta s'est toujours montré jusqu'ici l'adversaire du divorce. Seulement ainsi que je le disais dans un précédent numéro du *Voltaire*, son opposition n'a jamais été une opposition « absolue et doctrinale, mais une simple opposition tirée de la tradition française et de l'opinion qu'il ne croit pas suffisamment préparée. » Et j'ajoutais que la valeur de son objection va en diminuant à mesure que par leur propagande incessante, les adversaires de l'indissolubilité du mariage déterminent l'opinion à se prononcer dans leur sens.

Je disais cela le 10 juillet dernier, et voilà qu'à la date du 16 septembre, la *République française* publie un remarquable article en faveur du rétablissement du divorce.

« La politique des partis n'a rien à faire ici, y est-il dit; on trouverait parmi les partisans du divorce des hommes qui ne s'entendent presque sur aucune autre question. Le divorce existe dans des pays soumis aux régimes les plus divers, nous dirions presque les plus opposés... »

Et plus loin :

« Le divorce n'est point une nouveauté chez nous, ni une rareté autour de nous. Il a été institué par la Révolution, organisé par le Code civil, d'où l'on n'a pu même bannir le titre qui le concerne. Il a été biffé, comme la plupart des institutions de la Révolution, par la réaction monarchique ; il l'a été en 1816, par l'influence de la congrégation, à la requête de M. de Bonald, dont le nom résume tous les emportements de la contre-révolution. M. de Bonald savait tellement les sentiments de la Chambre à laquelle il s'adressait qu'il s'excusait de faire un semblant de discussion, de chercher des raisons ; pour donner satisfaction au zèle de ces vieux enfants de chœur revenus de Coblentz, il eût fallu, — la comparaison est de M. de Bonald lui-même, — traiter le titre VI du premier livre du Code civil comme ces proscrits qu'on fusille sur la simple constatation d'identité. »

Et plus loin encore :

« On proteste au nom des consciences catholiques; mais il ne s'agit d'opprimer aucune conscience. Les catholiques qui croiront de leur conscience de se regarder comme engagés pour la vie, ne seront pas remariés de force; il y a des catholiques dans les pays où le divorce est admis; ils sont même, dans quelques-uns, en majorité, et l'on ne voit pas que leur conscience ait de luttes à soutenir contre une législation oppressive. Il y a même plus: la pratique de l'Église est moins rigoureuse que ne l'est notre Code tel que l'a arrangé la sévérité de M. de Bonald; car le droit canonique admet des cas de nullité dont notre législation a sagement évité la périlleuse imitation; la cour de Rome ne démarie pas les mal mariés, mais fort souvent elle trouve un biais pour déclarer qu'ils n'ont jamais été mariés.

» Ce sont des facilités qui mettent en repos des consciences adonnées à la ca-

saïstique, mais dont le rétablissement
du divorce pourrait seul permettre aux
catholiques français de profiter. Dans
tous les cas, ils n'ont qu'à s'abstenir de
ce que leur conscience leur défend; mais
ce n'est pas une raison pour que leurs
scrupules règlent la conscience des autres. La doctrine de l'église pouvait
trancher la question sous l'ancien régime, alors qu'il y avait une religion
d'Etat et que le clergé catholique était
seul maître de l'état civil. Mais, dans
notre société laïque et tolérante, elle
n'a de valeur qu'au confessionnal ; elle
n'en a aucune comme argument juridique. »

La *République française* est un journal
de doctrine, mais ce n'est pas un journal d'avant-garde. Sa doctrine est une
doctrine de gouvernement. Elle ne s'est
pas donné pour mission d'ouvrir le feu
en faveur de réformes qui ne sont pas
mûres et de les amener à maturité. Elle
laisse cette fonction à d'autres organes
de la presse. Quant à elle, lorsqu'elle
s'empare d'une question, lorsqu'elle défend une idée, lorsqu'elle soutient la nécessité d'une réforme, c'est que la question est sortie de la période d'incuba-
tion, c'est que l'idée n'est plus à mûrir,
mais est mûre, c'est que la réforme est
assez préparée dans les esprits pour
qu'on puisse sans inconvénient la faire
passer dans les faits.

Voilà pourquoi l'article de la *République française* présente une haute signification. Il démontre qu'à cette heure
la question du divorce n'est plus une de
ces questions à peine posées que le
pays repousse parce qu'il ne les comprend pas. Il démontre que la question
est comprise et peut être mise sans danger en pratique par un gouvernement
qui se fait gloire d'être l'émanation de
l'opinion publique et de n'édicter d'autres lois que celles qui sont voulues par
le pays.

La question du divorce est donc entrée dans sa phase définitive et les
hommes de toute opinion qui siègent
dans nos deux assemblées législatives
pourront librement, à la rentrée, lui
donner sans crainte la consécration de
leurs votes.

A. NAQUET.

Le Voltaire
21 ... 1879

LE DIVORCE

Rien ne m'est plus agréable, parce
que rien ne saurait profiter davantage à
la cause que je défends, que les communications que veulent bien m'adresser,
après mes conférences, ceux de mes au-
diteurs qui croient avoir encore quelques arguments à m'objecter. Cela me
permet de leur répondre et de compléter ainsi l'œuvre commencée.

C'est ce que vient de faire une femme
d'esprit et de cœur qui habite Nice et
qui assistait à ma conférence du 7 octobre dernier.

Mme Elisa Bel — c'est ainsi qu'elle
signe — a professé longtemps, à l'endroit du divorce, des convictions opposées aux miennes. J'ai été assez heureux,
paraît-il, pour la ramener à peu près à
ma manière de voir. Je n'y ai cependant
pas complètement réussi, et il lui reste
encore quelques doutes, qu'elle a exposés dans une lettre au *Phare du Littoral.*
Comme je craindrais d'affaiblir sa
pensée en la traduisant, je lui laisse la
parole :

. . . .

Les sages raisons données au point de vue religieux et au point de vue social sont convain-
cantes; on y sent l'étude approfondie du mora-
liste et la vertu du philanthrope.

Un seul point me semble de nature à laisser
encore subsister quelques objections dans l'esprit des adversaires du divorce. Permettez-moi
de vous le poser.

L'honorable M. Naquet, après avoir dépeint
en termes aussi touchants que vrais, la déplorable situation des enfants, témoins et victimes
des querelles conjugales, affirme que le second
mariage des parents rendra cette situation honorable et consolante pour eux, en même
temps qu'honorable et consolante pour les divorcés engagés dans une nouvelle union.

M. Naquet n'a-t-il pas jugé là à un point de
vue un peu trop absolu en s'inspirant seulement de l'honnêteté de son propre cœur? Oui
certes, dans plusieurs cas, le second mariage
des divorcés pourra offrir des garanties de sagesse et de moralité qui le rendront bien préférable au premier. Mais ne doit-on pas prévoir aussi le cas où ce second mariage deviendrait pire? où l'un des époux (peut-être tous
les deux), s'unira à une personne moins honnête que la première?

Actuellement, le mari fait à une épouse restable les moins pardonnables outrages pour l'amour d'une femme sans pudeur, dont les séductions intéressées pourraient fort bien amener le mariage, quand le divorce sera permis.

Bien des femmes dédaignent un mari honnête pour des aventuriers intéressés et flatteurs. L'éducation ne met pas à l'abri d'inégalités de ce genre. Des hommes fort distingués d'ailleurs, tombent complètement sous le joug de créatures vulgaires, et les femmes ont bien souvent à se reprocher de semblables erreurs.

Sous ce rapport, l'enfant, introduit dans un ménage qui ne vaudrait point le premier, aurait encore à souffrir.

Il y a aussi le cas, — plus fréquent qu'on ne croit, — où par suite de graves défauts de caractères, l'incompatibilité d'humeur, invoquée pour détruire la première union, se reproduirait dans la seconde, dans la troisième même, et, où l'on n'arriverait jamais à l'Eden rêvé, après avoir passé par bon nombre d'enfers successifs.

Ajoutons que, très souvent, un seul des époux divorcés trouvera à se refaire un foyer. Ce sera sans doute l'homme, car la femme divorcée sera encore plus difficile à marier qu'une veuve ou une demoiselle, et il pourra en arriver qu'elle se vit parfois dédaignée, à son tour libre, de celui en faveur duquel elle avait désiré le divorce.

Voici, monsieur le rédacteur, les seules objections qui puissent, à mon avis, subsister encore dans l'esprit des adversaires du divorce; la seule chose qui me semble entacher encore la moralité de cette mesure, en faveur de laquelle tant de bonnes raisons militent et qui a l'honneur d'être soutenue par un orateur d'une loyauté et d'un talent si complets.

ELIAS BEL.

La principale objection de Mme Bel porte, on le voit, sur le sort qui serait réservé aux enfants après le divorce si le second ménage était aussi mauvais que le premier. Elle craint, en outre, que, chez certaines natures chagrines, l'incompatibilité d'humeur ne se reproduise sans cesse et n'entraîne des divorces successifs dont les enfants auraient à souffrir.

Peut-être la rassurerai-je déjà en partie si je lui rappelle que l'incompatibilité d'humeur, admise au nombre des causes de divorce par la loi du 20 septembre 1792, a cessé de figurer au nombre de ces causes sous l'empire du titre VI de de notre ancien Code civil, et que la loi actuellement proposée demeure sous le rapport dans les limites fixées par ce Code. Il faudra des causes sérieuses pour pouvoir divorcer, et les époux qui voudraient, sans de graves motifs, rom-

pre plusieurs unions successives, ne le pourraient pas plus qu'on ne peut à cette heure obtenir la séparation de corps à volonté.

Reste le danger signalé par Mme Bel de seconds ménages aussi mauvais que les premiers.

Ce danger existe, je n'ai garde de le nier.

Mais une loi, quelque utile, quelque salutaire qu'elle soit, ne peut avoir pour conséquence de parer à tout. La perfection n'est pas humaine et nul de nous ne songe à l'atteindre. Nous voulons nous en rapprocher le plus possible, éviter tout le mal que nous pouvons éviter. Et, quand nous avons fait cela, nous nous trouvons satisfaits, parce qu'il n'est pas en notre pouvoir de faire davantage.

Oui ! il peut arriver qu'un homme divorcé se remarie et qu'il soit aussi malheureux avec sa seconde femme qu'avec la première. Mais ce cas est heureusement très rare. Les statistiques des pays où le divorce est établi montrent, en effet, qu'il existe excessivement peu de divorces successifs, et l'on conçoit, du reste, que l'époux malheureux, qui a eu une première fois à se plaindre de l'aléa du mariage, soit très circonspect avant de contracter une nouvelle union.

Il pourra sans doute se tromper encore; il pourra être entraîné par une passion violente; mais la passion violente est l'exception et non la règle. Ces cas ne se produiront que tout à fait exceptionnellement.

Ainsi restreints, sont-ils de nature à compenser tous les avantages du divorce, et les inconvénients qui en résultent sont-ils plus considérables que ceux qu'entraîneraient pour les mêmes personnes l'état actuel? je ne le crois pas.

Je me suis efforcé de montrer dans ma conférence que l'état de séparation de corps est destructif du respect que les enfants doivent à leurs parents, soit que les parents leur offrent le triste exemple d'une union concubinaire, soit qu'ayant accepté la solitude, mais sans parvenir à éteindre les révoltes de leur cœur, ils aient conservé des haines qui se traduisent en invectives réciproques.

Je me suis efforcée de montrer qu'un beau-père ou une belle-mère, le plus souvent choisi avec discernement, acceptant au grand jour des charges et une responsabilité légales, offre plus de garanties que des mercenaires auxquels les enfants sont infailliblement livrés sous le régime actuel, toutes les fois qu'ils sont confiés à la garde du mari et que celui-ci ne les introduit pas dans un faux ménage.

Ma démonstration subsiste.

Que maintenant les nouvelles unions ne soient pas toujours heureuses, et que les enfants des époux divorcés puissent avoir encore à souffrir, c'est possible ! Mais si même il était démontré que ces souffrances auraient été évitées sous le régime de l'indissolubilité du mariage, il suffirait qu'elles fussent beaucoup moins nombreuses que celles que le divorce ferait cesser pour que le divorce fût encore un moindre mal désirable.

Ajoutons que ces souffrances ne sont pas évitées par l'indissolubilité du mariage. Les hommes de caractère passionné, dont Mme Bel craint les emportements, ne se prêtent point au célibat que prétend leur imposer notre législation. Ne pouvant se remarier après leur séparation, ils s'engagent dans des liaisons illégitimes, bien plus funestes encore pour leurs enfants qu'un second ménage malheureux, mais légal.

Les maux que le divorce laisserait subsister existent avec l'indissolubilité du mariage, et beaucoup de ceux que l'indissolubilité du mariage engendre sont supprimés par le divorce. Peut-on dès lors hésiter à rétablir cette institution.

D'ailleurs, les parents divorcés conservent, aux termes de l'article 303 du Code civil, un droit de surveillance sur les enfants, encore bien qu'ils n'en aient pas la garde, et, si celui à qui cette garde a été confiée s'en montre indigne, l'autre conserve toujours la faculté de s'adresser aux tribunaux pour la lui faire retirer.

Ajoutons que l'inconvénient signalé par Mme Bel, existe tout aussi bien pour les secondes noces des veufs que pour les secondes noces des époux divorcés.

Les veufs qui se remarient peuvent se tromper dans leur choix tout comme les divorcés, plus facilement même, parce que, heureux dans leur première union, ils seront probablement portés à une moins grande circonspection. Leurs enfants peuvent avoir à souffrir de leurs erreurs, plus même que ceux des époux divorcés parce qu'ici il ne reste pas de second parent exerçant une surveillance. Cela n'a cependant pas paru suffisant pour qu'on modifiât la loi et nul n'a jusqu'à ce jour élevé la voix en faveur du veuvage perpétuel.

Pourquoi ce qui n'est pas assez dangereux pour rendre immorales et inacceptables les secondes noces des veufs le serait-il assez pour faire repousser le divorce ?

J'aurais encore à répondre au dernier argument de Mme Bel, tiré de la difficulté que rencontreraient les femmes divorcées pour se remarier.

Je reviendrai sur ce point dans un prochain article. Qu'il me suffise de dire pour aujourd'hui, que les femmes divorcées qui ne trouveront pas à se remarier seront encore plus heureuses que les femmes séparées de nos jours. Au moins elles auront reconquis leur libre arbitre, leur personnalité.

Mme Bel, quoique je l'aie mise en garde contre cette tendance, continue à comparer le divorce à l'union conjugale, et elle est dès lors frappée de ses inconvénients. Mais qu'elle fasse un retour sur elle-même. Que dans chacun des cas où il lui semble que le divorce produirait de mauvais effets, elle se demande quels seraient les effets de la séparation de corps, et elle reconnaîtra que ces effets seraient mille fois plus détestables encore.

Reconnaître cela, c'est reconnaître la nécessité de rétablir le divorce, car le divorce est fait pour ceux qui se séparent et non pour ceux qui demeurent unis.

A. NAQUET.

Le voltaire du 28 octobre 1879

LE DIVORCE

Au nombre des objections que l'on élève contre le divorce se rencontre

telle-ci à laquelle je me suis récemment
engagé à répondre.

L'indissolubilité du mariage, dit-on,
est réclamée par l'intérêt de la femme.
Une femme perd ses charmes après
quelques années de mariage. Une femme qui a été mère n'a plus les attraits
qu'elle avait jeune fille. Le mari qui la
quitte ne peut évidemment pas lui res-
tituer les grâces disparues ; il ne la rend
pas à la société dans l'état où il la lui
a prise, et si, pour satisfaire sa passion,
son goût du changement, il divorce, elle
se trouve absolument sacrifiée.

De tous les sophismes que j'ai entendu
accumuler pour défendre une législation contraire à la bonne harmonie de
la société, à la liberté des individus, à
la dignité humaine, celui-ci est peut-
être le plus grossier.

Certes, nous ne prétendons pas que le
divorce fasse disparaître tous les inconvénients et tous les abus qui naissent de
l'état social lui-même, qui lui sont inhérents. Nous n'avons jamais dit qu'une
fois le titre 6 du Code civil rétabli, le
mal, la souffrance seront bannis de la
terre ; et l'on aura beau jeu à nous démontrer que les hommes souffriront
encore même après ce perfectionnement
de nos lois.

Le divorce, nous ne saurions nous las-
ser de le répéter, n'est pas un bien, c'est
un remède à un mal, et il est certain que
la santé est préférable au meilleur des
remèdes.

Oui, une femme divorcée après cinq,
six... dix années de mariage, est généralement moins belle, moins séduisante
que lorsque, jeune fille, elle consentit à
prendre un mari. Mais cette règle est
loin d'être constante, absolue, et il arrive quelquefois, il arrive même souvent, que c'est l'inverse qui est vrai.

Même en la prenant pour absolument
vraie, que peut-on en conclure ?

Que pour la femme dont il est ici question, il vaudrait mieux être bien mariée
et n'être point forcée de recourir au divorce... Rien de plus, et cette conclu-
sion-là nous l'acceptons tous.

Le malheur est — nous le répétons
encore, parce que toujours on retombe
dans cette faute de raisonnement — que
les personnes prévenues comparent le

divorce à l'union dans les ménages au
lieu de le comparer à la séparation de
corps.

Ils n'ont ainsi aucune peine à prouver
que l'union vaut mieux que le divorce ;
mais ils prouvent une chose que personne ne conteste.

La question, redisons-le, n'est pas
posée entre le divorce et l'union dans
les ménages ; elle est posée entre le divorce et la séparation de corps.

Nous n'avons pas à nous demander
s'il vaut mieux être unis que désunis.
Sur ce point tout le monde est d'accord.
Nous avons à nous demander si quand
on a le malheur d'être désuni, il vaut
mieux être séparé de corps que divorcé,
ou divorcé que séparé de corps.

En se plaçant à ce point de vue, on
reconnaît facilement que le divorce,
non-seulement n'est pas opposé à l'intérêt de la femme, mais que, au contraire, l'intérêt de la femme le réclame
impérieusement.

Précisons.

Le divorce peut être obtenu de trois
manières : par consentement mutuel,
pour causes déterminées l'homme étant
demandeur, pour causes déterminées la
femme étant demanderesse.

Dans le premier et le dernier cas, pas
de discussion possible. Si la femme consent au divorce, si elle va au delà, si
elle le demande elle-même, si elle le
provoque, et cela alors que la loi lui
permettrait de plaider en séparation de
corps, c'est apparemment qu'elle y
trouve son avantage, et la société serait
bien osée à prétendre connaître mieux
qu'elle ce qui lui est avantageux ou dé-
savantageux.

Reste le cas où le divorce est provoqué
par l'homme et où il est prononcé contre la femme défenderesse.

Mais, le divorce n'existant pas, l'homme aurait plaidé en séparation. Tout se
réduit donc à ceci : Vaut-il mieux pour
la femme être séparée ou vaut-il mieux
être divorcée ?

Les avantages du divorce sont tels
que c'est à peine comment on peut concevoir que quelqu'un puisse les nier.

La femme, dites-vous, ne pourra que
difficilement contracter un nouveau mariage après le divorce.

Qu'en savez-vous!

Tout dépendra de son âge et de ses charmes intellectuels et physiques. Tous les jours à l'étranger nous voyons des femmes divorcées qui se remarient comme tous les jours nous voyons se remarier des veuves chez nous.

Pour celles-là du moins, la supériorité du divorce sur la séparation n'est pas contestable. Si l'état de séparation est épouvantable pour quelqu'un, c'est surtout pour la femme, vis-à-vis de qui la société est d'une sévérité extrême.

L'homme trouve un aliment à son activité en dehors de la famille; il n'y en a aucun pour la femme.

Si l'homme cherche, dans une union illégitime, une compensation à ses chagrins domestiques, il n'en est pas moins estimé et reçu partout. Que la femme se permette une peccadille, qu'elle faiblisse une fois, qu'elle oublie une minute de maîtriser son cœur, qu'elle se souvienne qu'elle est femme et qu'elle obéisse un instant aux lois de la nature; la voilà flétrie, la voilà déshonorée, la voilà exclue de toute société honnête, sans compter le droit que conserve le mari de la faire condamner pour adultère après la séparation, droit qu'elle ne conserve pas contre le mari. Couverte par un mari, on lui aurait peut-être pardonné des fautes alors cependant inexcusables; séparée on ne lui pardonnera rien.

C'est donc elle, elle surtout qui doit réclamer le Divorce. C'est elle qui doit demander à la société, lorsque sa première union a été brisée, la faculté de se reconstituer une nouvelle famille. C'est à elle que le droit est indispensable. A la rigueur l'homme s'en passe. Elle..., elle ne peut pas s'en passer.

Mais les femmes plus âgées; celles qui ne trouveront pas à se remarier?

Celles-là évidemment trouveront dans le divorce une compensation moins grande à leurs maux; mais pour elles comme pour les autres, le divorce vaudra mieux que la séparation.

Si elles ne peuvent pas se remarier, elles seront, à ce point de vue, absolument dans le même cas où elles se seraient trouvées après la séparation de

corps. Leur situation ne sera certainement pas plus mauvaise, et comme on a vu des femmes, même âgées, contracter mariage, qu'on ne se rend pas toujours un compte exact de la situation dans laquelle on se trouve, il y aura pour elles une espérance réconfortante que la femme séparée n'a pas.

Mais si même une femme n'a pas cette espérance, elle aura au moins l'avantage d'être libre, de n'être plus en tutelle, de ne plus dépendre d'un homme qui n'est plus son mari, de pouvoir acquérir ou aliéner sans être obligée de demander une autorisation expresse à cet homme ou aux tribunaux; elle aura reconquis son indépendance de jeune fille. N'est-ce rien que cela?

Bien souvent on voit des hommes séparés se livrer à un odieux chantage et se faire payer à beaux deniers comptant les autorisations qu'on est obligé de leur demander.

N'est-ce donc rien, lorsqu'on a eu le malheur d'épouser un tel misérable, que s'affranchir de sa tutelle, se libérer de son autorité?

Voilà encore un point par lequel le divorce est plus important pour la femme que pour l'homme.

Enfin, la femme porte le nom de son mari, même après la séparation. Si le nom est déshonoré, si la séparation est le résultat de la condamnation du mari à une peine infamante, n'est-ce donc rien non plus que de n'être plus condamnée, innocente, à porter un nom flétri?

Certes, l'homme séparé dont la femme traîne le nom dans les ruisseaux, est ici tout aussi digne d'intérêt que la femme, mais la femme honnête mariée à un forçat l'est autant que l'homme, et l'un et l'autre doivent raisonnablement désirer la rupture d'une pareille union.

On peut donc établir en résumé que, dans tous les cas où l'homme a intérêt à réclamer le divorce, la femme y a le même intérêt que lui;

Que, dans un grand nombre de cas, où l'homme, à la rigueur, peut vivre sans le divorce, la femme ne peut absolument pas s'en passer;

Que toujours, pour la femme, le divorce est supérieur à la séparation, même si elle est hors d'état de se remarier ;

Que jamais la séparation n'est pour elle préférable au divorce.

Invoquer l'intérêt de la femme contre le divorce, c'est donc invoquer un argument qui prouve absolument le contraire de ce que l'on veut établir.

Il est juste d'ajouter qu'il en est de même de toutes les raisons que l'on fait valoir contre cette réforme.

Lorsqu'une idée est juste, on ne peut la combattre que par des sophismes, et c'est une loi logique que les sophismes se retournent contre la cause en faveur de laquelle on les emploie.

L'idée du divorce est une idée juste. Toutes les objections qu'on lui oppose doivent donc démontrer au contraire la nécessité de son prompt rétablissement.

A. NAQUET.

Lettres, discours et articles

2ème Cahier du t. III

(du 4 novembre 1879
au
14 juin 1880.

Le Voltaire du 4 9bre 1879

A M. FRANCISQUE SARCEY

Mon cher confrère en conférences et en journalisme,

Voulez-vous me permettre, utilisant les quelques instants de liberté que j'ai en chemin de fer, entre deux conférences, de vous adresser les réflexions que me suggère votre article sur l'application du prétérit défini et ~~du participe passé ?~~ *de l'imparfait*

Je vous approuve de résister à cette tendance de rédaction à une des diverses formes qui expriment le passé dans notre langue. Cette tendance qui, si elle était généralement adoptée, rapprocherait le français de l'allemand, et le rendrait moins net, moins précis, qui nous priverait de la faculté que nous avons aujourd'hui d'indiquer des nuances inconnues dans les langues anglo-saxonnes, cette tendance est fâcheuse, et, s'il nous faut un jour la subir, au moins devons-nous ne nous y résigner qu'à la dernière extrémité et en protestant.

Mais il est une observation que je veux vous soumettre.

Vous définissez l'imparfait, avec la grammaire, un temps qui « indique une action passée, mais considérée comme présente, relativement à une autre également passée. » Et vous citez à titre d'exemple cette phrase :

« Je lisais quand vous êtes venu. »

Cette définition, je vous l'avoue, ne me paraît pas suffisante.

Je puis dire sans cesser de parler français : « Je commençai à parler quand vous entrâtes, » ou « je commençais à parler quand vous entrâtes, » et ces deux phrases expriment deux idées différentes.

Dans le premier cas, j'ai attendu votre arrivée pour commencer à parler ; dans le second, je ne l'avais pas attendue et le hasard seul a rendu mon action concommitante avec la vôtre.

Et cependant, dans l'un comme dans l'autre cas, le verbe exprime une action passée, mais considérée comme présente relativement à une autre action également passée. Votre définition grammaticale —qui n'est pas vôtre, que vous empruntez aux grammairiens, je le reconnais — ne fait pas ressortir cette nuance. Elle est donc incomplète.

Ne pourrait-on pas dire que le prétérit défini s'applique aux cas où il existe un rapport de cause à effet, de succession obligatoire entre les deux actions ?

« Je m'ennuyai dès que je fus installé à Versailles, » c'est mon installation à Versailles qui causa mon ennui ;

» Que l'imparfait, au contraire, est obligatoire lorsque le verbe exprime une action passée présente relativement à une autre action passée, mais indépendante de cette dernière ?

» Je m'ennuyais pendant mon séjour à Versailles »; c'est une coïncidence que je constate, et voilà tout. Je ne suis ni un grammairien ni un styliste comme vous. Aussi n'ai-je pas la prétention de trancher la question que je soulève. Je me borne à la poser devant vous, qui êtes plus à même que moi de la résoudre.

Les étrangers, dont la langue n'a qu'une seule manière d'exprimer le passé, arrivent difficilement à distinguer la nuance qui sépare le passé défini de l'imparfait.

Bien déterminer dans quels cas les temps doivent être employés, ce serait faciliter énormément aux Anglais et aux Allemands l'étude du Français, et ce serait en même temps faire disparaître un vague qui ne doit pas exister dans une langue exacte comme la nôtre.

Voyez si ces considérations ont quelque valeur ; si, les serrant de près, vous pouvez en faire sortir une règle complète et précise, et, quoi que vous en pensiez, croyez à mes sentiments de confraternité et de cordiale sympathie.

A. NAQUET.

Le Voltaire du 5 novembre 1879

LE DIVORCE

Nous voulons aujourd'hui raconter l'histoire touchante d'un brave et honnête officier actuellement en garnison dans une de nos cités de l'Ouest et dont un mariage abominable a brisé l'existence.

» Bien des personnes heureuses en
» ménage, me dit-il, sont indifférentes
» ou hostiles au divorce par la simple
» raison qu'elles n'en ont aucun besoin.
» Puisse la triste histoire que voici
» toucher quelques-uns de ces égoïstes
» et les convaincre de l'urgente néces-
» sité de cette réforme pour ceux qui
» n'ont pas comme eux réussi dans le
» grand aléa du mariage. »

M. X..., à force de travail et de bonne
conduite, s'était créé une modeste situation dans notre armée. Son passé avait
été rempli de tristesses, de peines et de
luttes pour se frayer un chemin, mais
une espérance le soutenait, celle d'un
foyer heureux.

Je voudrais que les limites d'un article
de journal me permissent de le citer
textuellement afin de montrer avec quels
sentiments exquis il parle des enfants
et de cette union des cœurs, en dehors
de laquelle il n'existe pas de mariage
réel.

Un jour, M. X... crut son idéal sur le
point d'être réalisé. Il rencontra une
jeune fille assez jolie, qui paraissait modeste, et qui, selon le dire de sa famille
et de ses amis, possédait une bonne
santé, une dot suffisante et les goûts
simples d'une femme d'intérieur. Le mariage eut lieu.

Mais à peine était-il célébré, le soir
même qui suivit la cérémonie, on déclara effrontément au malheureux mari
que la dot avait été prêtée pour la circonstance et qu'il fallait la rendre.

Ce fut une déception, plus encore à
cause de la noirceur de la trame qui
avait été ourdie qu'à cause de la perte
pécuniaire. Mais une déception autrement grande attendait M. X...

Mme X... était atteinte d'une anémie
profonde compliquée d'une hystérie incurable, qui, dans l'intérêt de son mari,
et surtout de ses enfants, tristes héri-
tiers de sa constitution maladive, aurait
dû lui faire un devoir, une loi morale,
de s'interdire le mariage.

Enfin, à la place de la femme de ménage aux goûts simples et modestes
qu'on lui avait fait espérer, M. X... se
trouva en présence d'une femme qui,
sans dot, avait cependant des goûts de
toilette excessifs, contractait des dettes
à son insu, était incapable de diriger un
ménage, ne pouvait sortir qu'en voiture
et ne voulait manger qu'à l'hôtel.

M. X... dut s'avouer avec désespoir
que sa femme n'avait rien de la compagne qu'il avait rêvée; et les pratiques
d'une dévotion outrée auxquelles elle se
livrait ne lui paraissaient compenser
aucune des qualités absentes. Il se permit quelques timides observations. « El-
» les furent reçues, me dit-il, avec cet
» entêtement borné qui s'allie si bien à
» une dévotion fanatique... Madame me
» refusait le plus souvent l'entrée de sa
» chambre et remplaçait l'accomplisse-
» ment de ses devoirs d'épouse par des
» visites de plus en plus fréquentes à
» son directeur spirituel... »

Sevré de tous les bonheurs que donne
la possession d'une femme aimée et ai-
mante, M. X... chercha une compensation dans les douceurs de la paternité. Il
eut un petit garçon et reporta sur lui
toutes ses espérances déçues. C'était lui
qui le soignait, lui qui veillait à ses côtés, tandis que la mère, aussi peu acces-
sible aux sentiments maternels qu'aux
sentiments conjugaux, repoussait loin
de son lit un enfant qui *l'empêchait de
dormir.* M. X... était heureux dans l'accomplissement si doux de ses devoirs
de père; le soldat se reposait avec ivres-
se en contemplant les premiers sourires
de son fils, lorsque sa femme déserta
une première fois le domicile conjugal,
emmenant avec elle l'enfant, auquel elle
était incapable de donner des soins, et
dont, dans sa jalousie égoïste, elle empêchait sa propre mère de s'occuper.
Abandonné aux soins d'une bonne, le
pauvre petit mourut à l'âge de six mois.

La mère fut aussi sèche devant cette
mort qu'elle l'avait été devant les sup-
plications affectueuses de son mari.
Tandis que le père couchait religieusement le cadavre dans son cercueil, elle
allait se réfugier chez une voisine sous

le prétexte d'éviter les émotions, et ne versait pas une seule larme.

Trois mois après cet événement qu'il appelle « le plus triste et le plus douloureux de sa vie » M. X. avait obtenu que sa femme réintégrât le domicile conjugal. On ne se résigne pas facilement à la perte de tous les rêves de bonheur qu'on avait caressés; on se raccroche au moindre espoir, comme le noyé aux plus légères herbes du rivage qu'il parvient à saisir. Mais bientôt, profitant de l'absence de son mari, Mme X... s'éloignait de nouveau et emportait avec elle quelques titres de rentes, tout l'argent disponible... la totalité de ce qui lui appartenait; la moitié de ce qui ne lui appartenait pas.

Cependant, pendant quelques mois qu'elle avait passés auprès de son mari, Mme X... était redevenue grosse. Elle fit ses couches chez ses parents et eut cette fois une fille. Ne voulant pas que celle-ci eût le même sort que son frère défunt, le père exigea qu'elle fût mise en nourrice.

Quant à Mme X..., elle restait dans sa famille, qui y trouvait un prétexte à ne payer ni la dot promise, ni la rente de cette dot, et même à exiger une pension du mari. Pendant quinze mois que son enfant est demeuré en nourrice, elle n'est pas allée le voir une seule fois. Toujours bien portante lorsqu'il s'agissait de divertissements à prendre, elle redevenait subitement malade dès qu'il s'agissait d'une visite à l'enfant, dont la surveillance incombait ainsi au père seul, qui lui consacrait tous ses instants de liberté. Au bout de plus d'un an de prières, d'instances, de menaces même, M. X... obtint que sa femme réintégrât pour la seconde fois le domicile conjugal. Mais elle y revint avec l'idée bien arrêtée d'en sortir de nouveau par un procès en séparation.

« On m'opposait, dit M. X..., la force » d'inertie la plus absolue; mon modeste » ménage, mes quelques économies fai- » tes à force d'ordre et de privations, » tout était livré au désordre, au pil- » lage ; la bonne couchait à côté de » femme qui, ne voulant plus d'en[...] » se garantissait ainsi contre mes ca- » resses et m'interdisait le lit conjugal. » A peine pouvais-je obtenir qu'on pré- » parât mes repas ; encore no l'obtenais- » je pas toujours. C'était un complot » concerté pour me pousser à bout et » provoquer une rupture dans laquelle » l'apparence des torts serait de mon » côté.

» Peu de temps après le mariage, » j'avais exigé et obtenu des parents, » l'engagement écrit de me payer une » partie de la dot promise. L'échéance » approchait, et il s'agissait, par une » séparation prononcée en faveur de » ma femme, de se dispenser de payer, » d'exiger à titre de pension la moitié » de ma solde, et d'obtenir la garde de » l'enfant que je désirais si fortement » avoir près de moi. »

Ce plan abominable faillit réussir. Le mari, privé de lettres assez compromettantes que sa femme avait eu soin de faire disparaître, était sans défense ; profitant de quelques paroles vives que l'indignation lui avait arrachées, et d'une scène adroitement amenée, on prétendit qu'il était cause de l'état maladif de sa femme, et il perdit son procès en première instance. Le tribunal confia l'enfant à la mère qui s'en souciait fort peu, mais pour qui il représentait une pension alimentaire assez ronde.

Revenu de sa stupeur, M. X... interjeta appel. Grâce à quelques preuves écrites que, dans sa précipitation, Mme X..., avait oublié d'emporter, à quelques témoignages, à la déposition d'un médecin qui vint constater que la maladie remontait avant le mariage, il put faire reformer ce triste jugement ; et la garde de l'enfant lui sera rendue dans un avenir assez rapproché.

C'est une consolation sans doute ; mais elle est bien insuffisante.

« Ma vie est brisée », m'écrit M. X. avec l'accent d'une douleur profonde » mon avenir et celui de ma fille sont » compromis par la mauvaise foi de » gens qui n'ont pas reculé devant les

» moyens les plus vils pour arriver à
» leurs tristes fins. J'ai failli être père
» sans enfant. Jeune encore, je suis ma-
» rié sans femme. Avec toutes les char-
» ges du mariage, j'ai la solitude et les
» tristesses du célibat, d'un célibat sans
» compensation, sans espoir...,

» Seul, le divorce pourrait me sauver.
» Je trouverais peut-être dans une autre
» union l'oubli de mes chagrins actuels ;
» et, si le malheur voulait que ma fille
» mourût, ce que je redoute parce
» qu'elle a hérité du tempérament mala-
» dif de sa mère, je pourrais être père
» d'autres enfants que j'élèverais dans
» l'amour du beau et du bien.

» Eh quoi ! parce que j'ai eu le mal-
» heur d'être cyniquement trompé, les
» joies de la famille, l'affection légitime
» d'une femme saine de corps et d'esprit,
» les sourires, les caresses, les baisers
» d'un enfant, tout ce qui fait enfin le
» bonheur de la vie, tout cela m'est-il
» interdit ?

» Et combien d'autres souffrent com-
» me moi qui n'osent même pas se plain-
» dre. Qui donc a intérêt à ce qu'on ne
» fasse pas cesser toutes ces misères ?...»

Ce n'est pas à coup sûr la France.

Les moralistes nous répètent chaque
jour que rien ne fortifie un pays comme
le respect de la famille. Quel intérêt
peut donc avoir la France à ce qu'un
homme qui possède l'instinct familial à
son plus haut degré de développement
soit rendu incapable de se constituer
une famille.

Les politiques se plaignent que notre
pays se dépeuple ; que le malthusianis-
me nous envahit. Quel intérêt peut donc
avoir la France à interdire le mariage
à qui ne rêve que d'avoir un grand nombre d'enfants et de se dévouer à leur
éducation ?

Tous enfin s'accordent à reconnaître
que rien n'est démoralisateur comme la
vue de la souffrance imméritée. En quoi
donc la justice peut-elle être satisfaite,
si un homme indignement trompé est
voué de ce fait à un malheur irréparable ?

Il faut, pour que l'indissolubilité du
mariage compte encore des partisans,
que les préjugés soient bien tenaces.
Mais quelque tenaces qu'ils soient, ils
ne résistent plus longtemps, lorsque
tous se décident à les examiner enfin au
flambeau de la raison ; et, à cette heure,
en ce qui concerne l'indissolubilité du
mariage, cette décision est prise.

On consent enfin à discuter l'indissolubilité du mariage. L'indissolubilité du
mariage a vécu.

A. NAQUET.

LE DIVORCÉ

LA GARDE DES ENFANTS

L'une des nombreuses personnes qui
me font l'honneur de correspondre avec
moi à propos du rétablissement du divorce, me demande à qui seront confiés
les enfants des époux divorcés, et me
prie de lui répondre par l'intermédiaire
du *Figaro*.

Quelque peu politique que soit la
question du divorce, et quelque heureux que je puisse être de voir des
journaux de toute opinion défendre,
sur ce point, la même cause que
moi, je ne puis pas supprimer en
moi l'homme politique, et écrire dans
un journal qui, en dehors du point spécial dont je m'occupe à cette heure, ne
partage aucune de mes convictions. Le
plus simple sentiment des convenances
m'en empêcherait ; et je dis cela sans
aucune intention blessante ni vis-à-vis
du *Figaro*, ni vis-à-vis de qui que ce soit.

Je suis d'ailleurs le collaborateur du
Voltaire. C'est là et pas ailleurs que je
dois répondre aux questions qui me
sont posées. C'est ce que je fais aujour-
d'hui, avec l'espérance que cet article
sera lu de la personne de qui émane la
lettre qui le motive.

J'ai bien souvent parlé ici et ailleurs de la situation qui serait faite aux enfants après la dissolution du mariage, et je croyais en avoir dit assez en disant que rien ne serait changé sous ce rapport aux règles qui régissent aujourd'hui la matière dans les cas de séparation de corps.

Mais puisque on veut que je précise davantage, que j'entre dans des détails juridiques, je le fais volontiers.

L'article 302 du code civil — qui fera partie du titre rétabli, — porte que « les enfants seront confiés à l'époux qui a obtenu le divorce, à moins que le tribunal n'ordonne, pour le plus grand avantage des enfants, que tous ou quelques-uns d'eux seront confiés aux soins, soit de l'autre époux, soit d'une tierce personne. »

Et l'article 303 ajoute que, « quelle que soit la personne à laquelle les enfants seront confiés, le père et la mère conservent respectivement le droit de surveiller l'entretien et l'éducation des enfants. »

Depuis l'abolition du divorce, les cours et tribunaux ont presque universellement jugé que les dispositions des articles 302 et 303 s'appliquaient en matière de séparation de corps, de telle sorte que le divorce rétabli, la jurisprudence admise jusqu'ici dans les séparations de corps n'aura pas à subir de modification. Voici ce qu'a décidé cette jurisprudence sur les points douteux que l'on rencontre toujours dans tous les textes de lois, quelque clairs qu'ils puissent être, et que l'on a rencontrés ou cru rencontrer dans les articles 302 et 303 du code civil.

Il a été jugé que les tribunaux ont la faculté d'ordonner que les enfants seront confiés à la garde de la mère, jusqu'à leur majorité, ou jusqu'à un âge moins avancé; que, à plus forte raison, il en est ainsi alors que le père mène une vie scandaleuse, ou néglige l'éducation de ses enfants... sauf le droit à ce dernier de les visiter chez la mère, ou dans leur pension ou ailleurs.

Il a été également jugé qu'en cas de séparation de corps — et ceci sera applicable en cas de divorce, une fois le divorce rétabli — les juges ne peuvent déroger à la règle fixée par l'article 302, et en vertu de laquelle les enfants doivent être confiés à celui des époux en faveur duquel le tribunal s'est prononcé, que tout autant qu'il y a eu demande formelle à cet égard, soit de la famille, soit du ministère public...

Les tribunaux ne sont du reste obligés en aucune manière à suivre une règle uniforme et, par exemple, à confier les garçons au père et les filles à la mère. C'est toujours le plus grand avantage des enfants qu'ils doivent avoir en vue.

« Ils ne sont pas non plus obligés, dit
» Dalloz, de suivre à cet égard l'avis
» du conseil de famille, s'ils reconnais-
» sent que cet avis n'est pas en harmo-
» nie avec l'intérêt des enfants qui est
» la loi suprême en cette matière. —
» Aussi a-t-il été décidé que les juges
» peuvent ordonner que la femme qui
» a obtenu la séparation (ou le divorce)
» soit chargée de la garde des deux en-
» fants issus du mariage, si le mari,
» dans le cours de l'instruction, a rendu
» hommage à la pureté de ses mœurs,
» bien que le conseil de famille ait émis
» l'avis qu'ils seraient l'un et l'autre
» chargés de la garde d'un enfant. »

Les tribunaux peuvent même, et pourront sous l'empire de la nouvelle loi, placer les enfants sous la surveillance alternative du père et de la mère. Un jugement qui ordonnait cette surveillance alternative ayant été attaqué, la cour devant laquelle le procès fut jugé en appel rejeta les conclusions de la partie demanderesse et maintint la décision des premiers juges par ces considérants :

« La Cour,... Attendu que l'arrêt ayant
» constaté que les père et mère sont
» également dignes de confiance, la dis-
» position qui remet à l'un et à l'autre
» alternativement leurs enfants est mo-
» rale, équitable, et ne contrevient à
» aucune loi..... Rejette. »

Le principe, en un mot, est ici l'omnipotence des tribunaux pour régler le sort des enfants. Sans doute le Code édicte une disposition générale en établissant que les enfants seront confiés à celui des époux en faveur duquel le divorce a été prononcé ; mais par ces mots : « à moins que le tribunal n'ordonne, pour le plus grand avantage » des enfants….. ; » il permet aux juges de ne tenir aucun compte de cette disposition générale ; il leur laisse une absolue liberté pour prendre telle décision qui leur paraîtra la plus conforme à l'intérêt des enfants.

Le principe général se fonde sur cette idée que celui d'entre les époux qui a obtenu la séparation de corps ou le divorce est le plus digne et le plus capable d'élever les enfants.

Mais cela n'a évidemment rien d'absolu. Souvent un époux peut voir prononcer la séparation ou le divorce contre lui, sans être pour cela frappé d'indignité morale, et il peut se produire, il se produit chaque jour des espèces où celui contre lequel les tribunaux se sont prononcés est cependant mieux en situation d'élever les enfants que celui auquel les tribunaux ont donné gain de cause. L'intérêt des enfants varie évidemment avec les circonstances ; un texte écrit ne peut prévoir tous les cas et il était prudent de se fier sur ce point à la sagesse des juges, qui examinent chaque cas en particulier, et sont dès lors en état de déterminer ce qui convient le mieux dans chacun d'eux.

La loi a donc tout réglé sur ce point de la manière la plus sage.

Mais ce qui ressort surtout de toutes les considérations de droit et de jurisprudence qui précèdent, c'est que les dispositions applicables au divorce pour cause déterminée étant exactement les mêmes que celles qui, depuis la promulgation du code, sont appliquées en matière de séparation de corps, le rétablissement du titre VI du code civil ne changera en somme absolument rien à l'état actuel, en ce qui concerne les enfants, et que dès lors on a de la peine à comprendre pourquoi, lorsqu'il est question du divorce, on rencontre sans cesse des esprits prévenus qui demandent ce que les enfants deviendront.

Il y aura, il est vrai, les cas de divorce par consentement mutuel qui n'obéiront pas aux règles de la séparation de corps.

Mais en faisant leur déclaration, les époux sont forcés de fournir une pièce indiquant quelle décision ils ont prise d'un commun accord relativement aux enfants ; et s'ils ne présentent pas cette pièce, leur déclaration est irrecevable.

Ce sont les parents — et les grands parents dont le consentement au divorce est nécessaire, — et qui ne le donnent pas si le sort des enfants ne leur paraît pas sagement réglé, — qui sont investis ici du droit de prendre telle décision qui convient.

S'ils ne parviennent pas à se mettre d'accord ou si les grands parents, ne trouvant pas de garanties suffisantes dans ce qu'ils ont décidé, refusent leur consentement au divorce, celui-ci ne peut plus avoir lieu par consentement mutuel, mais seulement pour cause déterminée, par un jugement du tribunal, et l'on rentre dans les règles précédentes.

Rien n'a donc été oublié, rien n'a été omis par le législateur de 1803 de ce qui peut sauvegarder l'intérêt des enfants dans les douloureuses circonstances où il ne leur est pas possible de demeurer au sein d'une famille unie ; et le divorce, dans le plus grand nombre des cas, — nous l'avons surabondamment démontré dans de précédents articles, — les protégera mieux que la séparation de corps ne le saurait faire.

A. NAQUET.

Le voltaire du
19 9bre 1879

LE DIVORCE

Je disais, dans le *Voltaire* du 19 juillet dernier, que l'article 232 du Code civil, même avec les modifications que la commission parlementaire du divorce y a introduites, est encore imparfait, et qu'il y aurait lieu d'y apporter des modifications nouvelles.

Je faisais valoir qu'il y a des actes de la vie privée qui entachent l'honneur sans entraîner cependant de condamnation emportant infamie légale et que, dans ces cas, le divorce devrait être admis. Je demandais que la loi laissât sur ce point aux tribunaux une certaine élasticité, une certaine liberté d'appréciation. J'ajoutais que cette décision serait conforme aux idées qui ont prévalu dans le sein de la commission, puisque, en distinguant la dégradation civique prononcée pour motifs politiques de la même peine prononcée pour des motifs non politiques, celle-ci avait nettement séparé l'infamie légale de ce qu'on peut appeler l'infamie morale.

La commission ne m'a pas suivi jusque-là. Elle a craint d'armer les tribunaux d'une liberté trop grande, et il lui a paru que, si l'opinion publique demeure toujours libre d'infliger une flétrissure à un citoyen dont les actes lui paraissent honteux, on ne peut pas donner à son jugement le caractère d'un acte judiciaire, alors que l'acte flétri ne tombe sous le coup d'aucune loi pénale. C'est cependant ce qui arriverait si le divorce était prononcé pour infamie morale. Les considérants du jugement qui le prononcerait seraient une peine véritable, et l'on n'a pas le droit d'appliquer des peines en dehors de celles que la loi établit.

La commission est peut-être allée un peu vite, et j'appelle, de nouveau, sur ce point l'attention de son éminent rapporteur. J'espère que s'il veut bien étudier la question, il pourra, lors de la lecture de son rapport, nous apporter une rédaction de l'article 232, plus complète, meilleure que celle que nous avons adoptée.

Qu'on se refuse à admettre au nombre des causes du divorce une infamie vague, qui ne résulte que de l'opinion toujours changeante, toujours insaisissable, une infamie qui ne s'appuie sur aucun jugement; c'est logique.

Qu'on refuse aux tribunaux la faculté de prononcer indirectement des peines que la loi n'édicte pas; c'est juridique.

Mais de ce qu'on ne voulait pas armer les tribunaux de pouvoirs exorbitants, de ce qu'on ne voulait pas transformer l'opinion publique en cour de justice, s'en suit-il qu'il n'y eût rien à faire? Telle n'est pas notre conclusion.

Parmi les actes qui sont généralement considérés comme entachant l'honneur, bien que le Code pénal ne leur applique pas une peine qualifiée infamante, tous n'échappent pas absolument à l'action de la justice; tous ne sont pas de simples actes immoraux que la société a seule qualité pour apprécier. Plusieurs sont des délits, des délits réels, punissables, mais frappés d'une peine que la loi ne range pas au nombre de celles qui emportent l'infamie.

Tel est le vol, telle est l'escroquerie, tel est l'attentat à la pudeur, tel est l'abus de confiance.

Tous ces actes sont punis par les lois de peines correctionnelles qui peuvent quelquefois s'élever à cinq années d'emprisonnement; mais le Code ne classe pas les peines correctionnelles au nombre des peines infamantes.

Et cependant y a-t-il doute sur le déshonneur qui s'attache à de tels actes? Un escroc, un voleur, un homme coupable d'attentat à la pudeur ne seront-ils pas conspués? Ne seront-ils pas exclus de toute société honnête? Peut-on raisonnablement obliger un époux honorable à porter le nom d'un époux ainsi déshonoré ou à lui donner le sien? Peut-on lui imposer ce supplice de partager la vie d'un être d'une moralité répugnante pour lequel il n'aura plus ni amour, ni sympathie, ni estime? Peut-on l'empêcher d'arracher ses enfants à des exemples pernicieux, funestes?

On le peut sans doute, puisque c'est ce qu'a fait le Code civil aussi bien en ce qui concerne la séparation de corps qu'en ce qui concerne le divorce; mais

ici la loi présente évidemment une lacune qu'il s'agit de combler.

Et cette lacune, je ne suis point le premier à la signaler. De grands juris-consultes : Demolombe, Boitard, Marcadé (1), ont depuis longtemps critiqué la rédaction trop étroite, trop limitative de l'article 232.

Dalloz s'exprime ainsi aux mots : séparation de corps et divorce (2).

» La condamnation de l'un des époux à une peine infamante est pour l'autre époux une cause de séparation.

» L'époux innocent ne peut être forcé
» de passer ses jours avec le coupable
» couvert à jamais d'infamie. Mais cette
» séparation elle-même n'est qu'un sou-
» lagement imparfait à la triste position
» de l'époux du condamné, ET C'EST ICI
» SURTOUT QUE L'INSTITUTION DU DI-
» VORCE SE FAIT REGRETTER. *Par elle,*
» *les liens qui attachaient les deux époux*
» *étaient rompus irrévocablement. Ils deve-*
» *naient étrangers l'un à l'autre; plus de*
» *communauté; un même nom ne désignait*
» *plus l'innocent et le coupable au mépris*
» *de l'animadversion publique.* En est-il de
» même aujourd'hui? Et l'époux de l'in-
» fâme ne demeure-t-il pas, même après
» la séparation, exposé à tout ce que
» nos préjugés réservent d'humiliation
» aux parents, aux alliés qui portent le
» nom du condamné? Il semble que la
» loi se rend complice de ces préjugés,
» en leur soumettant sans distinction
» les deux époux.

» Mais notons bien qu'il s'agit de la
» condamnation et non de l'*accusation*, et
» que, par suite, quelle que fût la peine
» encourue, si celle qui est prononcée
» n'est pas infamante, il n'y a pas lieu
» d'ordonner la séparation. Aussi, a-t-il
» été jugé s'il n'y a eu condamnation
» qu'à une peine correctionnelle, la de-
» mande en séparation ne peut être ac-
» cueillie, *lors même que l'application de*
» *cette peine n'a été faite, à l'époux pour qui*

(1) Demolombe, tome IV, page 306. — Boitard, *Droit criminel*, pages 81 et suivantes. — Marcadé, sur l'article 306.
(2) Page 920.

» vi pour crime, qu'en raison de l'ad-
» mission des circonstances atténuantes.
» (Paris, 13 juillet 1889).

» M. Demolombe fait même à cet égard
» une remarque qui nous paraît pleine
» de justesse, c'est que les peines se
» trouvent, à certains égards, si peu en
» rapport avec le sentiment public sur
» le degré d'immoralité des faits aux-
» quels elles s'appliquent, qu'il en est
» qui, bien que punis d'une peine infa-
» mante, flétrissent beaucoup moins ce-
» lui qui les commet que d'autres actes
» qui ne sont frappés que de peines cor-
» rectionnelles. »

M. Demolombe, en effet, s'exprime ainsi :

« Si un misérable est condamné pour
» vol à cinq années d'emprisonnement, sa
» femme ne pourra pas demander la sé-
» paration de corps (art. 401). Elle le
» pourra, au contraire, si son mari est
» un juge qui a encouru la dégradation
» civique pour s'être immiscé par un rè-
» glement quelconque, dans l'exercice
» du pouvoir législatif. »

En dehors même de l'exemple cité par M. Demolombe, n'est-il pas évident qu'un homme condamné à la réclusion par le jury pour un meurtre commis sous l'empire d'une passion et d'une colère violente, est moins indigne d'estime que celui qui se fait voleur de profession, encore bien que ce dernier ne soit passible que de peines correctionnelles.

Et s'il en est ainsi, n'est-on pas obligé de reconnaître que l'époux innocent du second, aura pour son conjoint une répulsion bien plus vive, bien plus insupportable, bien plus légitime, que l'époux du premier.

Et cependant, tandis que celui-ci pourra demander le divorce, l'autre ne le pourra pas.

C'est une anomalie.

Je sais qu'il est difficile de trouver une rédaction générale assez parfaite pour tout comprendre et pour ne pas aller au-delà.

Mais ne serait-il pas possible d'indiquer nominativement les peines qui deviendront pour l'époux du condamné une cause de divorce?

La rédaction adoptée par la commission de la Chambre des Députés pour l'article 232 est la suivante, on s'en souvient :

« La condamnation de l'un des époux, soit à une peine emportant à la fois infamie et privation de liberté, soit à la dégradation civique pour cause non politique, sera, pour l'autre époux, une cause de divorce. »

Serait-il bien difficile d'ajouter à ce paragraphe, un paragraphe 2 ainsi conçu :

« Il en sera de même de toute condamnation à une peine non qualifiée infamante pour abus de confiance, escroquerie, vol, attentat à la pudeur.......? »

Ce second paragraphe serait en parfaite harmonie avec le premier. La commission est en effet entrée dans la voie de la spécification des peines en introduisant dans son article ces mots : « Soit » à la dégradation civique pour cause » non politique, » et il ne saurait lui en coûter de faire un pas de plus pour donner à l'opinion publique une satisfaction qu'elle n'est pas seule à réclamer, puisque les plus grands jurisconsultes la réclament avec elle.

A. NAQUET.

Le Voltaire
du 20 9bre 1879

LETTRE DE M. A. NAQUET

Tours, 17 novembre 1879.

Monsieur le rédacteur en chef du Voltaire *et cher ami,*

Je lis peu les journaux en ce moment, n'ayant le temps de le faire qu'à bâtons rompus, et je suis assez ignorant des faits et gestes de la presse.

Mon ami Saint-Martin m'écrit cependant qu'un journal — il ne me dit pas lequel — m'attribue les paroles suivantes que j'aurais prononcées à la loge maçonnique de Toulouse, le 27 octobre dernier :

« Moi aussi, j'ai été intransigeant, mais j'ai cessé de l'être le jour où j'ai compris que cette politique était fatale à la France. »

Je n'ai jamais tenu ce langage et j'aurais rectifié plus tôt les paroles qu'on me prête, si j'avais su qu'elles m'étaient prêtées.

Voici en substance ce que j'ai dit :

« Je n'ai jamais compris les épithètes d'intransigeants et d'opportunistes. J'ai protesté contre elles dans mes lettres démocratiques à l'*Evènement* en 1875, au moment le plus vif de ce que l'on a appelé, malgré moi, ma campagne intransigeante. On n'est pas intransigeant parce qu'on repousse une transaction que l'on croit mauvaise, sauf à en accepter une bonne, si elle se présente, et tout le monde est opportuniste dès que l'opportunisme est considéré, non point comme un prétexte à tout ajourner, mais comme l'affirmation de cette idée absolument juste qu'il faut toujou. agir avec précision et maturité... *opportunément*, en un mot.

» En 1875, j'ai dû me séparer des chefs de mon parti, parce que j'ai cru que la politique des concessions suivie par eux, dans l'espoir d'éviter une crise gouvernementale, était funeste.

» Ils croyaient le contraire et ils me combattaient de leur côté. Nos convictions étant profondes, et grand étant notre amour de la République, que, de bonne foi, nous nous accusions réciproquement de compromettre, la discussion devenait quelquefois passionnée et violente, comme il arrive le plus souvent dans ces cas.

» Les évènements n'ont donné raison ni aux uns ni aux autres, et se sont déroulés autrement que de part et d'autre nous ne l'avions prédit.

» Aujourd'hui les discussions sont devenues oiseuses, et ceux qui m'accusent — car il y en a — de n'avoir pas continuer la lutte entreprise en 1875, d'avoir *évolué*, ne peuvent cependant pas vouloir, à moins de demander la division par amour de la division, que l'on continue une guerre engagée sur des questions de tactique qui n'ont plus qu'un intérêt rétrospectif.

» Pour que j'eusse changé, *évolué*, il faudrait que j'eusse abandonné mon programme de 1875 et de 1876; or je n'en retrancherais pas une phrase à cette heure, et la campagne que je fais en ce moment en faveur du rétablissement du divorce, prouve que je mets quelque ténacité dans mes revendications.

» Seulement un seul homme ne suffit pas à tout faire en même temps. Et la division du travail s'impose dans le Parlement comme dans l'industrie.

» Pendant que je combats l'indissolubilité du mariage, et que je me prépare à maintenir devant la Chambre mon rapport sur le droit de réunion, Camille Sée demande la création d'écoles secondaires de filles; Paul

Bert et Barodet nous soumettent des propositions relatives à l'universalité, à la gratuité et à la laïcité de l'instruction primaire; Laisant s'efforce d'améliorer notre loi militaire; Menier essaie d'apporter des modifications utiles dans notre système d'impôts; Allain-Targé combat le monopole des grandes compagnies. Tous, ensemble, par la voie féconde et sûre, quoique un peu lente, de l'agitation pacifique et de l'initiative parlementaire, nous travaillons à la réalisation du programme de réformes que je préconisais en 1875 et en 1876.

» Je suis donc aujourd'hui ce que j'étais hier, et je ne reconnais à personne le droit de prétendre que j'aliénerais quoi que ce soit de mon passé politique.»

Vous m'obligerez beaucoup, monsieur le rédacteur et cher ami, en insérant cette rectification dans l'un des plus prochains numéros du *Voltaire*.

Croyez à toute ma sympathie.

A. NAQUET.

Le Voltaire
du 22 9bre 1879

VENISE

Depuis longues années, je me proposais de visiter Venise, et j'ai pu récemment utiliser à ce voyage une partie de mes vacances parlementaires.

J'avais lu à peu près tout ce que l'on a écrit sur cette ville unique et sur son histoire; j'avais vu de nombreux tableaux et des photographies plus nombreuses encore représentant ses canaux, ses places et ses monuments. L'effet qui s'est produit en moi à l'arrivée a cependant dépassé tout ce que j'avais prévu. Il y a généralement déception lorsqu'on voit ce que l'on n'a appris à connaître que de loin et ce que l'imagination a poétisé. Ici, non seulement cet effet ne s'est pas produit en moi, mais il s'est produit l'effet inverse : le rêve a été au-dessous de la réalité.

Mais je n'ai ni la prétention de vous décrire Venise et ses richesses artistiques, ni celle de faire revivre l'histoire de la sérénissime République. D'autres l'ont fait avant moi, avec un talent que je ne saurais égaler. Je ne me permettrais pas de parler art après Théophile Gautier, Musset, George Sand, et je ne voudrais pas parler histoire après M. de Sismondi.

Ce que je tiens toutefois à faire ressortir, c'est le contraste frappant qui existe entre la richesse passée et la misère présente.

L'industrie, le commerce, se sont retirés de Venise. La vie a abandonné cette superbe cité.

Certes, le palais ducal, la place Saint-Marc, l'Académie des beaux-arts, les innombrables églises, sont encore debout, témoins de la grandeur et de la gloire disparues. Mais parcourez le grand canal, jetez vos yeux sur les façades des admirables palais qui le bordent, entrez surtout dans leur intérieur, vous y trouverez la mort, plus que la mort... le délabrement qui est la décomposition des monuments.

Cette vue fait souffrir. Elle est navrante. Elle serre le cœur. On ne peut pas aller à Venise sans l'aimer. On voudrait la revoir riche et fière avec ses splendeurs et ses fêtes; on souhaite son relèvement, et l'on respire avec plus de liberté dès que l'on aperçoit un élément qui pourrait la faire revivre.

L'industrie seule peut réaliser ce miracle, et l'industrie, je l'ai dit, s'est retirée depuis longtemps de la ville des lagunes.

Pas toutes les industries, cependant ! Grâce à la persévérance, à la ténacité d'un grand artiste, qui est en même temps un grand patriote, M. Salviati, deux anciennes industries se sont relevées, et ces industries — pouvait-il en être autrement à Venise? — sont de l'art. C'est l'industrie de la mosaïque et celle de la verroterie.

En lisant les belles pages de George Sand sur les maîtres mosaïstes, M. Salviati — c'est de lui que je le tiens — a conçu l'idée de ranimer cet art. Cette idée, il l'a réalisée ; il a même perfectionné la fabrication des mosaïques qu'il exporte, prêtes à être placées, pour l'Europe entière. Il en a fait des fournitures considérables à l'Angleterre, à la Russie, à la France même, malgré l'opposition injuste qu'il a rencontrée chez nous, au ministère des beaux-arts, et cette exportation ne peut certainement que s'accroître dans l'avenir.

Je n'ai malheureusement pas eu le temps de voir fabriquer la mosaïque.

Mais avec cette grâce sympathique qu'on ne rencontre qu'en Italie, M. Salviati m'a fait assister — ainsi que mon collègue Edouard Lockroy qui était aussi de la fête — à la fabrication de la verrotorie, une seconde industrie qu'il a restaurée.

Nous avons vu là des ouvriers d'un talent supérieur, formés par les soins de ce maître, souffler, tourner, tordre, étirer, couper, façonner le verre, — le verre qui se durcit sous leur instrument, le verre qu'ils doivent ramener à chaque instant dans le four pour lui rendre sa ductilité, sa malléabilité premières, comme un sculpteur modèle la terre glaise.

En quelques heures, nous avons vu des merveilles se produire sous nos yeux, et cela sans autres instruments qu'un tube de fer, une pince en fer et une paire de ciseaux.

Cette fabrication tient du prodige et, de tout ce que j'ai vu à Venise, c'est peut-être ce qui restera le plus profondément gravé dans mon souvenir.

Tous les touristes qui vont ou iront à Venise ne pourront pas visiter la fabrique de M. Salviati, dont le fonctionnement serait impossible si elle était ouverte à tous venants. Il y a, pour cette visite, beaucoup d'appelés et peu d'élus, comme dit l'Evangile, et j'ai été des élus.

Mais si la fabrique n'est pas ouverte à tous, le palais de M. Salviati est ouvert à tous sur le grand canal. Tous peuvent y admirer les chefs-d'œuvre qu'il renferme, et tous, en les visitant, emporteront un sentiment d'admiration et de repos.

Partout ailleurs on est subjugué par un sentiment d'admiration mêlé de tristesse. Ici la tristesse disparaît. L'admiration demeure seule, parce qu'ici ce n'est plus un cadavre que l'on admire, parce qu'on retrouve à la fois l'art, le travail et la vie.

Je tenais à exprimer les sentiments que m'inspire l'artiste modeste et consommé qui a su créer deux si merveilleuses industries; mais je tenais surtout — et c'est ce que je fais ici — à exprimer la joie que j'ai éprouvée en voyant cette production de merveilles, qui, je le crois et l'espère, ressuscitera une ville dont la disparition serait un deuil pour tous les amants du grand et du beau.

A. NAQUET.

Le Voltaire

Du 29 9bre 1879

LE DIVORCE

LES CONFÉRENCES DU R. P. DIDON

Loin de Paris, je n'ai pu, comme je me le proposais, suivre les conférences du R. P. Didon à Saint-Philippe du Roule; mais le *Voltaire* m'a apporté l'analyse des deux premières, et le *Gaulois* a publié *in extenso* la troisième, qu'ainsi il m'a été donné de lire. Cette dernière est d'ailleurs la plus importante, car dès les premières lignes, l'orateur catholique y prend l'engagement d'entrer sur le terrain pratique et de démontrer ce que jusque là il s'était borné à affirmer.

Il est vrai que le R. P. Didon a accusé la sténographie d'inexactitude et protesté contre les paroles qu'on lui prête. Comme il ne dit pas toutefois sur quoi portent les erreurs du sténographe, je suis autorisé à croire qu'elles portent sur la forme plutôt que sur le fond. Si je me trompe, si je prête à mon adversaire des idées qui ne soient pas les siennes, il répondra et il rectifiera.

Le R. P. Didon est incontestablement un orateur sacré d'un réel mérite. Sa phrase est pure, imagée, élégante même; mais, je regrette d'avoir à le dire, le luxe de la forme littéraire y cache trop souvent le vide de la pensée, l'incohérence des idées, ce qui rend la discussion et l'analyse fort difficile; rien ne présente en effet des difficultés plus grandes que la réfutation d'une thèse qui n'existe pas, que la réponse à un discours qui ne renferme pas d'arguments.

J'essaierai cependant d'extraire de la conférence du P. Didon les vestiges de raisonnement qui s'y trouvent.

C'est d'abord la glorification de l'indissolubilité du mariage.

À votre aise, révérend! Aussi longtemps que vous vous bornerez à affirmer des vérités philosophiques, nous pourrons être du même avis. Nous convenons avec vous que rien n'est beau comme cette union des cœurs, qui dure pendant toute la vie des époux, sans se démentir un seul instant, et qui, d'un homme et d'une femme, ne fait qu'un seul être se survivant dans les enfants. S'il dépendait de nous que cette monogamie rigoureuse, fruit d'une haute moralité, régnât absolument sur la terre, nous ne chercherions pas autre chose, et le rétablissement du divorce n'entrerait pour rien dans nos préoccupations.

Mais lorsque nous sortons de la spéculation pure pour aborder la science positive, il faut bien nous résoudre à tenir compte des conditions dans lesquelles nous nous mouvons, il faut bien que nous fassions entrer dans nos calculs cet élément que nous voudrions pouvoir supprimer, l'imperfection des hommes, et c'est alors que la nécessité de rétablir le divorce nous apparaît.

Le R. P. Didon pourrait demander la suppression du Code pénal en exaltant la vertu, et en affirmant, ce qui serait parfaitement exact, que l'honnêteté universelle est supérieure à la promulgation de toutes les lois répressives. Et cependant je doute qu'une pareille argumentation convainquît jamais quelqu'un. Il en est de même de celle qui consiste à opposer au divorce la supériorité de l'union des époux sur leur désunion.

Faites que les époux ne se désunissent plus et supprimez la séparation de corps, nous cesserons de réclamer le divorce.

Mais aussi longtemps qu'il y aura des maris trompés, des femmes maltraitées, des époux frappés d'indignité morale reconnus infâmes par la loi; aussi longtemps qu'une erreur involontaire pourra briser la vie d'un innocent qui n'avait d'autre désir que de remplir ses devoirs familiaux et conjugaux; aussi longtemps que vous reconnaîtrez à tout le moins la nécessité de maintenir et d'appliquer la séparation de corps, mal immense considéré par vous comme un remède, nous continuerons à réclamer le divorce envisagé par nous comme un meilleur remède et comme un moindre mal.

À quoi sert-il de faire des variations sur la supériorité de l'union indissoluble devant une femme qui a le même idéal que vous, mais à qui son mari a rendu cet idéal impraticable par un lâche abandon?

À quoi sert-il d'exalter les grands principes de la famille devant un homme dont la femme traîne le nom dans la boue et qui lui-même n'a jamais rêvé que les joies, le bonheur, le repos, la tranquillité de la famille?

L'un et l'autre vous répondront que leur idéal est le vôtre, et que c'est pour cela qu'ils demandent le divorce. Ils vous diront qu'ils n'ont d'autre aspiration que le bonheur du foyer domestique, et que par cela même ils ne veulent pas être privés du droit de se créer un intérieur d'amour et de dévouement. Ils vous opposeront qu'entre la solitude cruelle, le célibat contre nature que vous leur imposez, et la faculté de se reconstituer une famille, ils choisissent cette dernière solution, plus rapprochée en réalité de votre propre idéal que la première. Ils placeront sous vos yeux les deux mille cinq cents séparations judiciaires que prononcent chaque année les tribunaux français. Ils vous démontreront ainsi que l'indissolubilité est une simple *postulation* de la conscience humaine qui ne se réalise pas dans les faits, et ils vous mettront en demeure d'établir que, lorsqu'un époux innocent est victimé par un misérable, il y a intérêt pour lui, intérêt pour ses enfants, intérêt pour le corps social tout entier, à ce qu'il ne puisse pas se libérer et s'associer à un autre être digne de lui, à ce qu'il demeure réduit à cette horrible alternative : s'incliner devant qui le réduit à l'état de victime ou accepter la solitude qui répugne, le célibat qui nie les deux sentiments les plus nobles, les plus purs du cœur humain : le sentiment de la famille et le sentiment de l'amour.

Tant que cette preuve ne sera pas faite, le divorce paraîtra préférable à la séparation aux yeux de tout esprit non prévenu qui y verra la meilleure atténuation, le meilleur palliatif des maux que cause l'imperfection de la nature humaine.

Ce n'est pas aux catholiques qu'il importe de rappeler que l'homme n'est pas un ange. Toute leur doctrine repose sur le dogme du péché originel et de la chute, et, en attendant que la mort leur ait ouvert les portes du ciel qu'ils espèrent, du paradis dans lequel ils croient, ils sont bien obligés, au cours de leur vie terrestre, d'avoir recours à des palliatifs, à des expédients qui leur permettent de vivre avec ces imperfections, en en atténuant, autant que la nature des hommes et des choses le comporte, les funestes effets.

Le R. P. Didon l'a compris et la démonstration que nous lui demandons, il s'est efforcé de la faire.

« Ah! l'indissolubilité est une uto-
» pie? Eh bien! j'accepte le défi! Une
» utopie suppose deux caractères: l'uto-
» pie ne se réalise pas! premier carac-
» tère; l'utopie est stérile : second ca-
» ractère. Or, l'indissolubilité ne serait-
» elle pas réalisable? L'indissolubilité
» conjugale n'a-t-elle rien produit? Est-
» ce qu'elle est restée stérile ? »

Il me serait facile de vous répondre, mon révérend, que l'indissolubilité est irréalisable partout ailleurs que dans la théorie, à preuve les deux mille cinq cents séparations de corps prononcées chaque année. Il me serait facile de vous dire que l'indissolubilité— je parle bien entendu de l'indissolubilité légale et non de celle qui résulte de l'accord des âmes — n'a produit jusqu'ici que l'oppression de l'époux honnête par ce lui qui ne l'est pas, l'appauvrissement de la société qui aurait pu s'enrichir du nombre des familles dont elle s'est inutilement privée, le concubinage clandestin substitué au mariage régulier, l'accroissement énorme des naissances adultérines, et souvent même le crime, dernière ressource que, dans son délire, trouve la victime pour s'affranchir. Je pourrais même vous démontrer que le principe de liberté en s'introduisant dans la famille en resserrera, en fortifiera les nœuds, et qu'ainsi, considéré non plus, comme plus haut, dans les rapports avec les époux qui en feront usage, mais dans les rapports avec la société tout entière, le divorce nous rapprochera beaucoup plus de l'indissolubilité réelle, notre idéal commun, que ne le fait votre indissolubilité factice, contredite par la séparation de corps.

Je préfère toutefois demeurer momentanément sur la défensive puisque vous avez pris l'offensive et, pour que ma réfutation ne soit pas entravée par le défaut d'espace, j'en ajourne la suite à un article prochain.

A. NAQUET.

Le Voltaire

Du 1er xbre 1879

LE DIVORCE

LES CONFÉRENCES DU R. P. DIDON

Nous nous sommes engagé, dans notre dernier article, à suivre pas à pas le R. P. Didon dans sa critique du divorce et à réfuter ses arguments en faveur de l'indissolubilité.

Nous ne cacherons pas que la tâche nous paraît ardue. Les arguments que nous devons réfuter ne nous apparaissent qu'enveloppés d'un nuage qui les rend le plus souvent insaisissables. Essayons cependant :

« Dans le passé, dit le P. Didon, l'indissolubilité trouva des défenseurs splendides. » Et comme je m'attendais à quelque citation de Platon ou d'Aristote, je suis péniblement surpris en m'apercevant que l'orateur de Saint-Philippe du Roule continue ainsi :

« D'abord, au commencement des
» temps et des choses, alors que, sur la
» planète, étonnée, apparut le premier
» couple humain, alors l'homme n'avait
» qu'une femme et la femme n'avait
» qu'un homme. Le couple primitif se
» montra dans toute la virginité indis-
» soluble de cette première union qui a
» commencé toutes les autres et qui a
» donné à toutes les autres quelque cho-
» se de son onction profonde, quelque
» chose de son caractère sacré, comme
» le disait Jésus : « *Au commencement il*
» *n'y eut qu'un homme et qu'une femme que*
» *Dieu a unis.* » Dieu les a unis par sa
» présence; ils se sont unis par l'amour
» virginal, qui a été, pour ainsi dire, la
» première explosion de ces âmes en-
» core fraîches ! Et cette union n'a pas
» que je sache été rompue ».

Halte-là, mon père ! Vous nous promettiez de nous prouver que l'indissolubilité du mariage résulte de la nature humaine et vous voilà plongé dans la Bible. Convenez à tout le moins que votre argument ne saurait avoir de valeur qu'aux yeux de qui croit à la Bible, et que ce n'est point là une de ces raisons générales que, d'après vos promesses, nous étions en droit d'attendre de vous.

Convenez même que les catholiques sincères pourront être quelque peu surpris en vous entendant parler de ce « couple primitif qui se montra dans » toute la virginité indissoluble..... »! J'avais appris à croire que les catholiques, d'après la tradition biblique, considéraient ce premier couple comme un couple criminel, cause de tous les maux de l'humanité. L'exemple me paraît mal choisi. Dans tous les cas, c'est un exem-

ple anti-scientifique et, à supposer — ce que je conteste — qu'il pût avoir quelque valeur, ce ne serait qu'à la condition d'établir d'abord l'existence du premier couple, dont il est ici question, existence sur laquelle bon nombre de nos concitoyens conservent des doutes.

Le révérend père Didon passe ensuite aux lois de Manou. « L'homme et la
» femme ne font qu'une seule personne.
» L'homme complet se compose de trois:
» lui, la femme, l'enfant. Et la femme
» est la compagne de l'homme, à la vie,
» à la mort. — Vous entendez, mes-
» sieurs: C'est indissoluble à la vie, à
» la mort. — *Et la veuve vivra dans la*
» *mortification de son corps, en ce sens qu'elle*
» *pourra se nourrir de fruits purs, de fleurs*
» *et de racines; que jamais — entendez-*
» *vous, femmes? — que jamais la femme,*
» *son seigneur mort, n'osera prononcer le*
» *nom d'aucun homme.* »

Et le conférencier religieux ajoute que les temps de corruption étant venus, les hommes n'ayant plus pu porter cette superbe loi qui dépassait leurs faibles forces (ce qui ne prouve guère qu'elle fût conforme à la nature humaine !), les femmes ont allumé des bûchers et sont mortes. Et il s'écrie : « J'aime mieux ces
» femmes qui meurent que les femmes
» qui se disent : *qu'on nous donne un au-*
» *tre mari.* »

Je ne sais si les femmes sont flattées de cette glorification des lois de Manou qui les condamnaient non seulement au veuvage perpétuel, mais encore à se nourrir de racines et — plus tard — à se donner la mort, alors que les mêmes lois étaient loin d'imposer les mêmes obligations à l'homme qui avait perdu sa femme. Je vois pour ma part dans ces lois bien plutôt l'affirmation de la servitude de la femme que celle du principe de l'indissolubilité du mariage.

Le père Didon passe sur cette difficulté sans s'apercevoir qu'elle enlève toute autorité à sa citation; mais il a au moins un mérite, c'est d'être logique et de plaider la cause du veuvage perpétuel.

Nous l'avons dit souvent: si l'on veut

que notre législation cesse d'être contradictoire, il faut permettre aux époux séparés de se remarier — c'est à-dire qu'il faut en faire des époux divorcés, — ou il faut interdire les secondes noces aux veufs. Il n'y a aucune bonne raison pour défendre aux uns ce qu'on permet aux autres. Il y aurait même plus de raison à interdire le mariage aux veufs qu'aux époux séparés. Il est plus naturel qu'on cherche à refaire sa vie par une union nouvelle lorsqu'on sort d'une union qui ne vous a laissé que des souvenirs amers, que lorsqu'on a le cœur plein d'amour et de tendresse pour un époux décédé; et les enfants d'un veuf éprouveront certainement, en voyant se remarier leur parent vivant, un chagrin, une douleur, qu'ils ne ressentiraient pas si, confiés à la garde d'un époux divorcé, ils voyaient un étranger remplacer le parent coupable que les tribunaux ont jugé indigne de leur garde.

Le père Didon paraît avoir compris ce dilemme et, s'il ne le dit pas ouvertement, il laisse entendre que toutes ses sympathies seraient acquises à une loi qui rendrait le veuvage perpétuel. C'est logique, mais comme il est douteux que personne le suive jusque-là, je considère que ce parallèle si juste entre les secondes noces des veufs et les secondes noces des divorcés, sorti de la bouche d'un adversaire du divorce, était le plus éloquent plaidoyer que l'on pût faire en faveur du rétablissement de cette institution.

Je ne résiste cependant pas à demander au Père Didon comment il peut ainsi admirer un principe religieux que la religion chrétienne n'a point conservé. Le christianisme n'est plus la religion suprême, la religion des religions si, sur un seul point, la loi de Manou peut lui être supérieure. L'infaillibilité des papes et des conciles oblige les catholiques, n'en déplaise à notre adversaire, à trouver les secondes noces des veuves moralement supérieures aux bûchers du Malabar.

Et dès lors voilà notre prédicant réduit ou à admettre le divorce, ou tout au moins à reconnaître qu'en le proscrivant, alors qu'il n'établissait pas le veuvage perpétuel, le concile de Trente s'est arrêté à une solution que l'intelligence repousse. — Il y a peut-être là un mystère. Mais ce n'est pas avec des mystères, c'est avec des arguments positifs qu'on nous a promis de nous démontrer l'immoralité du divorce, et ce sont ces arguments positifs que nous attendons encore.

Le père Didon ne s'en tient pas là. Il aime l'indissolubilité du mariage, parce que cette institution, qui n'existe presque qu'en France, fait l'originalité de notre pays.

Le despotisme fait à cette heure l'originalité de la Perse; la polygamie fait l'originalité des pays musulmans et de la ville du lac salé. Que répondrait le R. P. Didon si les prêtres turcs ou mormons opposaient aux prédicants catholiques, réclamant la monogamie, l'originalité de leur pays, et si le shah de Perse opposait l'originalité du sien à quiconque réclamerait en Perse une liberté supérieure à celle dont jouissent à cette heure les habitants de cette contrée?

Il répondrait sans doute qu'il faut conserver avec soin ce qui distingue un pays lorsque ce qui le distingue fait en même temps sa supériorité sur les autres, mais qu'il faut se hâter de faire disparaître cette originalité dès qu'elle repose sur une cause qui inférorise et abaisse.

Pour que l'indissolubilité du mariage dût être maintenue comme propre à distinguer la France des autres nations, il faudrait établir d'abord que les autres nations ont tort contre nous. C'est ce que le R. P. Didon s'était engagé à faire et ce qu'il n'a pas fait.

Le consentement universel, — quoique très souvent cette conception soit fausse, — passe plutôt pour une preuve de vérité que pour une preuve d'erreur; et, en reconnaissant, à la fin de son discours que le divorce existe chez prèsque tous les peuples, sans que ceux-ci s'en plaignent le moins du monde, l'orateur catholique a accordé aux partisans du divorce le bien fondé du plus fort de leurs arguments.

Enfin, le R. P. Didon nous reproche de confondre la nullité du mariage avec le divorce. Il se trompe. Nous n'avons jamais fait cette confusion.

Ce que nous avons dit, c'est que la loi canonique reconnaît un plus grand nombre de cas de nullité que la loi civile, et que, dès lors, les catholiques, pouvant se trouver dans un cas de nullité religieuse, alors qu'ils ne se trouveraient point dans un cas de nullité civile, ont intérêt au divorce, qui leur fournirait, en dissolvant leur lien civil, le moyen de bénéficier des avantages que leur fait leur loi religieuse. Nous avons ajouté que, puisque nous ne touchons pas au sacrement, le divorce civil ne pouvant en aucuns cas les opprimer et pouvant, en certain cas, les servir, on ne s'explique pas le préjugé qui les éloigne de cette institution.

Le conférencier de Saint-Philippe-du-Roule a reconnu, dans sa réponse à M. Émile de Girardin, que nous ne touchons pas au sacrement du mariage. Il a parlé lui-même, en les affirmant, des cas de nullité que nous avions cités à l'appui de notre thèse. Il a donc sur ce point légitimé nos conclusions, au lieu de les affaiblir, et il restera, je crois, établi aux yeux de tout lecteur impartial que la cause des partisans du divorce n'a pas été même entamée par les conférences de la rue du Faubourg-Saint-Honoré.

A. NAQUET.

Le voltaire du 3 x^{bre} 1879

LE DIVORCE

LES CONFÉRENCES DU R. P. DIDON

Je n'avais pu assister aux trois premières conférences du R. P. Didon. Je me suis rattrapé dimanche à la quatrième, à l'issue de laquelle j'ai même eu l'honneur d'être présenté à l'adversaire du divorce. Il m'a été donné d'échanger avec lui quelques paroles très courtoises, et cela m'a permis de bien préciser les arguments par lesquels il combat la réforme que je défends.

Le R. P. Didon est un homme d'un talent réel : sa diction est correcte, pure, facile, son geste sobre, son timbre de voix sympathique ; il possède incontestablement les qualités requises d'un orateur.

Au début de son discours, il a déclaré qu'il ne chercherait pas à diminuer ses adversaires, parce que « diminuer ses adversaires est une faiblesse, quand ce n'est pas une lâcheté. »

Le P. Didon a raison. Aussi serais-je désolé qu'il vît, dans ce que j'ai dit l'autre jour du vague de sa dialectique, une tendance de ma part à rabaisser sa valeur. J'ai simplement voulu établir l'excellence de ma thèse en montrant que la thèse adverse était mal défendue, et en rappelant ainsi qu'il faut qu'une cause soit profondément juste pour qu'un orateur du mérite du P. Didon ne trouve aucune objection sérieuse à lui opposer.

Dans sa conférence de dimanche l'orateur de Saint-Philippe-du-Roule a développé cette idée que le divorce blesserait en France la conscience des catholiques, et que cette loi serait en contradiction avec les principes d'un gouvernement ferme et sage, en contradiction avec le *droit naturel*.

« Puisque, dit-il, grâce à notre bel
» âge de tolérance, — car je ne suis pas
» un contempteur de mon temps, — trois
» cultes sont reconnus, il faut les res-
» pecter. Respecter un culte, ce n'est
» pas tolérer tout ce qu'il tolère, c'est
» ne jamais tolérer ce qu'il défend et ne
» jamais défendre ce qu'il commande. »

Et il ajoute :

« On me dit que nous n'userons pas
» du divorce si nous ne voulons pas en
» user, et que dès lors nous ne pourrons
» pas être froissés dans nos convictions.
» Eh bien ! voici un cas :

» Un homme plaide en divorce. Le
» lien est rompu. Plus tard, dans la
» vieillesse, lorsque les passions sont
» éteintes, lorsque les époux n'attendent
» plus que la mort, ils veulent revenir
» l'un à l'autre et accomplir ainsi un
» acte à la fois éminemment social et
» éminemment religieux. Le Code est là
» qui le leur interdit!

« Si même les époux divorcés n'atten-
» dent pas la vieillesse pour abjurer
» leurs passions et leurs haines ; s'ils
» veulent se réunir jeunes encore et re-
» nouer la chaîne brisée, ils se heurte-
» ront à la même interdiction légale ; et
» si la réconciliation a lieu malgré la
» loi, les fils de la miséricorde et du
» pardon seront les fils de l'adul-
» tère. »

La disposition légale ici visée est, on le
voit, l'article 295 du code civil qui interdit
aux époux divorcés de se remarier entre
eux.

Sur ce point, il me paraît incontestable que l'argumentation catholique
porte. Certes, les réunions d'époux séparés ou divorcés sont bien rares, bien exceptionnelles. Mais n'y en aurait-il
qu'une seule par siècle, pourquoi l'interdire si cette interdiction peut blesser
une conscience ?

Aussi, avais-je demandé à la commission parlementaire du divorce, qui
l'avait accepté, de faire disparaître de la
loi les dispositions prohibitives de l'article 295, tout en prenant les précautions
indispensables pour que du divorce et du
mariage on ne puisse jamais se faire un
jeu.

Notre éminent rapporteur, mon collègue et ami, M. Léon Renault, se propose, m'a-t-il dit, de nous convoquer
prochainement pour essayer de nous
faire revenir sur cette décision.

Les motifs qui l'y poussent ont certainement une grande valeur, et j'étais
presque décidé à me rallier à son opinion avant d'avoir entendu le R. P. Didon. Après l'avoir entendu, il me paraît
impossible que nous revenions sur notre
vote.

En fait, les dispositions de l'article
295 sont inoffensives. En principe, dès

qu'on les combat au nom de la liberté
de conscience, nous devons les supprimer. Il est à craindre que cette suppression ne nous rallie pas beaucoup de catholiques. Le père Didon a fait appel à
la bonne foi de tous ; il a exhorté ceux
qui l'écoutaient à juger sans parti pris ;
à ne pas se croire obligés d'être pour le
divorce, parce qu'ils étaient républicains ou d'être contre parce qu'ils étaient
monarchistes, à étudier la question en
elle-même sans se préoccuper du groupe
politique auquel ils appartiennent. C'est
ce que, pour ma part, je n'ai cessé de
répéter. Malheureusement les catholiques militants ont pris ici parti pour la
plupart, — sans que je puisse m'en expliquer la cause — et, je le répète, il est
douteux que la concession que nous
leur ferons rallie au divorce ceux d'entre eux qui n'y sont pas ralliés déjà.
Mais une pensée plus haute doit nous
guider. Nous ne devons pas, nous ne
pouvons pas permettre qu'on nous ac-
cuse d'avoir violenté les consciences, et
c'est pourquoi, à mon avis, la décision
première de la commission — c'est-à-
dire celle qui permet le rapprochement
ultérieur des époux divorcés — doit être
maintenue.

L'orateur sacré n'ayant indiqué aucun
autre cas dans lequel les catholiques
seraient violentés par le divorce, j'aurais
le droit d'affirmer qu'il n'y en a aucun
autre et que, celui-là mis de côté, il n'en
reste plus aucun. J'ai voulu cependant
serrer de plus près la question et j'ai
mis à profit pour cela les quelques mi-
nutes d'entretien que le R. P. Didon a
bien voulu m'accorder.

« Vous avez, lui ai-je dit, quatorze cas
» de nullité du mariage, nous n'en avons
» que trois. Loin de moi de confondre
» la nullité qui déclare le contrat inexis-
» tant avec le divorce qui le brise. Il n'en
» est pas moins vrai que dans onze cas,
» un catholique peut religieusement se
» libérer et ne le peut pas civilement.
» N'est-ce pas alors notre indissolubilité
» rigoureuse qui le violente et, au nom
» de la liberté religieuse, ne peut-il pas,
» tout comme nous, demander le divorce
» — divorce civil bien entendu ! »

Mon contradicteur a reconnu la portée de l'argument; mais il voit le remède au mal que je signale dans la séparation complète des Eglises et de l'Etat, et non dans le divorce. « Que le ma-
» riage civil soit réservé aux personnes
» sans culte, dit-il ; que les croyants de
» chaque culte, mariés par leurs minis-
» tres respectifs, ne soient régis, quant
» au mariage, que par les prescriptions
» de leur droit canonique, et tout rentre
» dans l'ordre. »

Mon contradicteur se trompe, et, sous le nom de séparation des Eglises et de l'Etat, il ne s'aperçoit pas qu'il fait de la théocratie — lui qui cependant se déclare l'ennemi de la théocratie.

A supposer que son système prévalût, comme il prévaut en Autriche, les époux, catholiques au moment du mariage, qui cesseraient ensuite de l'être, n'en seraient pas moins régis, pendant toute la durée de leur existence, par la loi d'une religion à laquelle ils auraient cessé de croire.

L'Etat, serviteur de la religion, imposerait aux non-croyants des obligations qui ne sauraient résulter que d'une croyance sincère. Ce serait comme si, revenant à notre droit ancien, on voulait que la loi civile reconnût les vœux monastiques, et prêtât son appui à leur exécution. Ce serait, sous le prétexte de respecter la liberté de conscience, violer outrageusement cette même liberté.

La séparation du temporel et du spirituel exige au contraire que les lois civiles soient nettement distinctes des lois religieuses, que celles-ci ne puissent jamais avoir aucun effet civil ; que leur empire se limite au domaine de la conscience, le seul où il puisse légitimement s'exercer.

Or, le divorce étant rétabli, le sacrement religieux demeure intact. Ceux-là seuls le méconnaîtront qui auront cessé d'être catholiques et qui, dès lors, n'auront plus le droit de se dire opprimés, en tant que catholiques. Quant aux croyants, ils obéiront aux lois de leur culte, demain comme aujourd'hui, et, malgré les paroles éloquentes du R. P. Didon, je suis encore à chercher en quoi le divorce peut les blesser. Je vois au contraire très bien en quoi l'indissolubilité du mariage blesse la conscience des protestants, des israélites et des catholiques eux-mêmes, n'en déplaise à notre contradicteur. Aussi, devant le peu de cohésion des raisons indiquées contre nous par un homme au talent duquel j'ai été heureux de rendre hommage, suis-je sorti de Saint-Philippe du Roule plus convaincu que jamais de l'excellence de la thèse à la défense de laquelle je me suis consacré.

Mais le R. P. Didon ne s'est pas borné à nous opposer ces considérations d'ordre religieux. Nous l'avons dit, il combat encore le divorce comme contraire à l'évolution naturelle de l'humanité, comme contraire à la tradition française, comme menaçant pour la moralité publique. Je répondrai ces jours-ci à ces diverses objections.

A. NAQUET.

Le Voltaire
Du 8 xbre 1879

LE DIVORCE

—

LES CONFÉRENCES DU PÈRE DIDON

Le R. P. Didon, je l'ai dit, ne s'est pas borné, dimanche dernier, à invoquer la conscience des catholiques contre le rétablissement du divorce, il a fait valoir, en outre, à l'appui de sa thèse, des raisons d'ordre social et humain.

Le genre humain suit un développement, une évolution progressive. Lors donc qu'on veut savoir si une institution doit disparaître, ou si, au contraire, elle doit se fortifier, il faut examiner d'abord si elle est en croissance ou en décroissance dans l'humanité. Si elle est en croissance, gardez-vous de la combattre : les lois positives ne doivent jamais aller à l'encontre du droit naturel ; elles doivent tendre à favoriser l'évolution humaine, jamais à l'entraver.

Jusqu'ici, je n'ai rien à reprendre. Auguste Comte n'aurait pas mieux dit. Mais le principe posé, il s'agit d'en faire l'application et de rechercher si le divorce tend à prédominer ou à disparaître. Le prédicant dominicain n'hésite pas : Il tend à disparaître, et ce serait aller à contre-sens du progrès humain que de le rétablir chez nous.

L'affirmation est hasardée. Le P. Didon le sent et s'efforce de réfuter les objections qu'il prévoit : « Comment » donc, si le divorce est contraire au » droit naturel, Moïse l'a-t-il permis? » Comment de nos jours tant de nations » l'ont-elles inscrit ou sont-elles en voie » de l'inscrire dans leurs Codes? »

Il se tire assez heureusement, il faut le reconnaître, de la première. Les hommes se perfectionnent, dans la science morale comme dans les autres sciences. L'idéal moral de nos pères a cessé d'être le nôtre, tout comme leurs conceptions physiques et cosmogoniques, et ce qui ne les blessait pas, blesse aujourd'hui la conscience humaine plus épurée.

En outre, le peuple juif était un peuple entêté, dur, violent. Chez ce peuple, la femme était en servitude et l'homme, s'il n'avait pas pu dissoudre l'union conjugale par le divorce, l'aurait souvent dissoute par le crime. Le divorce vaut mieux que l'assassinat. Je retiens cette assertion, et je demande à notre adversaire si, de nos jours, il peut démontrer que l'indissolubilité du mariage ne fait pas naître bien des crimes que le divorce empêcherait. — Mais passons.

« Jésus-Christ, continue-t-il, peuvait » changer ce que Moïse ne pouvait pas » modifier, et ce que celui-ci tolérait, » lui, le refuse. Il introduit une concep- » tion plus haute : *Victimes! Dieu vous* » *recueillera et vous n'aurez rien à regret-* » *ter.* »

C'est bien! mais les nations modernes?

Si le divorce est en décroissance, le nombre des nations qui l'admettent doit aller chaque jour en diminuant. Or, que voyons-nous! Le contraire! Après une éclipse de quelques siècles, le divorce revient avec la réformation, il s'étend à un nombre de pays chaque jour plus considérable. Des peuples qui ne l'avaient pas, des peuples catholiques, même, comme la Belgique et l'Italie, l'adoptent ou travaillent à son adoption. Le divorce tend donc à s'implanter partout et, contrairement à ce que vous affirmez, mon révérend, il est conforme au droit naturel. C'est votre argumentation même qui conclut contre vous.

Le P. Didon élude la difficulté par un subterfuge indigne de lui?

« Etes-vous jaloux, s'écrie-t-il, de l'Allemagne, de l'Angleterre, de la » Suisse? Alors, qui vous arrête? Passez » la frontière et changez de nationa- » lité! »

Halte-là, mon père! Je suis jaloux de l'Allemagne, de la Suisse, de l'Angleterre, dans ce qu'elles ont de bon que nous n'avons pas. Mais pour en arriver à changer de nationalité, il faudrait considérer sa patrie comme inférieure sous tous les points; et, dans l'ensemble, — on pardonnera ce chauvinisme à un Français, — je trouve que c'est encore la France qui est intellectuellement et moralement à la tête du monde. Est-ce une raison pour ne pas la perfectionner encore par l'adoption des institutions utiles que possèdent nos voisins? Il faudrait avoir bien peu de patriotisme ou un patriotisme bien étroit pour oser le prétendre.

Le divorce n'est donc pas une de ces institutions en décroissance que l'on doit combattre au nom même du progrès humain. C'est une institution, bien au contraire, en voie de développement; l'évolution historique invoquée contre ses partisans par ses adversaires se retourne contre ces derniers.

Le R. P. Didon, comprenant sans doute la faiblesse de son raisonnement, n'insiste pas. Mais il aborde un autre point de vue.

En France, nous avons le respect de la loi. C'est une tendance heureuse qui peut exceptionnellement devenir nuisible. Si la loi est mauvaise, on croit très moral de faire ce qu'elle permet. Que le divorce soit rétabli, et le nombre des ménages désunis ira en augmentant suivant une progression effrayante le nombre d'époux qui ne sont ni bien ni mal mariés et qui aujourd'hui « vont » comme ils peuvent par ce chemin semé » de roses et d'épines », divorceront ; la famille sera atteinte, la corruption fera des progrès incessants.

Voilà l'objection : elle est toute théorique. Il n'est pas difficile d'y répondre théoriquement et d'établir que, loin de désunir davantage les familles, une plus grande liberté introduite dans la loi aura pour effet de diminuer le nombre de ces désunions.

Le divorce fera régner dans la famille un système de ménagements et de concessions réciproques qui maintiendra l'harmonie là où de nos jours une loi trop rigoureuse laisse se développer des divisions intestines, préludes d'une séparation future.

De plus, les 5,000 époux séparés que l'on jette chaque année hors de la famille, deviennent autant d'éléments de dissolution morale, ce que les époux divorcés et remariés ne seront plus. Tel époux séparé porte aujourd'hui le trouble dans une famille voisine, qui se remariera honnêtement après le divorce et ne portera plus le trouble nulle part.

Mais d'ailleurs, pourquoi des théories là où les faits parlent.

En Belgique, pendant les années 1871, 1872, 1873 et 1874 il s'est désuni par la séparation de corps ou le divorce — les Belges ayant la faculté de choisir entre ces deux solutions — 1 ménage sur 235. Pendant les années 1875, 1876, 1877 il s'en est désuni 1 sur 219.

En France les tribunaux ont prononcé de 1871 à 1874 une séparation de corps sur 152 mariages et, de 1875 à 1877 une séparation sur 160 mariages.

On se désunit donc sous le régime de la séparation de corps près de deux fois plus que sous le régime du divorce.

Compare-t-on des pays plus semblables encore que la France et la Belgique considérées en bloc, compare-t-on les Flandres belges aux Flandres françaises ? On trouve que dans la Flandre orientale il se désunit seulement un mariage sur 691 et sur 111,914 habitants (moyenne de 1875-76-77) tandis que dans le département du Nord il se rompt un mariage sur 269 et sur 26,051 habitants.

Avec ces chiffres la preuve est faite. Rien ne peut prévaloir contre eux, si ce n'est des chiffres contraires, et j'attends que mon adversaire m'en apporte.

Le P. Didon a terminé sa conférence en affirmant que lorsqu'un époux est malheureux en ménage c'est toujours de sa faute — affirmation quelque peu outrée, — et qu'en supposant un cas où il n'en serait pas ainsi, l'époux blessé serait frappé à mort et ne pourrait pas se relever par un nouveau mariage, mais seulement par la religion et l'espoir en Dieu ! Le R. P. oublie que les douleurs inconsolables sont rares, qu'une mère se console de la perte de son enfant, un fils de la perte de son père. Il oublie que les plaies morales se cicatrisent comme les plaies physiques. On recommence à vivre après les grandes souffrances comme après les grandes opérations ; et comme aimer est aussi indispensable à l'homme que manger et boire, on finit, après avoir cru qu'on n'aimerait jamais plus, à se reprendre à aimer. C'est cette recrudescence de vie que l'indissolubilité du mariage entrave et que le divorce permet.

D'ailleurs le P. Didon tient-il un compte suffisant des nécessités physiques qui s'imposent à l'homme ? Il est moine ! Il a pu dompter la nature physique ! Croit-il que tout le monde ait la même puissance ? la même force ? Ne craint-il pas, en imposant une continence obligatoire à des époux séparés qui n'ont pas comme lui la vocation monastique, de les rejeter fatalement dans l'immoralité ? Voilà ce à quoi il doit répondre, au lieu de se tenir dans le vague de principes métaphysiques, s'il veut serrer de près la question.

Et puis comment se fait-il, si l'on ne peut jamais se consoler de la perte d'un époux par de secondes noces, que la religion chrétienne permette aux veufs de contracter un autre mariage ? C'est ici

que l'on pourrait trouver de belles périodes pour flétrir cette épouse qui se
donne à un nouveau mari quand le cadavre de l'ancien est à peine refroidi,
et, s'il existait l'apparence d'une raison
pour interdire à quelqu'un de se remarier, c'est ici qu'il aurait fallu l'interdire.

Écoutez Treilhard ;

« Mais, dit-on, les lois ont toujours
» regardé d'un œil défavorable les se-
» condes noces ; je n'examinerai pas si
» cette défaveur est fondée sur des rai-
» sons sans réplique, ou si, au con-
» traire, dans une foule d'occasions,
» un second mariage ne fut pas pour
» les enfants un grand acte de ten-
» dresse ; *j'observe seulement qu'il ne s'agit*
» *point ici d'une épouse à qui la mort a ravi*
» *son époux,* son protecteur et son ami,
» et dont le cœur, plein de ses premiers
» sentiments, repousse avec amertume
» toute idée d'une affection nouvelle,
» Il s'agit d'époux dont les discordes
» ont éclaté, dont tous les souvenirs
» sont amers, qui, éprouvant le besoin
» de fuir pour ainsi dire leur vie passée
» et de se créer une nouvelle existence,
» se précipiteront trop souvent dans le
» vice si les affections légitimes leur
» sont interdites. »

Le R. P. Didon est catholique, et, à ce
titre, il ne peut interdire les secondes
noces que sa religion admet. Il est obligé de reconnaître la possibilité pour le
veuf de se refaire une vie par un nouveau mariage. Pourquoi refuse-t-il de
reconnaître la même faculté aux époux
séparés ? Voilà à quoi il doit répondre
s'il veut ébranler l'opinion qu'il attaque.

A. NAQUET.

Le Réveil du midi
du 7 Xbre 1879

On nous écrit de Cadenet :

Vous dites dans votre numéro du 3 décembre que,
lors de la mort de M. Corgier, M. Adolphe Michel re-
fusa la candidature au Conseil général, parce que le
pacte des 363 tenait encore.

Monsieur Corgier étant mort avant les élections de
1876 et M. de Savornin ayant été élu en 1874 ou 1875,
le pacte des 363 ne pouvait pas tenir puisqu'il ne date
que du 16 mai 1877.

Conséquence : si M. Michel, qui se présente aujourd'hui contre un républicain progressiste, déclinait
alors la candidature devant un centre gauche, — et devant un centre gauche qui n'avait pas encore donné
les gages qu'il a donnés depuis lors, — c'est que M.
Michel trouvait le pays mieux représenté par un
homme du centre gauche que par un homme avancé.

Alors, comme plus tard quand il patronna Taxile
Delord contre Alfred Naquet, il n'a guère fait preuve
de convictions radicales et ses déclarations d'extrême
gauche venues à la dernière minute ne font aucune illusion aux électeurs. M. Michel vient à la veille de
l'élection, de rentrer du centre gauche à l'extrême
gauche, nous craindrions en le nommant qu'une fois
élu il ne fît le saut inverse et ne revînt à ses premières amours. Nous voterons pour M. E. Naquet.

Un groupe d'électeurs.

A. Naquet

Le Voltaire
du 11 Xbre 1879

UNE ÉLECTION

AU 14 OCTOBRE 1877

M. A. Naquet fait ce soir, à la salle des Conférences, du boulevard des Capucines, une conférence
sur l'élection de Vaucluse en octobre 1877, élection dans laquelle il a été victime des fraudes
des agents du 16 Mai. On sait que ces fraudes
ont récemment donné lieu au procès scanda-
leux dont nous avons rendu compte et qui s'est
terminé par la condamnation du candidat réactionnaire, d'un sous-préfet et de plusieurs
agents subalternes, et enfin par une poursuite
en faux témoignage contre un préfet du
16 Mai.

Notre collaborateur a fait pour les lecteurs
du *Voltaire,* un récit humoristique de cette
instructive élection.

Vous rappelez-vous le jour où, avec une
assurance qui faisait l'admiration de l'Europe, M. de Fourtou prononçait à la tribune de la Chambre des députés cette
phrase sacramentelle :

« Messieurs, vous n'avez pas confiance en nous. Nous n'avons pas confiance en vous! »

Quelle certitude du triomphe dans ces paroles! Et comme on sentait, chez ce grand ministre, un de ces concepts politiques qui défient les oppositions les plus redoutables!

C'est qu'aussi M. de Fourtou avait un plan — tout comme le général Trochu —, un plan merveilleux qui devait lui permettre d'étrangler la République sans la faire crier, de tordre le cou à la loi en lui présentant l'assurance de son profond respect.

Quelques préfets à poigne de plus, quelques maires timorés de moins et la patrie était sauvée.

Quel dommage qu'un ministre qui s'élevait à une pareille hauteur n'ait pas eu un personnel capable de le comprendre et d'exécuter ce qu'il avait conçu!

Il s'est trouvé cependant un département dont préfets, sous-préfets et maires, ont été dignes du ministre qui les avait investis. Il s'est trouvé un département où le 16 mai a complètement réussi, et où quatre députés républicains ont été remplacés par quatre ennemis acharnés de la République, alors que l'opinion générale et le vote des électeurs ne s'étaient pas modifiés. Quel soulagement pour la conscience! Le grand exemple que le cabinet du 16 mai 1877 voulait donner au monde, n'aura pas été tout à fait perdu, et nous pouvons nous bercer de l'espérance qu'il trouvera un jour des imitateurs.

Aussi le préfet de ce département a-t-il été décoré par M. de Fourtou au lendemain de sa victoire.

Il est vrai d'ajouter que, depuis lors, pas mal de maires ont été condamnés à l'emprisonnement et à l'amende pour fraudes électorales, qu'un sous-préfet et un ex-député officiel invalidé viennent de subir le même sort, et qu'une menace plane sur la tête du préfet décoré. Mais que voulez-vous? Ce n'est jamais sans péril que l'on sert les grandes causes, et les condamnations mêmes encourues par les hommes de bien font leur gloire et leur susciteront des émules.

Qu'avaient-ils donc fait à eux tous? Mon Dieu! rien ou presque rien. Ils s'étaient dit que la pression la plus violente pouvait échouer en face d'électeurs foncièrement démagogues, et que le mieux était d'introduire la prestidigitation dans l'art de dépouiller les scrutins.

« Ici un maire — condamné d'ailleurs à l'emprisonnement pour ce fait — après avoir laissé régulièrement voter les électeurs pendant la journée, commence le dépouillement de leurs votes. Les bulletins au nom du candidat républicain sortent épais comme la neige de ces derniers jours. L'assistance est muette et recueillie.

« Si cela continue, messieurs, dit le président du bureau, je vais être obligé de faire évacuer la salle. »

On dépouille une quinzaine de bulletins encore et la majorité se prononce de plus en plus contre le candidat du maréchal.

« Je vous ai avertis, reprend le président, que si ça continuait, je serais obligé de faire évacuer la salle. Ça continue, gendarmes, procédez à l'évacuation. »

La salle est évacuée. On achève le dépouillement loin de tout œil indiscret, et M. le comte Roger du Demaine — oh! pardon! je ne voulais citer aucun nom — obtient une forte majorité.

Ailleurs, dans une autre circonscription du même département, le sous-préfet avait donné l'ordre à l'un de ses maires d'obtenir 207 voix pour son candidat. Le maire n'ose pas pousser jusqu'au bout l'opération qu'on lui a commandée. Sur son procès-verbal, il inscrit le chiffre vrai des suffrages obtenus par le candidat officiel, 170. Colère du sous-préfet qui, cependant, se ravise et parvient à transformer 170 en 207. Le maire avait écrit *cent septante*. Le sous-préfet écrit *deux* avant *cent*; il gratte *ante* de *septante* et il reste *deux cent sept*. Est-ce assez joli? Et croiriez-vous qu'il se soit trouvé un ministre assez osé pour ordonner une instruction contre l'auteur de cet acte ingénieux, et une chambre des mises en accusation, capable de le renvoyer devant la Cour d'assises de Carpentras? — A-t-il encore des noms qui m'échappent! — Non! n'est-ce pas? Vous ne pouvez l'admettre? C'est cependant ainsi que les choses se sont passées. Heureusement que le jury est le gardien des libertés publiques; l'accusé — qui reconnaissait d'ailleurs légalement la surcharge et le grattage du procès-verbal — a été acquitté. Cela soulage. Tous les bons sentiments ne sont pas encore éteints dans notre pays.

Ailleurs, la population est trop républicaine. On ne peut la voler qu'en la trompant. Il y a un marquis ruiné, parent du roy, qui a su concilier l'estime des républicains. Il leur propose d'accepter avec leur agrément, la présidence de la commission municipale, en leur faisant ressortir qu'avec lui au moins ils seront certains de n'être pas volés.

Les républicains acceptent, et le préfet envoie au sous-préfet la dépêche chiffrée suivante : « Installez donc au plus vite *Vénalité* à la mairie de Pertuis ! »

L'installation a lieu. Le maire se concilie par ses actes l'estime de la population. Il va même jusqu'à désigner d'avance quatre scrutateurs républicains pour assurer la sincérité du dépouillement.

La confiance devint telle que l'ancien maire à l'ouverture du scrutin, demandant la vérification de la boîte, ses amis l'arrêtent de crainte de blesser, ce brave, cet honnête marquis.

Cependant une série de bandits ont été envoyés du chef-lieu pour troubler l'ordre dans la salle du vote. Ils s'acquittent on ne peut mieux de leur mandat. Le président du bureau, pour faire cesser le tumulte, ordonne l'évacuation de la salle. Les républicains n'ont point encore perdu la foi. Ces bandits auraient pu subtiliser quelques paquets de cent bulletins. Au moins le dépouillement aura lieu sans qu'aucune main criminelle vienne en altérer les résultats.

Et de fait, les scrutateurs républicains rentrés dans la salle dépouillent le scrutin et trouvent que, pour la première fois depuis 1869, le candidat monarchiste a la majorité.

Le lendemain, deux jeunes gens qui avaient tout vu racontent comment les choses se sont passées et donnent, pour pouvoir le faire, leur démission de secrétaires de la mairie.

Le maire avait opéré avec une urne à double compartiment. Une planchette maintenait, contre l'une des parois de la boîte, environ 1,400 bulletins préparés d'avance. Faire basculer cette planchette, recouvrir par elle les bulletins que les électeurs avaient déposés dans l'urne, faire émerger les autres, un instant suffit à ce tour de prestidigitation qui s'accomplit pendant la confusion résultant de l'évacuation de la salle.

Hélas ! cet acte méritait les 4,000 francs promis au noble marquis, peut-être même méritait-il la croix ? Malheureusement, nous vivons dans un siècle contempteur de toutes les grandes choses, et M. d'Allen a vulgairement échoué sur les bancs de la police correctionnelle.

Mais, me direz-vous, où trouvait-on assez de gendarmes pour faire évacuer ainsi toutes les salles de vote ?

Rassurez-vous !

D'après l'un des témoins entendus à Apt, il paraît que quand on n'en avait pas de vrais, on en faisait de faux. Est-ce vrai ? Tout ce que je puis dire, c'est que ce témoin est de ceux qui ont été aux premières loges pour voir ce qui se passait. D'ailleurs c'était encore là une conception digne des hommes de bien qui avaient juré de sauver la société coûte que coûte.

Et maintenant, voyez ce qu'on aurait pu faire avec quelques « *Vénalité* » de plus, avec quelques — je ne dirai pas scrupules, — mais craintes de moins, et dites-moi si M. de Fourtou n'était pas un grand ministre, si son plan n'était pas admirable, et si tous les amis de l'ordre et de la religion n'ont pas lieu de se lamenter en voyant l'échec déplorable qu'un personnel inférieur a laissé infliger à un pareil homme d'État par la démagogie triomphante ?

Du moins, l'exemple de Vaucluse demeurera gravé dans le souvenir de tous les honnêtes gens ! Espérons que le jour où il sera possible aux conservateurs de recommencer leur grande entreprise, cet exemple se répandra sur la France entière. Ce jour-là, M. de Fourtou sera vengé.

A. NAQUET.

Le Voltaire

du 13 Décembre 1881

LE DROIT DE RÉUNION

Notre collaborateur M. Alfred Naquet a saisi la Chambre d'une proposition de loi sur le droit de réunion. La commission à laquelle ce projet a été référé en a terminé l'examen, et le dépôt du rapport de M. Naquet a seulement été retardé par le gouvernement qui avait annoncé un contre-projet. Ce contre-projet a été arrêté et rédigé hier, et nous en donnons plus loin l'analyse.

La question est donc aujourd'hui à l'ordre du jour. Comme pour le divorce, M. Naquet fera dans le *Voltaire* la campagne du droit de réunion.

Deux systèmes politiques sont en présence et se disputent le gouvernement des nations : le système autoritaire, monarchique ou césarien, et le système démocratique.

Dans le premier, lorsqu'on fait fonctionner le suffrage universel ou un corps électoral quelconque, c'est pour lui faire abdiquer sa souveraineté entre les mains d'un ou de plusieurs hommes, ou pour lui faire élire des mandataires chargés uniquement de représenter des intérêts locaux. Sous l'empire de la Constitution de 1852, modèle du genre, les députés, privés de l'initiative des lois, du droit d'amender les projets du gouvernement, de la faculté de voter le budget par chapitres, en étaient réduits au rôle de simples commissionnaires de ceux qui les avaient élus.

Sous un tel régime, le droit de réunion est inutile et même nuisible. A quoi bon discuter des idées alors que les électeurs n'ont jamais à se prononcer que sur des personnes, alors que le scrutin uninominal de circonscription limite nécessairement les choix à des hommes connus de tous? Le vote est une simple question de confiance. La confiance s'acquiert à la longue par la connaissance que l'on a de la vie, des actes de chacun ; elle ne saurait résulter d'un ou de plusieurs discours prononcés dans des réunions publiques. De pareils discours risqueraient même de déplacer la question, de la transporter des individus aux principes, et ce serait contraire à la Constitution. Aussi le décret du 25 mars 1852 soumettait-il toutes les réunions à la nécessité d'une autorisation préalable et leur appliquait-il les dispositions des articles 291-294 du code pénal jusque-là appliquées aux associations seulement.

Si plus tard, poussé par le courant démocratique qui progressait chaque jour, l'Empire en fut réduit à faire la loi du 6 juin 1868, cela ne prouve rien contre ce qui précède. La logique de l'Empire, ce n'était pas la loi du 6 juin 1868, c'était le décret du 25 mars 1852.

Dans cette même loi de 1868, on retrouve une foule de clauses restrictives du droit qu'ont les citoyens de se réunir, clauses restrictives qui montrent bien que si l'Empire cédait aux exigences de son temps, du moins cédait-il à son corps défendant, et conservait-il, autant qu'il lui était loisible de le faire, le pouvoir absolu qu'il s'était arrogé après le coup d'État.

Le système démocratique est l'opposé du système césarien. Ici encore sans doute, le gouvernement direct n'étant pas possible dans les pays importants par l'étendue de leur territoire et le nombre de leurs habitants, les citoyens élisent des représentants et ont à faire des choix de personnes. — L'honnêteté et l'intelligence du représentant ne peuvent jamais être indifférentes aux représentés. — Mais ils se prononcent surtout, ils votent surtout pour des principes, pour une politique déterminée. Le côté personnel de l'élection en devient l'élément secondaire, l'affirmation des idées en devient l'élément principal.

Il découle de là que, de même que la liberté de la presse, la liberté de réunion, la liberté d'association sont en contradiction avec le césarisme, de même ces moyens d'éducation publique sont la conséquence naturelle, la condition essentielle du régime démocratique.

Les hommes, on a appris à les connaître dans la vie ordinaire ; les idées, il faut les avoir étudiées pour les comprendre et pour devenir apte à émettre, en ce qui les concerne, un vote raisonné. Et où et comment les étudiera-t-on si ce n'est en lisant, on se groupant, en entendant des orateurs qui les développent et les expliquent?

Vingt jours de demi-liberté, c'est trop lorsqu'il s'agit de choisir un homme. On connaît cet homme ou on ne le connaît pas, et si on ne le connaît pas, ce n'est point en vingt jours qu'on apprendra à le connaître.

Vingt jours de liberté complète seraient très insuffisants au contraire pour élucider les grandes questions qui doivent être tranchées par les électeurs. Ces questions doivent avoir été mûries, et la période électorale ne renferme ni les éléments de temps ni les éléments de calme que ce travail-là nécessite.

La parole parlée étant d'ailleurs le complément indispensable, le complément nécessaire de la parole écrite, il est évident que, dans une démocr' e, les réunions doivent jouir de la plus entière liberté, et que cette liberté ne doit connaître d'autres limites que celles que comportent la tranquillité et l'ordre publics.

Si donc le césarisme se refuse à soustraire les réunions politiques et religieuses à l'autorisation préalable, la démocratie doit proclamer la liberté de ces sortes de réunions.

De toutes ?

Oui, de toutes ! même de celles où seraient discutées des questions d'ordre constitutionnel.

Les modifications à la Constitution sont soumises à une procédure différente de celles qui règlent les modifications à apporter aux lois ordinaires. Mais les lois constitutionnelles émanent du peuple comme les autres lois.

Aujourd'hui, aux termes de la Constitution du 25 février 1875, la réunion en Assemblée nationale du Sénat et de la Chambre des députés — réunion toujours facultative pour les deux Chambres — suffit à transformer les législateurs en constituants, et lorsqu'il élit les sénateurs et les députés, le peuple fait œuvre constituante autant qu'œuvre législative.

Les citoyens doivent donc avoir le droit de s'éclairer par l'étude en commun des questions constitutionnelles, et comme ce serait annuler ce droit en fait que le restreindre aux vingt jours de la période électorale, il faut qu'il soit permanent. Une action gouvernementale contre une réunion ne deviendrait légitime que si, combattant le gouvernement établi, les personnes assemblées faisaient appel à la violence, alors qu'elles peuvent agir en toute liberté par la large voie du suffrage universel.

Le droit des citoyens à se réunir sans autorisation préalable, pour étudier, discuter, élucider quelque matière que ce soit, est donc la conséquence logique du système qui nous régit.

Dans quelle limite la sauvegarde de l'ordre public peut-elle permettre au gouvernement de réglementer et de limiter ce droit ? C'est ce que nous examinerons ultérieurement.

A. NAQUET.

Le Réveil du Midi
du 14 Xbre 1879

Électeurs de l'arrondissement d'Orange,

Nous ne croyons pas faire acte d'immixtion abusive en venant vous convier à l'accomplissement d'une œuvre de justice, à un acte de saine politique.

Notre collègue Gent a perdu son siège par une mesure que l'opinion publique a sévèrement jugée.

Le corps électoral, vrai pouvoir souverain, doit réparer cette injustice.

Nous avons donc le devoir d'intervenir dans la lutte électorale dont vous êtes les maîtres, pour vous dire :

Si nous étions électeurs de votre arrondissement, nous voterions pour Gent ; vous l'avez réélu en 1878. Ne pas le réélire aujourd'hui, alors qu'il est la victime d'une décision sans précédent, ce serait faire peser sur le corps électoral d'Orange lui-même, une accusation d'inconséquence, que repoussent votre bon sens et votre patriotisme.

Saint-Martin, Poujade, A. Naquet.

Paris — Murcie
18 Xbre 1879

Le Divorce

Vous me demandez quelques lignes, sur le Divorce
destinées à une feuille que Vous allez publier au
profit des inondés de Murcie.

Je ne veux pas me soustraire à cette tâche,
comprenant trop bien la solidarité des peuples,
pour ne pas être désireux d'intervenir pour ma
faible part dans la fête tout humanitaire
qui se prépare. Mais que Vous dire sur cette
importante question du Divorce qui puisse
tenir dans le peu d'espace dont Vous disposez?

Que le Divorce est une loi moralisatrice?
Je n'en disconviens pas, Dans la société une foule
d'époux séparés, d'isolés, qui deviennent un
élément de dissolution morale, il diminuera
le nombre des familles qui se dissoudront au
lieu de se multiplier? Qu'il fera cesser le plaie
des faux adultères, Et permettra à la réunion
de recueillir d'une foule de familles, dont elle
s'appauvrit aujourd'hui — avantage à considérer
dans un pays où la population tend à devenir
stationnaire? Que les enfants, légitimes, sup-
mieux, seront mieux élevés par des époux divorcés que par des époux séparés, qu'ils seront
moins exposés qu'aujourd'hui à une éducation
imparfaite et à de mauvais exemples? Que,
contrairement à ce qu'affirment les Catholiques,
non seulement le divorce, rétabli dans le
domaine civil, ne les opprime pas, mais encore
doit être réclamé par eux au point de vue de
la liberté religieuse? Que, rétabli dans nos lois,
il ferait disparaître bien des crimes, et éviterait
des procès comme le procès Fadda ou le procès
Lampigny?

Mais toutes les affirmations, auxquelles ici
je me suis obligé de me borner veulent être développées et accompagnées de preuves, à peine
de n'entraîner aucune conviction.

Vous voyez bien que je ne puis pas faire ici un
article sur le Divorce.

Ce que je puis Vous dire, toutefois, c'est que
cette idée fait du chemin, c'est que, partout où
je passe, les populations s'y rallient, c'est
que le procès gagné, on peut l'affirmer, à la
Chambre des députés, c'est déjà dans l'opinion
publique et le sera aussi au Sénat.

sur de moi la pensée de ne attribuer le mérite
d'un pareil résultat; mon seul mérite a été de
poser devant le public une question à laquelle on ne voulait pas réfléchir. La force
de la vérité a fait le reste. Dès qu'on
consent à étudier, à discuter, il est certain
que le triomphe de la vérité est assuré. Le
tout est d'avoir assez de persévérance, pour
obliger les usages à porter leur attention là
où elle se refuse — à la porter, et à raisonner
sur des sujets auxquels elles n'auraient jamais
réfléchi.

Pour faire prévaloir en France l'idée du Divorce
j'y ai importé le système de l'agitation pacifique
si légale depuis si longtemps pratiqué
chez nos voisins les Anglais, et qui est le seul
mode vraiment libéral d'introduire des
réformes dans la législation.

La monarchie pourrait réformer par en
haut; la République doit procéder par en bas.
La monarchie peut imposer au pays une loi
que le monarque et la classe dirigeante
trouvent utile, sauf à y rallier les citoyens
par l'usage; la République doit subordonner
tout progrès à son acceptation préalable
par les citoyens.

Plus long en apparence, ce procédé l'est
moins en réalité; car on convainc toujours
un pays lorsque ce qu'on lui propose est
juste, et l'on ne convainc pas toujours un
monarque. En outre, les progrès accomplis
sont plus durables, le temps ne respectant
que ce qu'il a concouru à édifier, et ces
lois seules défiant les oppositions, qui sont
été le résultat d'un consensus, général
de la nation.

Avoir poussé mon pays dans cette voie,
avoir montré que l'initiative des
citoyens dans leurs comices, celle des
représentants dans les chambres, peuvent
beaucoup, et qu'il n'y a pas lieu d'attendre du gouvernement, du ministère,
la mesure législative plus que toute
autre mesure; je crois que c'est avoir
été d'eux fois utile à la France: une première fois en concourant à apporter à une loi
une modification nécessaire, une seconde
fois en montrant par l'exemple ce que peut
la volonté au service de la vérité dans une
démocratie libérale. C'est le seul
honneur que je revendique.

Voilà, monsieur, resserrés dans les étroites limites où l'étendue si exceptionnellement restreinte de votre feuille me permet de me renfermer, les seuls choses qu'il me soit possible de dire ici sur le Divorce ou à propos du Divorce.

Capian (Gironde) 8 9bre 1879

A. Naquet

Le Réveil du Midi

Du 19 décembre 1879

A MES CONCITOYENS
DE L'ARRONDISSEMENT D'ORANGE

MES CHERS CONCITOYENS,

Nous vous avons adressé, il y a quelques jours, Poujade, Saint-Martin et moi, une lettre collective pour vous engager à accorder vos suffrages à notre ancien collègue Gent.

Je veux vous donner à nouveau ce même conseil aujourd'hui par une lettre personnelle, en en déduisant jusqu'au bout les motifs.

Certes ! Je n'ai rien, absolument rien à dire contre M. Humbert. Son élection à Paris ne m'a pas compté au nombre de ses adversaires ; je voyais même avec plaisir le quartier de Javel faire sur son nom une manifestation en faveur de cette amnistie plénière que je n'ai, pour ma part, jamais cessé de défendre depuis 1871.

Là, M. Humbert se trouvait en présence d'un concurrent qui n'avait pas de passé politique. Il était libre dans son action, et les électeurs ne blessaient aucun sentiment honorable, en le dédommageant, par leurs suffrages, des longues souffrances endurées par lui.

Quand nous pouvions croire que M. Gent était gouverneur de la Martinique et que le siège d'Orange était vacant, je trouvais naturel aussi que toutes les fractions de l'opinion républicaine arborassent leurs drapeaux, et que les radicaux portassent leurs voix sur M. Humbert.

Mais aujourd'hui la situation est autre. Il ne s'agit plus de faire un choix entre les hommes nouveaux. Il s'agit de savoir si M. Gent a démérité de ses électeurs, et, dans ce cas, s'il appar-

tient à M. Humbert de se présenter contre lui.

Il s'agit de savoir si le déporté de Nouka-Hiva doit céder la place au déporté de l'Ile Nou.

Il s'agit de savoir si les services rendus vieillissent et cessent, avec le temps, de mériter la reconnaissance publique ; s'il faut sacrifier le vieillard au jeune homme, parce que Nouka-Hiva est loin, tandis que la Nouvelle-Calédonie est près.

Il s'agit de savoir enfin si l'amnistié peut moralement être le concurrent de l'un de ceux qui ont voté et signé la demande d'amnistie plénière, demande dont il a bénéficié ; de l'un de ceux auxquels il doit de pouvoir être candidat à cette heure.

L'ingratitude répugne à tout cœur vraiment républicain et M. Humbert, en se présentant contre M. Gent, se rend coupable d'ingratitude.

Que les électeurs d'Orange discutent les actes de leur député, c'est leur droit incontestable : mandataires du peuple, nous devons être discutés. Mais il est un homme, un seul, qui n'avait pas le droit de prendre part à la lutte ; c'est celui dont, par son vote, M. Gent a contribué à être le libérateur.

Si j'étais électeur d'Orange et que — c'est une simple hypothèse — j'eusse mille raisons pour refuser mon vote à M. Gent, je voterais pour un autre candidat ou je m'abstiendrais ; mais en aucun cas, je ne consacrerais une injustice, en accordant mon suffrage à M. Humbert, dans les circonstances présentes.

Je ne suis pas suspect de partialité vis-à-vis de M. Gent. M. Gent m'a combattu en 1871, et nous avons lutté vivement l'un contre l'autre en 1877, lors de l'élection de Saint-Martin.

Mais la justice est la justice, la droiture est la droiture, et quelles que puissent avoir été nos luttes passées, je n'hésite pas à vous dire qu'à cette heure, quiconque, dans l'arrondissement d'Orange, a souci des vrais principes républicains, doit sa voix à Alphonse Gent.

Voilà mes chers concitoyens ma pensée toute entière. Je vous la devais, je vous la livre, libre à vous qui êtes les juges suprêmes d'en faire tel cas que vous jugerez convenable, mais j'aurais cru manquer à mon devoir envers vous, en ne vous disant pas tout ce que je pense, avec loyauté et sincérité.

A. NAQUET.

ÉLECTION DE VAUCLUSE

DERNIER APPEL AUX ÉLECTEURS

J'ai déjà dit deux fois ma manière de voir à propos de l'élection qui doit avoir lieu demain dans l'arrondissement d'Orange. Je veux la dire une dernière fois.

Quelques personnes me contestent ce droit, sous le prétexte qu'un député ne doit pas intervenir dans la lutte électorale.

En étant élu député, je n'ai pas abdiqué mes droits de citoyen. Du reste, ceux-là mêmes qui me reprochent mon intervention en faveur de Gent ont loué en 1877 mon intervention en faveur de Saint-Martin. Ils avaient raison alors, et, par conséquent, j'ai raison aujourd'hui.

J'ai l'habitude, en toutes circonstances, de dire ce que je crois utile à la République et conforme à la vérité.

En 1875, j'ai considéré qu'il était nécessaire de demander l'amnistie à l'Assemblée agonisante qui avait fait la répression de 1871 ; j'ai cru qu'il était humain de faire connaître à la France, du haut de la tribune nationale, les souffrances endurées par les condamnés de la Nouvelle-Calédonie, souffrances sur lesquelles mon collègue et ami Georges Perin appelait à son tour l'attention de la Chambre en 1876 et hier encore.

Je l'ai fait au risque de perdre mon mandat. Je l'ai fait au risque de briser ma situation politique. Cela me donne le droit d'agir à cette heure avec la même netteté et la même énergie.

Gent peut avoir commis des erreurs dans ses votes. Je le crois, puisque, en quelques rares circonstances, je me suis séparé de lui. Mais nul de nous ne vise à l'infaillibilité, et il se peut que ce que je crois l'erreur soit la vérité, que ce que je crois la vérité soit l'erreur.

Du reste, que Gent se soit ou non trompé, peu importe ! l'erreur n'est coupable que lorsqu'elle n'est pas sincère ; j'attends celui qui prouvera que le déporté de 1851 n'est pas sincère, que ses votes ont été la conséquence d'un marché.

Gent a accepté des fonctions publiques. Il a eu raison de le faire.

Vous reprochez sans cesse au Gouvernement de ne pas nommer des fonctionnaires républicains ; ce n'est pas apparemment pour que les républicains qu'il choisit refusent les fonctions qu'on leur propose.

Le choix du gouvernement était un hommage rendu aux électeurs de l'arrondissement d'Orange.

Le décret de révocation est au contraire une injure à l'adresse de ces mêmes électeurs.

Si l'arrondissement d'Orange se déjugeait, alors qu'aucun fait nouveau ne s'est produit depuis les élections dernières, il justifierait un acte inqualifiable, et en flétrissant sa première décision, il se flétrirait lui-même.

C'est ce déshonneur que veulent lui imprimer les monarchistes qui soutiennent M. Humbert.

C'est ce déshonneur qu'il ne consentira pas à s'infliger de ses propres mains.

Les électeurs d'Orange n'abandonneront pas le vieux lutteur de 1848 en faveur d'un étranger, d'un inconnu !

Les électeurs d'Orange ne permettront pas que l'amnistie chasse de son siège celui à qui il doit la liberté et commette ainsi un acte de noire ingratitude !

Ils voteront avec ensemble pour Alphonse Gent.

En faisant cela, ils voteront pour l'amnistie beaucoup mieux que s'ils élisaient M. Humbert. Rien, en effet, n'éloigne plus l'amnistie plénière, ne la rend plus difficile que l'attitude d'un parti qui aurait au moins dû attendre pour se lancer dans la lutte ardente qu'il a entreprise que tous ceux qui souffrent à Nouméa fussent de retour.

Et maintenant j'ai achevé de dire ce que je crois sage et honnête, ma cons-

LE DIVORCE

LES CONFÉRENCES DE M. LOYSON

M. Loyson est un orateur d'une grande
envergure. Il joint, à un talent de parole supérieur, celui d'un véritable logicien. Il discute sérieusement, et chez
lui la précision de l'argumentation ne le
cède en rien à la beauté de la forme.
Analysons cette argumentation.

Le chef de l'Église nationale démontre
d'abord — et je ne le suivrai pas dans
cette partie de son discours — que le
christianisme condamne le divorce,
qu'un seul doute pourrait s'élever en ce
qui concerne le divorce, pour cause d'a-
dultère de l'un des époux, par suite d'un
texte de saint Mathieu ; mais, qu'en
comparant les divers évangiles, il n'hésite pas, au point de vue chrétien, à proclamer l'indissolubilité du mariage un
principe absolu.

Il affirme ensuite qu'en droit naturel
le mariage est également indissoluble,
la monogamie rigoureuse étant l'idéal
vers lequel tendent de plus en plus à
s'élever les sociétés humaines.

Il se demande enfin, si des législateurs chrétiens peuvent, malgré leur
foi religieuse qui les condamne, établir
le divorce dans leur législation civile,
et il répond : « Pourquoi non ! »

« La nécessité, ajoute-t-il, de confor-
« mer les lois civiles aux lois religieu-
« ses, ou les exigences du droit natu-
« rel pourraient seules les en empê-
« cher.

« Mais la religion doit-elle nécessai-
« rement s'imprimer dans la législation
« nationale, et le droit naturel ne souf-
« fre-t-il jamais d'exceptions?

» Les lois religieuses sont faites pour
» les croyants, à l'inébranlable fidélité
» desquels elles s'adressent ; elles ne
» s'imposent que par la persuasion,
» tandis que les lois civiles s'adressent
» aux citoyens, à quelque croyance
» qu'ils appartiennent, et s'imposent au
» besoin par la force.

» La religion, encore bien qu'il s'a-
» gisse de celle que je crois la seule
» vraie, n'est donc pas obligée de faire
» passer ses préceptes dans la législa-
» tion, de les rendre obligatoires. Elle
» doit respecter la tolérance, principe
» fondamental de nos sociétés, et le di-
» vorce étant une loi facultative, il n'est
» pas exact que les consciences chré-
» tiennes puissent être violentées par
» son rétablissement. »

Ce n'est que par des raisons d'ordre
social qu'on pourrait se refuser à inscrire le divorce dans nos Codes, et ici
encore l'ex-père Hyacinthe déclare qu'il
ne trouve là aucune raison absolue pour
refuser aux législateurs le droit de se
prononcer, suivant les circonstances,
en faveur de cette loi ou contre elle.

La loi naturelle est immuable dans
ses préceptes. Elle ne l'est pas dans ses
conséquences, dans ses applications. Il
faut compter avec son temps et voir si
l'application absolue est possible ou
ne l'est pas.

Moïse avait permis le divorce, et il lé-
giférait au nom de Dieu. Les hommes
ne peuvent pas être plus exigeants
que Dieu et déclarer impossible ce que
dans des conditions déterminées, Dieu
lui-même a jugé possible.

Donc le chrétien législateur peut inscrire le divorce dans les codes de son
pays sans forfaire à sa foi.

Le doit-il ? continue M. Loyson, et il
répond à cette question ainsi posée qu'il
craint bien que oui.

Jusque là, nous sommes en parfaite
communion d'idées.

Mais où nous commençons à différer,
c'est en ceci : je vois un progrès dans
le mouvement qui porte les peuples modernes à établir le Divorce, M. Loyson

y voit une rétrogradation.

La nécessité où sont nos sociétés de porter atteinte à l'indissolubilité du mariage prouve, suivant lui, que nous nous sommes corrompus et que nous ne sommes plus capables de supporter cette grande et forte loi que supportaient nos pères.

« S'il en est ainsi, qu'on accorde le » divorce, dit-il, mais comme une loi de » crise, comme un remède à une cruelle » maladie. »

Je n'ai jamais considéré le divorce que comme un remède ; et cependant je n'accepte pas les conclusions de mon contradicteur.

Si les générations qui nous ont précédés ont moins protesté contre le divorce que nous, ce n'est pas parce qu'elles étaient plus pures. C'est parce que la religion de l'État imposait alors plus complètement ses dogmes, et que les dissidents n'étant pas même tolérés, on n'avait pas à se préoccuper d'eux.

C'est surtout parce que la classe aristocratique, la seule qui eut alors la parole, au lieu d'être moins corrompue que nous, l'était au contraire beaucoup plus que nous ne le sommes à cette heure, qu'elle trouvait l'adultère plus commode que le divorce.

Et cependant, même sous l'ancien régime, le divorce était réclamé au nom de la morale. On n'a pour s'en convaincre qu'à lire le livre que j'ai analysé ici même : le *Cri d'un honnête homme*.

Aujourd'hui, le divorce est demandé par ceux qui ne veulent pas se priver des joies de la famille et à qui l'illégalité répugne, par ceux qui ne sont pas corrompus.

Aujourd'hui, le divorce se répand parce que la religion devient affaire de foi et non d'obligation légale, parce que la croyance ne s'impose plus par la force, parce que, ainsi que le reconnaît M. Loyson, ceux-là à qui leurs convictions ne permettront jamais d'user de la faculté qu'ils accordent aux autres, peuvent cependant établir par esprit de tolérance cette faculté dont ils ne profiteront pas.

Voilà en quoi consiste le progrès et ce progrès est un progrès réel.

L'orateur de la rue Rochechouart me prenant à partie, dans des termes pleins de courtoisie d'ailleurs, me met en présence d'un livre écrit par moi en 1868 en faveur de l'union libre. Il se demande si je vois dans le divorce une étape à franchir pour nous rapprocher de la suppression totale du mariage et il s'écrie que dans ce cas, cette loi ne serait plus simplement une loi de recul, mais une loi de déchéance morale, de cataclysme social.

J'ai pu écrire en 1868 l'ouvrage que l'on m'oppose, et je ne retire rien des conceptions philosophiques qui y sont exposées. Mais j'ai eu l'occasion de le dire depuis, ce livre est un livre de spéculation pure, qui n'a rien à voir avec la politique, avec la législation.

Je puis croire que, par suite de l'évolution humaine, les sociétés se transformeront et que la famille obéira comme le reste à ce grand mouvement évolutif. Il y a des oscillations dans la marche de l'espèce humaine, et rien n'empêche qu'à un mouvement incontestable vers la monogamie ne succède un jour un mouvement inverse, tout comme un mouvement en faveur de la grande propriété, reconstituée par l'association semble dès à présent succéder au mouvement qui depuis 1789 nous pousse au morcellement des terres.

Mais nous sommes encore trop loin de ce retour du pendule humain, pour qu'un législateur puisse faire entrer en ligne de compte les idées qu'il se fait de la constitution sociale dans quelque mille ans.

Je crois même que si je tenais à aiguiller vers l'union libre, je ne proposerais pas le divorce. Le divorce est une soupape de sûreté, bien plus faite pour fortifier la famille actuelle que pour en relâcher les liens.

M. Loyson aborde ensuite un argument que j'avais opposé au R. P. Didon.

« Le P. Didon, avais-je dit, tient-il un » compte suffisant des nécessités phy- » siques qui s'imposent à l'homme ? Il

» est moins ! Il a pu dompter la nature
» physique ! Croit-il que tout le monde
» ait la même puissance? la même
» force? Ne craint-il pas, en imposant
» une continence obligatoire à des époux
» séparés qui n'ont pas comme lui la vo-
» cation monastique, de les rejeter fa-
» talement dans l'immoralité...? »

Et M. Loyson me répond que si je fais entrer ce motif en ligne de compte je ne dois pas me contenter du divorce. Il est des cas où le divorce ne suffirait plus. Il y a des époux séparés par la haine, mais il en est qui sont séparés par une absence légitime, consentie, quelquefois glorieuse si elle est exigée par le service de la patrie. Il en est qui sont séparés par la maladie. Si la continence absolue est impossible, il faut alors admettre la polygamie, le concubinage légal des romains. Il en sera de même pour tous les célibataires auxquels les conditions générales de la société n'ont point encore permis le mariage.

Et M. Loyson s'évertue à prouver, dans un magnifique langage, que la continence est possible, puisqu'elle existe, et il affirme que c'est rabaisser l'homme que prendre la question par ce côté brutal.

Que la continence absolue soit possible en fait, je ne puis en disconvenir. Seulement, le régime spécial auquel s'astreignent les moines, les macérations qu'ils s'imposent pour dompter la chair, démontrent assez qu'elle est contre nature, que pour la vaincre il faut systématiquement affaiblir l'organisme, et je ne pense pas que l'affaiblissement de notre espèce soit un idéal vers lequel nous devions tendre.

Mais le divorce, nous dit-on, ne répond pas à tout.

Qui l'a nié! qui donc a prétendu qu'une fois le divorce rétabli, il n'y aurait plus de souffrances? C'est déjà beaucoup qu'il réponde à quelque chose, et cela doit suffire au législateur.

La continence est possible, soit! mais c'est une souffrance, un sacrifice.

je n'ai jamais dit que le sacrifice fût banni de la société. Je comprends le religieux qui, pour obéir à son idéal, prononce des vœux de chasteté et sait y conformer sa vie.

Je comprends l'époux qui se sépare de sa femme pour assurer la situation de sa famille ou pour voler au secours de son pays et qui, loin d'elle, obéit comme elle à ses devoirs de fidélité conjugale.

Je comprends l'époux qui, soignant son conjoint malade, se garde pur de toute souillure.

Ce sont là des sacrifices dont les uns sont volontaires, dont les autres résultent de l'accomplissement de devoirs sacrés imposés non par les hommes mais par la nature. Je m'incline devant eux comme devant toutes les fatalités contre lesquelles je ne puis rien, et je les admire.

Mais quand vous dites à un époux séparé de corps: « tu ne te remarieras pas! » quand vous lui imposez le célibat absolu, le célibat qui bannit jusqu'à l'espérance — l'espérance ici étant un crime, — le célibat que ne motive aucune fatalité d'ordre naturel, que ne nécessite l'accomplissement d'aucun grand devoir; alors l'obligation est trop lourde, elle dépasse les forces humaines et l'on s'y soustrait par l'immoralité.

C'est pourquoi je dis que le divorce doit être considéré comme une loi moralisatrice, et comme une loi définitive; placer l'idéal humain dans des régions où l'homme ne peut atteindre, voir dans cet idéal le « droit naturel » faire converger vers lui la législation, ne consentir à s'en écarter que par des lois transitoires, c'est faire peut-être de la belle et haute métaphysique, mais ce n'est pas faire de la science et c'est dans le domaine scientifique que je veux rester.

Voilà pourquoi, malgré son éloquence, malgré ses accents convaincus, malgré les paroles émouvantes qu'il a prononcées lorsque, dans une digression, il a conjuré notre pays de s'attacher définitivement à la République dont la disparition serait, pour la France comme sous le césarisme ultramontain, l'éclipse définitive de la liberté. Voilà pourquoi, sur la question particulière du divorce, M. Loyson n'est pas parvenu à modifier nos idées.

Il n'en restera pas moins du sermon de M. Loyson l'affirmation, par une bouche chrétienne, de cette vérité que nous pouvons établir le divorce sans violenter les catholiques et même (sauf à considérer cette nécessité comme la preuve d'un mouvement de recul de notre pays) que le rétablissement du divorce paraît être imposé actuellement par l'intérêt bien entendu de la société.

N'aurais-je entendu que cela, je ne regretterais pas ma visite à l'église de la rue Rochechouart. Je la regrette d'autant moins que, pendant plus d'une heure, j'ai été transporté là dans les hautes régions de l'éloquence, et que, même lorsqu'on ne partage pas ses idées, on est toujours heureux d'entendre un homme si remarquablement éloquent et si profondément convaincu.

A. NAQUET.

Le phare du littoral (de nice)

Du 30 décembre 1879

Les arguments du Père Didon et de M. Loyson sur le divorce

Nous tenons notre promesse. A propos de la conférence prochaine de M. Alfred Naquet, qui doit avoir lieu, le 2 janvier 1880, au Théâtre-Municipal, voici le résumé des arguments du R. P. Didon et de M. Loyson, (ex-Père Hyacinthe), sur le divorce :

Le Père Didon a examiné la question du divorce au point de vue religieux et au point de vue civil.

Au point de vue religieux, il établit que le catholicisme le condamne.

Il cherche ensuite des arguments contre le divorce civil et s'engage à démontrer

que cette institution blesserait les consciences catholiques, serait contraire au droit naturel et aux principes d'un gouvernement ferme et sage.

Enfin il combat l'argument des légistes « qui invoquent la puissance de l'Etat » des moralistes qui voient dans le divorce un remède urgent aux mauvais ménages, des libéraux qui y voient un progrès.

Comment établira-t-il que le divorce blesse la conscience des catholiques, alors que cette loi est facultative et que nul n'oblige un catholique à se remarier ?

En supposant un cas où deux divorcés voudraient se réunir et en seraient empêchés par l'article 295 du code civil ?

Soit ! Mais si les prescriptions prohibitives de cet article 295 disparaissent comme elles disparaîtront probablement, l'argument aura perdu toute sa valeur.

Quant au droit naturel, le R. P. Didon se borne à des affirmations, à de belles phrases sur la beauté d'une union indissoluble — que tout le monde admire comme lui d'ailleurs quand elle est possible mais qui malheureusement ne l'est pas toujours.

Il promet de citer à l'appui de sa thèse de grandes autorités anciennes et il cite... savez-vous qui ? la bible et les lois de Manou.

L'union du premier couple, dit-il, a été indissoluble.

Vous me la baillez belle ! Si ce premier couple a existé, il était difficile que les deux époux qui le composaient divorçassent pour se remarier, puisqu'ils étaient seuls sur la terre. Et puis il faudrait prouver que le premier couple a existé. En tout cas l'indissolubilité du lien conjugal ne leur a guère survécu, même si la bible dit vrai.

Quant aux lois de Manou qui rendent le veuvage perpétuel et allument les bûchers du Malabar, nous ne les admirons pas, et nous nous demandons comment peut les admirer un sectateur de l'évangile qui a considéré les secondes noces comme supérieures au bûcher pour l'époux survivant.

Le Père Didon se demande cependant comment il a pu se faire, si le divorce est contraire au droit naturel, si c'est une institution en décroissance dans l'humanité, que Moïse l'ait permis et que tant de nations modernes l'adoptent.

Sur le premier point il répond que Moïse ne pouvait pas ce qu'a pu Jésus-Christ, qu'il a fait une concession à l'esprit dur et violent de son peuple, qu'on se serait aftranchi par le crime si le divorce n'eût pas existé, et que le divorce est préférable au crime.

Est-il bien sûr qu'il n'en soit pas encore ainsi ?

Quant aux nations modernes le R. P. Didon ne réfute pas du tout l'objection qu'il s'est posée à lui-même. Il se borne, en forme de réponse, à nous demander si nous admirons la Suisse ou l'Allemagne et, dans ce cas, il nous invite à changer de nationalité. — Ce n'est pas sérieux.

De plus le divorce serait, suivant notre dominicain, contraire aux principes d'un gouvernement ferme et sage, parce qu'un tel gouvernement ne peut pas blesser 20.000.000 de catholiques et surtout parce que dans un pays comme le nôtre, où l'on respecte la loi au point de croire bien tout ce que le code permet, quand le divorce serait permis tout le monde voudrait divorcer, ce qui engendrerait la corruption morale.

Le R. P. Didon pense d'ailleurs que quand un époux est malheureux, c'est presque toujours de sa faute et que, si ce n'est pas de sa faute, il est si profondément atteint qu'il ne peut se consoler par un nouveau mariage et ne peut trouver de refuge qu'en Dieu.

Abordant ensuite les arguments de ses adversaires, le R. P. Didon les divise en trois. Celui des légistes qui veulent donner à l'Etat le droit de dissoudre le contrat conjugal ;

Celui des moralistes qui cherchent un remède pour les victimes des mauvais mariages ;

Celui des libéraux qui, au point de vue de l'évolution humaine, voient un progrès dans le divorce et veulent le réaliser.

L'argument des légistes lui paraît faux, parce que, dit-il, il attribue à l'Etat une puissance que l'Etat n'a pas. Il y a dans le mariage un élément religieux qui relève de la conscience religieuse, et un élément humain qui relève non de l'Etat, mais du droit naturel, de la conscience individuelle.

Comment ne voit-il pas qu'il plaide là contre lui-même ? L'Etat intervient aujourd'hui pour rendre le contrat obligatoire. En relevant les époux de cette obligation dans certains cas, il rend au droit naturel, à la libre volonté des conjoints, une partie de ce qu'il leur avait enlevé. En se plaçant au point de vue du R. P. Didon, il faudrait réclamer non seulement le divorce, mais l'union libre, sauf à conseiller aux époux de n'en pas user et de rendre le contrat indis-

soluble en fait sans y être contraint par rien autre que la morale ou la religion.

A l'argument des moralistes il objecte que si, comme il l'a déjà dit, le divorce amène un nombre croissant de dissolutions de mariage, et détermine une corruption générale des mœurs, sous prétexte de venir en aide aux mal mariés, cette institution tuera les bien mariés.

La conclusion serait juste si les principes étaient, mais les principes ne le sont pas. M. Naquet, lors de sa dernière conférence, a victorieusement démontré, par la théorie et par les chiffres statistiques, que le divorce diminue les désunions au lieu de les accroître et que dès lors, non seulement il ne tue pas les bien mariés pour être utile aux mal mariés, mais qu'il sert les uns et les autres.

Le père Didon voit la thérapeutique des mauvais mariages dans des unions mieux assorties et non dans le divorce. Nous désirons aussi des unions mieux assorties, mais l'un n'empêche pas l'autre, et ce remède tout moral, auquel la loi n'a rien à faire, ne doit pas s'opposer à ce que nous employions dès aujourd'hui le remède légal dont nous disposons.

Enfin aux libéraux qui voient un progrès dans le divorce, M. Didon répond que le divorce est une regression parce que l'humanité est en marche vers la monogamie.

C'est là une simple affirmation qu'il faudrait démontrer.

De tout temps la monogamie s'est malheureusement accompagnée de l'adultère, des séparations, de toutes sortes de malheurs inhérents aux imperfections de la nature humaine. Nous croyons la favoriser au lieu de la combattre en permettant par le divorce de rentrer dans son cadre à ceux qui en sont sortis.

L'ex-Père Hyacinthe, M. Loyson a fait aussi des conférences sur le divorce.

Il est d'accord avec le R. P. Didon sur l'exclusion du divorce par la religion chrétienne.

Mais il croit que, de même que Moïse a dû faire incliner le droit naturel devant les nécessités de son temps, les catholiques peuvent — sauf à n'en pas profiter — rétablir le divorce s'ils croient cette institution nécessaire ; et il incline à la croire nécessaire.

Seulement il voit ce mouvement nécessaire au mouvement de recul : ce mouvement démontre que nous sommes plus corrompus que nos pères, puisque là où l'indissolubilité leur suffisait, nous réclamons le divorce.

M. Loyson se trompe. Nous réclamons au contraire le divorce plus que nos pères parce que nous sommes moins corrompus. Les corrompus ne réclament pas le divorce. Le vice leur suffit. Nous réclamons aussi le divorce plus que nos pères parce que nous avons séparé le spirituel du temporel; parce que la loi de l'Etat n'a plus à se préoccuper des diverses lois religieuses réleguées dans le domaine de la conscience des fidèles; parce que nous n'avons plus à nous incliner devant le droit canonique; et tout cela constitue un immense progrès.

Le divorce civil, conséquence naturelle du mariage civil, est contenu dans les principes de 1789, et l'on ne saurait logiquement le repousser qu'en repoussant les principes eux-mêmes.

Tels sont les arguments de M. Loyson et ceux du R. P. Didon. Nous avons eu ici bien plutôt le désir de les analyser que celui de les réfuter.

M. Naquet se propose d'y répondre dans la conférence qu'il doit faire vendredi 2 janvier, à 3 h. 1/2, au Théâtre-Municipal, et nous avons voulu attendre cette réponse, nous bornant, nous, à faire quelques remarques qui venaient au bout de notre plume.

La conférence de M. Naquet, on le voit, ne sera pas la répétition de celle que le savant député a donnée au mois d'octobre; elle présentera le haut intérêt qui résulte toujours de la controverse et nous ne doutons pas qu'elle ne soit très écoutée.

A. NAQUET

Le Voltaire

Du 7 janvier 1880

L'ESPRIT EN PROVINCE

LE DÉPARTEMENT DES ALPES-MARITIMES

Le département des Alpes-Maritimes renferme deux parties bien distinctes : l'arrondissement de Grasse, détaché du département du Var, français, républicain, participant en un mot de l'état des esprits qui domine dans tout le midi de la France, et l'ancien comté de Nice.

L'ancien comté de Nice n'est lui-même pas homogène: il y a lieu d'y distinguer la ville de Nice, la montagne de Nice et les deux villes qui ont été distraites, en 1848, de la principauté de Monaco, Menton et Roquebrune.

Menton et Roquebrune n'ont été italiennes que pendant une dizaine d'années, de 1848 à 1859. La nationalité italienne n'y a jamais poussé les moindres racines; aussi lorsque le *Figaro* a annoncé dernièrement que la reine d'Italie devait y venir, et que les autorités françaises l'avaient priée de n'en rien faire, parce qu'on craignait une manifestation séparatiste à Menton, le *Figaro* était-il complètement à côté de la vérité, et la nouvelle qu'il donnait était-elle accueillie à Nice comme un de ces mille bruits sans fondement que publient quelquefois les journaux à court d'informations.

A Nice, c'est autre chose. Des sentiments séparatistes ont réellement existé. Non qu'on ait jamais bien sérieusement aspiré ici à faire retour au royaume d'Italie. Les Niçois auraient voulu constituer un comté de Nice indépendant, quelque chose comme un grand Monaco. De plus, ils avaient la haine de l'immixtion de l'étranger dans leurs affaires et voulaient voir leur administration municipale confiée à des enfants du pays.

Le mouvement séparatiste toutefois est allé chaque jour en diminuant depuis que la République est devenue définitive. L'accroissement considérable de la fortune publique a rallié à la patrie française quiconque travaille et produit, depuis le grand négociant jusqu'à la plus petite bourgeoisie, jusqu'à l'ouvrier laborieux.

Ajoutons que le député actuel des Alpes-Maritimes, M. Borriglione, a fait beaucoup pour expulser les séparatistes de leurs derniers retranchements et pour briser ce parti. Grâce à ses efforts persistants, lors des dernières élections municipales, la liste républicaine et française a passé tout entière avec une moyenne de 4,000 voix, contre une moyenne de 2,000 seulement données à la liste opposante.

Le même succès est assuré aux élections prochaines; on peut même prédire dès à présent qu'il sera augmenté.

Dans la montagne, l'esprit public est moins développé. Il règne là quelque chose comme un vestige de l'ancienne clientèle romaine, quelque chose d'analogue à ce que nous voyons en Corse : ce sont quelques individualités qui tiennent le pays.

Mais il faut ajouter que ces personnalités, en tête desquelles il est juste de compter encore M. Borriglione, conseiller général pour le canton de Sospel, en même temps que député et maire de Nice, se rallient chaque jour plus complètement, plus entièrement à la République et à la France.

Sur un seul point, tout à fait à la frontière, du côté de Breil, les populations se sont montrées jusqu'ici un peu plus rétives. Encore les intérêts matériels seuls sont-ils cause de cette résistance, et suffira-t-il au Gouvernement pour en avoir raison, d'accomplir un acte de justice, de construire quelques kilomètres de route qui sont nécessaires à l'écoulement des produits de cette vallée.

Lorsque Napoléon III annexa le comté de Nice à la France, il avait été décidé d'abord que nous aurions pour frontière la crête des montagnes : Vintimille, dans cette combinaison, aurait été française, et nous aurions eu une frontière facile à protéger. Les pays qui devaient ainsi devenir français, et qui sont cependant restés à l'Italie, furent appelés à voter lors du plébiscite et ils votèrent pour la France.

Mais on sait ce qu'était le suffrage universel sous l'empire, une comédie lugubre : on respectait les décisions autant qu'on le croyait utile, jamais au-delà.

Après le plébiscite, M. de Cavour représenta à l'empereur que le roi Victor-Emmanuel avait au-dessous de la crête des montagnes, sur le versant français, des chasses dont il serait cruel de le dépouiller.

L'empereur ne voulait pas mécontenter son bon frère; généreux avec les biens de la France, en dépit du plébiscite qui avait eu lieu, il consentit à laisser à l'Italie des territoires qui auraient dû nous appartenir et respecta le suffrage universel, en cette circonstance, à peu près comme il l'avait respecté à Paris au 2 décembre 1851.

Il en est résulté que nous avons une frontière ouverte. C'est une situation que nous acceptons sous réserves à cette heure, convaincus que les bons rapports existants entre la France et l'Italie ne feront que s'accroître et que nous n'aurons jamais à lutter contre une nation sœur. Nous avons seulement raconté ce détail de l'annexion, pour montrer comment le futur héros de Sedan comprenait et sauvegardait les intérêts de la patrie.

Vintimille et toute une zone de territoire demeurèrent donc italiennes. Breil fait partie de cette zone.

Pour aller de Breil à Nice il y a deux lignes possibles. Ou bien on passe par la montagne; et alors il faut quatorze heures pour accomplir le voyage.

Ou bien on passe par Vintimille.

On passe. — C'est on passerait que j'aurais dû dire. — De Vintimille à Nice il y a le chemin de fer, et, si la route n'était nullement interrompue, si elle était faite entre Breil et la frontière italienne, comme elle l'est entre cette frontière et Vintimille, de Breil on pourrait atteindre Vintimille en deux heures. Soit quatre ou cinq heures de voyage au lieu de quatorze pour se rendre à Nice.

Pour compléter cette voie, il suffirait de construire, à travers une étroite vallée, trois kilomètres de route qui uniraient à la voie italienne la voie française déjà existante.

Mais jusqu'ici le génie militaire s'y est opposé par des motifs stratégiques. De là irritation des populations lésées dans leurs intérêts les plus immédiats.

Heureusement le préfet actuel de la République, M. de Brancion, qui a à cœur de faire aimer le gouvernement qu'il sert en faisant tout ce qui est juste, est à la veille d'avoir raison de l'opposition injustifiée du génie militaire. Tout porte à croire que la route sera construite avant peu. On le sait, et cela suffit à calmer les plus impatients.

Le département des Alpes-Maritimes a donc définitivement enrayé sur la voie que suivent tous les autres départements de France. Il est sincèrement rallié à la République, et l'on peut affirmer que le parti séparatiste, je ne dirai pas écrasé, mais défunt, ne se relèverait que si la République tombait chez nous pour faire de nouveau place à quelque système césarien et clérical.

A. NAQUET.

Le Voltaire

Du 13 janvier 1880

LE DIVORCE

LE RAPPORT DE M. LÉON RENAULT

La commission du divorce, dans sa séance d'hier lundi, a entendu la lecture du rapport de M. Léon Renault, qui sera probablement déposé jeudi.

C'est une œuvre magistrale.

Il semblait qu'après les rapports de Treilhardt et d'Odilon Barot, il ne restât plus rien à dire, que le sujet fût épuisé, qu'il ne fût plus possible que de faire des variations sur le même thème.

M. Léon Renault a su trouver des aperçus nouveaux et frappants.

Il commence son travail par un exposé historique très complet ; non point qu'il remonte à l'origine des temps et qu'il nous parle du mariage à Rome, en Grèce ou dans l'Inde. Non ! il se borne à retracer l'histoire de l'institution du divorce depuis la loi du 20 septembre 1792 qui l'a établi en France, jusqu'à nos jours ;

mais il retrace cette histoire sans en omettre un seul point saillant et, sans cependant se perdre dans des détails dénués d'intérêt.

Puis il résume avec une admirable clarté le titre VI du Code civil que nous voulons faire revivre. Il est facile de constater que cette loi qui a régi la France pendant quatorze ans, qui régit encore des pays voisins tels que la Belgique et la Hollande, est presque totalement inconnue chez nous, aussi bien de ceux qui en désirent le rétablissement que de ceux qui le combattent. C'est cependant le moins que l'on puisse exiger des partisans ou des adversaires d'une loi qu'ils connaissent les dispositions qu'ils défendent ou qu'ils repoussent. L'exposition du titre VI du Code civil était indispensable, et cette exposition ne pouvait être faite avec plus de soin et de précision.

M. Léon Renault aborde ensuite de front la discussion.

L'indissolubilité du mariage est un idéal ; mais cet idéal, dans sa rigueur absolue, est incompatible avec les erreurs, les faiblesses, les passions humaines ; les lois ont toujours dû y apporter des tempéraments soit par la séparation de corps, soit par le divorce. Lequel de ces deux tempéraments est le meilleur ou le moins mauvais ? l'honorable rapporteur n'hésite pas : c'est le divorce.

Les inconvénients de la séparation de corps sont tracés d'une manière saisissante.

M. Léon Renault n'insiste pas sur le caractère de contrat que revêt aujourd'hui le mariage et sur le principe général de notre droit civil, que pas un seul contrat en dehors du mariage n'est indissoluble. Le mariage intéresse des tiers : les enfants, la société. Le rapporteur de la commission du divorce en accepterait l'indissolubilité si l'intérêt social l'exigeait ; mais c'est cet intérêt social qu'il conteste. Il affirme et il démontre victorieusement que l'intérêt de la société est, au contraire, du côté du divorce.

Qu'est le mariage ?

Les articles 212, 213 et 214 du code civil le déterminent.

Ces articles portent que le mari doit aide et protection à sa femme; que la femme doit obéissance à son mari ; que les deux époux se doivent réciproquement, fidélité, secours, assistance...

Le mariage est donc l'*union fondée sur l'accord des cœurs, des intelligences, des consciences.*

Mais alors, que devient il lorsque les promesses solennelles de fidélité, de secours, d'assistance qui en formaient l'essence même sont outrageusement foulées aux pieds et n'existent plus ?

Il cesse lui aussi d'exister et il est contraire à la raison, à l'harmonie sociale, à la moralité publique de laisser subsister de nom ce qui en fait ne subsiste plus.

Cette argumentation est solide; elle n'admet pas la réplique.

Après avoir ainsi établi *de plano* la supériorité du divorce sur la séparation de corps, l'honorable député de Seine-et-Oise aborde et réfute avec vigueur et sûreté les objections élevées contre le divorce.

Ces objections sont au nombre de 4 : le danger de voir les désunions dans les familles se multiplier; l'intérêt des enfants; le respect de la liberté religieuse, et enfin cette idée que le divorce, compatible avec le caractère des Slaves et des Anglo-Saxons, est incompatible avec le caractère des races latines.

Je ne reviendrai pas sur les trois premières de ces objections. Je les ai déjà longuement et complètement réfutées dans le *Voltaire*, et, s'il est vrai que M. Léon Renault ait présenté la même réfutation, avec une vigueur peu commune, du moins, n'a-t-il pas introduit, dans cette partie de la discussion, d'arguments nouveaux.

Disons toutefois que, sans s'écarter de ce respect absolu de la liberté de conscience, dont on ne doit jamais se départir, il a victorieusement démontré l'irrecevabilité des catholiques à prétendre imposer au législateur civil l'obligation de ne jamais s'écarter du droit canonique.

Une telle prétention, pour être logique, devrait aller jusqu'à la suppression de tout le titre du mariage; car il y a entre le code civil et le droit canonique, en ce qui concerne le mariage, bien d'autres points de désaccord que celui qui résultera du rétablissement du divorce.

M. Léon Renault cite et commente les quatorze cas de nullité du sacrement religieux; il prouve que, par l'élasticité de plusieurs de ces causes de nullité, le droit canonique a rétabli en fait le divorce qu'il abolissait en principe; que l'Eglise a su, en cette circonstance comme en bien d'autres, tempérer dans la pratique la rigueur de ses doctrines; et il conclut en affirmant — affirmation qui ressort de la comparaison des textes — que, *même avec le divorce, le mariage civil sera plus rigide, plus rapproché de l'indissolubilité rigoureuse et idéale que ne l'est le sacrement catholique.*

Quant à l'argument tiré du caractère spécial des races latines, c'est l'éternelle raison de ceux qui n'en ont plus. C'est aussi cette raison là que l'on invoquait sous l'empire pour nous refuser les libertés dont jouissent les Suisses, les Anglais, les Américains et les Belges; raison dont, depuis dix ans, nous avons fait bonne justice en démontrant que nous étions aussi dignes que nos voisins de toutes ces libertés.

D'ailleurs, nos lois puisent pour la plupart leur origine dans le droit romain et dans le droit barbare, qui, tous deux, admettaient le divorce. Si elles ne l'admettent plus aujourd'hui, ce n'est point par des motifs inhérents au caractère de la race, mais bien par suite de l'influence que le catholicisme exerce chez nous.

Les hommes sont hommes à Paris comme à New-York, à Berlin ou à Londres, et la preuve expérimentale qui est faite, en ce qui concerne le divorce, par la presque totalité des nations civilisées, s'applique à nous tout comme aux Russes, aux Allemands et aux Anglais.

Telle est en quelques mots l'économie générale du rapport dont nous avons entendu hier la lecture. Qu'il me soit permis d'ajouter, toutefois, que cette analyse dont le *Voltaire* ne pouvait se dispenser, et qui, comme toutes les analyses, est écourtée et restreinte, ne donne pas même une faible idée du travail qui sera dans quelques jours sous les yeux du public.

Ce que nous voulons, en écrivant ces lignes, c'est seulement donner, à ceux qui en prendront connaissance, le désir de lire in-extenso le rapport dès qu'il aura été publié. Nous sommes convaincu que pour quiconque aura médité ce monument d'érudition, de sagesse et de bon sens, la question sera définitivement tranchée.

A. NAQUET.

Le Voltaire

Du 17 janvier 1880

L'ESPRIT EN PROVINCE

LE NOUVEAU MINISTÈRE

J'ai, pendant les dernières vacances, parcouru quelques départements du Midi: les Alpes-Maritimes, le Var, les Bouches-du-Rhône, le Vaucluse, et j'ai cherché à me rendre compte de l'impression produite par les récentes modifications du ministère.

Ces impressions, que j'ai trouvées partout les mêmes, peuvent se résumer en ceci: « On a été heureux de la chute du précédent cabinet et l'on se réserve de juger le nouveau à ses œuvres. »

Les populations méridionales ne sont pas ingouvernables, intransigeantes dans le mauvais sens du mot, comme on se plaît souvent à le dire. Elle sont, au contraire, pleines de patience et de bon sens. Mais elles ont souffert plus peut-être qu'aucune autre des détestables régimes qui se sont succédé en France depuis 1871, et elles veulent que le gouvernement républicain atteste son existence et sa vitalité par des actes.

Elles n'ont pas la prétention d'exiger que tout se fasse à la fois; mais elles ont le droit de demander, et elles demandent, que l'on commence enfin à faire quelque chose.

La Chambre actuelle, confirmée dans ses pouvoirs, le 14 octobre 1877, a été élue en réalité le 20 février 1876. A cette époque on n'a exigé des députés aucun programme précis de réforme. On a pris tous les hommes de bonne volonté qui se sont présentés en promettant au pays de le débarrasser des Buffet, des de Broglie, de la coalition des partis monarchiques, sans aller au delà de ces revendications.

Ce mandat capital, mais limité en même temps, la Chambre l'a rempli; et elle l'a même rempli plus vite qu'on n'était en droit de l'espérer : M. le maréchal de Mac-Mahon semblait devoir occuper la présidence de la République jusqu'au 20 novembre de l'année actuelle. La présidence de la République est devenue vacante et l'accord s'est fait entre tous les pouvoirs publics dès le 30 janvier 1879.

La Chambre cependant avait encore près de trois ans à vivre lorsque M. Grévy est monté au fauteuil présidentiel. N'ayant pas reçu de mission précise en dehors de celle qu'elle venait d'accomplir, il était naturel que les hommes dont elle se compose fussent divisés sur bien des points. Ils l'ont été. Il fallait s'y attendre. Personne n'avait lieu de s'en montrer surpris, et de fait cela n'a surpris personne. C'est ainsi que sur les deux grandes questions de l'amnistie intégrale et de la mise en accusation des hommes du 16 Mai, questions qu'il était si simple de liquider d'un seul coup, la majorité républicaine s'est coupée en deux groupes presque égaux.

Cette division a été malheureuse; mais il n'a dépendu de nul d'entre nous de l'empêcher, et le suffrage universel seul, en 1881, aura qualité pour nous départager en dictant sa volonté souveraine.

Jusque-là un ministère homogène était au moins difficile à constituer:

pivotant sur l'Union républicaine flanquée de l'extrême gauche et sur la fraction avancée de la gauche, il risquait d'être renversé par la droite et les centres coalisés ; pivotant sur les centres, il pouvait être renversé par une majorité faite de la droite et de la gauche proprement dite.

Cela n'aurait rien eu d'effrayant à nos yeux. Nous aurions même vu avec un certain plaisir les questions nettement posées, afin qu'en 1881 la France puisse les résoudre, mais la chambre a pensé qu'il suffirait qu'elles fussent posées à la veille de l'élection générale, et qu'il était pour le moins inutile d'agiter le pays trois ans d'avance.

Je ne discute pas ; j'expose.

Bien des gens, notamment celui qui écrit ces lignes, étaient d'une opinion différente ; mais leur opinion n'a pas prévalu, et il en est resulté que l'on a cherché à créer un simple *modus vivendi* permettant d'atteindre, sans trop de difficultés, le terme légal du mandat de la Chambre.

Soit qu'il ait approuvé, soit qu'il ait improuvé cette politique, le pays l'a comprise, et ceux-là même qui ne la désiraient pas l'auraient cependant assez facilement subie pourvu que ce *modus vivendi* n'eût pas pour base l'immobilité absolue.

C'est malheureusement l'immobilité absolue qui a fait le fond de la politique du cabinet Waddington.

Quelque division qui existe entre les divers groupes de la majorité, il y a de nombreux points communs ainsi que l'a démontré le programme récemment rédigé par les bureaux des gauches. Les populations ne comprennent pas qu'un cabinet se soit obstiné pendant un an à entraver toutes les réformes comprises dans ce programme et qu'on était certain de faire voter si on l'avait voulu.

Le cabinet Waddington, qui aurait dû cimenter l'accord des divers groupes, le déterminer là où il ne s'établissait pas de lui-même, sur l'amnistie notamment, le cabinet Waddington n'a jamais été qu'une pierre d'achoppement, et c'est pour cela que sa chute a été un soulagement pour la France.

Quant au nouveau ministère, on n'a contre lui jusqu'ici aucune antipathie ; on éprouve au contraire pour les hommes qui le composent une sympathie manifeste.

M. de Freycinet a organisé la défense avec M. Gambetta en 1870 ; M. Cazot, vieux lutteur de 1848, a aussi contribué à l'œuvre de la Défense nationale ; ce sont des titres à la faveur des populations. Mais que les hommes qui nous gouvernent le sachent bien, l'estime dont ils jouissent est subordonnée à leurs actes. On attend d'eux qu'ils se mettent résolument à la tête de la majorité réformatrice, et la faveur dont ils jouissent serait absolument éphémère s'ils se bornaient à prendre la suite de leurs prédécesseurs. Espérons qu'ils comprendront la situation qui leur est faite et que la déclaration qu'on nous annonce pour aujourd'hui les montrant décidés à faire tout ce qui est compatible avec la majorité actuelle, permettra de les applaudir sans réserves.

A. NAQUET,

Le Voltaire
Du 10 janvier 1880

LE DIVORCE

La commission du divorce a terminé ses travaux, et le rapport de M. Léon Renault est déposé depuis jeudi. On l'imprime à cette heure, et sous peu de jours il sera sous les yeux du public.

Résumons, en attendant, les conclusions de la commission, c'est-à-dire le dispositif de la proposition de loi qui termine le rapport.

L'article premier porte :

La loi du 8 mai 1816 est abrogée.

L'article 2 :

L'article 227 du Code civil est rétabli dans ces termes : « Le mariage se dissout : 1° par la mort de l'un des époux ; 2° par le divorce légalement prononcé. »

L'article 3 établit que :

Le titre VI du Code civil est rétabli avec les modifications suivantes :

1° L'article 231 est ainsi modifié ; « Les époux pourront réciproquement demander le divorce pour excès, sévices ou injures graves de l'un contre l'autre, ainsi qu'à raison de la condamnation de l'un d'eux à une peine simplement correctionnelle pour vol, escroquerie, abus de confiance, outrage public à la pudeur. »

2° L'article 232 est ainsi modifié : « La condamnation de l'un des époux à une peine infamante autre que le bannissement et la dégradation civique prononcée pour cause politique sera pour l'autre époux une cause de divorce.

» L'absence sans nouvelles de l'un des époux pendant cinq ans sera pour l'autre époux une cause de divorce. »

3° L'article 238 du Code civil est ainsi modifié : « Le juge ordonnera au bas de son procès-verbal que les parties comparaîtront en personne devant lui au jour et à l'heure qu'il indiquera, et que chacune d'elles devra convoquer, pour assister à cette comparution, ses trois plus proches parents ou alliés dans les termes des articles 407 et suivants du Code civil, et qu'à ce double effet copie de son ordonnance sera par lui adressée à la partie contre laquelle le divorce est demandé. »

4° L'article 239 du Code civil est ainsi modifié : « Au jour indiqué, le juge, assisté des six plus proches parents ou alliés des époux, convoqués comme il est dit à l'article 238, fera aux deux époux, s'ils se présentent, au demandeur, s'il est seul comparant, les représentations qu'il croira propres à provoquer un rapprochement, et s'il n'y peut parvenir, il en donnera procès-verbal et ordonnera communication de la demande et des pièces au ministère public et le référé du tout au tribunal. »

5° L'article 277 du Code civil, qui dispose que le divorce par consentement mutuel ne pourra plus être admis après vingt ans de mariage ni lorsque la femme aura 45 ans, est abrogé ;

6° L'article 295 du Code civil est ainsi modifié : « Les époux qui divorceront pour quelque cause que ce soit ne pourront plus se réunir si l'un ou l'autre a, postérieurement au divorce, contracté un nouveau mariage. Au cas de réunion des époux, une nouvelle célébration du mariage sera toujours nécessaire ; les époux ne pourront adopter de convention matrimoniale autre que celle qui réglait originairement leur union.

» Après la réunion des époux, il ne sera reçu de leur part aucune nouvelle demande de divorce pour quelque cause que ce soit, autre que celle d'une condamnation à une peine infamante prononcée contre l'un d'eux depuis leur réunion. »

A ces trois articles il faut joindre les dispositions transitoires, ainsi conçues :

Dispositions transitoires

Les époux séparés de corps antérieurement à la promulgation de la présente loi auront, sans distinction entre le demandeur et le défendeur, la faculté, lorsque le jugement prononçant la séparation sera devenu définitif depuis trois ans au moins, de faire convertir leur séparation de corps en divorce sans requête et par assignation à bref délai.

Le jugement qui convertira la séparation de corps en divorce sera rendu en audience publique.

L'époux contre lequel la séparation aura été prononcée pour adultère ne sera pas admis à réclamer le bénéfice de cette disposition.

Les instances en séparation de corps actuellement pendantes pourront être converties par le demandeur en instance de divorce.

La plupart des modifications apportées par notre article 3 au titre VI du code civil ont été déjà longuement développées dans le *Voltaire*. Nous devons cependant y revenir sommairement en quelques mots.

Par la disposition ajoutée à l'article 231, la commission a comblé une lacune depuis longtemps signalée par d'éminents jurisconsultes. Il est des peines prononcées par les tribunaux correctionnels qui, pour ne pas entraîner l'infamie légale, n'en entraînent pas moins l'infamie morale. Les tribunaux doivent avoir la faculté de les considérer comme des causes de divorce, car il serait exorbitant de lier perpétuellement un époux honnête à un époux déshonoré. Mais ce ne seront là que des causes qu'il sera loisible aux tribunaux d'admettre ou de ne pas admettre suivant les circonstances. Il est, en effet, des cas où l'auteur de l'un des délits visés est à ce point excusable qu'il ne serait pas conforme à l'équité de faire du jugement qui le condamne une cause de divorce absolue. La rédaction adoptée répond donc complètement à ce que le sentiment de la justice exige.

A l'article 232 la commission ajoute une disposition d'après laquelle l'absence de l'un des époux, prolongée pendant cinq ans, sans nouvelles, devient pour l'autre époux une cause absolue de divorce.

Le voltaire
du 29 janvier 1880

Cette disposition était nécessaire. L'abandon, sans doute, est considéré comme une injure grave, et les tribunaux y trouveront toujours une cause de séparation et de divorce. Mais l'absence peut n'être pas l'abandon. L'époux absent peut être mort. Dans ce cas, il serait peu équitable de river d'une manière indissoluble l'époux survivant à l'époux décédé dont le décès ne serait pas constaté. Cinq années d'absence sans nouvelles sont une présomption suffisante d'abandon ou de mort. Dans le premier cas, il y a injure grave, d'où divorce; dans le second cas, le divorce remplace un veuvage impossible à constater.

Les autres modifications ont pour but : les unes d'obliger la famille à intervenir dans la procédure tendant à la réconciliation qui précède toute action publique en divorce;

Une autre de faire disparaître la clause restrictive que rien ne justifiait, d'après laquelle la demande en divorce par consentement mutuel devenait irrecevable après vingt ans de mariage et quand la femme avait atteint sa quarante-cinquième année;

Une dernière, de donner satisfaction aux scrupules des catholiques et même d'un grand nombre de non catholiques, en permettant — ce qu'interdisait l'article 295 du Code — la réunion ultérieure des époux divorcés.

Enfin, une disposition transitoire donne aux époux séparés de corps, sous l'empire de la loi de 1816, la faculté de faire transformer leur séparation en divorce lorsque le jugement de séparation sera devenu définitif depuis plus de trois ans.

Le projet ainsi conçu, tout en établissant le divorce pour tous les cas où il est vraiment indispensable, renferme toutes les garanties que sont en droit d'exiger les esprits les plus timides contre les abus qui pourraient en résulter.

Nous ne doutons pas que dans ces termes, et appuyé par l'éloquent rapport de M. Renault, il ne soit voté par la Chambre au cours de la présente session.

A. NAQUET.

LE DROIT DE RÉUNION

La première délibération du projet de loi sur le droit de réunion étant fixée à aujourd'hui, je reprends la série des articles que je me propose de consacrer au développement de cette question, série que j'avais interrompue par suite de l'ajournement de la discussion.

Étant donné que le droit de réunion s'impose comme l'une des conséquences logiques et nécessaires du suffrage universel et de la République, il y a lieu de se demander d'abord si, à cause de la connexité qui existe entre ces deux modes de l'activité humaine, il faut dans une seule et même loi traiter des réunions et des associations, ou si ces deux matières doivent être régies par deux lois distinctes.

En 1876 je m'étais d'abord prononcé pour la confusion des deux lois en une. Mais je m'aperçus bien vite que mon opinion première n'était pas fondée, et je demandai à la Chambre, qui me l'accorda, la disjonction des deux éléments de la proposition de loi que j'avais eu l'honneur de lui soumettre.

C'est qu'en effet s'il n'y a pas de droit d'association possible sans la liberté des réunions, l'inverse n'est pas vrai. Le droit de réunion tient dans le droit d'association comme la partie tient dans le tout; mais le droit d'association ne tient pas plus dans le droit de réunion que le tout ne tient dans la partie.

On ne peut pas légiférer sur les associations — à moins que la liberté de réunion ne soit déjà garantie — sans légiférer en même temps sur les réunions; mais on peut très bien légiférer sur les réunions sans légiférer en même temps sur les associations.

Il y a entre ces deux matières des différences essentielles qui justifient pleinement deux lois séparées.

« Jamais, disait M. Hervé à la Chambre des députés au cours de la discus-

sion de la loi du 10 avril 1834, on n'a
» confondu le droit de se réunir avec la
» faculté de s'associer : se réunir, c'est
» vouloir s'éclairer et penser ensemble ;
» s'associer, c'est vouloir se concerter,
» se compter et agir. La différence est
» immense... »

Et le rapporteur du projet de loi disait de son côté :

« Les réunions et les associations ne
» doivent pas être confondues..... Les
» réunions ont pour cause des évène-
» ments imprévus, instantanés, tempo-
» raires; le motif venant à cesser, la réu-
» nion cesse avec lui. Les associations,
» au contraire, ont un but déterminé et
» permanent. Un lien unit entre eux les
» associés..... »

Ces différences sont-elles suffisantes
pour légitimer la disjonction des deux
lois ?

On l'a contesté.

On a fait valoir que, pendant longtemps en France, les droits de réunion
et d'association ont été rapprochés, que
ce rapprochement est légitimé par un
lien naturel, et qu'il est encore consacré par la législation de certains Etats
tels que la Prusse et la Hollande.

Il est incontestable que le rapprochement que l'on invoque a existé chez nous,
mais ses résultats ont été fâcheux et il
a eu à plusieurs reprises pour conséquence la suppression du droit de réunion qu'on aurait sans doute laissé subsister sans cette confusion.

Quant aux législations étrangères,
elles sont loin d'être unanimes sur ce
point. En Autriche, par exemple, les
réunions et les associations sont régies
par deux lois différentes.

Chez les peuples mêmes où l'on a admis le rapprochement que l'on voudrait
introduire chez nous, ce rapprochement
est plus apparent que réel.

La loi hollandaise et la loi prussienne
sont en réalité chacune la somme de
deux lois. Les articles qui se rapportent
aux réunions sont nettement séparés
de ceux qui se rapportent aux associations, et si ces articles sont rangés sous
un même titre, c'est comme les diver-

ses dispositions du droit civil, qui sont
groupées côte à côte dans un même
code, quoique réglant des intérêts qui
souvent n'ont rien de commun entre
eux.

Mais quelle utilité trouvez-vous à cette
disjonction ? répliquent nos contradicteurs.

Evidemment je n'en verrais aucune
si j'étais assuré que les deux droits,
dont, pour ma part, je suis un partisan
résolu, soient acceptés *de plano* l'un
et l'autre. Il m'importerait peu dans ce
cas que les articles de loi qui régle-
raient leur exercice fussent placés sous
une rubrique commune ou fussent rangés sous deux rubriques séparées.

Mais à côté des questions de théorie
pure, il faut toujours envisager les
questions de mesure, d'opportunité, de
possibilité.

J'espère que les Chambres voteront la
liberté des associations comme la liberté
des réunions. Je ne puis cependant me
dissimuler que, parmi les hommes qui
forment la majorité dans le Parlement,
il y a des hésitations relativement à la
première de ces libertés, tandis qu'il
n'en existe aucune vis-à-vis de la
seconde.

A supposer qu'on se décide à faire
une loi de liberté sur les associations, il
est certain que ce ne sera qu'après un
examen approfondi ; s'il fallait attendre que les deux projets fussent complètement élaborés avant de demander
pour eux la sanction législative, cela
retarderait nécessairement le vote de
l'une de ces deux libertés dont les hommes de progrès ont à cœur de doter notre pays.

Or, si, au point de vue social, l'association est une force supérieure à cette
autre force — la simple réunion — au point
de vue politique, le droit de réunion,
condition première de l'exercice régulier et libre du suffrage universel, prime
le droit d'association : la reconnaissance
du second de ces droits est plus immédiatement nécessaire que celle du premier.

La Chambre, d'autre part, en est arrivée à la troisième année de son mandat.

C'est l'année prochaine qu'elle se renouvelle, et il est d'un haut intérêt que la loi organisatrice des réunions publiques soit votée avant l'ouverture de la période électorale de 1881.

Ce sont ces considérations pratiques qui ont déterminé la commission dont je suis le rapporteur, à présenter d'abord un rapport à la Chambre sur le droit de réunion, en se réservant d'en présenter ensuite un second sur le droit d'association.

Je crois cette méthode pratique, sage et politique.

Il ne s'agit point là, en effet, de subordonner un droit à un autre droit; il s'agit seulement d'une division utile à établir dans le travail parlementaire; et la division du travail est tout aussi indispensable en politique que partout ailleurs.

A. NAQUET.

Le Voltaire

Du 24 janvier 1880

M. Naquet continue aujourd'hui, à la Chambre des députés, son discours sur le droit de réunion; en même temps il soutient sa thèse intéressante et pratique dans le *Voltaire*. Voici son troisième article sur ce sujet :

LE DROIT DE RÉUNION

La discussion du projet de loi sur les réunions publiques a commencé samedi à la Chambre des députés. La séance a été presque exclusivement consacrée au contre-projet de M. Louis Blanc.

Ce contre-projet propose la suppression pure et simple de toutes les lois qui restreignent ou règlementent la liberté de réunion et la liberté d'association, et ne les remplace par aucune autre.

Je me suis efforcé, dans mon dernier article, de justifier la disjonction qui paraît appelée à prévaloir devant la Chambre, entre la loi sur les réunions publiques et la loi sur les associations. Je n'ai pas à y revenir.

Mais faut-il, en ce qui concerne les simples réunions, supprimer toutes les lois existantes et s'en tenir là, ainsi que le demande M. Louis Blanc? C'est ce que je conteste, et cela dans l'intérêt même de la liberté.

L'honorable président de l'extrême-gauche voit dans la réglementation dont la loi nouvelle entoure les réunions publiques une entrave à l'exercice du droit qu'ont les citoyens de se grouper pour se concerter sur leurs intérêts communs, et il proteste. Mais il accepterait évidemment, comme moi, la réglementation que consacre la nouvelle loi, si je parvenais à lui démontrer que cette réglementation a bien moins pour but de garantir l'ordre public que de sauvegarder la liberté elle-même. C'est ce que je veux essayer de faire.

La loi que la Chambre va voter supprime, en toutes matières, l'autorisation préalable, à laquelle sont encore soumises actuellement les réunions politiques et religieuses. Cela seul suffirait à constituer un grand progrès auquel, d'ailleurs, M. Louis Blanc rend hommage.

Mais elle exige une déclaration préalable; elle interdit les réunions sur la voie publique, et ceux qui la combattent voient là une entrave intolérable contre laquelle M. Louis Blanc s'élève avec vigueur.

A quoi bon cette déclaration, s'écrie-t-il? Une réunion ne peut avoir lieu que si elle est annoncée, et dès lors le gouvernement en connaîtra l'existence sans qu'il soit nécessaire de le prévenir.

Cela est vrai en ce sens que l'ordre ne serait pas menacé parce que la déclaration ne serait pas faite. Mais un maire mal intentionné, désireux de laisser se produire des désordres dans une réunion hostile à son parti, pourrait ne la point surveiller en affirmant qu'il n'en connaissait pas l'existence. Dans ce cas, la liberté ne serait point garantie. Rien de tel n'est possible avec la déclaration préalable; un maire officiellement prévenu ne pourrait plus, sans engager sa responsabilité, composer avec le désordre.

En ce qui concerne la voie publique, c'est bien plus grave encore.

Les partis hostiles à la République n'ont point désarmé, et ils profiteront de toutes les armes que nous leur donnerons pour combattre nos institutions.

Cela ne m'effraye pas, aussi longtemps que les armes que je leur laisse sont celles de la libre discussion; mais cela m'effraierait si je leur laissais cette arme puissante, la calomnie.

Qu'on suppose des monarchistes reproduisant les scènes des blouses blanches de l'Empire, envahissant la place publique un jour de marché pour y tenir une réunion, en apparence républicaine, entravant les négociants et les cultivateurs dans leurs transactions et proclamant le lendemain que la République sacrifie les intérêts les plus chers des travailleurs à son amour de l'agitation; qu'on suppose ce fait se renouvelant un grand nombre de fois sur plusieurs points du territoire, croit-on que cela fût sans danger pour nos institutions? Nul n'oserait le prétendre. Et cependant cela serait possible si les lois existantes abrogées n'étaient remplacées par rien.

Au point de vue de l'action même du gouvernement, le silence de la loi menace plus la liberté que ne le fait une législation positive qui limite, précise, et par cela même reconnaît d'une manière formelle le droit des citoyens.

Avant 1848, la France était dans la situation légale que rêve M. Louis Blanc, dans la situation légale où se trouve encore à cette heure la Belgique, Depuis 1834, toutes les déclarations ministérielles qui s'étaient succédé, tous les arrêts des cours et tribunaux, aboutissaient à cette conclusion : les articles 291-294 du Code pénal et la loi du 10 avril 1834 ne s'appliquent qu'aux associations; le droit de réunion est reconnu.

Reconnu jusqu'au jour où le gouvernement effrayé invoqua des lois de police dangereuses par leur défaut de précision, lois de police que l'opposition déclarait n'être pas applicables dans l'espèce, que le ministère affirma avoir le droit d'appliquer, et dont l'application provoqua cette crise qui aboutit à la révolution de Février.

On cite souvent l'Angleterre; mais on oublie trop par quelles luttes l'Angleterre a passé; que, chez nos voisins, la liberté absolue est pratiquée sans être légalement reconnue, que, si des meetings se produisent sans obstacle, c'est que le gouvernement anglais est aussi respectueux des droits des citoyens que les citoyens sont respectueux de la loi; que s'il ne l'était pas, s'il voulait faire de la répression, cela lui serait d'autant plus facile qu'il ne serait limité par aucun texte précis; que l'appréciation de ce qui doit être considéré comme réunion légale et comme réunion illégale, résulte de textes vagues laissant une large part à l'arbitraire.

J'accepterais cette situation pour la France, si j'étais certain de conserver toujours un gouvernement libéral et tolérant. Mais quelque confiance que j'aie dans l'avenir de la République, j'estime qu'il faut prévoir les revers possibles. Suivant Napoléon Iᵉʳ, un général assuré de la victoire doit toujours préparer sa retraite comme s'il s'attendait à être battu. Ce principe est vrai en politique comme à la guerre, et c'est être imprévoyant, lorsqu'on est au pouvoir, que de ne ne pas même vouloir envisager la possibilité d'événements qui vous en précipiteraient et y ramèneraient l'ennemi.

En somme, il est facile, en présence d'une loi qui édicte des formalités en apparence restrictives de la liberté, de dénoncer l'abandon des principes, de proclamer que les droits de la nation sont menacés et méconnus. Mais lorsqu'on serre d'un peu plus près la question, on voit que, loin de mieux défendre la liberté que ceux qui la limitent et la déterminent, ce sont ceux-là qui refusent d'en préciser l'exercice qui livrent sans s'en douter les citoyens à l'arbitraire des gouvernements.

A. NAQUET.

Le Voltaire

Du 2 février 1880

LE DROIT DE RÉUNION

La loi sur les réunions publiques est votée en première délibération.

Grâce à l'attitude ferme de la commission, le gouvernement, qui avait accepté tout d'abord l'œuvre du précédent cabinet, a fait des concessions diverses.

Il a consenti à ce que l'intervalle à courir entre la déclaration et l'ouverture de la réunion soit réduit à deux heures au cours de la période électorale, ou lorsqu'il s'agit d'assemblées tenues par des mandataires du pays rendant compte de leur mandat à leurs électeurs.

Il a compris que le droit réservé au pouvoir exécutif d'ajourner les réunions publiques en cas de troubles imminente, — droit que la commission conteste, même en temps ordinaire, aussi longtemps que les troubles imminents ne sont pas définis,—serait monstrueux pendant la période électorale; et il a consenti à modifier son article 10 dans ce sens.

Enfin il a été battu sur la disposition restrictive par laquelle il exigeait que les déclarants fussent tenus de spécifier l'objet de la réunion, et dont la conséquence eût été le droit concédé à l'autorité de défendre celle-ci au cas où le bureau laisserait mettre en discussion des sujets autres que ceux qui auraient été annoncés.

J'espère que malgré les réserves qu'il a faites sur ce point, il se ralliera au texte de la Chambre — et ne le combattra pas lors de la seconde délibération.

Le projet qui, à des modifications secondaires près, est à la veille de devenir la loi, a été l'objet de critiques. Certains journaux l'ont accusé d'être entaché d'esprit réactionnaire et, avec une entière courtoisie pour la personne, mon ami Camille Pelletan prétendait, il y a quelques jours, qu'en m'entendant le défendre on croyait entendre parler M. Forcade de la Roquette.

Je suis convaincu que M. Pelletan regrettera un jour cette appréciation injuste, lorsqu'au fonctionnement de la loi nouvelle, il reconnaîtra le progrès accompli.

M. de Forcade de la Roquette — ou plus exactement M. Josseau, car c'est lui qui défendit la loi de 1868, au nom du gouvernement, — ne demandait pas au Corps législatif de supprimer l'autorisation préalable, pour les réunions où devaient être discutées des questions politiques ou religieuses.

Il ne permettait pas, en temps d'élection, que la réunion ait lieu deux heures après la déclaration. Il exigeait un jour franc, soit un délai de près de quarante-huit heures.

Il ne refusait pas à l'autorité le droit — même en période électorale — d'ajourner ou d'interdire les réunions qui lui paraîtraient de nature à troubler l'ordre.

Il investissait le commissaire de police de la faculté de défendre les réunions, lorsqu'elles s'écarteraient, dans leur discussion, du sujet annoncé.

Il y a donc entre les deux lois des différences capitales.

La loi de 1868 était une loi impériale, une loi qui laissait le droit qu'ont les citoyens de se réunir entièrement à la discrétion du gouvernement.

La loi que la Chambre des députés vient de voter en première lecture est, au contraire, une loi de liberté, qui place le droit des citoyens hors des atteintes du pouvoir exécutif, et même dans de certaines limites, hors des atteintes du pouvoir législatif.

Je dis : dans certaines limites hors des atteintes du pouvoir législatif. Je m'explique.

Si, se reposant sur la responsabilité ministérielle, on était allé moins loin dans le sens de la liberté, on aurait été à la merci d'une chambre rétrograde.

Mais avec les garanties que la nouvelle loi comportera, une Chambre réactionnaire ne pourrait atteindre le droit de réunion qu'en légiférant à nouveau, et il lui faudrait pour cela le concours de l'autre Chambre. Les libertés que le projet consacrera lorsqu'il aura la sanction définitive des deux branches du parlement seront donc à l'abri des revirements qui pourraient s'opérer dans l'esprit d'une seule Chambre. Elles ne pourraient être compromises que si la majorité se modifiait dans les deux Chambres à la fois.

Du reste, les écrivains et les orateurs qui ont combattu le projet actuel acceptaient en 1868 l'amendement que présentait l'opposition à cette époque. Que dis-je ? Ils l'acceptent encore. M. Floquet s'en est servi dans son argumentation.

Que disait donc cet amendement ?

En voici les termes :

« Les citoyens ont le droit de se réunir, en dehors de la voie publique, sous la condition de prévenir l'autorité vingt-quatre heures à l'avance. »

Ce n'était évidemment là que l'affirmation du principe philosophique sur lequel l'opposition aurait voulu établir la loi. Il est certain que si le Corps législatif avait consenti à entrer dans cette voie, il aurait fallu renvoyer l'amendement à la commission et le compléter par des dispositions de détail indispensables.

Ainsi, l'amendement exigeait que l'autorité fût prévenue vingt-quatre heures à l'avance. Mais quelle autorité? comment se ferait la preuve de la déclaration? L'autorité serait-elle tenue de délivrer un récépissé? comment obvierait-on, si elle s'y refusait, aux difficultés provenant de son refus?...

Ce simple commentaire suffit à démontrer qu'il aurait fallu, sans s'écarter de l'esprit général de l'amendement, compléter celui-ci pour en faire une loi pratique, si le Corps législatif l'eût adopté.

Eh bien! la loi nouvelle n'est que le développement de l'amendement de 1868, amélioré par la réduction du délai de la déclaration à deux heures, pendant les périodes d'élections.

Comment donc se fait-il que ce qui était libéral alors soit devenu aujourd'hui réactionnaire?

Je suis de ceux qui estiment, je l'ai dit, que rien n'est démoralisant pour un peuple comme l'exemple d'oppositions qui, arrivées au pouvoir, foulent aux pieds les principes qu'elles défendaient naguère.

Mais je pense aussi que rien n'est plus propre à faire perdre à une nation le sentiment de la vérité politique que le fait, par un parti, de combattre le lendemain, comme attentatoire à la liberté, ce qu'il acclamait la veille comme l'expression de la liberté elle-même.

Quant à moi, je suis fier de mon œuvre. Au lieu de me tenir dans des affirmations générales impossibles à traduire actuellement en lois, sauf à laisser mon pays régi par la législation de l'empire, j'aurai contribué à l'édification d'une loi positive, à l'abri de laquelle pourront achever de se former et de se développer les mœurs de la liberté, c'est-à-dire les mœurs républicaines.

Cela me suffit et, si la loi — ainsi que j'en ai le ferme espoir — passe au Sénat comme à la Chambre, j'estimerai que n'eussé-je fait que cela au cours de ma vie politique, je n'aurai pas été inutile à mon pays.

A. NAQUET.

Le Voltaire

du 5 février 1880

LE DIVORCE

LA QUESTION DU DIVORCE
Par Alexandre Dumas

Le *Gaulois* et le *Figaro*, dans leur supplément portant la date du dimanche 1ᵉʳ février, renfermaient : l'un, l'introduction que le P. Didon a mise à ses conférences sur le mariage et le divorce qu'il vient de publier; l'autre, un long extrait du livre de M. Alexandre Dumas. J'ai sous la main ces deux volumes que je tiens de la courtoisie de leurs auteurs.

De l'introduction du P. Didon, je n'ai point à parler ici. Elle n'ajoute rien aux idées développées par leur auteur du haut de la chaire de Saint-Philippe-du-Roule, et auxquelles je me suis efforcé de répondre soit dans les colonnes du *Voltaire*, soit dans des conférences publiques.

Il en est tout autrement de l'admirable livre de M. Dumas, dont les lecteurs du *Figaro* sont loin d'avoir une idée complète ou même suffisante. Malgré le soin extrême qu'a mis l'auteur de la *Question du Divorce* à ne rien dire de blessant pour personne, il a dû, au cours de sa discussion, proclamer des vérités que n'auraient pas lues toujours avec plaisir les abonnés de la feuille de la rue Drouot, auxquels, tout en les renvoyant au volume, il a fallu servir une *Question du divorce* expurgée.

M. Dumas dédie son livre à M. l'abbé Vidieu, qui a écrit lui-même contre le divorce, un livre : *Famille et divorce*, où se trouvent réunis tous les arguments théologiques que les catholiques nous opposent. C'est donc surtout, au point de vue de la théologie, de la Bible, des écritures, qu'il a traité la grande question que je me suis toujours borné à traiter au point de vue social, comme M. Léon Renault, comme Odilon Barrot, comme Treilhard, comme tous ceux qui ont envisagé cette question au point de vue civil et législatif.

M. Alexandre Dumas, en abordant la question dogmatique elle-même, entre dans un terrain vierge. Son livre sera certainement lu avec passion, et il achèvera de faire tomber les préjugés et de faire pénétrer la vérité dans les esprits rebelles.

Comme le P. Didon, M. l'abbé Vidieu fait appel à la Bible, nous parle de l'union indissoluble, d'Adam et d'Ève, et de cette famille « ainsi constituée par le » mariage tel que Dieu l'a établi, et qui » devient un temple sacré, un sanctuaire » mystérieux et doux dont les cœurs » unis forment l'autel. »

J'ai déjà répondu à ce singulier argument que si, aux termes du livre sacré, Adam et Eve, qui étaient *seuls sur la terre*, avaient formé — ce qui est assez naturel — une union monogame et indissoluble, il en avait été tout autrement de leurs descendants.

Cette affirmation, M. Dumas la démontre par des citations mêmes de la Bible. En voici une notamment que se garde bien de donner le *Figaro* et qui est assez significative :

Mais la famine étant survenue dans le pays, Abraham descendit en Egypte pour y demeurer quelque temps, car la famine était grande au pays.

Et il arriva, comme il était près d'entrer en Egypte, qu'il dit à Sarah, sa femme :

« Voici je sais que tu es une belle femme, et il arrivera que, lorsque les Egyptiens t'auront vue, ils diront : « C'est la femme de cet homme-là, et ils me tueront, mais ils te laisseront vivre.

Dis donc, je te prie, que tu es ma sœur, afin que je sois bien traité à cause de toi et qu'ils me sauvent la vie à ta considération. »

Il arriva donc, sitôt qu'Abraham fut venu en Egypte, que les Egyptiens virent que cette femme était fort belle.

Les principaux de la cour de Pharaon la virent aussi et la louèrent devant ce roi et elle fut enlevée pour être menée dans la maison de Pharaon.

Lequel fit du bien à Abraham à cause d'elle et il sorte qu'il en eut des brebis, des bœufs, des ânes, des serviteurs, des servantes, des ânesses et des chameaux.

Mais l'Eternel frappa de grandes plaies Pharaon, et sa maison, à cause de Sarah, femme d'Abraham.

Alors Pharaon appela Abraham et lui dit : *Qu'est-ce que tu m'as fait ? Que ne m'astu averti qu'elle était ta femme ? Pourquoi as-tu dit : « C'est ma sœur. » Je te l'avais prise pour être ma femme ; mais maintenant voici ta femme, prends-la et t'en vas.*

Et M. Dumas ajoute :

Que pensez-vous, monsieur l'abbé, entre nous, de ce patriarche, en qui l'esprit de Dieu est toujours présent, avec qui Dieu a fait alliance parce qu'il est un homme vertueux et qu'il a contracté conséquemment le mariage un et indissoluble, établi par Dieu lui-même dans l'union d'Adam avec Eve ; que pensez-vous de cet époux selon Dieu qui, prévoyant ce qui va arriver, recommande à sa femme de dire qu'elle n'est que sa sœur, qui la laisse partager la couche du roi pour n'être pas mis à mort, qui finalement tire de la situation des brebis, des chameaux et des ânes, et qui ne la reprend que quand Pharaon la lui rend en lui faisant des reproches très mérités sur sa conduite, et qui prouvent que le roi d'Egypte avait sur la morale des notions plus exactes qu'Abraham en alliance avec Dieu. Ce qui n'empêchera pas Abraham, quelques années plus tard, de recommencer avec Sichem ce qu'il vient de faire avec Pharaon, sans que Dieu trouve jamais rien à redire à la chose, puisque, quelques versets plus loin, lorsque Abraham se sera séparé de son neveu Loth, un autre patriarche qui aura une manière à lui d'élever ses filles et de perpétuer sa race, Dieu apparaîtra de nouveau à Abraham et lui faire le moindre reproche de sa conduite avec sa femme, sans y faire même la moindre allusion, il confirmera de nouveau son alliance et lui dira :

« Je te donnerai, et à ta postérité, pour jamais tout le pays que tu vois... »

Et M. Dumas montre ensuite Abraham recevant, pour avoir une postérité, une maîtresse qui n'était autre que sa servante Agar, et que lui amenait sa femme Sarah.

On comprend, quand on parcourt ces textes, pourquoi les catholiques sont tenus de ne pas lire la Bible, et l'on avouera, après les avoir médités, qu'il faut un certain aplomb pour venir déclarer que la monogamie, l'indissolubilité du mariage, trouvent un point d'appui dans l'ancien Testament.

M. Dumas ne s'en tient pas là, il aborde le nouveau Testament; il fait appel au texte de Saint-Mathieu, qui permet le divorce dans le cas d'adultère, et, rappelant les pénalités horribles dont l'adultère a été frappé par presque toutes les législations, il n'a pas de peine à établir qu'en nous refusant le divorce, on aboutit en fait au sinistre « tue-le » ou « tue-la » qui n'est autre chose que le retour à la barbarie.

Enfin, il a osé dire — et il faut l'en louer — que l'Eglise, sous le nom de *nullité de mariage*, prononce de véritables divorces, qu'elle disjoint des époux pour des causes qui sont postérieures au mariage, et qu'elle masque sous l'apparence de causes antérieures qui n'ont jamais existé ou sont impossibles à prouver.

Ainsi il raconte qu'en 1871 ou 1872, une célèbre courtisane, après avoir trouvé moyen de se faire épouser par un catholique appartenant à un pays où le mariage est demeuré un sacrement religieux, voulut épouser un hérétique millionnaire qui tenait absolument à lui donner son nom. L'église catholique du pays où le mariage avait eu lieu annula le mariage, par la raison « *qu'il n'avait jamais été consommé* » et l'épouse libérée devint la femme de l'hérétique en question.

« Qu'a curieux, ajoute M. Dumas, de savoir, étant donné la situation antérieure des deux époux, comment l'Eglise a pu avoir la preuve certaine que le mariage n'avait jamais été consommé. Les deux époux l'ont déclaré et l'Eglise s'est contentée de leur déclaration. Nous n'oserons jamais demander des moyens aussi simples pour le divorce. »

L'auteur du livre que j'analyse, avec une grande hardiesse, montre aussi que, pour être conséquente, l'Eglise aurait dû, en 1816, en même temps qu'elle obtenait l'abrogation du divorce, réclamer, au même titre, le rétablissement de l'éternité des vœux ecclésiastiques, ce dont elle s'est bien gardée.

« Ainsi, monsieur l'abbé, dit-il, les prêtres ont le divorce et nous ne l'avons pas. Tandis que les Français ont perdu le droit de divorcer d'avec l'épouse adultère, homicide, voleuse, galérienne, tandis que les Françaises ne peuvent divorcer d'avec l'époux adultère, homicide, voleur, galérien, vous qui unis à l'épouse infaillible, immaculée, impeccable, l'Eglise, vous avez le droit de la répudier du jour au lendemain sans avoir à en appeler à d'autres tribunaux que celui de votre conscience; les religieuses qui ont épousé Jésus ont le droit, sans que rien au monde puisse les en empêcher, de rompre ces noces divines. Vous n'usez que bien peu de ce droit, direz-vous sans doute à cause des qualités particulières de l'époux et de l'épouse, mais enfin, ce droit vous l'avez et nous n'avons pas le droit équivalent. »

Je voudrais pousser plus loin les citations, mais je crois en avoir montré assez dans quelques pages pour faire connaître le problème que l'auteur s'est posé et a résolu. On le lira.

Quant à moi, je veux déclarer ici — et ce sera par là que je terminerai — que ce livre n'est pas seulement, ainsi que le dit le *Figaro*, un beau livre. C'est quelque chose de plus : c'est un bon livre, un livre qui exercera une salutaire action sur les mœurs et qui aidera ainsi

puissamment à l'œuvre législative que
d'autres ont entreprise et s'efforcent de
mener à bonne fin.

A. NAQUET.

Le Voltaire.
du 8 février 1880

LE DIVORCE

A M. SAINT-GENEST

Le *Figaro* affirmait, il y a quelques
mois, par la plume de M. Wolf, qu'il
était inutile de disserter sur l'utilité de
rétablir le divorce — cette utilité étant
admise partout — et qu'il suffisait de
bien indiquer dans quelle limite on l'autoriserait.

Le même *Figaro* vient de publier un
article de M. Saint-Genest qui repousse le divorce :

Comme profanant le mariage où il introduit
la polygamie successive, et, ce qui est pire encore, la polygamie de la femme que les législateurs les plus relâchés n'ont jamais connue...,
comme exerçant sur la famille un pouvoir qui
n'appartient qu'à la mort ; comme violant les
droits des enfants dont il fait des orphelins, et
des orphelins qui n'ont pas même la pitié, qui
n'ont que la défaveur des hommes... ; comme
l'abolition du sacrifice dans la société, comme
un exemple fait pour apprendre aux passions
qu'il n'y a pas d'engagements si sacrés qu'elles
n'aient le droit de dissoudre.

Ces paroles sont de M. Ozanam ; mais
M. Saint-Genest les fait siennes, et
les lecteurs du journal qui les reproduit
doivent être quelque peu embarrassés
entre des affirmations aussi contradictoires que celles qu'ils y trouvent à quelques mois, — que dis-je ? — à quelques
jours d'intervalle.

L'article de M. Saint-Genest est
adressé à M. Alexandre Dumas. M.
Alexandre Dumas est de force à y répondre et y a même répondu par antici-
pation dans son beau livre. Je n'aurais
donc pas à en parler si je ne m'étais engagé vis-à-vis des lecteurs du *Voltaire* à
ne laisser aucune attaque sans réfutation. M. Dumas le comprendra et me
pardonnera, je l'espère, d'intervenir
dans le débat.

Un des grands arguments de M. Saint-
Genest est une peinture des mœurs russes et des désordres auxquels le Divorce
donne lieu dans ce pays.

Vous avez habité les pays du divorce, n'est-
ce pas, monsieur ? Vous avez été à Petersbourg,
à Moscou ?

J'y ai été deux fois. J'ai vu là ces choses sur-
prenantes. J'ai vu cette société charmante et
facile. J'ai vu ces femmes pour qui le mariage
est comme un rendez-vous, un contrat de plaisir.

J'ai vu ces femmes, dont les trois maris se
rencontrent dans le même salon, pendant qu'au
milieu de leurs différents pères, les enfants
peuvent à peine s'y reconnaître.

J'ai vu ces femmes qui parfois n'ont pu épouser leur second mari qu'en promettant au premier d'aller passer six semaines dans son châ-
teau, sous prétexte de lui conduire ses enfants.

J'ai vu ces femmes, qui, pour obtenir le divorce, sont le plus souvent forcées de s'entendre à la fois avec leurs époux et leurs amants,
afin d'être dans la situation exigée par la loi.

Cette peinture est faite peut-être pour
toucher les esprits incultes et les cœurs
sensibles. Elle n'a qu'un défaut, mais il
est capital : c'est d'être fantaisiste et de
ne répondre nullement à la réalité.

Si le divorce existe en Russie, ce pays
est de ceux où il est le moins facile. Il n'y
est abordable qu'aux riches vu les formalités extrêmement coûteuses dont il
est entouré, et il ne peut être prononcé
que par un acte souverain de l'empereur, très difficile à obtenir. Enfin, c'est
des tribunaux ecclésiastiques que res-
sortent, dans l'empire des czars, toutes
les causes qui concernent le mariage.

C'est donc seulement en rêve que M.
Saint-Genest a pu voir à Saint-Péters-
bourg et à Moscou le hideux déploie-
ment d'immoralité auquel il nous fait
assister dans son article, et c'est ailleurs
qu'il devra chercher des arguments s'il
veut porter la conviction dans les âmes.

Il croit en trouver un — bien vieux,
bien usé, que j'ai, pour ma part, réfuté dans toutes mes conférences,
mais que je dois réfuter de nouveau
puisqu'on le réédite. Dans le

prétendu aristocratique de la loi du divorce.

Et, d'abord, je voudrais parler de ceux qui, réclamant aujourd'hui cette loi, ont le grand bonheur de vous avoir pour avocat.

Quels sont ces hommes? Ce sont les démocrates et les républicains, n'est-ce pas? Les fils de notre grande Révolution.

Or, qu'est-ce que le divorce? A qui a-t-il servi jusqu'ici?

Est-ce aux travailleurs, aux paysans, aux ouvriers, aux bourgeois.

Non, n'est-ce pas, c'est aux empereurs, aux rois, aux nobles, aux seigneurs. C'est eux, et eux seuls, qui s'en sont servi. C'est contre eux que la cour de Rome a eu à lutter, au point de préférer perdre une province plutôt qu'un principe.

Et avec qui était le peuple dans ces luttes?... Toujours avec l'Eglise!... Avec l'Eglise pour la femme légitime, avec Ingeburge contre Agnès de Méranie. Dans aucun temps le divorce n'a été à l'usage du peuple chrétien, pas plus que la polygamie n'est aujourd'hui à l'usage des peuples mahométans. C'était une loi de bon plaisir, au profit exclusif des grands et des souverains.

Eh bien! comment donc, depuis près d'un siècle, le divorce est-il demandé par la République, c'est-à-dire par le gouvernement des masses?

. . . .
. . . .
. . . .

Quand notre grande révolution s'est faite pour détruire les privilèges pourquoi les révolutionnaires actuels n'ont-ils qu'une pensée, c'est d'en rétablir un. Qu'y a-t-il donc là-dessous, quelle est leur secrète pensée?

Il y a deux erreurs dans cette boutade.

D'abord, M. Saint-Genest se trompe, s'il croit trouver dans les républicains un esprit de caste. Les castes ont été abolies en 1789 et, loin de chercher à les faire revivre, même au profit de l'ouvrier, comme semble le croire le rédacteur du *Figaro*, nous ne cherchons qu'à en faire disparaître les derniers vestiges.

Si donc il était vrai que le divorce — loi de liberté et de justice — ne dût profiter qu'aux grands de la terre, les républicains le réclameraient encore. Ils ne cherchent pas, avant de demander la suppression d'une loi inique, sur quel échelon social sont placés ceux qu'elle frappe. L'injustice existe, cela suffit,

quels que soient ceux qu'elle frappe, pour qu'ils s'efforcent de la supprimer. Et, chose bien digne de remarque, alors même qu'il ne doit pas en profiter, le peuple les approuve, le peuple généreux qui ne combat point pour lui seul, et qui brise les Bastilles, faites cependant pour les privilégiés de ce monde et qui ne le touchent pas.

Mais il n'est pas vrai que le divorce soit une loi aristocratique. C'est au contraire une loi démocratique.

Sur 2,500 séparations de corps et de biens que prononcent annuellement les tribunaux, plus de 1,400 sont provoquées par des ouvriers, et les ménages séparés ouvriers sont de beaucoup les plus intéressants.

Le riche séparé qui obtient la garde de ses enfants peut les confier à des gouvernantes, peut les placer dans des pensionnats présentant toutes les garanties désirables, peut, en un mot, mener à bien leur éducation.

L'ouvrier — et ce que je dis ici s'applique tout aussi bien à l'ouvrière — qui est obligé d'aller gagner à l'usine le pain du jour, ne peut pas surveiller ses enfants et n'a ni le moyen de les confier à une gouvernante, ni celui de les mettre dans un bon pensionnat. Si de secondes noces, rendues possibles par le divorce, ne viennent pas lui permettre de reconstituer une famille, l'enfant sera abandonné à la rue et livré à tous les entraînements des passions, à tous les mauvais exemples, et peut-être même les mauvais exemples conduiront-ils un jour sur les bancs de la police correctionnelle ou de la cour d'assises, celui qui, placé sous la vigilance d'une honnête femme — ne fût-elle pas sa mère — aurait pu devenir un bon citoyen utile à son pays.

Mais, reprend M. Saint-Genest, ce n'est pas mon seul étonnement. Pour rompre un lien, n'est-ce pas, il faut d'abord que ce lien existe. Pour divorcer, la première chose c'est d'être marié.

Or, monsieur, vous qui connaissez le peuple, comment vit-il? La majeure partie croupit dans une sorte d'accouplement bestial, accouplement dont ne se doutent pas les heureux du monde et qui rempliraient de surprise le voyageur parisien qui découvrirait de pareilles mœurs dans les plus lointaines tribus d'Amérique.

Je doute que l'auteur de ces lignes ait étudié le peuple. Le nombre relativement énorme des séparations provoquées par des hommes ou des femmes du peuple, prouve qu'on se marie en bas comme en haut. Seulement, l'ouvrier et l'ouvrière séparés ne peuvent pas, comme on le peut dans l'aristocratie, se passer d'un mari ou d'une femme. Ici, les secondes noces s'imposent; et si la loi les interdit, elles se font sans la loi. La plupart des unions libres dont parle notre contradicteur, sont contractées par des personnes déjà mariées, et s'il était vrai que « la majeure partie des ouvriers vécut dans un accouplement bestial, » ce n'est pas, comme le fait plus loin M. Saint-Genest, « au mariage » civil » qu'il faudrait en faire remonter la cause. C'est à l'indissolubilité du mariage qui place l'ouvrier dans l'alternative d'un isolement pour lui impossible ou d'une union illégitime.

Le *Figaro* est donc mal venu à chercher à nous mettre en opposition avec nous-mêmes en nous accusant de faire une loi de privilège.

La loi du divorce, ne dût-elle profiter qu'à quelques-uns, nous la ferions encore, si nous la jugions juste et salutaire.

Mais c'est une loi essentiellement démocratique. Les aristocrates, les privilégiés, — à quelques rares et très honorables exceptions près, — comme celles de Mme de Beauffremont et du prince Bibesco, se passent du divorce; l'immoralité leur suffit.

Et c'est parce qu'ils n'en n'ont pas besoin, c'est parce que cette loi, bonne, sage et morale pour tous, est surtout indispensable aux pauvres, que M. Saint-Genest la repousse. S'il s'agissait d'une loi de privilège, il en serait peut-être l'ardent promoteur.

A. NAQUET.

La petite République Française
du 11 février 1880

QUESTION DU DIVORCE

La situation des enfants

On se préoccupe, beaucoup, dans toutes les classes sociales, de la prochaine discussion parlementaire sur la proposition Naquet. Une des lettres que nous avons reçues à ce sujet touche au point le plus intéressant de la question. Nous avons transmis cette lettre à l'honorable M. Naquet, qui nous a adressé une réponse nette et précise que voici :

Monsieur le rédacteur en chef de la
Petite République française,

On vous demande ce que deviendront les enfants en cas de divorce, s'ils seront laissés à la mère jusqu'à sept ans, s'ils seront remis immédiatement au père, en un mot quelle sera leur situation.

La question qui vous est faite me démontre qu'on lit et qu'on écoute bien peu ce qui s'écrit et se dit, à ce point que je suis honteux de devoir répéter encore ce que j'ai répété déjà plus de cent fois sous toutes les formes. Je le ferai cependant.

Il existera, si la loi passe, deux modes de divorces : le divorce par consentement mutuel et le divorce pour causes déterminées.

Dans le cas du divorce par consentement mutuel, c'est aux parents qu'il appartiendra de décider d'un commun accord à qui seront remis les enfants. Leur demande en divorce ne sera recevable que si, en la faisant, ils présentent leurs conventions formelles sur ce point.

Quant au divorce pour causes déterminées, ce sera purement et simplement la séparation de corps et de biens actuelle avec dissolution complète du mariage et faculté laissée aux deux époux de se remarier.

Aujourd'hui, en ce qui concerne les enfants, la loi dit (art. 302) qu'ils seront confiés à la garde de celui des parents qui a obtenu la séparation (la loi dit même divorce, parce que c'est la loi sur le divorce de 1803 qui est appliquée à la séparation de corps, à moins que le tribunal [illegible] plus grand avantage des enfants [illegible] les confier à l'autre [illegible].

L'article 303 ajoute qu[e l']époux qui n'a pas obtenu [illegible] enfants, ou les deux époux [illegible] obtenue ni l'un ni l'autre, [illegible] néanmoins sur la manière dont les [illegible] sont et [illegible] un droit de [illegible] pourront donner lieu à [illegible].

Enfin, la loi [illegible] l'obligation [illegible] les deux parents, qu'ils aient [illegible] garde des enfants de pourvoir aux [illegible] de leur entretien, proportionnellement à leur fortune.

Le Code investit donc [illegible] les tribunaux d'un pouvoir discrétionnaire. S'il leur trace des lignes générales ; s'il reconnaît que, quand il n'y a pas d'obstacles, il vaut mieux laisser les enfants à la mère jusqu'à sept ans et, après, les confier à l'époux réputé innocent, ce ne sont là que des indications auxquelles les tribunaux peuvent parfaitement ne pas se conformer.

Le législateur a voulu laisser au juge l'appréciation souveraine de ce qui convient le mieux à l'enfant et le droit de se décider pour la solution qui, dans chaque cas, lui paraît la plus favorable.

Le rétablissement du divorce, en vue duquel ces dispositions avaient été établies, ne changera rien sur ce point, ni à la loi ni à la jurisprudence actuelles.

Voilà la réponse que j'ai à adresser à votre correspondant. Espérons que, dans une semaine, on ne me posera pas, pour la cent-unième fois la même question.

Veuillez agréer, monsieur le rédacteur en chef, l'expression de toute ma reconnaissance pour la courtoisie avec laquelle vous avez mis votre feuille à ma disposition, et recevez l'assurance de ma considération distinguée.

A. NAQUET.

Le Voltaire

du 28 février 1880

LA LIBERTÉ DE CONSCIENCE

DANS L'ARMÉE

M. Saint-Genest disait récemment dans le *Figaro* qu'il y a deux Frances dans la France, la France catholique et la France républicaine, et qu'entre ces deux Frances la guerre est déclarée sans trêve ni merci.

M. Saint-Genest a raison.

Non cependant que le parti républicain ait pris à tâche, comme le prétendent nos adversaires, de combattre et de détruire le catholicisme, mais parce que le parti républicain a inséré dans son programme la liberté de conscience.

Que les catholiques aillent à la messe, se confessent et communient, nous n'y voyons aucun mal, pourvu qu'ils laissent les juifs aller librement à la synagogue, pourvu qu'ils laissent les protestants aller librement au prêche, pourvu qu'ils permettent aux libres-penseurs de ne régler leur conduite que sur les lois de la morale positive et de n'aller nulle part.

Mais ce n'est point là ce que réclame le catholicisme. Ancienne religion de l'État, la religion catholique se considère toujours, en droit, comme telle, malgré les lois qui ont successivement sécularisé notre société, et elle essaie toujours de le redevenir en fait : tantôt ostensiblement, comme en 1815, tantôt [illegible] moyens détournés comme sous [illegible] régimes qui se sont succédé [illegible] cette époque néfaste ; nulle part l'Église catholique ne consent à se mettre sur le pied de l'égalité avec les autres cultes ; nulle part on ne la voit accepter les droits de la libre pensée.

Ces tendances partout manifestes ont été particulièrement sanctionnées par le premier empire dans le décret du 24 messidor an XII, par le second empire dans le décret réglementaire du 13 octobre 1863, décrets qui règlent les rapports de l'armée avec les cérémonies du culte catholique. Enfin, l'Assemblée nationale, qui n'avait d'autre majorité qu'une majorité cléricale, qui ne se retrouvait compacte que sur les questions religieuses, et dont l'unique préoccupation était d'implanter dans notre pays la domination du parti ultramontain, l'Assemblée nationale acheva de consacrer ces tendances en votant la loi du 20 mai 1874, qui instituait l'aumônerie militaire.

Les dispositions des décrets de messidor an XII et de 1863 sont peu connues. Il suffit d'en indiquer une pour montrer à quel point ces dispositions, qui soumettent aux mêmes obligations tous les soldats sans distinction de croyance, sont contraires à l'esprit d'une législation vraiment laïque, au principe de la liberté de conscience.

Aux termes du décret réglementaire de 1863, « quand les processions du

» Saint-Sacrement ont lieu dans les
» villes où elles sont autorisées, les
» troupes sont formées en bataille sur
» les places où la procession doit passer.
» Deux compagnies d'élite escortent le
» Saint-Sacrement; à défaut d'infante-
» rie, l'escorte est fournie par des déta-
» chements de troupes à cheval faisant
» le service à pied. Ces troupes mar-
» chent en file sur un rang, à droite et à
» gauche du dais. » (Art. 342.)

Aux termes du même décret (art. 307),
« lorsque le Saint-Sacrement passe de-
» vant une troupe en armes, elle fait
» halte si elle est en marche et se forme
» en bataille. Les hommes dans le rang
» présentent les armes, mettent le genou
» droit à terre et portent la main droite
» à la coiffure. Les tambours et les clai-
» rons battent et sonnent aux champs,
» les trompettes sonnent la marche.
» Tous les officiers saluent de l'épée ou
» du sabre. Les drapeaux et étendards
» saluent. »

Il est incontestable que de pareilles
dispositions ne peuvent demeurer en
vigueur dans une République qui entend respecter les convictions catholiques, mais qui ne saurait permettre
aux catholiques de froisser les convictions de ceux qui ne pensent pas comme
eux, en les obligeant à s'incliner devant
leurs dogmes.

C'est sous l'empire de ces sentiments
que M. Saint-Martin (de Vaucluse) a déposé, le 26 mai 1879, sur le bureau de la
Chambre des députés une proposition
de loi tendant à *garantir* la liberté de
conscience dans l'armée.

L'article 1ᵉʳ de cette proposition était
ainsi conçu :

« Les officiers, sous-officiers, soldats
» ou marins des armées de terre et de
» mer ne peuvent être appelés, soit in-
» dividuellement, soit collectivement, à
» concourir ou assister aux actes ou cé-
» rémonies d'un culte. »

Les articles 2 et 3 visaient la suppression de l'aumônerie militaire.

Renvoyée à une commission d'initiative, la proposition de loi de M. Saint-
Martin a été prise en considération. Elle
a été ensuite soumise aux bureaux qui,
conformément au règlement, ont nommé une commission de onze membres
pour l'examiner et présenter un rapport
à la Chambre.

Cette commission a scindé en deux la
proposition de loi.

Toute la partie qui se rapportait à l'aumônerie militaire en a été distraite. Elle
se confondait, en effet, avec une proposition antérieure présentée par M. Du-
vaux et cent deux de ses collègues, proposition qui a été depuis votée par la
Chambre et qui est en ce moment pen-
dante devant le Sénat. Le but que se
proposait M. Saint-Martin avait reçu
pleine satisfaction sur ce point.

Mais la commission a été unanime à
adopter, sauf une addition peu importante, l'article premier du projet Saint-
Martin, et c'est l'auteur même de la proposition qu'elle a chargé du rapport.

Ce rapport vient d'être distribué, il
y a quelques jours à peine. Il est remarquable à la fois par l'élégance de la forme, par la netteté des idées, par la solidité des arguments et par l'esprit de
vraie liberté qui y règne. Qu'on en juge
par ce passage :

« Or, le saint-sacrement est l'image
» d'un dogme spécial à une religion po-
» sitive. Pour le catholique, c'est le
» saint des saints, c'est l'expression ma-
» jestueuse d'une conception religieuse
» de premier ordre; pour le protestant,
» c'est faire acte d'idolâtrie que d'hono-
» rer une hostie consacrée, et le dogme
» de la présence réelle est pour lui un
» mensonge; pour l'israélite, la pré-
» sence de ce symbole éveille des sou-
» venirs de haine; pour le libre-pen-
» seur, c'est au moins un spectacle in-
» différent. Et cependant, tous devront
» mettre le genou à terre, marque de
» respect et d'adoration; tous devront
» affecter des attitudes de catholiques
» croyants et dévots. L'acte de foi est
» ici un service commandé. Si le soldat
» qui s'incline devant le saint-sacrement
» n'est pas catholique, ou si, né catho-
» lique, il a cessé de l'être, de deux
» choses l'une : il se résigne à l'hypo-
» crisie et se rabaisse, ou bien il pro-
» teste, mais sa conscience demeure vio-

» lentée. Toute l'armée, l'armée laïque,
» est exposée à subir la douleur de ce
» dilemme. »

On a dit, il est vrai, que ce sont là des services commandés où les soldats vont par ordre, sans que la conscience y soit en jeu; mais M. Saint-Martin répond à cette objection, dans son rapport, que si l'armée a ses règlements, ses lois, sa discipline, qui lui donnent l'unité, la force, la dignité, cette discipline, ces lois, ces règlements ne doivent point tendre ni aboutir au-delà, qu'aller au-delà c'est diminuer le soldat et l'armée, porter atteinte à leur liberté morale dans ce qu'elle a de plus sacré, les mettre par conséquent dans une situation inférieure par rapport aux autres membres de la société française.

Le projet de la commission comporte cependant une exception à cette règle, en ce qui a trait aux honneurs funèbres. Déciderait-on que les troupes n'assisteraient plus à ces cérémonies parce que d'ordinaire une religion, celle du défunt, y mêle ses rites? Les catholiques qui, sous l'Assemblée nationale, empêchaient le piquet d'honneur d'accompagner le convoi du représentant Brousse parce que l'enterrement était civil, auraient dû trouver une pareille exclusion naturelle, mais il a paru qu'aller, comme eux, jusque-là, serait excessif. On a considéré que dans les honneurs funèbres « il s'agit moins d'une cérémonie
» de telle ou telle église que d'une mar-
» que éclatante de respect, de regret et
» d'hommage envers un personnage en
» faveur duquel la fonction fut, quand
» il vivait, une présomption de mérite et
» de vertu. »

Toutefois si l'on s'en était tenu à cette exception, celle-ci serait devenue l'abandon du principe lui-même.

L'article 375 du décret du 13 octobre 1863, dit en effet que « les troupes en-
» trées dans l'Eglise se conforment,
» pendant le service funèbre, aux dis-
» positions de l'article 326. »

Et cet article 326 ne fait que régler les rapports de la troupe avec la célébration de la messe à laquelle l'armée prend ainsi une part active et dont elle souligne la signification liturgique.
« Arrivée à ce point, dit le rapporteur,
» la cérémonie des honneurs funè-
» bres perd donc son caractère pure-
» ment honorifique pour revêtir un ca-
» ractère absolument religieux; ici se
» produisent, dans leurs détails, les pra-
» tiques d'un culte exclusif; ici, par
» conséquent, devait reprendre ses
» droits le principe exclusif de l'article
» premier de la proposition; ici devait
» s'arrêter l'exception admise : la troupe
» participera aux honneurs funèbres,
» mais elle conservera individuellement
» son libre arbitre devant la cérémonie
» religieuse. »

La proposition de loi, adoptée par la commission en vertu de ce principe, se compose des deux articles suivants :

Article 1er. — « Les officiers, sous-of-
» ficiers, soldats et marins des armées
» de terre et de mer ne peuvent être ap-
» pelés, soit individuellement, soit col-
» lectivement, à concourir ou assister
» aux actes ou cérémonies d'un culte, à
» l'exception de ceux qui concernent les
» honneurs funèbres, mais sous la ré-
» serve des modifications visées par l'ar-
» ticle suivant ».

Article 2. — « Sont et demeurent abro-
» gés le titre II et le titre IX, section 1re,
» du décret du 24 messidor an XII, les
» articles 307, 318, 326, 327, 342 et 375
» du décret règlementaire du 13 octo-
» bre 1863, ainsi que toutes les disposi-
» tions contraires à la présente loi ».

Cette loi sera soumise au vote de la Chambre après la discussion des tarifs des douanes, et elle sera certainement adoptée.

Les catholiques se prétendront peut-être opprimés par ce vote, eux qui ont coutume de crier à l'oppression toutes les fois qu'on s'oppose à ce qu'ils soient oppresseurs.

En fait, la loi repose sur les principes de la vraie tolérance, de la vraie liberté. Les officiers et soldats conserveront la faculté de s'associer individuellement et volontairement aux pratiques de leurs cultes respectifs. Aller plus loin, ce n'est plus protéger la liberté des catholiques, c'est violer la liberté de ceux qui ne le sont pas. Si la monarchie impériale ou royale a pu consacrer cette violation du droit et protéger ainsi, pour s'en faire un élément de domination, le catholicisme au détriment de la libre pensée et des autres cultes, cela ne saurait convenir à la République, qui ne peut prospérer et vivre que par l'application de la liberté la plus large et la plus complète.

A. NAQUET.

Le Voltaire

Du 3 mars 1850

LES

FRAUDES ÉLECTORALES D'APT

La cour de Nîmes, malgré les conclusions énergiques du procureur général et les remarquables plaidoiries des avocats de la partie civile, vient de réformer les jugements du tribunal d'Apt qui prononçaient des condamnations contre le marquis d'Illeu, et MM. Montagne et Silvestre pour fraudes électorales commises au 14 octobre. Je n'ai pas encore l'arrêt de la cour, sur lequel je reviendrai lorsque j'en connaîtrai le texte, et qui s'appuie, je le sais déjà, sur la prescription.

Mais je tiens dès aujourd'hui à ce qu'on sache que tout n'est pas fini. Je me suis pourvu en cassation, le ministère public en a fait autant, et j'ai le ferme espoir que la cour suprême cassera un arrêt, fondé, — mes avocats n'ont aucun doute sur ce point, — sur une interprétation erronée de la loi.

A. NAQUET.

Le Voltaire

Du 9 mars 1850

LA MORALITÉ DANS LE MARIAGE

On répète souvent aux adversaires de l'indissolubilité du mariage que, au lieu de demander le divorce, ils feraient mieux d'engager les jeunes gens à se bien marier.

Nous sommes de ceux qui pensent que les deux choses ne sont pas contradictoires. On peut accorder aux époux malheureux la faculté de rompre leur union, et faire effort en même temps pour moraliser ceux qui se marient. On arrive ainsi à un même but, le perfectionnement des sociétés humaines, par deux moyens différents dont l'un appartient au domaine de la législation et dont l'autre est du ressort de la philosophie.

Mais disons-le avec douleur, il y a beaucoup à faire pour introduire la moralité dans le mariage.

Ce qui nous amène à ces tristes réflexions, c'est la lecture d'un livre que vient de publier le docteur Fournier. Ce livre, résumé d'une série de conférences faites par le professeur à ses élèves, vise surtout des questions médicales. Mais il porte en fait beaucoup plus haut et atteint aux régions les plus élevées de la science morale.

Le mariage unit intimement deux êtres et a pour conséquence la reproduction et la perpétuité de notre espèce.

Il semble donc que ce que l'on devrait chercher en se mariant, c'est l'union des cœurs qui complète les époux l'un par l'autre; ce sont les conditions de santé qui permettent d'espérer des enfants sains d'esprit et de corps.

Il faudrait que la procréation fût considérée comme un sacerdoce. Quiconque porte en lui un germe de dégénérescence morbide devrait s'imposer pour loi de ne point transmettre cette dégénérescence aux générations futures.

Eh bien! cette loi élémentaire de morale, qui donc de nos jours a le courage de l'observer?

Quelques rares hommes de cœur que la masse ne comprend pas.

Le mariage est une simple affaire. Quant aux enfants, ils seront ce qu'ils pourront.

Et ceci est encore excusable de la part de ceux qui agissent sans réflexion, qui ne sont que faibles ou qui, porteurs de quelque affection diathésique, ne s'en rendent pas compte. Mais lorsque celui qui se marie est atteint d'une maladie contagieuse et honteuse qui contaminera presque sûrement sa femme, et qui, dans un grand nombre de cas, se transmettra à ses enfants; lorsqu'il a été dûment averti par l'homme de l'art et qu'il passe outre, il commet un acte que la société a le devoir de flétrir et d'assimiler aux crimes les plus irrémissibles.

Or, le fait est constant, et il n'est malheureusement pas, comme on serait tenté de le croire, limité aux classes sociales chez lesquelles on pourrait le considérer comme un résultat de l'ignorance, de l'incurie, de la misère. Ce serait, dit M. Fournier, *une illusion, une erreur grave, contre laquelle proteste la pratique journalière. Les cas de ce genre se rencontrent à peu près également dans toutes les classes, depuis les plus humbles* JUSQU'AUX PLUS ÉLEVÉES. *Je déclare pour ma part,* ajoute l'illustre professeur de la Faculté de médecine, *en avoir observé un grand nombre dans la haute bourgeoisie, voire dans l'aristocratie, c'est-à-dire dans un milieu social d'où l'éducation, la culture intellectuelle et morale, l'absence de besoins pécuniaires, l'indépendance de la personne, la libre satisfaction des désirs, etc., etc., sembleraient devoir exclure de telles hontes.*

Et qu'on ne croie pas qu'il s'agisse ici de jeunes gens qui se seraient mariés sans savoir ce qu'ils faisaient, en se croyant guéris. Non ! il s'agit de jeunes gens prévenus par le médecin, dont ils ont refusé de suivre les avis, quoique ayant la certitude de souiller leur jeune épouse et de ne procréer que des enfants atteints de la contagion.

Il faut lire l'ouvrage de M. Fournier pour croire à des infamies pareilles. Nous-mêmes nous ne supposions pas avant de l'avoir lu qu'on pût les rencontrer si fréquemment sous les dehors policés de notre civilisation actuelle.

Que l'on en juge par cette citation à peu près textuelle de M. Fournier :

Un de nos plus savants et estimables confrères, le docteur X... est consulté par un jeune homme, fils d'une famille de ses intimes, pour des accidents secondaires consécutifs à une contagion récente. Sachant d'autre part qu'il est actuellement question d'un mariage pour ce jeune homme, il s'empresse d'ajouter à sa prescription une longue morale sur les dangers que présenterait ce mariage, et essaie d'obtenir de son client une renonciation formelle à tout projet matrimonial. Pour plus de sûreté, et dans une intention exclusivement affectueuse, il va trouver la mère de ce jeune homme et lui expose la situation terrible qui pourrait résulter d'un mariage en de semblables conditions. Il la quitte pleinement convaincue, en apparence tout au moins.

Comme réponse, il reçoit quelques semaines plus tard une lettre de faire part lui annonçant le mariage du jeune homme, avec invitation à toute la cérémonie, soirée du contrat, messe, dîner..., etc.

Inutile de dire l'accueil fait par notre confrère à cette ironique missive.

Mais l'expiation ne pouvait se faire longtemps attendre, et elle fut dure.

Trois mois plus tard, le jeune couple se présente chez le Dr X..., sous prétexte de « visite de noces. » Après les politesses d'usage, le mari change tout à coup de conversation, et réclame quelques conseils médicaux pour sa femme, qui, d'abord, présente les premiers symptômes d'une grossesse et qui, de plus, porte à la lèvre depuis une semaine un « léger bouton. »

Ce « léger bouton » n'était rien autre qu'un accident primitif *manifestement transmis à la femme par son mari.*

Il est superflu d'ajouter que les accidents primitifs furent suivis d'accidents secondaires et que, huit mois après, la jeune femme accouchait d'un enfant chétif, petiot, malingre, qui se couvrit de taches d'une nature non douteuse et ne tarda pas à succomber.

Nous nous bornons à ce fait. Mais M. Fournier en a déjà à sa connaissance plus de quatre-vingts du même genre; il me faisait même récemment l'honneur de me dire qu'il ne se passe pas de semaine sans qu'il en constate quelqu'un de nouveau.

Et c'est dans une société au sein de laquelle de telles turpitudes sont non-seulement possibles, mais fréquentes, qu'on vient nous dire : « Ne réclamez point le divorce ; moralisez le mariage et cela suffira. »

Oui, moralisons le mariage ! Mais lorsque nous constatons avec stupeur que ni l'instruction, ni l'éducation, ni la fortune — ni même la religion — ne sont une garantie suffisante contre des actes comme celui dont nous venons de parler, — et fût-il vrai, ce que nous contestons, qu'en se mariant dans des conditions meilleures, on pût éviter dans tous les cas les unions mal assorties, — des livres comme celui de M. Fournier prouveraient surabondamment que nous sommes loin de cette moralisation du mariage et que, pendant de longues années encore, il y aura dans le mariage des sacrifiés, à la défense et aux intérêts desquels la société devra pourvoir.

Certes ! les cas cités par M. Fournier sont peut-être ceux auxquels le divorce remédierait le moins ; mieux cependant que tous les autres, ils montrent l'immoralité de la législation actuelle. L'indissolubilité du mariage est la loi des anges. Appliquée aux hommes, c'est-à-dire à des êtres susceptibles de passions, d'intérêt, d'entraînements, d'erreurs, elle devient oppressive ; et si la société est assez corrompue pour que des actes soient possibles, comme ceux qui ont motivé les conférences et le livre de M. Fournier, d'oppressive, cette loi devient monstrueuse.

A. NAQUET.

Le Voltaire du 17 mars 18..

LES FRAUDES ÉLECTORALES

DE VAUCLUSE

Pour qu'on puisse se rendre un compte exact de l'arrêt de la cour de Nîmes, qui renvoie des fins de la plainte relevée contre eux, MM. Montagne, Silvestre..., etc., réformant ainsi le jugement du tribunal d'Apt en date du 6 novembre 1879, il est nécessaire de donner ici un résumé succint des faits antérieurs.

Des fraudes électorales avaient été commises le 14 octobre 1877 dans plusieurs communes de l'arrondissement d'Apt, notamment à Pertuis et à Grambois, dont les maires d'Allon et Arlaud avaient été condamnés par le tribunal correctionnel d'Apt, le premier à six mois d'emprisonnement, le 15 juin 1878, et le second à un jour de la même peine, le 19 juillet 1878.

Ces poursuites avaient eu lieu dans les trois mois du délit, la prescription n'avait donc pas pu être invoquée par les auteurs des faits délictueux.

Arlaud n'a point interjeté appel, et le jugement qui le frappait est devenu définitif.

D'Allon, au contraire, interjetait appel le 18 juin 1878.

Au cours des procès Arlaud et d'Allon, la complicité de l'ancien candidat officiel, M. Zéphirin Silvestre, et de M. Montagne, ancien sous-préfet du 16 Mai à Apt, était apparue nettement.

On était à ce moment à plus de trois mois du 14 octobre ; mais la prescription ne pouvant pas être invoquée par les complices lorsqu'elle est interrompue contre l'auteur principal, je les citai directement devant le tribunal correctionnel d'Apt, les 16 et 18 juin 1878.

D'autre part, le 10 juillet 1878, le procureur de la République d'Apt saisit le juge d'instruction qui, en vertu de ce réquisitoire, informa contre MM. Montagne et Sylvestre ; et, le 11 juillet, la cause étant appelée sur la citation, le tribunal ordonna un sursis afin de pouvoir joindre l'action publique mise en mouvement par l'information commencée, avec l'action privée résultant de ma citation.

Après des péripéties nombreuses; tenant à toutes sortes de fins de non-recevoir élevées par les accusés, l'affaire Montagne, Silvestre et consorts (car il y avait aussi quelques complices secondaires) vint enfin, et le 6 novembre 1879 — quoiqu'ils eussent invoqué la nullité de la procédure, — MM. Montagne et Silvestre se virent condamner à cinq mois d'emprisonnement, à 4,000 fr. de dommages-intérêts envers la partie civile, à l'insertion du jugement dans cinq journaux de Paris et dix journaux de province au choix de la partie civile et aux dépens.

C'est le jugement que la cour de Nîmes vient de réformer.

Les appelants avaient fait valoir les moyens suivants :

1° Au moment où l'action publique a été mise en mouvement contre Montagne et Silvestre, ces derniers étaient couverts par la prescription de trois mois et il ne serait pas juridique d'admettre qu'elle pût être considérée comme interrompue par les poursuites dirigées contre d'Allen et Arlaud.

2° Le jugement qui condamne Arlaud étant devenu définitif ne pourrait être invoqué à cette heure comme interrompant la prescription contre les complices, si même le premier moyen n'était pas admis.

3° Il en serait de même de celui qui a condamné d'Allen, parce que d'Allen n'ayant été cité devant la cour que dix-huit mois après son appel, bénéficierait de la prescription, qu'on ne pourrait plus dès lors considérer comme interrompue contre ses complices.

4° Le tribunal saisi par la citation de la partie civile les 16 et 18 juin 1878 aurait dû épuiser la juridiction et n'aurait pas pu se dessaisir avant, ladite citation ayant mis en mouvement l'action publique en même temps que l'action civile aux termes de l'article 182 du code d'instruction criminelle.

5° Dès lors toute l'information, toute la procédure qui ont suivi le réquisitoire du 10 juillet auraient été absolument entachées de nullité, et ne pourraient pas être invoquées comme interrompant la prescription ;

6° L'action résultant de la citation directe de la partie civile serait également prescrite puisqu'elle n'aurait donné lieu à aucun acte judiciaire dans les trois mois ;

7° Le sursis ordonné par le tribunal d'Apt sans opposition des parties ne devrait point être considéré comme interruptif de la prescription, parce que, à cette audience, les prévenus étaient défaillants et que, le délit à eux imputé entraînant l'emprisonnement, ils ne pouvaient agir par voie de représentation.

8° Enfin tous les actes antérieurs de procédure étant nuls, et l'action contre d'Allen étant actuellement prescrite, les complices se trouveraient absolument couverts par la même prescription.

La cour a admis ces moyens de la défense, et en fait, sauf rédaction, les considérants de l'arrêt déféré à la cour de cassation.

Et, chose surprenante, et qui montre le peu de solidité de cet arrêt, les moyens autrement juridiques qu'avaient fait valoir le ministère public et la partie civile n'y sont ni discutés ni même mentionnés.

L'accusation affirmait que de l'article 637 du Code de procédure criminelle et de l'article 50 du décret de 1832 on devait déduire le principe que : « tant » qu'un délit de fraudes électorales est » poursuivi et que les actes d'informa- » tion ou de poursuite ne sont pas espa- » cés par trois mois, la prescription est » interrompue contre tous ceux, direc- » tement poursuivis ou non qui peuvent » être ou seront déclarés auteurs ou » complices du délit. »

Appliquant ce principe à l'espèce, l'accusation ajoutait que depuis le premier réquisitoire d'information contre d'Allen, Arlaud..., etc., il ne s'est jamais écoulé trois mois sans qu'aucun acte de procédure ait été fait.

Que l'action contre d'Allen ne pouvait être prescrite à raison des dix-huit mois écoulés entre son appel et l'acte qui l'a cité devant la cour, parce que durant ce temps, les poursuites continuées contre ses complices, interrompaient la prescription contre l'auteur principal, ainsi que la cour l'a implicitement reconnu en joignant les instances.

Qu'en ce qui concerne Montagne et Silvestre, il est faux de dire que le juge d'instruction ne se serait mis en mouvemant qu'après que le tribunal aurait été saisi par l'action civile, la mise en mouvement remontant en fait au réquisitoire général, visant les fraudes électorales, c'est-à-dire au 4 janvier 1878, et que, par conséquent, l'information et les actes qui l'ont suivie ne sont pas entachés de nullité.

Ces raisons, et bien d'autres, que faisaient valoir M. le procureur général et MM. les avocats de la partie civile valaient au moins la peine d'être mentionnées et réfutées dans l'arrêt.

L'arrêt n'est pas définitif, il n'a point encore — et il n'aura pas, tout porte à le croire — force de chose jugée ; je ne manquerai donc pas au respect qui est dû aux décisions judiciaires en disant que cette omission — qu'il aurait été peut-être difficile de ne pas commettre à cause de la portée des arguments qu'il aurait fallu réfuter — entache les considérants de l'arrêt d'une faiblesse telle qu'il est presque impossible que la cour de cassation ne mette pas ce dernier à néant. C'est là mon espérance, fondée sur cette conviction que le droit est pour nous et c'est ce qui m'a décidé, quels que pussent être les sacrifices, à aller jusqu'au bout pour la défense de l'honnêteté électorale, de la sincérité du suffrage universel.

A. NAQUET.

Le Voltaire du 2? mai 1880

LES JÉSUITES

DEVANT LE PARLEMENT

Deux politiques sont possibles en face des agissements de l'Eglise catholique :

La politique de la séparation de l'Eglise et de l'Etat qui, proclamant la liberté pour tous, placerait le clergé sur le pied de l'égalité complète avec les autres citoyens, ce qui n'implique pas d'ailleurs la reconnaissance légale des congrégations ;

La politique des lois de garantie qui assurent au clergé séculier certains avantages, mais qui, en échange, confèrent à l'Etat le droit de le surveiller, de le maintenir dans la sphère où ces lois lui permettent de se mouvoir.

Le choix entre ces deux politiques n'est pas chose facile et il est impossible de méconnaître, même lorsqu'on est comme moi partisan résolu de la première, qu'il n'existe des arguments très sérieux en faveur de la seconde.

D'ailleurs ce choix n'a pas pour le moment l'importance qu'on veut lui attribuer. L'église fût-elle séparée de l'Etat, la question de l'enseignement public et des couvents demeurerait entière.

Il est évident que l'éducation de nos enfants ne peut être abandonnée aux contempteurs non seulement de notre constitution républicaine, mais encore de tous les principes sur lesquels reposent les sociétés civilisées du dix-neuvième siècle.

Un organisme social comme le nôtre a le droit de se défendre contre une association qui affirme l'obéissance passive dans ce qu'elle a à la fois de plus monstrueux et de plus répugnant. De là, l'article 7.

Mais justement parce qu'il ne satisfaisait complètement personne, parce qu'en d'autres termes, il était une œuvre de transaction, il semblait que l'article 7 dût être accepté par tous ceux qui n'ont pas ostensiblement déclaré la guerre au suffrage universel, au régime républicain, à la liberté de conscience.

Malgré une minorité énergique, il s'est trouvé au Sénat des républicains qui ont fait défection ; et la Chambre haute, — comme si elle s'appliquait à justifier les répugnances qui existent dans notre pays contre le dédoublement du pouvoir législatif, — a repoussé la disposition qu'avait adoptée l'autre Chambre. Que va faire la Chambre des députés, que va faire le gouvernement en présence de ce conflit ?

S'il s'agissait d'une loi nouvelle, liée par la Constitution, elle n'aurait du attendre le renouvellement triennal du Sénat de 1882.

Mais l'article 7 n'était pas une loi nouvelle ; c'était, je l'ai dit, une œuvre de transaction, un adoucissement, une atténuation des lois existantes ; et comme, pour appliquer les lois existantes, l'approbation du Sénat est inutile, le pouvoir exécutif, à qui appartient l'exécution des lois, appuyé sur la Chambre des députés, peut répondre au rejet de l'article 7 et doit y répondre par l'application immédiate des lois dont il dispose.

Cette opinion est celle de l'immense majorité de la Chambre des députés : elle est nettement exprimée dans l'ordre du jour voté à la suite de l'interpellation de M. Devès. Aucun doute, aucune équivoque ne saurait exister sur ce point. Si le président de la République et son ministère veulent s'engager résolument dans la voie de la résistance, ils sont certains de trouver un solide appui au Palais-Bourbon.

Mais le chef du pouvoir exécutif et le ministère auront-ils l'énergie que les circonstances commandent ? Je suis de ceux qui n'aiment point à faire aux hommes des procès de tendance, et c'est pourquoi, si je n'avais pas été retenu à la commission du budget mardi dernier, si j'avais été présent à la séance, j'aurais voté l'ordre du jour qui a prévalu.

Mais huit jours se sont écoulés depuis l'interpellation, et l'on s'est borné jusqu'ici à prescrire des enquêtes aux commissaires de police et à expulser quelques rares jésuites qui ne sont pas de nationalité française. Cette lenteur dans l'action semble démontrer des hésitations fort grandes, et justifie dans une certaine mesure, il faut bien le reconnaître, les doutes, les craintes de M. Madier de Montjau.

Nous espérons encore que le ministère ne persistera pas dans cette voie quasi-négative, nous avons cependant le droit de nous demander ce que ferait la Chambre s'il y persistait.

Pour répondre aux aspirations du pays, elle ne devrait point hésiter à s'engager dans une voie de résistance.

Battu sur l'article 7 au Sénat, le ministère ne pourrait pas se coaliser avec ce dernier contre la Chambre, et, à supposer qu'un ministère nouveau — ce qui est absolument improbable — eût recours à la politique de dissolution, jamais les hommes de progrès n'auraient eu un plus beau terrain de lutte et une victoire plus facile.

Mais la Chambre aura-t-elle la hardiesse, l'énergie d'aller jusque-là ? On peut en douter.

La Chambre est honnête, progressiste, nettement anti-cléricale, mais elle est gouvernementale et timide. Elle s'est trouvée en présence de ministres qui ne répondaient à aucune de ses aspirations, et elle n'a pas su les renverser ; que sera-ce aujourd'hui qu'elle voit au gouvernement des hommes dont la plupart, individuellement, lui inspirent toute sympathie et toute confiance.

Il est malheureusement probable que si le gouvernement hésite, la Chambre n'osera pas lui imposer sa volonté, et ce sera funeste, car la population ne comprendra pas et se laissera aller au découragement.

Les électeurs ne pourront pas admettre que la République soit à ce point pusillanime de n'oser employer contre ses éternels ennemis les armes qu'ont successivement employées l'ancienne monarchie, la Révolution, le consulat et l'empire, et la restauration.

Reconnus en 1550, 1559 et 1560 par des lettres patentes qui confirmaient les bulles papales, approbatives de l'institut, les jésuites opérèrent si bien qu'il fallut les expulser par l'arrêt du 29 décembre 1594.

Rétablis en 1603, ils étaient de nouveau expulsés en novembre 1664 par un édit qui fut enregistré au Parlement.

Le pape lui-même dut intervenir et l'institut fut supprimé par un bref de Clément XIV le 21 juillet 1773.

Enfin, le 17 mai 1777, le roi de France rendait un édit qui confirmait celui de 1773.

Voilà pour l'ancien régime.

La révolution devait nécessairement se rencontrer avec les congrégations re-

ligieuses dans son combat titanesque
contre les institutions du passé.

Les 18-19 février 1790, l'Assemblée
constituante décrète que la loi ne reconnaît plus les vœux monastiques;

Le 18 août 1792, l'Assemblée législative supprime tout ce qui restait des
congrégations et des confréries.

Le premier consul, malgré sa prétention à « reconstituer, » c'est-à-dire à dé-
faire l'œuvre révolutionnaire, est cependant obligé, lui aussi, de se défendre.

Un premier décret du 18 germinal
an X maintient la suppression édictée
par la loi du 18 août 1792;

Un second décret du 3 messidor
an XII proclame à nouveau la suppression des associations religieuses, sauf
pour quatre agrégations d'hommes et
pour cinq agrégations de femmes.

La charte de Saint-Ouen inaugura un
nouveau système qui mit fin au régime
des décrets abusivement substitué au
régime des lois.

On était alors en pleine réaction religieuse. Le pape avait rétabli l'ordre des
jésuites par une bulle de 1814, et une loi
du 2 janvier 1817 avait autorisé les congrégations et les établissements publics
à recevoir des legs.

On essaya même, en 1823 et en 1825,
de rétablir en France l'ordre des jésuites sans le nommer, mais la tentative
avorta, et rien ne fut changé à la législation révolutionnaire et impériale.

Bien plus, Charles X, le pieux Charles X, fut obligé de confirmer les lois,
au moins en partie, par l'ordonnance
du 16 juin 1828 dont [illegible] M.
Ferry reproduisait l'esprit, ce qui [illegible]-
rait de tempérer un peu la fureur des
légitimistes à l'endroit du ministre actuel de l'instruction publique.

L'article 2 de cette ordonnance était
ainsi conçu :

*Art. 2. — A dater de la même époque,
1er octobre 1828, nul ne pourra être ou demeurer chargé soit de la direction, soit de
l'enseignement dans une des maisons d'é-
ducation dépendantes de l'Université ou
dans une des écoles secondaires ecclésiastiques s'il n'a affirmé par écrit QU'IL N'AP-
PARTIENT A AUCUNE CONGRÉGATION RELI-
GIEUSE NON LÉGALEMENT ÉTABLIE EN FRANCE.*

La Révolution de Juillet, qui éclata
deux ans plus tard, était en grande partie dirigée contre les excès du cléricalisme.

Il était donc naturel qu'elle eût à son
tour à combattre les jésuites, aussi le
gouvernement de Louis-Philippe ne
cessait-il d'affirmer les droits de l'État.

M. Thiers ayant interpellé le ministère
en 1845 sur l'application des lois relatives aux congrégations la Chambre vota
l'ordre du jour suivant :

« *La Chambre, se reposant sur le gouvernement du soin de faire exécuter* LES LOIS
DE L'ÉTAT, *passe à l'ordre du jour.* »

Il est vrai que le gouvernement fit
alors, ce que nous sommes exposés à le
voir faire aujourd'hui. Il répondit à un
acte de vigueur par un acte de faiblesse.
Il négocia avec le Pape, et ce fut une
faute lourde, qui transformait en une
question internationale, une question
de police intérieure.

Mais, à cette époque le danger était
moins grand qu'aujourd'hui parce que
la loi de 1850 n'avait point encore largement ouvert aux jésuites les portes de
l'enseignement secondaire. C'est pourquoi aujourd'hui moins qu'alors il serait
possible de justifier l'hésitation des pouvoirs publics.

Je sais bien que les cléricaux se re-
tranchent derrière l'autorité de M. de
Vatiménil pour nier que les lois citées
plus haut leur soient applicables, et que
M. Robinet de Cléry reproduit volontiers les arguments de ce dernier. Mais
je montrerai dans un prochain article
que notre opinion, quoi qu'en ait dit M.
de Vatiménil, n'est pas seulement conforme à la loi, qu'elle est encore et surtout conforme aux principes généraux
de notre droit public.

A. NAQUET.

Le Voltaire
du 26 mars 1880

LES JÉSUITES

ET LA LIBERTÉ D'ASSOCIATION

Je disais dans un précédent article que la séparation de l'Église et de l'État n'entraînerait pas comme elle-même conséquence nécessaire la liberté des congrégations, des couvents.

Les Jésuites le contestent, c'est leur droit. Ils invoquent une consultation de M. Vatimesnil de 1845, et M. Robinet de Cléry, après M. de Vatimesnil, vient nous dire que refuser à des religieux l'autorisation de vivre et de prier en commun est un abus, une tyrannie.

M. Robinet de Cléry oublie ou semble oublier, ainsi que M. de Vatimesnil, que les jésuites ne se bornent pas à vivre et à prier ensemble. Ils forment une congrégation, un État dans l'État. Deux religieux — un peut-être — suffisent pour former un établissement de cet ordre. Ce sont les congréganistes eux-mêmes qui le soutiennent chaque fois que, voulant être autorisés à recevoir un legs, ils ont besoin de démontrer qu'ils constituent un établissement capable de recevoir. Et s'il en est ainsi dans un cas, il en doit être ainsi toujours.

M. Robinet de Cléry, prévoyant sans doute cette objection, invoque alors le droit d'association, mais le droit d'association n'est point ici en cause.

Les membres d'une association ordinaire ne contractent pas pour une durée illimitée ; ils n'ont pas des statuts immuables ; ils ne vivent pas en communauté ; ils n'obéissent pas pour tous les actes de la vie à une même règle considérée par eux comme primant les lois de leur pays ; l'état de leur personne n'est pas affecté par des serments, par des vœux, et surtout par le vœu d'obéissance passive qui en fait des instruments entre les mains d'un maître — et de quel maître ! un souverain étran-

ger ! — Ils ne se soustraient pas en un mot aux règles du droit commun et, dès lors, les simples associations doivent demeurer libres.

Et cependant, je ne pense pas que parmi les partisans les plus résolus du droit d'association, il en soit un seul qui voulût conférer à ces corps le droit d'acquérir la personnalité civile, — c'est-à-dire la faculté de posséder, — sans y avoir été préalablement autorisés par la puissance publique.

Or, non-seulement les congrégations veulent être autorisées à posséder, mais sans cela le but primordial de leur institution serait manqué. Cela est si vrai que celles qui ne sont que tolérées tournent la loi et acquièrent des biens par voie de fidéicommis.

Quelle est la nation, si libérale qu'elle puisse être, qui autorisera la création dans son sein d'une corporation riche et puissante, indépendante de toute entrave et de tout contrôle, et dont le but avéré sera de détruire non-seulement les institutions politiques que cette nation s'est données, mais son organisation sociale elle-même ?

Les États-Unis, peuple protestant, n'ont pas eu jusqu'ici à se préoccuper très sérieusement de l'envahissement des congrégations catholiques. Ils y viendront bientôt, et déjà le général Grant, alors président de la République, a poussé un cri d'alarme.

Mais la Suisse qui a des cantons entièrement catholiques et qui est depuis longues années engagée dans la lutte où nous sommes à cette heure engagés nous-mêmes, la Suisse a-t-elle jamais fait la confusion que l'on voudrait nous faire faire entre les congrégations et les associations ?

Nullement !

La constitution fédérale accorde aux citoyens de la République helvétique le droit d'association, intégral, sans limite, et elle prohibe d'une manière non moins absolue les congrégations religieuses.

L'Espagne, la catholique Espagne qui, à travers toutes ses révolutions, n'est jamais arrivée à supprimer la religion de l'État, l'Espagne, dans sa constitution monarchique, mais extrêmement libérale de 1869, proclamait le droit d'association absolu ; elle allait jusqu'à placer ce droit hors des atteintes du pouvoir législatif, jusqu'à le déclarer *illégislable*.

Et cependant les Cortès constituantes se gardaient bien de rapporter les lois en vigueur depuis 1833, lois qui avaient supprimé les couvents d'hommes dans toute la péninsule et qui n'ont cessé d'être observées que sous le règne d'Alphonse XII.

Nous citera-t-on l'exemple de la Belgique ?

La Belgique est, en effet, le seul peuple où le droit d'association s'étende jusqu'au droit de congrégation.

Mais il suffit de se rendre compte des conditions dans lesquelles ces principes ont prévalu chez nos voisins pour voir que l'objection tirée de l'exemple de la Belgique ne renverse en aucune manière notre argumentation.

La liberté complète dont jouissent les deux partis en Belgique résulte d'une convention. En 1831, libéraux et catholiques étaient unis pour arracher leur pays à la domination hollandaise. La révolution ne pouvait aboutir que par leurs efforts combinés. Ils se coalisèrent et convinrent que, l'indépendance une fois conquise, ils bénéficieraient l'un et l'autre de la liberté la plus absolue. Le Congrès ratifia cette convention, qui a toujours été respectée depuis, aussi bien par les catholiques que par les libéraux. Jamais les libéraux au pouvoir n'ont cherché à modifier l'œuvre du Congrès ; et les catholiques ne l'ont pas tenté davantage, contrairement à ce qui se passe chez nous, où ils invoquent volontiers leur droit à la liberté quand nous arrivons aux affaires, mais où ils ne manquent jamais de supprimer toute liberté lorsqu'ils y arrivent.

Il ne faut du reste peut-être pas savoir un gré absolu aux cléricaux belges de leur respect pour les libertés constitutionnelles. Ils ne pourraient les atteindre qu'en révisant la constitution, et la révision en Belgique a été rendue extrêmement difficile. Il faut, pour qu'elle

soit possible, qu'elle soit votée par une majorité des deux tiers dans chaque Chambre, que les deux Chambres soient ensuite dissoutes, et que les électeurs élisent un congrès de révision.

Or pas plus les catholiques que les libéraux n'ont jamais eu une majorité des deux tiers dans les Chambres, et la victoire est trop incertaine dans ce pays à chaque élection, pour qu'on s'exposât d'une part comme de l'autre, même si l'on avait la majorité voulue pour le faire, à une révision qui pourrait tourner contre ceux qui l'auraient provoquée.

La situation de la Belgique est donc une situation spéciale, particulière, que l'on ne peut invoquer ni pour ni contre la thèse que nous défendons, et cette thèse est au contraire fortement appuyée sur la jurisprudence des autres peuples libres.

M. Robinet de Cléry invoque la loi du 15 mars 1850.

Que nous importe cette loi ? Faite dans un moment de réaction, dirigée contre la République et contre la société moderne, cette loi devra être un jour abrogée.

Mais si on se place sous son égide pour prétendre qu'elle protège les jésuites aussi longtemps qu'elle est en vigueur, nous le nions énergiquement.

La loi de 1850 est une loi sur l'enseignement, étrangère par conséquent à l'existence légale des congrégations.

D'ailleurs elle n'en parle même pas. Elle mentionne les associations « autorisées par la loi ou reconnues comme établissements d'utilité publique. »

Les jésuites sont-ils dans ce cas ?

Autorisés par la loi ? Qu'on nous montre cette loi. Nous ne connaissons que celle qui les proscrit.

Reconnus comme établissement d'utilité publique ?

Où est le décret qui renferme cette reconnaissance ?

Le terrain sur lequel s'appuient nos adversaires n'est donc pas solide.

Les associations dont parle la loi de 1850 sont bien, en fait, des congrégations déguisées. La gauche de l'Assemblée législative l'avait pressenti et avait proposé des amendements ; mais ces amendements dont l'un visait les jésuites étaient inutiles. Leur rejet d'ailleurs n'impliqua nullement l'abrogation des lois antérieures, il prouva seulement que l'Assemblée ne jugeait pas nécessaire de confirmer ces lois à nouveau.

Le gouvernement est donc armé, et, s'il agit, il est inattaquable, soit qu'on se place au point de vue légal, soit qu'on se place au point de vue des principes fondamentaux qui doivent servir de base à toute société libre.

Et maintenant, serait-il vrai que la République, que la société laïque entreprennent une croisade contre le clergé et la religion ? A qui le fera-t-on croire ?

La République et la société laïque se bornent à se défendre.

Chaque jour on les attaque impunément. On déclare la souveraineté nationale une impiété, le mariage civil un concubinage ; on enseigne à nos enfants à maudire la grande Révolution qui les a faits libres et les institutions salutaires qu'elle a fondées.

Frapper les jésuites, c'est donc simplement se protéger contre leurs attaques et leurs doctrines, et je ne sache pas que personne puisse contester à une société, pas plus qu'à un individu, le droit de se garantir contre un danger évident.

A. NAQUET

Le Voltaire

du 3 avril 1880

LE DIVORCE EN ITALIE

Nous vivons à une époque où la solidarité des peuples est devenue une vérité effective, et où nul n'a plus le droit de se désintéresser des progrès réalisés dans les pays voisins. Les lois votées en deçà des Alpes et au-delà, ont un effet qui se répercute de l'autre côté de la frontière, et l'issue de la campagne entreprise en Italie en faveur du rétablissement du divorce exercera une influence sur l'issue de celle qui se poursuit en France, de même que celle-ci exercera une influence sur ce qui va se faire en Italie.

Il est donc naturel que nous suivions avec attention ce qui se passe à cet égard au Parlement de Rome ; d'autant plus naturel que le peuple italien est, comme le peuple français, un peuple de race latine ; que le catholicisme est, en Italie, la religion dominante encore bien plus que chez nous ; et que nous trouverons là, une preuve de plus de ce que peut l'initiative individuelle, lorsque l'initiateur d'une idée sait mettre une ténacité opiniâtre au service d'une conviction profonde, et que ce qu'il propose est utile, est juste.

M. Salvatore Morelli développait pour la quatrième fois, il y a quelques jours à peine devant la Chambre des députés italienne dont il fait partie, les raisons générales qui devaient décider, et qui ont en effet décidé la Chambre à prendre sa proposition de loi en considération.

C'est la quatrième fois que, avec une persévérance tout anglaise, M. Morelli reproduisait sa proposition. Les deux premières fois la Chambre avait refusé d'en voter la prise en considération.

La troisième fois, le 25 mai 1878, la prise en considération avait été votée sans que le gouvernement s'y opposât. Mais la commission nommée pour examiner et rapporter le projet avait été hostile, et le ministre, tout en reconnaissant que la question est de celles qui demandent à être discutées, s'était prononcé, par des raisons d'opportunité, contre la solution proposée.

Est-il convenable, disait M. Conforti, si peu de temps après la publication du nouveau Code civil, d'introduire dans nos lois un changement aussi radical que celui que propose l'honorable M. Morelli ?

Je ne crois pas, d'ailleurs, que les lois, et surtout les lois essentielles, puissent être le simple résultat d'une volonté subjective. Je crois qu'elles doivent être réclamées d'abord par l'opinion publique, comme un résultat du droit qui se féconde dans la conscience populaire.

Et je vous le demande, de quelle manière, depuis la promulgation du code civil, ce sentiment public, ce désir général d'introduire le divorce dans nos lois s'est-il manifesté?...

M. Morelli ne s'est pas laissé aller au découragement. Il avait remporté un premier succès en obtenant que sa proposition fût soumise à l'examen d'une commission spéciale. Il avait foi dans sa cause et il se disait qu'en persévérant, dès qu'il avait la vérité pour lui, il finirait tôt ou tard par transformer cette demi-victoire en victoire définitive.

Aussi était-il de nouveau à la tribune le 8 mars dernier.

La proposition qu'il y défendait est extrêmement simple. Elle admet le divorce dans le cas de condamnation de l'un des époux aux travaux forcés à perpétuité, et lorsque les époux seront séparés de corps depuis trois ans s'ils n'ont pas d'enfants, et depuis six ans s'ils en ont.

Elle dispose que les enfants seront confiés de préférence à la mère à moins que de graves raisons n'exigent le contraire.

Elle permet aux parents de légitimer par un mariage subséquent les enfants que les époux divorcés auraient eus pendant la durée de la séparation de corps.

Elle abroge les dispositions du code pénal relatives à l'adultère.

Comme la dernière fois, la Chambre a pris la proposition de M. Morelli en considération, après avoir entendu un remarquable discours dont nous n'avons pas à reproduire ici le développement, les lecteurs du *Voltaire* connaissant à peu près tout ce qui a été dit pour ou contre le divorce.

Mais ce qui distingue le vote du 8 mars 1880 du vote du 25 mai 1878, ce qui est un signe des temps, c'est la différence qui existe entre les paroles que prononçait en 1878 M. Conforti, et celles qu'a prononcées cette fois le ministre actuel de la justice, M. Villa.

M. Villa n'est pas venu simplement dire à la Chambre, comme son prédécesseur, qu'il accepte la prise en considération de la proposition de M. Morelli, tout en étant opposé par des raisons d'opportunité au vote final de cette proposition. Il est venu, au contraire, prier la Chambre de voter la prise en considération d'un projet dont il considère le vote final — sauf modifications — comme très désirable, et il s'est engagé à présenter, d'ici à la discussion sur le fond de la question, un projet au nom du gouvernement.

Vous me permettrez d'examiner complètement cette question, a-t-il dit, quand la loi présentée aujourd'hui par l'honorable M. Morelli, et qui sera en bien des points modifiée et représentée par le gouvernement, sera en discussion.

Et cette déclaration venait au milieu d'un éloquent discours, dans lequel M. Villa traçait magistralement les raisons capitales qui rendent le divorce nécessaire.

Après avoir rappelé qu'il est des cas où toutes les lois civiles ou religieuses ont reconnu la nécessité de la séparation de corps, le ministre de la justice ajoutait:

Mais cesser tout rapport social, retirer son but à la société, qu'est-ce que cela signifie? Cela signifie dissoudre le contrat, dissoudre la société. Pourquoi voulez-vous, messieurs, que, dissoute, la société conjugale demeure quand même un lien? pourquoi voulez-vous condamner ceux qui sont déjà condamnés par le fait même à être malheureux pendant toute leur vie, à être encore coupables? pourquoi voulez-vous leur interdire les noces honnêtes et les pousser, au contraire, sur le sentier de la dépravation? (Très bien!)

Pourquoi voulez-vous leur interdire la procréation d'enfants légitimes, de bons et honnêtes citoyens; et les pousser au contraire à procréer des malheureux, des parias? (Très bien.) Pourquoi voulez-vous mettre la vertu et l'honneur au ban du foyer domestique pour les transporter dans la maison de la corruption et de la faute? (Très bien! Très bien!)

. . . .

Pourriez-vous donc aggraver la condition des enfants eux-mêmes appelés à assister au honteux spectacle de ces dépravations scandaleuses et de ces hostilités féroces qui, souvent, l'honorable M. Morelli l'a dit, se dénouent devant la cour d'assises.

M. Villa n'admet pas que le mariage soit un simple contrat ; à côté du contrat il voit en lui une institution sociale ; mais il trouve dans cette conception même une raison de plus pour défendre le divorce.

Eh bien ! même sous cet aspect, dit-il, je vous demande s'il ne vaut pas mieux, lorsque tout lien d'affection réciproque est rompu, faire disparaître une cause majeure des plus déplorables excès.

Et il voit, dans le divorce admis pour les cas exceptionnels, « un moyen de constituer fortement la famille, d'en faire un élément de conservation, l'école et le bouclier des vertus civiles, le temple de la moralité, la source la plus pure d'affection, en la défendant contre le souffle impur de la discorde. »

Se plaçant à ce point de vue véritablement élevé, le ministre de la justice réfute aussi les arguments sur lesquels s'était appuyé en 1878 son prédécesseur, M. Conforti, pour déclarer inopportune la réforme dont M. Morelli est le promoteur.

Il constate, comme nous avons eu souvent l'occasion de le constater nous-mêmes, que si le divorce n'est pas universellement réclamé, c'est qu'il est une loi d'exception ; que ceux qui n'y ont pas un intérêt direct tombent à cet égard dans une absolue indifférence.

Cette indifférence et cet égoïsme, je le sens, doivent exister ; il est naturel qu'ils existent : il est naturel qu'on les rencontre dans le cœur de tous, même hors de cette enceinte, et que dès lors, la question ne se présente pas au Parlement, précédée de polémiques dans les journaux, de résolutions votées par les *meetings*, d'acclamations venues de toutes les parties du pays.

Mais pendant ce temps, de pauvres victimes gémissent en silence ; il faut aller les rechercher dans le secret de leur foyer domestique ; cette voix d'angoisse, il faut aller la recueillir dans la maison maudite de la discorde. (Bravo).

Après un tel discours, prononcé par un membre du gouvernement parlant au nom du gouvernement, sans qu'aucune opposition se soit élevée dans la Chambre, on peut considérer la cause du divorce comme définitivement gagnée en Italie. C'est là un fait considérable. Il démontre que l'heure est venue, que le rétablissement du divorce s'impose à tous les peuples affranchis du joug clérical, aux peuples latins comme aux peuples saxons. La Chambre des députés de Paris en est déjà convaincue. Espérons que la déclaration du gouvernement italien entraînera notre Sénat, si tant est qu'il y ait au Sénat des résistances. Le Parlement français ne peut manquer d'obéir à une émulation salutaire et bienfaisante. Il ne voudra pas que la France soit distancée par l'Italie dans cette grande œuvre libérale et réformatrice.

A. NAQUET.

Le Voltaire
du 23 avril 1880

L'ESPRIT EN PROVINCE

Je viens de passer vingt jours au milieu de mes électeurs, et je suis obligé de constater, au sein de ces vaillantes populations rurales, qui ont sauvé la République dans la mémorable journée du 14 octobre 1877, des signes de découragement.

Ce découragement est dû à des causes diverses.

En première ligne, il faut placer la misère qui règne aujourd'hui dans nos belles contrées, jadis si riches et si prospères, du midi de la France.

Autrefois, les cultures si rémunératrices de la garance et de la vigne avaient amené, dans le département de Vaucluse et dans les départements voisins, une population très dense, très pressée ; les terres de qualité supérieure avaient atteint jusqu'au prix de seize mille francs l'hectare et, grâce à la vigne, les terres inférieures, étaient encore d'un très haut produit.

Le phylloxera a tué les vignes, presque partout arrachées à cette heure; MM. Grœbe et Lilbermann ont découvert le moyen de fabriquer l'alizarine — c'est-à-dire le principe actif de la garance — au moyen de l'anthracène que l'on trouve dans le goudron de houille, et cela, à un prix assez bas pour que la culture de la garance ait cessé d'être rémunératrice et ait dû disparaître.

Restent, il est vrai, les céréales. Mais les céréales qui peuvent suffire aux cultivateurs, là où la terre est à bon marché, ne sauraient leur permettre de vivre lorsque le prix de la terre s'élève aux chiffres que j'indiquais plus haut, et que la population est aussi serrée qu'elle l'est chez nous. Et de fait l'hectare de terre qui, je l'ai dit, du temps de la vigne et de la garance, trouvait facilement acquéreur à 16,000 francs, trouve très difficilement acquéreur à 2,500 francs aujourd'hui.

De là la misère, misère profonde qui gagne chaque jour et qui pousse nos paysans à émigrer et à aller demander à notre colonie africaine un sol plus hospitalier.

Cette misère est une première cause, une cause puissante de mécontentement.

Non que les habitants du Midi mettent cet état de choses sur le compte du gouvernement de la République. Nos paysans sont trop intelligents pour ne pas savoir que le gouvernement ne peut rien sur la concurrence que se font entre eux les produits industriels et les produits agricoles et sur les prix des denrées. Ils ont l'intelligence trop ouverte pour ne pas comprendre que le phylloxéra qui avait commencé chez nous ses dévastations sous l'empire, est indépendant de la forme politique; et ils voient, d'ailleurs, que l'État fait des efforts constants en vue de trouver des moyens propres à arrêter la marche du fléau. Mais ils souffrent, et c'est une loi de notre nature que ceux qui souffrent sont portés à se plaindre et à se décourager.

C'est là ce que j'appellerai la cause économique du découragement.

L'autre cause est d'ordre politique.

Pendant dix ans les républicains ont lutté contre les préfets de l'ordre moral, et contre les tyranneaux de village; ils ont subi les vexations, les ennuis, les condamnations injustes sans se plaindre, attendant l'heure de la réparation.

Cette heure a sonné enfin le 30 janvier 1879 et la France entière, dans les campagnes comme dans les villes, a salué avec joie l'avènement de M. Jules Grévy à la présidence de la République.

L'avènement de M. Grévy, c'était la forme républicaine définitivement assise, c'était l'amnistie intégrale, c'était le châtiment des misérables qui, pendant six mois, avaient tenu en échec la souveraineté nationale et avaient médité un nouveau coup d'État, c'était la voie ouverte à toutes les réformes et à tous les progrès.

Or, le lendemain du 30 janvier on a vu le ministère Dufaure se survivre dans le ministère Waddington; on a vu le pouvoir exécutif peser sur les représentants du pays pour arracher d'un côté les conspirateurs du 16 mai à la vindicte des lois, tandis qu'en même temps on refusait l'amnistie aux hommes de 1871; on a vu l'inamovibilité de la magistrature et d'autres réformes trop longtemps ajournées; on a vu les rares coupables du 16 mai qui eussent été poursuivis échapper — par un jugement qui n'est heureusement pas définitif — à la répression sur laquelle on avait cru pouvoir compter; on a vu enfin le Sénat — et le Sénat républicain, cette fois — repousser l'article 7 de M. Jules Ferry et s'efforcer ainsi de donner gain de cause aux jésuites. Et l'on s'est dit que l'on s'était donné bien du mal pour de bien minces résultats et qu'on ne s'en donnerait plus autant dans l'avenir. Les récents décrets contre les congrégations ont bien rendu un peu de confiance; mais on est devenu méfiant; on en attend le résultat.

Cet état des esprits est fâcheux.

Les électeurs auraient tort de se décourager. Leur persévérance a **produit** déjà des résultats considérables, puis-qu'ils ont maintenant la République, puisque le suffrage universel est souve-rain, puisqu'ils ont dans les mains le moyen de réaliser tous les progrès.

Il ne faut pas cesser de le leur répéter. Ils se sont trompés s'ils ont cru qu'un jour viendrait où, la bataille étant ga-gnée, ils pourraient se reposer en paix dans leur victoire. Le repos n'existe que dans la servitude, dans le sommeil, dans la mort. Le propre des peuples libres est de vivre, et la vie c'est la lutte, c'est le combat perpétuel. Nous n'avons pas lutté pour nous reposer quand nous aurions la République. Nous avons voulu la République afin d'avoir l'instrument qui nous permet-trait de lutter encore, et d'édifier ainsi pierre à pierre l'édifice de l'avenir.

Si l'on trouve insuffisant ce que nous avons acquis — et je suis de ceux-là — au lieu de se laisser aller à la lassitude, il faut se ceindre les reins et se prépa-rer à de nouveaux combats.

Voilà ce qu'il faut répondre à ceux qui se plaignent à tort qu'on n'ait en-core rien fait ou, avec raison, qu'on ait trop peu fait.

Mais le gouvernement de son côté a des devoirs à remplir. Il faut que, d'ici aux élections générales, il réforme la magistrature — ou tout au moins, s'il trouve un obstacle dans le Sénat — qu'il fasse voter cette réforme par la Chambre pour que les électeurs sachent à qui in-combe la responsabilité de la prolonga-tion du *statu quo*; il faut qu'il pousse avec vigueur l'action qu'il a entrepris contre le cléricalisme; il faut que, par son énergie, il démontre aux campa-gnes que la République existe réelle-ment.

Et il faut aussi qu'il combatte le décou-ragement économique, en commençant enfin à exécuter les grands travaux pu-blics depuis longtemps annoncés, en multipliant les irrigations, en pesant sur les Compagnies de chemins de fer, pour abaisser les tarifs, afin de lutter contre la décroissance de la fortune pu-blique qui n'est que trop manifeste dans la région du Midi.

Pour ne pas sortir de Vaucluse; le jour où nos agriculteurs auront de l'eau et des transports rapides et à bon mar-ché, la culture du jardinage, qui fait déjà la fortune de quelques points pri-vilégiés du département, se répandra et rendra au département tout entier sa prospérité première.

Et il suffira qu'on voie l'Etat entre-prendre ces travaux nécessaires pour que l'on reprenne patience et courage.

Du reste, il est juste d'ajouter qu'ils ne connaissent pas les populations méri-dionales ceux qui croient qu'elles pour-raient jamais se désintéresser de la Ré-publique.

Elles pourront paraître lasses et dé-couragées aussi longtemps qu'il n'y aura pas de combat à soutenir. Mais que les hommes néfastes du passé se mon-trent de nouveau; qu'ils essaient de re-conquérir le pouvoir, et l'on verra si la vieille haine des bleus contre les blancs, — comme on dirait en Vendée, — ne se réveille pas, et si les électeurs ne sont pas tous debout pour défendre nos ins-titutions républicaines.

Les hommes dans lesquels on a jus-qu'à ce jour incarné la République peu-vent perdre du terrain, être abandonnés, dépassés, sacrifiés. Mais quant à la Ré-publique elle-même — et c'est là ce qui importe — elle est indéracinable.

A. NAQUET.

Le Voltaire du 29 avril 1886

LE DIVORCE

Nous avons annoncé que notre collaborateur M. Alfred Naquet était tombé malade à Lyon. Nous publions aujourd'hui un article qu'il avait écrit avant sa maladie. Nous espérons bien qu'avant peu il pourra continuer sa remarqua-ble campagne qui ne saurait tarder à aboutir.

A DIVERS CONTRADICTEURS

Il y a quelques années j'étais seul ou à peu près seul à parler du divorce. M. Francisque Sarcey faisait bien cam-pagne dans le *XIXe Siècle*, contre l'indis-

solidité du mariage ; M. Emile Augier
lançait bien, de son côté, une pièce qui
aurait dû émouvoir l'opinion. Mais personne ne songeait à répondre à ces premiers coups de bélier. L'indissolubilité
du mariage semblait si solidement établie, si profondément ancrée dans les
mœurs; le divorce paraissait si loin que
celui qui aurait voulu attaquer celle-là
et défendre celle-ci aurait semblé faire
œuvre inutile, et aurait couru risque
d'être comparé à don Quichotte combattant des moulins à vent.

Aujourd'hui, au contraire, il paraît
chaque jour des articles, de revues ou
de journaux, des brochures et des livres
pour ou contre le divorce; et nous avons
vu M. Loyson et le P. Didon aborder
cette question du haut de la chaire évan-
gélique. C'est que l'idée a fait du chemin, qu'il s'est produit un courant manifeste dans l'opinion publique, que le
régime inauguré en 1816 est très sérieusement menacé, et que ceux qui en désirent la conservation n'ont pas de temps
à perdre, s'ils veulent le sauver d'une
ruine complète.

De là l'article de M. Jules Mahy parlant dans la *Revue occidentale* au nom de
l'école positiviste orthodoxe; de là la
brochure de M. Berry: *Moralité du divorce*; de là le livre de M. Albert Millet:
LE DIVORCE, *ce qu'il a été, ce qu'il doit
être, discussion des doctrines de M. Naquet.*

Ces divers ouvrages invoquent naturellement des arguments identiques; et
comme le livre de M. Millet est, à beaucoup près, le plus sérieusement écrit et
le plus sérieusement discuté des trois,
il suffit de le réfuter pour avoir réfuté
les autres du même coup.

Malheureusement, il ne m'a pas été
possible, et il ne m'est pas possible encore, d'entreprendre cette réfutation
dans le *Voltaire*.

Quoique le livre de M. Millet obéisse
à cette loi qui veut qu'un mauvais procès soit toujours mal défendu, quelque
bon que soit l'avocat qui s'en charge;
quoiqu'il soit rempli de contradictions,
d'erreurs matérielles, d'idées fausses,
d'affirmations hasardées; quoiqu'il confirme, avec la prétention de l'infirmer,

cette affirmation produite par moi en
1877 et reproduite depuis à la tribune
nationale, qu'il n'y a pas « *une seule raison sérieuse* à opposer au rétablissement
du divorce », ce livre est le moins mauvais qu'on ait écrit sur la matière. Il est
aussi complet qu'il est possible de l'être.
Son auteur ne nous fait grâce ni d'un
argument ni d'une critique. Et comme il
consacre plus de 350 pages au développement de sa thèse, il est bien évident
que ce n'est ni dans un ni dans deux articles de journal que je puis le discuter.

Si j'avais essayé de le faire, ma réfutation aurait été naturellement su-
perficielle et le lecteur aurait pu croire
que je n'avais rien à objecter aux critiques de mon contradicteur.

Je ne pouvais cependant pas garder le
silence sur un ouvrage de cette importance; et j'ai pris le parti de l'analyser
dans un long article de revue. Cet article paraîtra dans le n° de mai de la revue, *la Philosophie positive*, et j'espère
que, aux yeux de quiconque aura lu la
critique et la réponse, il ne restera pas
grand chose des prétendus arguments
qu'on m'oppose.

Mais par cela même que que *la Philosophie positive* publiera une réponse complète au livre de M. Millet, je puis aujourd'hui dire un mot de ce livre dans
les colonnes du *Voltaire*, sans m'exposer
au danger auquel je me serais exposé
en n'en parlant qu'ici.

M. Millet ne trouve pas que tout soit
pour le mieux dans la meilleure des
Sociétés. Il reconnaît que la séparation
de corps qui laisse la femme en tutelle,
alors que les liens du mariage sont cependant profondément relâchés, consacre en cela un abus, et il consent à ce
qu'on affranchisse la femme de cette tutelle.

Il accepte le divorce pour les époux
qui, exceptionnellement, n'ont pas d'enfants.

Il repousse l'objection que les catholiques opposent au divorce et professe
comme nous que le pouvoir civil, entièrement laïque, n'a pas à s'inquiéter,
lorsqu'il légifère, des dogmes de telle
ou telle religion, des principes de telle

ou telle philosophie.

Mais il repousse énergiquement le divorce dans tous les cas où il existe des enfants issus du mariage.

Il semble résulter de là que la seule raison indiquée par M. Millet en faveur de l'indissolubilité du mariage soit puisée dans l'intérêt des enfants.

S'il en avait été ainsi, ma discussion aurait été courte. J'aurais renvoyé le lecteur à ce que j'ai dit ici-même aux exemples concluants que j'ai cités, et le lecteur aurait été édifié.

Mais M. Millet ne se borne pas à invoquer l'intérêt des enfants. A part celle, abandonnée par lui, qui est tirée de l'incompatibilité du divorce avec le dogme catholique, il reprend toutes les objections que l'on retrouve partout et toujours les mêmes. Le divorce, à le lire, corromprait les mœurs, augmenterait dans une large proportion le nombre des familles qui se désunissent, enlèverait une protection à la femme, accroîtrait au lieu de le diminuer le chiffre proportionnel des enfants naturels.

On se demande par quelle aberration, par quelle contradiction, s'il est convaincu de ce qu'il a écrit, — et il n'est pas permis d'en douter, — M. Millet accorde le divorce aux époux sans enfants. Si le divorce engendre tous les maux qu'il lui attribue, il sera funeste même ainsi limité, et l'on ne comprend plus cette condescendance de l'auteur pour des doctrines qui, au fond, n'excitent en lui qu'une profonde répu...

Mais je n'ai pas ici à expliquer ces contradictions, et il me suffira de dire que, pour asseoir sa thèse, M. Millet a été obligé de faire subir de sérieuses entorses à la vérité.

S'agit-il de prouver que le divorce corrompt les mœurs, il emprunte du livre de M. Glasson (*Le Mariage et le Divorce*) des citations très sujettes à critique, d'ailleurs, desquelles il semble résulter qu'on abuse du divorce en Suisse.

Mais il laisse M. Glasson de côté dès que M. Glasson ne lui est plus favora-ble. Le professeur de la Faculté de droit expose que le divorce jadis restreint à des cas extrêmement rares en Angleterre, y est devenu plus facile depuis 1857, ce qui n'empêche pas cette institution de n'avoir pas produit plus d'abus après qu'avant cette date.

Et cependant, méprisant ici l'autorité qu'il citait avec tant de complaisance, lorsqu'il y trouvait un argument dont il pouvait tirer parti, M. Millet n'hésite pas à déclarer, que la faculté de divorce, autrefois très étendue en Angleterre, a été continuellement restreinte, et que nos voisins font chaque jour de nouveaux efforts pour l'effacer tout à fait de leurs lois.

Il ne se borne point à cette erreur matérielle, il tourmente les chiffres pour leur faire dire non-seulement ce qu'ils ne disent pas, mais encore le contraire de ce qu'ils disent.

Ainsi il montre avec terreur l'augmentation croissante du nombre des divorces en Belgique; mais il se garde bien d'ajouter que les séparations de corps ont également augmenté en France, et que, pour une même période, il y a toujours beaucoup moins de ménages désunis, — proportionnellement au nombre des mariages — près de la moitié moins en Belgique que dans notre pays. Il donne ainsi comme un argument en faveur de l'indissolubilité du mariage, l'un des meilleurs arguments que l'on puisse donner en faveur du divorce.

Ailleurs, il cherche à établir qu'il y a moins d'enfants naturels en France que dans les pays où le divorce existe, et il omet de citer dans sa statistique, la Grèce, la Roumanie, la Suisse, où le chiffre proportionnel des enfants naturels, est le plus bas, bien que ces pays soient ceux où le divorce est le plus facile; et il oublie de dire que, en Allemagne, les pays qui comptent le plus d'enfants naturels, sont ceux où, avant 1874, le divorce était refusé aux époux catholiques, comme la Bavière et le Wurtemberg, et que ce chiffre s'y est abaissé de moitié depuis que le divorce y a été établi pour tout le monde par le code civil fédéral allemand.

Mais, on le conçoit, à des chiffres on ne peut répondre, que par des chiffres; à la statistique, on ne peut répondre que par la statistique; et une discussion de cet ordre ne peut trouver place ici. On la trouvera complète dans la *Philosophie positive*.

J'ai écrit ailleurs, — et M. Millet rappelle cette phrase avec une pointe d'ironie, — que « la contradiction aiguise l'esprit et a souvent pour effet de fortifier un homme dans ses propres principes »

Cette phrase, M. Millet l'a justifiée sans le vouloir. En me combattant, il m'a forcé de serrer la question de plus près, et la contradiction n'aura servi qu'à rendre la vérité plus éclatante.

A. NAQUET.

Le petit Lyonnais

Du 17 mai 1880

LE DIVORCE

Ses origines

Le rétablissement du divorce rencontrait en France, il y a trois ans à peine, une hostilité opiniâtre provenant des erreurs et des préjugés que la réaction cléricale avait répandus dans notre pays, et que beaucoup de républicains avaient acceptés sans en connaître la source.

Il n'en est plus de même à cette heure. La cause de cette réforme salutaire est gagnée, et le résultat acquis démontre ce que peut l'initiative individuelle, lorsqu'elle est mise au service de la vérité, lorsque les représentants d'un grand peuple savent se dégager de la politique mesquine d'opposition systématique à un ministère ou de défense non moins systématique de ce ministère, pour s'attacher exclusivement à la préparation des lois nécessaires à la propagation des idées saines.

Quoi qu'il en soit, et quel qu'ait été le chemin parcouru depuis trois ans, il ne saurait être mauvais de profiter du temps qui nous sépare du vote de la loi par la Chambre des députés et par le Sénat, pour faire disparaître les dernières hésitations, les dernières préventions.

Ces préventions — là où elles subsistent en-core — tiennent à deux causes : une erreur historique et une erreur juridique.

L'erreur historique porte sur les exigences de l'institution dont je réclame le rétablissement et sur les circonstances qui en ont amené l'abolition.

L'erreur juridique porte sur la la loi elle-même. L'ancien titre VI du Code civil n'est presque pas connu, et bien des gens qui accepteraient le divorce sans discussion, si elles savaient en quoi le divorce consistera, le repoussent également sans discussion, parce qu'elles attribuent à ses promoteurs des projets qu'ils n'ont pas, parce qu'elles s'imaginent que le divorce sera quelque peu analogue à l'union libre, qu'il donnera aux époux la faculté de se quitter sans motifs, et qu'elles voient, dans cette facilité de rupture des liens conjugaux, un élément de dissolution de la famille.

Il importe donc, avant même d'aborder les objections que l'on oppose à la réforme projetée, avant même de montrer les côtés monstrueusement tyranniques de la législation actuelle, et d'étayer cette démonstration sur des exemples, il importe surtout d'établir comment le divorce a fait son apparition en France, à quelles influences son abolition a été due, et en quoi il consiste.

Chacun a le droit de discuter une question de cette importance et de se déclarer pour ou contre; mais c'est à la condition de la connaître et de savoir quelles sont les origines et la nature de l'institution que l'on attaque ou que l'on défend.

L'erreur historique dont je parlais plus haut, consiste à faire remonter l'institution du divorce en France à Napoléon 1er. On croyait, presque universellement, au début de ma campagne, et il est des personnes qui croient encore, que le divorce n'a été chez nous qu'une loi impériale, imposée à la France par l'empereur dans le but de répudier Joséphine, et abrogée par lui après son second mariage.

Rien n'est plus faux.

Le divorce qui avait existé chez toutes les nations de l'antiquité, avait été supprimé — en apparence au moins, car je montrerai plus tard que le droit canonique n'a guère fait que changer le nom de la chose, et appeler *nullité de mariage*, ce que d'autres appellent *répudiation ou divorce* — par le catholicisme triomphant.

Rétabli après la réforme dans la plupart des pays protestants, il ne l'avait point été en France, ni chez aucune autre nation demeurée catholique. Mais au cours de ce dix-huitième siècle qui remua tant d'idées et qui prépara l'éclosion de nos libertés modernes, l'indissolubilité du mariage fut vivement attaquée comme contraire à la dignité humaine et aux droits imprescriptibles de l'individu.

En 1789, un des premiers actes de la Révolution française, épanouissement du grand mouvement philosophique qui l'avait précédée, fut de séculariser le mariage, qui, au point de vue légal, devient ainsi une simple convention civile assimilable à toutes les autres conventions.

Ce premier pas devait en entraîner un second. Dès que le mariage cessait d'être envisagé comme un sacrement, dès que le législateur, en en dictant les règles, n'avait plus à se préoccuper des dogmes de tel ou tel culte, la faculté de le dissoudre s'imposait d'elle-même. On ne saurait, en effet, concevoir une convention humaine irrévocable, surtout lorsqu'elle engage la liberté, la personne des individus. L'intervention d'un être extérieur à l'humanité pourrait seule lui conférer ce caractère que la législation laïque n'a pas le droit de lui imposer.

Aussi, la Révolution continuant son œuvre, l'Assemblée législative vota-t-elle la loi du divorce le 20 septembre 1792.

Quant à Bonaparte, quel fut son rôle?

Rendons-lui cette justice que, sur ce point du moins, lui qui, presque partout, a sapé l'œuvre de la Révolution pour reconstruire l'ancien régime, il a conservé le divorce.

Mais il ne l'a pas conservé pour s'en servir, car il ne songeait guère à divorcer en 1803, et, en le conservant, il a cependant modifié la loi de 1792 et rendu la dissolution du mariage plus difficile qu'elle ne l'était pendant la période révolutionnaire.

Plus tard, il est vrai, trouvant l'institution établie, il s'en est servi; mais il s'est bien gardé de l'abolir après en avoir fait usage, et c'est seulement sous les coups de la violente réaction clérico-légitimiste de 1816 que le divorce a succombé.

Le divorce n'a donc pas été chez nous le fruit éphémère du caprice d'un homme. C'a été la conséquence des principes qui ont servi de base à la Révolution française, de la sécularisation du mariage proclamée en 1789. Et l'on peut dire que, en ce qui concerne le mariage, l'œuvre de nos ancêtres, complète lorsqu'ils la conçurent, est devenue et demeurera boiteuse jusqu'au moment, heureusement prochain, où le divorce sera rétabli.

A. NAQUET
Député de Vaucluse.

Le Rappel du 20 mai 1880

On nous écrit de Rome:

M. Morelli, ancien député au Parlement de Rome, qui s'est fait l'initiateur de la proposition d'établissement du divorce et de toutes les réformes qui touchent aux droits de la femme, vient d'être battu dans le collège de Serra-Aurunca par le ministre de l'instruction publique de Sanctis.

Cet acte du ministère combattant sans motif un vieux défenseur de la liberté, un homme sur le vote duquel le ministère de gauche avait toujours pu compter, soulève l'indignation de tous les journaux avancés de la Péninsule.

On y voit la preuve d'une transaction entre le cabinet et le Vatican, dont Morelli a toujours été l'adversaire résolu, transaction qui, si elle se confirme, déshonorera le gouvernement prétendu libéral.

Espérons que les Italiens se souviendront des longs services de Morelli, de l'œuvre qui lui reste à accomplir et qui, sans son échec, allait aboutir; et que, s'il a plu au collège de Serra-Aurunca de s'inféoder à un ministre par cela seul qu'il est ministre et d'abandonner son vieux député, un autre collège viendra réparer l'injure faite à un homme dont les lumières et l'activité sont utiles au Parlement, et dont l'éloignement de la Chambre serait certainement préjudiciable à la cause du progrès.

A. Naquet

Le petit parisien du 24 mai 1880

Nous avons appris avec regret, ces jours derniers, que M. Salvatore Morelli, ancien député au Parlement italien, promoteur d'une série de propositions de lois, dont une en faveur du rétablissement du divorce, — laquelle allait être votée quand a eu lieu la dissolution, — les autres sur les droits de la femme, risque fort de n'être pas réélu par la circonscription de Sessa Aurunca, qui l'avait élu déjà quatre fois.

Sans motifs sérieux, un ministre de gauche, à qui la voix de M. Morelli avait toujours été acquise, M. de Sanctis, a commis la mauvaise action de poser sa candidature contre celle de Morelli. Les journaux avancés italiens sont indignés de voir sacrifier ainsi un des héros de l'indépendance et de la liberté. Ils considèrent cet acte du gouvernement comme une avance faite au Vatican dont Morelli est l'adversaire résolu, avance de nature à déshonorer les soi-disant libéraux italiens.

Nous espérons que les électeurs italiens sauront, au dernier moment, se rappeler les services de Morelli, qu'ils ne voudront pas commettre à la fois un acte d'injustice et un acte capable de nuire à la cause du progrès. Espérons qu'ils rééliront Morelli et que, si ce dernier échoue définitivement à Sessa Aurunca, un autre collège se fera un honneur de recueillir cette glorieuse épave.

A. Naquet

Le petit Lyonnais du 24 mai 1880

LE DIVORCE

Ce que sera la nouvelle loi

Je disais dans mon précédent article que, parmi les personnes qui combattent le rétablissement du divorce, bien peu connaissent l'ancien titre VI du Code civil dont nous demandons le rétablissement, ont les rares modifications que la rapport de M. Léon Renault propose d'apporter à ce titre VI, et savent par conséquent ce que sera la loi contre laquelle ils se prononcent.

Il y a eu en France deux lois sur le divorce : celle du 20 septembre 1792, qui permettait à l'un des époux de divorcer malgré la volonté de l'autre sur la simple allégation d'incompatibilité d'humeur, et celle beaucoup plus restrictive de 1803, qui devint partie intégrante du Code civil.

Quelle que soit l'opinion que puisse se faire chacun de nous sur la loi de 1792, nous n'avons pas à nous en occuper ; elle n'est pas en cause, puisque c'est la loi de 1803 que, — à quelques rares amendements près, — il s'agit aujourd'hui de remettre en vigueur.

Cette loi n'accordait pas, comme d'aucuns le croient, aux époux la faculté de rompre, sans des motifs sérieux, le pacte conjugal. Le divorce ne pouvait avoir lieu que pour causes déterminées, ou bien par le consentement mutuel et persévérant des époux exprimé d'une manière spéciale et accompagné d'épreuves suffisantes pour prouver que la vie commune était insupportable et qu'il existait une cause péremptoire de dissolution du mariage.

Les causes déterminées étaient ramenées à un petit nombre, les mêmes qui ont été conservées après 1816, comme de nature à entraîner la séparation de corps et de biens.

C'étaient l'adultère de la femme, l'adultère du mari lorsque ce dernier avait tenu sa concubine dans la maison commune, la condamnation de l'un des conjoints à une peine infamante, les excès, les sévices, les injures graves de l'un des conjoints envers l'autre.

Ajoutons que, par un respect peut-être exagéré de la liberté de conscience, respect dont la commission de la Chambre actuelle s'est d'ailleurs également inspirée, et afin d'ôter tout prétexte d'attaque aux catholiques, la législation de 1803 avait rétabli la séparation de corps abolie par la loi de 1792 : les époux résolus à cesser la vie commune avaient l'option entre la rupture complète ou le simple relâchement des liens du mariage ; ils pouvaient à leur gré plaider en divorce ou ne plaider qu'en simple séparation de corps et de biens.

Qu'on ajoute à ces dispositions : l'article 310 du code civil, lequel, 3 ans après un jugement de séparation, permettait à l'époux primitivement défendeur de devenir demandeur et de faire transformer la séparation en divorce au cas où son conjoint ne consentait pas à reprendre la vie commune ;

L'article 295 qui interdisait aux époux divorcés de se remarier entre eux ;

L'article 296 qui, dans le cas de divorce prononcé pour cause déterminée, ne permettait à la femme de se remarier que dix mois après le divorce prononcé ;

L'article 297 qui, dans le cas de divorce par consentement mutuel, ne reconnaissait aux époux divorcés le droit de contracter un nouveau mariage que 3 ans après la rupture du premier ;

L'article 298, qui, lorsque le divorce avait été prononcé pour cause d'adultère, interdisait à l'époux coupable d'épouser son complice ; et l'on aura toute l'économie de la loi consulaire de 1803.

On le voit, sauf le divorce par consentement mutuel, dont j'établirai la nécessité dans un autre article, et qui était soumis à de telles formalités, hérissé de telles difficultés, qu'il ne pouvait être pratiqué que dans les cas où, s'il n'avait pas existé, il aurait été facile de recourir au mode de divorce pour causes déterminées, la loi de 1803 n'admettait, comme justifiant la rupture du mariage, aucune autre cause que celles qui sont encore admises comme de nature à justifier la séparation de corps et de biens.

Il n'en sera pas autrement si la nouvelle loi est votée avec les amendements apportés par la commission parlementaire actuelle au titre VI du Code civil. Ces amendements, dont plusieurs sont réclamés depuis longtemps par les jurisconsultes, portent sur les points suivants :

1° Les tribunaux pourront prononcer le divorce lorsque l'un des époux le demandera par suite de la condamnation de l'autre époux à une peine correctionnelle, tel que vol, escroquerie, abus de confiance, outrage public à la pudeur, toutes peines qui, sans entraîner l'infamie légale, entraînent l'infamie morale ;

2° La condamnation de l'un des époux à une peine déclarée infamante par la loi cessera d'être une cause de divorce lorsqu'elle sera prononcée pour cause politique et n'entraînera pas la privation de liberté pour le coupable, comme c'est le cas dans le bannissement et la dégradation civique ;

3° L'absence, sans nouvelles, de l'un des époux pendant cinq ans, sera, pour l'autre époux, une cause de divorce ;

4° La famille sera admise à agir sur les époux conjointement avec le président du tribunal, dans la tentative de conciliation qui doit toujours précéder l'action judiciaire ;

5° L'article 277 du Code civil, qui n'admettait plus qu'une demande en divorce par consentement mutuel fût recevable après 20 ans de mariage ou quand la femme a dépassé sa 45e année, sera abrogé ;

6° L'article 295 du Code civil, qui interdisait la réunion des époux divorcés dans tous les cas, sera modifié de manière à ne pas rendre une réconciliation impossible de par la loi, lorsqu'elle est possible en fait.

La nouvelle loi renfermera, enfin, une disposition transitoire, qui autorisera les époux séparés de corps et de biens, antérieurement à sa promulgation, à faire transformer la séparation en divorce, pourvu que cette séparation remonte à trois ans au moins.

On le voit. Le divorce, tel que nous voulons l'établir, ne facilitera pas les ruptures des mariages ; il n'aura d'autre effet que de changer la situation légale des époux séparés de corps et de biens, et l'on peut dire avec Treilhard, le rapporteur, de la loi de 1803, *qu'il ne sera pas autre chose que la séparation de corps et de biens, avec la faculté pour les époux séparés de se remarier.* ...

Ce résumé rapide de la proposition de loi suffira, je la pense, à faire tomber bien des préventions injustes, mais je ne m'en tiendrai pas là. Dans mes prochains articles, je réfuterai les objections que ma proposition soulève ; je prouverai qu'il est indispensable de conserver comme cause de divorce le consentement mutuel ; je justifierai les amendements apportés par la commission au titre VI du Code civil, ainsi que deux amendements que la commission a repoussés, mais qui seront défendus par mon collègue à la Chambre et collaborateur dans ce journal, M. Guillot, de l'Isère ; enfin, je m'efforcerai de montrer jusqu'à l'évidence, par un certain nombre d'exemples, jusqu'à quel point la législation actuelle est contraire à l'intérêt social et attentatoire à la liberté humaine.

J'ai assez de confiance, sinon dans ma propre valeur, du moins dans la force de la vérité qui s'impose, pour être convaincu que pour ceux qui auront suivi toutes ces déductions la question ne sera plus douteuse.

A. NAQUET,
Député de Vaucluse.

Le Voltaire du 25 mai 1880

LE DIVORCE

Les catholiques continuent à s'agiter contre le divorce, et je m'en félicite. Cela prouve que la cause du divorce gagne du terrain. Ils publient livres et brochures et leur conclusion est toujours la même : *l'homme ne doit pas séparer ce que Dieu a uni.* Il est vrai qu'ils attaquent en même temps le mariage civil avec une extrême véhémence, qu'ils émettent hautement la prétention de courber l'universalité des citoyens sous le joug de leur loi religieuse, et qu'ils veulent travailler à notre salut malgré nous. Cela ressort assez nettement de quelques passages d'une brochure anonyme récemment publiée chez Dentu sous le titre : LE DIVORCE, *réponse à MM. Naquet et Dumas fils,* brochure dont l'auteur a au moins le mérite de la franchise.

Il y est dit à la page 16.

« Maintenant, si l'on nous demandait ce que nous répondrions aux athées qui n'admettent pas Dieu dans le contrat de mariage, le voici : *Les fous qui ne croient pas en Dieu n'ont à s'occuper ni de mariage, ni de divorce, la promiscuité devient forcément leur domaine. C'est ignoble, abominable, mais logique.* »

Et à la page 56 :

« Plus généreux que M. Naquet, qui plaint surtout le sort des juifs (je ne sais pas où l'auteur a vu que je m'apitoie de préférence sur le sort des juifs), nous, catholiques, *nous nous intéressons au salut des juifs, des protestants, des mahométans, des mormons, etc., et nous voulons éviter à tous ces hommes aussi bien qu'aux catholiques les malheurs qu'engendrent les divorces.*

Les juifs, les mormons, les musulmans, les protestants sauront certainement à l'auteur de la brochure anonyme un gré infini de l'intérêt qu'il leur porte ; mais ils savent que cet intérêt a poussé jadis un certain nombre de ses pareils à allumer des bûchers ou à ordonner les dragonnades, et, quoique l'indissolubilité du mariage, qu'on entend leur imposer au nom d'idées religieuses qui ne sont pas les leurs, soit un supplice beaucoup plus tolérable que ceux qu'on leur faisait subir autrefois, ils demandent à ceux qui s'intéressent si fort à l'avenir de leur âme de les laisser faire leur salut comme ils l'entendent, ou même ne pas le faire du tout et de ne pas s'immiscer dans ce qui ne regarde qu'eux.

L'abbé Vidieu, le père Didon, en hommes avisés, se sont efforcés, dans leurs livres et dans leurs sermons, de démontrer que, même en dehors du catholicisme, le divorce devrait être repoussé ; ils ont essayé d'établir que le catholicisme s'est borné, en cette matière, à promulguer une loi à laquelle l'intérêt seul de la société aurait dû conduire, encore bien que Dieu n'eût pas parlé.

L'auteur de la brochure anonyme n'a pas de ces ménagements ; enfant perdu du parti, il n'hésite pas à déclarer avec Paul Sauget que le divorce est une conséquence naturelle du mariage civil ; il reconnaît sans ambages qu'en dehors de l'argument religieux il n'existe pas de raison péremptoire à invoquer en faveur de l'indissolubilité du mariage.

« Si nous invoquons l'intérêt des enfants, » dit-il, « c'est pour un motif accessoire, mais non essentiel. Il est secondaire, il n'est pas principal. C'est tellement vrai que les enfants issus d'un premier mariage peuvent devenir très malheureux si, après la mort de leur mère, leur père épouse une seconde femme. Cependant, les secondes noces étant parfaitement légitimes, à cause du veuvage qui rend la liberté, nous ne pouvons pas empêcher les secondes noces, malgré les inconvénients qui en découlent, car aucune loi divine ne s'y oppose. Et si Jésus-Christ les eût interdites, l'Eglise ne les autoriserait pas plus qu'elle n'autorise le divorce formellement opposé aux préceptes de l'Evangile. »

Voilà qui est clair : l'indissolubilité du mariage repose sur des dogmes que les catholiques, désireux de faire leur salut et celui des autres, entendent imposer aux non catholiques et le mariage civil, qui, isolé, n'est qu'un concubinage, doit disparaître ou tout au moins se subordonner au mariage religieux.

Mais, à mon tour, je demanderai à mon contradicteur s'il espère que la société française remontera au-delà de 1789 et abrogera le mariage civil, auquel la restauration elle-même n'a pas osé toucher.

S'il l'espère, qu'il poursuive sa campagne, campagne logique, mais en même temps inoffensive et vaine : car jamais la France ne reviendra à la religion d'Etat.

Mais, s'il ne l'espère pas, je lui pose pour la vingtième fois la question suivante à laquelle personne n'a encore répondu, quoiqu'on ait souvent essayé de la tourner.

Vous avez, vous catholiques, quatorze cas de nullité du mariage. Ces cas de nullité sont, pour la plupart repoussés par le code civil. Si le divorce existait, vous feriez, lorsque vous vous trouveriez dans un cas de cet ordre, briser par le divorce un lien civil que vous considérez comme *nul*; puis, vous adressant à l'autorité ecclésiastique, vous obtiendriez d'elle la nullité du sacrement, et libre de part et d'autre vous pourriez vous constituer une nouvelle famille. Aujourd'hui, au contraire, vous êtes lié de par le droit civil, alors que vous ne l'êtes pas de par le droit canonique; et, tandis que le droit canonique vous dit que vous n'êtes pas mariés, le code déclare que vous l'êtes et que tout nouveau mariage de votre part sera un concubinage et un adultère. En quoi donc le divorce qui vous permettrait de bénéficier de ce que renferme de libéral votre religion vous blesse-t-il?

Certes je ne confonds pas la nullité du mariage avec la rupture de l'union conjugale; mais je dis que lorsqu'un mariage catholique est nul, les catholiques ont intérêt à ne pas être considérés comme mariés par la loi civile, et que, à moins qu'ils ne parviennent à supprimer dans le code le titre du mariage, ils doivent désirer le divorce qui les laissera au moins profiter des avantages que leur loi religieuse leur accorde.

Mon contradicteur anonyme me prête sur ce point un appui inattendu dont il ne s'est pas douté lui-même. Après avoir reconnu (p. 44) que l'erreur dans la personne morale est considéré comme un cas de nullité par la religion tandis que, seule, l'erreur dans la personne physique invalide un mariage civil, il cite le fait suivant :

« Dans ces dernières années, les tribunaux ont été appelés à se prononcer sur un cas singulier qui a rapport à notre sujet. Une jeune fille contracta un mariage avec un Monsieur qu'elle croyait orné de toutes les qualités de l'homme honnête. Les renseignements exigés par la famille n'avaient produit que de bons résultats. Cependant après la célébration du mariage, il fut reconnu que l'époux n'était qu'un forçat libéré. On engagea sa famille à porter sa plainte à la barre des tribunaux. Une de nos premières gloires du barreau (Jules Favre) plaida l'affaire, mais le jugement fut rendu en faveur du mari; par cette raison que la substance du mariage n'ayant pas été détruite, le mariage ne cessait pas d'être valide. Or, dans ce cas, l'Eglise, reconnaissant l'erreur sur la personne morale, *aurait pu déclarer cette alliance nulle en s'appuyant sur ce principe, à savoir que l'erreur de la qualité était devenue une erreur sur la personne, et que, par suite, ce qui n'était qu'un accident avait été transformé en substance.* »

Je remercie mon contradicteur de cet exemple. Il est probant. Voilà une épousée catholique dont l'Eglise peut annuler le mariage, en d'autres termes, qui, religieusement, n'est pas mariée. Mais le code civil la déclare mariée, et alors que la loi religieuse lui reconnaît le droit de se constituer une famille, la loi civile le lui dénie.

Avec le divorce, elle aurait fait casser, pour cause de condamnation de son époux à une peine infamante, ce lien civil sans valeur aux yeux de l'Eglise, et, libérée en même temps au point de vue religieux du fait de l'annulation du sacrement par le tribunal ecclésiastique, elle aurait pu compléter son existence, faire le bonheur d'un honnête homme et le sien propre, procréer et élever des enfants. En quoi le divorce lui aurait-il été funeste? Je m'obstine à ne pas le voir, et mes contradicteurs s'obstinent à ne pas me le dire; mais en quoi l'indissolubilité du mariage civil lui a été nuisible, je le vois parfaitement, quoique mes contradicteurs s'obstinent à n'en pas parler.

Veut-on un autre cas non moins probant?

Vers 1840, — je n'ai pas la date précise, — le fils d'un maréchal de l'empire, M. M..., se mariait avec Mlle de M... Le mariage eut lieu à six heures du soir, sur la demande du fiancé, et l'on se rendit ensuite à l'hôtel du beau-père, où le dîner de noces était préparé et où se trouvait l'appartement des nouveaux mariés.

Au cours du dîner, le mari fut appelé au dehors, et là il se trouva aux prises avec une maîtresse qu'il n'avait pas prévenue de son mariage et qui menaçait de faire du scandale s'il ne s'engageait pas à venir achever la nuit chez elle, et à ne jamais appartenir à sa femme légitime.

M. M... consentit et fut parole. Le mariage, comme dit l'Eglise, ne fut jamais consommé.

La jeune femme gardait le silence pour ne point attrister sa famille. Au bout de deux ans, cependant, son père découvrit ce qui se passait, et il la décida à plaider en séparation contre son mari. Elle plaida et gagna son procès. La conduite du mari à son égard fut considérée comme une injure grave, injure grave qui, le divorce existant, aurait motivé le divorce; qui, le divorce n'existant pas, motivait une séparation de corps et de biens.

Dix années se passèrent encore. Mlle de M... la pseudo Mme M., avait à peine trente ans. Elle jugea qu'il était triste d'être à jamais privée des joies de la famille, et, sans que son mari y fît opposition, elle plaida en nullité de mariage.

Pour réussir plus sûrement, elle s'adressa d'abord à Rome. La congrégation du concile déclara son mariage nul. Armée de cette décision, elle s'adressa au tribunal civil de la Seine qui déclara son mariage valable.

Libre de par l'Eglise, elle se trouva ainsi enchaînée de par la loi civile, tandis que, si le divorce eut existé, elle aurait été libre des deux côtés et aurait pu sans commettre le moindre péché ni la moindre infraction à la loi de son pays, user de cette liberté reconquise.

En aucun cas, le divorce civil, qui n'a rien à voir au sacrement, ne peut violenter les catholiques qui auront toujours la faculté de n'en pas user; et les deux exemples ci-dessus, auxquels je pourrais en ajouter bien d'autres, démontrent qu'il est des cas où le divorce leur serait profitable.

Aussi, tout en comprenant que ceux d'entre eux qui se bercent de l'espoir chimérique de revenir à la législation d'avant 1780 repoussent le divorce et repoussant en même temps le mariage civil, je ne puis comprendre que les catholiques sensés qui ont pris leur parti de la législation civile du mariage, s'insurgent contre une conséquence naturelle de cette législation, conséquence à laquelle ils n'ont rien à perdre et tout à gagner.

Certes, je ne me suis jamais placé — comme l'a prétendu M. Millet — au point de vue de la liberté religieuse pour réclamer le divorce : le législateur civil, lorsqu'il édicte des lois, n'a pas à se préoccuper des questions philosophiques ou religieuses, mais seulement de l'intérêt social. Mais, aux catholiques qui invoquent la liberté de conscience contre moi, j'ai le droit d'opposer leur propre argument retourné contre eux. J'ai le droit de leur dire : votre liberté religieuse n'est pas compromise par le divorce. Si elle l'est, c'est au contraire par l'indissolubilité du mariage, et vous devez en bonne logique vous joindre à nous pour réclamer ce que nous réclamons.

A. NAQUET.

Le petit Lyonnais
du 31 mai 1880

LE DIVORCE

Le divorce par consentement mutuel

J'ai voulu, avant d'entreprendre, au point de vue général et philosophique, la réfutation des objections que l'on élève contre le divorce, clairement expliquer ce que sera la loi élaborée par nous, et j'ai montré que les motifs propres à faire prononcer le divorce pour causes déterminées seront — à quelques modifications près d'une importance secondaire — identiquement les mêmes que ceux dont la législation actuelle fait des causes de séparation de corps et de biens.

Mais le Code civil admettait — et nous conservons — le divorce par consentement mutuel. Cela pourrait paraître à bien des esprits une addition dangereuse, de nature à multiplier outre mesure le nombre des ruptures de mariage.

Pour écarter cette crainte, il suffira d'exposer quelles formalités, quelles lenteurs, quelles épreuves, quels sacrifices avaient imposés, aux époux désireux de recourir à ce mode de divorce, les législateurs de 1803, lesquels, suivant l'expression de Treilhard, s'étaient attachés « à vendre si chèrement le divorce par consente-

ment mutuel, qu'il ne pût y avoir que ceux auxquels il était absolument nécessaire qui fussent tentés de l'acheter. »

D'après le titre VI du Code civil, le consentement des époux n'était pas admis si le mari avait moins de vingt-cinq ans et la femme moins de vingt et un : si le mariage datait de moins de deux ans ; s'il datait de plus de vingt ans, ou si la femme avait dépassé sa quarante-cinquième année. La commission parlementaire actuelle a conservé les trois premières de ces conditions et a demandé la suppression des deux dernières. C'est la seule transformation qu'elle propose au chapitre III du titre VI du Code civil relatif au divorce par consentement mutuel. »

Le Code civil ne se contentait pas d'exiger des époux l'affirmation de leur volonté mutuelle de divorcer. A moins qu'il ne restât plus à ceux-ci aucun ascendant vivant, le consentement des ascendants était nécessaire comme s'il s'était agi d'un mariage, avec cette différence toutefois que, dans le cas du mariage, on peut se passer du consentement des pères et mères au moyen des actes respectueux, tandis qu'ici ce consentement était toujours indispensable.

Les époux résolus à divorcer devaient faire déclaration en personne devant le magistrat et produire, d'une part, des pièces constatant l'adhésion de leurs pères et mères, et, d'autre part, une convention écrite réglant les trois points qui suivent : 1° A qui les enfants seraient confiés, soit pendant les épreuves, soit après le divorce ; 2° Dans quelle maison la femme devrait résider pendant le temps des épreuves ; 3° Quelle somme le mari devrait payer à sa femme pendant le même temps, si elle n'avait pas de revenus suffisants pour pourvoir à ses besoins.

Après cette première comparution, et si la tentative de conciliation faite par le magistrat n'avait pas abouti, la femme avait à se retirer dans le domicile convenu, six mois après, les deux époux étaient tenus de se représenter en personne devant le magistrat, de renouveler leur déclaration et de fournir une seconde fois la preuve du consentement de leurs ascendants, preuve résultant des pièces nouvelles données expressément pour cette seconde déclaration.

Ces époux se retiraient ensuite une seconde fois dans leurs domiciles respectifs et, après six autres mois — c'est-à-dire à un an de date de leur première comparution — ils étaient obligés de comparaître à nouveau, d'affirmer que leur décision était restée irrévocable et de prouver que l'autorisation de leurs ascendants leur demeurait acquise.

C'est seulement après cette troisième déclaration que le tribunal les autorisait à faire prononcer le divorce par l'officier de l'état civil.

Mais — et par cela seul que la voie du consentement mutuel avait été choisie — les époux divorcés ne pouvaient se remarier qu'au bout de trois ans et la moitié des biens de chacun d'eux était acquise de plein droit, à partir du jour de la première déclaration, aux enfants issus du mariage.

Il est évident que, pour que la détermination des époux résistât à une année de séparation, pour que deux familles, dont les intérêts sont contradictoires, consentissent d'une manière persistante au divorce, pour que les époux acceptassent d'abandonner la moitié de leur fortune, il fallait des motifs bien graves, bien sérieux, des motifs tels que certainement le divorce pour causes déterminées aurait été obtenu sans difficulté, si la voie du consentement mutuel n'avait point été préférée.

Ici s'élève une objection :

Si le consentement mutuel ne permet d'obtenir le divorce qu'à ceux-là qui, à la rigueur, pourraient l'obtenir autrement, il est inutile, et alors pourquoi le conserver?

C'est dans l'intérêt supérieur des familles que le législateur de 1803 avait rangé le consentement mutuel des époux au nombre des causes de divorce. C'est dans le même intérêt que la commission parlementaire, dont M. Léon Renault est le rapporteur, a persévéré dans cette voie.

« Si le législateur de 1803 admet le divorce par consentement mutuel, dit M. Léon Renault..... c'est pourquoi il reconnait que, parmi les causes justificatives du divorce, il en est de si graves, et de nature à entraîner pour l'époux défendeur (M. Léon Renault aurait pu ajouter : *et pour les enfants*) de si funestes conséquences, que son conjoint, victime d'attentats odieux, peut, à raison de l'élévation et de la délicatesse de sa conscience, préférer les tourments les plus cruels et la mort même à l'éclat et à la manifestation publique de ses légitimes griefs. »

De fait, qu'on suppose un homme qui a des filles et qui surprend sa femme en flagrant délit d'adultère.

Lui intentera-t-il une action en divorce pour cause déterminée? Se décidera-t-il à rendre publique la honte de son épouse, honte qui rejaillira sur ses enfants, en vertu d'un préjugé, sans doute, mais d'un préjugé dont le législateur est bien forcé de tenir compte?

Ou bien encore, supposons qu'un époux attente à la vie de son conjoint et que celui-ci puisse fournir la preuve de cette criminelle tentative.

L'époux innocent consentira-t-il à invoquer publiquement cette cause pour obtenir la rupture de son mariage? Livrera-t-il ainsi l'épouse coupable à la justice au risque de souiller sa famille tout entière par la condamnation infamante qui le frappera?

Tout honnête homme, toute honnête femme reculerait épouvanté à l'idée de se libérer par de pareils moyens.

Et cependant il eut été inadmissible que l'époux innocent fût placé dans cette cruelle alternative, ou demeurer à jamais attaché à qui a sali son nom, à qui a attenté à sa vie, ou compromettre gravement sa famille.

La loi ne pouvait pas ne pas se préoccuper des cas de cet ordre, et c'est pour cela que le divorce par consentement mutuel a été admis.

Du reste, même dans les cas moins graves, un procès en divorce, ou en séparation, entame toujours, dans une certaine mesure, l'honneur de la famille, et si l'époux demandeur, — malgré les sacrifices que ce choix lui impose, — a assez d'abnégation pour ne recourir qu'au consentement mutuel, les intérêts des enfants sont bien plus efficacement sauvegardés.

Le consentement mutuel n'a donc pas pour but de faciliter le divorce à qui ne pourrait pas divorcer autrement : il a pour but de permettre aux époux, qui ont des causes péremptoires de divorce, de rendre ce dernier moins préjudiciable à la famille, en évitant l'éclat, qui est la conséquence fatale de tout procès.

On connait maintenant, dans tous ses détails, la loi projetée ; on sait quel but nous nous proposons en demandant le retour à la législation de 1803. Nous pourrons, dans nos prochains articles, passer en revue les arguments qu'on nous oppose, et démontrer qu'aucun n'est sérieux, et que, quoi qu'ait pu en dire un récent contradicteur, il n'y a pas une seule bonne raison à donner contre le rétablissement du divorce.

A. NAQUET
Député de Vaucluse.

Le Voltaire du 3 juin 1880

LE DIVORCE

Le *Voltaire* d'hier, daté du 2 juin, renferme ce qui suit, au compte-rendu de la séance de la Chambre des députés :

L'ORDRE DU JOUR. LE DIVORCE

L'heure est avancée ; un grand nombre de députés n'ont pu supporter jusqu'au bout l'éloquence soporifique de M. des Rotours, les bancs sont presque déserts. Il faut pourtant fixer l'ordre du jour. M. Alfred Naquet, complétement rétabli, et auquel ses collègues faisaient fête à deux heures, dans les couloirs, monte à la tribune.

M. Naquet. — Il y a un an, vous vouliez bien prendre en considération ma proposition de loi tendant au rétablissement du titre VI du Code civil. Depuis, vous avez nommé une commission favorable à cette proposition, et le rapport est déposé depuis près de huit mois. Je cr... que la question est mûre dans l'opinion publi... Aussi je vous prie de vouloir bien mettre cette proposition à votre ordre du jour après le projet sur la réforme de la magistrature.

Mais les partisans du divorce sont presque tous absents et le projet de M. Alfred Naquet est renvoyé à la suite de l'ordre du jour.

Consolons-nous de cet échec ; il ne préjuge en rien la solution. La décision de la Chambre n'est pas irrévocable ; elle reste toujours maitresse de modifier à sa guise son ordre du jour.

Les dernières lignes pourraient décourager les partisans du divorce et les porter à croire à un échec qui n'existe pas.

Si je n'ai pas obtenu un tour de faveur dans l'ordre du jour, ce n'est nullement parce que les partisans du divorce étaient absents. La plupart de ceux qui ont voté contre moi en sont au contraire les partisans, et M. Boysset, qui est monté à la tribune pour demander qu'on ne m'accordât pas la place que je réclamais, est un des défenseurs les plus résolus de la réforme dont je suis le promoteur.

Seulement la Chambre offre à cette heure le caractère d'un steeple-chase, chacun voulant faire passer la loi à laquelle il s'est plus particulièrement attaché avant celle dont ses collègues ont fait de préférence leur chose.

Tout le secret du rejet est là.

On n'a pas voté contre le divorce. Mais on a décidé qu'on voulait faire passer avant : la réforme judiciaire, la loi sur les tribunaux de commerce, la loi sur l'administration de l'armée et la loi sur l'instruction primaire.

C'est fâcheux, sans doute, parce que la fin de la session s'approche, parce que la session extraordinaire de novembre sera occupée par le budget, parce que la discussion des tarifs prend, en ce moment, une partie considérable de notre temps, parce que nous risquons d'être rejetés en janvier de l'année prochaine.

Mais on est obligé de convenir que si le divorce est urgent, les lois que la Chambre a voulu conserver à leur place dans l'ordre du jour le sont également, et l'on doit voir dans ce qui s'est passé non un vote préjudiciel contre une cause qui est au contraire gagnée, mais la preuve de l'excessive besogne qu'ont à faire en ce moment les représentants du pays, besogne à laquelle ils ne suffisent pas.

Peut-être aurais-je été plus heureux si, bien portant, j'avais pu, dès la rentrée, demander à être placé en tête de l'ordre du jour; mais la scarlatine a malheureusement conspiré avec les auteurs et les rapporteurs de propositions de loi qui désiraient passer avant moi.

Quoi qu'il en soit, je le répète, ce n'est là qu'un simple retard, et ce retard doit être envisagé d'un œil calme lorsqu'on se dit, ce qui n'est pas douteux, que la victoire est certaine.

Une seule chose importe, c'est que les deux délibérations aient lieu avant la dis-

solution finale de la Chambre, afin que tout le travail fait ne soit pas à refaire, et à cela nous tiendrons la main, M. Renault et moi.

A. NAQUET

Le Voltaire du 4 juin 1880

L'ÉLECTION BLANQUI

Après les électeurs de Bordeaux, ce sont les électeurs de Lyon qui portent leurs voix sur l'ancien détenu de Clairvaux. J'espère encore qu'ils n'iront pas jusqu'au bout et que, au nom d'un principe juste, l'amnistie, ils ne mettront pas une seconde fois les représentants du pays dans l'obligation d'invalider leur vote ou de violer la loi.

Ils doivent se dire que rien ne saurait être plus préjudiciable à la République et à la cause de l'amnistie elle-même qu'un conflit permanent élevé entre les grandes villes et la représentation de l'immense majorité de la France.

Ils doivent se rendre compte qu'en votant pour un inéligible, ils entrent dans une voie révolutionnaire, et que la révolution est criminelle sous un régime républicain, sous un gouvernement de suffrage universel et de libre discussion.

Ils peuvent d'ailleurs manifester tout aussi énergiquement et plus efficacement leur volonté en élisant un éligible. Celui-là, du moins, sera admis à la Chambre et viendra y grossir cette phalange d'extrême gauche qui n'a jamais cessé de défendre le grand acte d'apaisement que des politiques à courte vue s'obstinent à nous refuser.

Mais, il faut bien le reconnaître, si quelque chose pouvait justifier l'acte irréfléchi des électeurs qui se placent en dehors du terrain légal, c'est l'aveuglement du gouvernement et des Chambres s'obstinant à laisser subsister une question irritante entre toutes, que, depuis longtemps des républicains auraient dû trancher. Et qu'on ne croie pas que je parle ici en révolutionnaire. *Révolutionnaire*, je désirerais que l'amnistie ne fût pas votée: le *non possumus* qu'on oppose à ses partisans est la meilleure arme que l'on puisse fournir à ceux qui, reprenant nos traditions de 18.., veulent demeurer irréconciliables avec ce qu'ils appellent la *République bourgeoise*.

C'est au nom de la paix publique, de l'Union entre les villes et les campagnes, entre le Nord et le Midi, au nom des idées conservatrices en un mot, que l'amnistie doit être revendiquée.

Qu'objecte-t-on contre cette mesure de réconciliation et d'oubli?

Qu'il y a des hommes qui en sont indignes.

Je ne le sais pas et ne veux pas le savoir.

L'amnistie n'est pas une mesure individuelle, c'est une mesure générale : on n'a pas à se préoccuper, lorsqu'on la prend, des mérites de ceux qui en bénéficieront, mais seulement de l'intérêt qu'y a le pays. Dans toutes les guerres civiles, même dans la défense des causes les plus justes, il s'est glissé des malfaiteurs et cela n'a point empêché les gouvernements qui nous ont précédés de décréter des amnisties intégrales.

Les anglais sont allés jusqu'à amnistier les assassins de Sheffield pour pouvoir arriver à la découverte exacte de la vérité, et ils n'ont pas cru violer les lois de l'éternelle justice parceque, dans le but d'empêcher le retour de faits aussi criminels, ils permettaient à quelques misérables d'échapper à la peine qu'ils avaient méritée.

On dit encore que l'amnistie plénière serait la glorification de la Commune, parce que ceux qui la demandent en dehors de la Chambre posent la question sur ce terrain-là.

Le gouvernement et les Chambres n'ont pas à se préoccuper de ce que peuvent dire tel ou tel journaliste, tel ou tel orateur de réunions publiques. M. de Broglie a fait certainement bien souvent l'apologie du 16 mai, et l'on n'a pas cru glorifier le 16 mai lorsqu'on a repoussé la mise en accusation des anciens ministres du maréchal de Mac Mahon.

L'amnistie ne sera ni la glorification, ni la condamnation de la Commune. Les Assemblées législatives n'ont pas à faire de l'histoire et de la philosophie. Ce sera simplement l'affirmation de ce fait que, si tant est qu'il y ait jamais eu de raison pour faire les déportations que l'on a faites, si tant est qu'il n'eût pas mieux valu, ainsi que l'a souvent répété M. de Girardin, adopter une politique d'oubli dès le lendemain de la lutte en déclarant qu'il n'y avait ni vainqueurs ni vaincus, du moins il ne reste plus aucun motif valable pour maintenir l'œuvre des conseils de guerre, tandis que, au contraire, il y a une foule de bonnes raisons pour effacer jusqu'au dernier souvenir de l'insurrection de 1871.

On dit enfin que les campagnes ne sont pas préparées à l'amnistie, qui les effrayerait et les éloignerait de la République.

Ce dernier argument est certainement de tous le plus misérable : il se retourne complètement contre ceux qui nous l'opposent.

Il y a toujours eu, il y aura toujours des esprits qui inclinent aux mesures violentes. Ces esprits sont heureusement en petit nombre et ne parviennent, que dans des circonstances exceptionnelles, à amener les masses à leur manière de voir et de sentir.

Si l'on cherchait à les favoriser, à les aider, il faudrait créer des questions irritantes, et c'est ce que l'on fait en repoussant l'amnistie.

Le suffrage universel est essentiellement raisonnable, et un homme sensé triomphera toujours devant lui de quiconque soutient des théories que la raison condamne.

Mais le jour où l'on parle au nom de l'humanité, où l'on soutient une cause juste, alors même qu'on emploie de mauvais moyens pour la défendre, le suffrage universel, plus facile à impressionner par le sentiment que par le raisonnement, est entraîné, et nul ne peut se supposer assez fort pour lutter contre le courant qui, dans ces cas, le domine et l'emporte.

C'est ce qui se passe avec l'amnistie.

Supprimez cette question, il en surgira d'autres sans doute, mais celles-là ne seront pas du domaine du sentiment et la raison aura le dernier mot.

Laissez-la subsister, et les masses seront entraînées par les irréconciliables, et vous aurez l'élection Blanqui à Bordeaux ou à Lyon, l'élection Rochefort à Paris... que sais-je encore?

Le gouvernement répondra qu'il ne veut pas céder à des sommations illégales, et, les vieux instincts révolutionnaires du peuple français se réveillant, les villes et les campagnes de la région du Midi, répondront à leur tour à la résistance du gouvernement par des sommations de plus en plus pressantes et de moins en moins légales.

Où sera la solution?

On craint l'effroi que pourrait produire l'amnistie dans les contrées de la France qui n'arrivent encore que timidement à la République.

Qu'on compare cet effroi à celui qui résultera de la division de la France en deux Frances irréconciliables l'une avec l'autre.

Si tant est que les hommes politiques qui ont tonné depuis huit ans contre l'amnistie aient réussi à rendre cette mesure impopulaire dans certaines régions, l'effroi produit dans ces mêmes régions par l'amnistie plénière — effroi qui ne serait pas supérieur à celui qu'à pu déterminer l'amnistie partielle — s'effacera bien vite, sera bien vite oublié.

Mais le conflit entre Paris, Lyon, Marseille, Bordeaux d'une part, le gouvernement et les Chambres de l'autre; l'élection sans cesse répétée d'inéligibles, invalidés et réélus, voilà qui sera une cause permanente de terreur; voilà ce qui détachera les timides de la République par peur, pendant que les violents s'en détacheront par irritation.

Et si la Chambre valide les inéligibles élus, c'est l'amnistie faite par le suffrage universel contre le gouvernement, contre les Chambres, contre la loi; c'est une mesure qui devrait être prise en un jour, mettant des années à s'accomplir; ce n'est plus la crainte d'un moment, c'est l'effroi à jet continu, résultant de l'audace des uns et de la faiblesse des autres.

Ainsi, chose étrange au premier abord et qui paraît le renversement des idées reçues, c'est au nom des idées conservatrices, de la paix publique, du respect des lois, que les pouvoirs publics doivent décréter l'amnistie.

Et c'est au nom de l'amnistie, du progrès, du triomphe des idées radicales que les électeurs doivent respecter la loi, et ne manifester leurs sentiments qu'en élisant des hommes en situation d'être légalement élus.

Espérons que les électeurs de Lyon sauront se montrer observateurs de la loi et que le ministère et la représentation nationale sauront profiter de l'exemple de tact politique donné par les électeurs lyonnais, pour s'arrêter eux aussi, dans la voie de résistance funeste dans laquelle ils sont engagés.

Les élections générales s'approchant, il s'agit de savoir si on veut qu'elles se fassent sur la question de l'amnistie ou sur la question du cléricalisme et des réformes.

Nous, nous voulons qu'elles se passent sur le terrain du cléricalisme et des réformes, et c'est pourquoi nous ne saurions trop conjurer tous les républicains amis dévoués et sincères du gouvernement et des deux Chambres, de déblayer enfin le terrain d'une question qui l'encombre et que chaque jour d'attente, rend plus difficile à trancher.

A. NAQUET.

Le petit Lyonnais du 7 juin 1880

LE DIVORCE

Je fais trêve aujourd'hui à la discussion des arguments de mes adversaires pour rassurer un certain nombre de mes amis émus fort à tort du vote qu'a émis la Chambre des députés dans la séance de lundi dernier 31 mai.

La Chambre, à l'issue de cette séance, a rejeté la demande que je lui faisais d'inscrire première délibération de ma proposition de loi après celle du projet relatif à la *réforme judiciaire*. Elle n'a consenti à l'inscrire qu'à la suite de l'ordre du jour antérieurement fixé qu'elle n'a pas voulu modifier.

Cet ordre du jour est extrêmement chargé et, sans compter une série de projets de loi secondaires, le divorce s'y trouve distancé par un assez grand nombre de projets ou de propositions de loi dont la discussion occupera plusieurs séances. Tels sont les projets relatifs à l'administration de l'armée, à la réforme judiciaire, à l'élection des juges consulaires, au recrutement de l'armée (proposition Laisant), à la liberté de conscience dans l'armée, à l'instruction primaire.

Si l'on songe, d'ailleurs, que la discussion des tarifs prend à la Chambre trois jours par semaine, et que les prochaines élections départementales nous obligeront à clore notre session vers le milieu de juillet, on reconnaît que, avec le rang qui lui a été octroyé, la loi relative au rétablissement du divorce ne pourra pas venir en discussion au cours de la session actuelle ; que, même, la session extraordinaire de novembre devant être surtout occupée par le vote du budget, il se peut que le divorce ne vienne en rang utile qu'en janvier prochain.

De là, une émotion sérieuse de tous ceux qui attendent avec une impatience justifiée le retour à la législation de 1803, émotion d'autant plus forte qu'ils ont vu, dans la décision de lundi, moins un ajournement qu'un vote préjudiciel contre la loi.

Cette émotion s'est traduite par des lettres arrivées en nombre trop grand pour que je puisse y répondre autrement que par la voie de la presse, et qui témoignent toutes de la crainte qu'ont leurs auteurs de voir mes efforts aboutir à un échec final.

Ces craintes ne sont aucunement justifiées.

Ceux de mes collègues qui se sont prononcés contre moi, le 31 mai, sont, pour la plupart, partisans du divorce. Il me suffira de dire, pour en fournir une preuve éclatante, que l'homme qui est monté à la tribune pour demander à la Chambre de ne pas m'accorder le rang que je désirais obtenir, n'est autre que mon collègue, mon ami et collaborateur dans ce journal, M. Boysset, l'un des défenseurs les plus résolus de la réforme dont je suis le promoteur.

Le vote de lundi dernier n'a qu'une seule signification : on veut discuter et voter le divorce dont la cause est à cette heure absolument gagnée à la Chambre des députés ; mais on veut faire venir auparavant les lois que j'ai énumérées plus haut et qui, contrairement à ma manière de voir, ont, aux yeux d'un grand nombre de mes collègues, une importance supérieure.

Pendant les deux premières années de son existence, une Chambre élabore dans ses commissions les diverses propositions qui lui sont soumises, prépare et étudie les rapports. Ce n'est qu'à partir de la troisième année que, le travail étant préparé, elle peut enfin se mettre résolument à la besogne.

Mais alors les projets abondent ; chacun a le sien, dont il est l'auteur ou le rapporteur ; chacun veut hâter la solution de la question à laquelle il s'intéresse d'une manière plus particulière, et l'Assemblée offre l'aspect d'un véritable *steeple-chase* entre les députés qui cherchent à se primer mutuellement.

M. Boysset est un zélé partisan du divorce, de la loi Laisant, de la gratuité de l'instruction primaire ; mais il est auteur et rapporteur de deux autres propositions de loi, et, quelque éloquence que l'on déployât, on lui persuaderait difficilement que ces propositions sont moins urgentes que celles qui émanent de ses collègues.

M. Laisant est aussi l'un des députés depuis le plus longtemps acquis à la cause de tout ce qui constitue un progrès ; il n'en est pas moins convaincu que les diverses lois dont il est le premier à reconnaître la nécessité doivent céder le pas à celle dont il est l'initiateur, et je crois qu'il serait bien difficile d'ébranler cette conviction.

Et comme, l'ordre du jour étant déjà fixé, chaque député qui en demande la modification met contre lui tous ceux qui seraient distancés par la modification qu'il propose, rien n'est plus naturel que des échecs de la nature de celui que j'ai éprouvé il y a huit jours.

Cela ne préjuge absolument rien quant au fond du débat. Cela démontre seulement que chacun veut conserver son rang.

Peut-être eussé-je été plus heureux si j'avais pu faire un mois plus tôt, à la Chambre, la proposition que je lui ai faite la semaine dernière ; l'ordre du jour n'était point alors fixé, et il n'y avait pas encore de droits acquis, mais, ainsi que je le disais récemment dans un entrefilet du *Voltaire* : « La scarlatine a malheureusement conspiré avec les auteurs et les rapporteurs de propositions de loi qui désiraient passer avant moi », et la maladie est une de ces fatalités auxquelles il faut bien savoir se soumettre puisqu'on ne peut rien contre elles.

Et maintenant, y a-t-il lieu de se désespérer outre mesure de l'insuccès de ma dernière tentative ?

Je ne le crois pas.

L'essentiel n'est pas que la loi soit votée deux mois plus tôt ou deux mois plus tard, c'est qu'elle soit votée ; et il n'y a plus de doute à avoir sur ce point : elle sera votée.

Certainement il serait fâcheux que la discussion ne vînt pas avant la dissolution de la Chambre, parce qu'alors le projet tomberait, tout le travail fait serait perdu et il faudrait recommencer à nouveau après les élections.

Mais il faut espérer que la maladie ne me réduira pas à l'impuissance, en novembre ou en janvier prochain, comme elle m'a réduit à l'impuissance en mai ; et, M. Léon Renault et moi, nous saurons bien conserver la place qu'on nous a donnée, place avec laquelle le danger que je viens de signaler n'est point à craindre.

Chaque jour, du reste, amène au divorce des adhérents nouveaux. La Chambre des députés qui, il y a un an, était hostile à cette réforme, lui est aujourd'hui acquise, et les délais que l'on regrette ont en somme l'avantage d'augmenter nos chances de succès du côté du Sénat.

Ne nous plaignons donc pas trop du retard qu'on nous impose. Peut-être ne sera-t-il qu'apparent. Peut-être même rapprochera-t-il en réalité la solution finale qu'il semble éloigner.

Il en serait ainsi si, grâce aux progrès constants de l'opinion, ce retard rendait certain devant le Sénat un succès qui n'est encore que probable. Un échec devant la Chambre-Haute nous ferait perdre, en effet, au moins deux années. C'est là ce qu'il faut surtout éviter et ce que nous éviterons sûrement en mettant à profit le temps que, malgré nous, la Chambre vient de nous octroyer par son vote du 31 mai.

A. NAQUET
Député de Vaucluse.

Le Voltaire du 9 juin 1880

FRANCE ET BELGIQUE

Le 3 mars 1871, sur un rapport de M. Paul Cottin, l'Assemblée nationale votait à l'unanimité la résolution suivante :

« L'Assemblée nationale est profondément touchée de la noble conduite du peuple suisse envers les soldats de la France. Elle envoie à la Confédération helvétique, l'expression de sa reconnaissance. »

A la suite de ce vote, un membre s'écria :

« Et la Belgique ! » Et M. de Tillancourt ajouta :

« On fera aussi une proposition pour la Belgique et ce pourra être l'objet d'un vote spécial. »

Ces mots furent accueillis par des marques non équivoques d'approbation.

Le lendemain 4 mars, MM. Ducuing et Léon Say déposaient, sur le bureau de l'Assemblée la proposition d'une nouvelle résolution ainsi conçue :

» Considérant :

» Que l'excès même de nos malheurs doit nous rendre encore plus sensibles à la sympathie des peuples ;

» Que les Belges ont recueilli nos soldats abandonnés par l'intendance et le commandement... (Réclamations). Que notre armée de l'Est, paralysée par le froid et la faim, a trouvé en Suisse un asile non pas seulement généreux, mais jusqu'à un certain point héroïque, si l'on réfléchit que les menaces de l'Allemagne n'ont fait que donner plus d'activité aux secours ;

» Que la cité de Londres, enfin, a tenu à honneur de contribuer libéralement au ravitaillement de Paris ;

» Et qu'il convient de dire aux peuples, dont la main s'est tendue vers nous dans nos détresses :

» A l'heure de l'infortune, la France vous a trouvés.

» A l'heure de la régénération, la France se souviendra.

» Par ces motifs, l'Assemblée nationale, au nom de la France entière, envoie l'expression de sa reconnaissance aux populations de la Belgique, de la Suisse et de l'Angleterre (Réclamations sur plusieurs bancs) qui, par des moyens divers, nous sont venues en aide au milieu de nos épreuves. »

Que se passa-t-il dans l'esprit des membres de l'Assemblée nationale en présence de cette proposition?

En votant une motion dans laquelle l'Angleterre se trouvait sur le même plan que la Suisse et la Belgique, craignait-on de ne point assez marquer que les remerciements adressés à la nation anglaise étaient exclusifs de tout sentiment de reconnaissance vis-à-vis du cabinet britannique de cette époque dont nous n'avions pas eu à nous louer?

C'est possible. On peut même considérer cette explication comme plausible en présence des interruptions, des réclamations qui se produisirent toutes les fois que le nom de l'Angleterre fut prononcé.

C'était un tort sans doute, car si le gouvernement anglais ne nous avait manifesté aucune sympathie, le peuple anglais avait manifesté, au contraire, ses sympathies pour la France, soit en s'associant au ravitaillement de Paris, comme le rappelait la proposition de MM. Ducuing et Léon Say, soit par l'imposante et touchante manifestation en faveur de la France, qui avait eu lieu à Edimbourg.

Mais la grandeur des désastres que nous venions d'éprouver avait rendu notre pays susceptible à l'excès. L'Assemblée décida que la proposition de résolution serait renvoyée à la commission d'initiative parlementaire.

Elle n'en revint plus.

Et, par suite des griefs que nous pouvions avoir contre le cabinet de Saint-James, la Belgique se trouva indirectement frustrée des témoignages de gratitude auxquels sa population et son gouvernement avaient droit.

Nos voisins furent très sensibles à cet acte de l'Assemblée, acte qui n'avait cependant rien d'offensant dans l'esprit des représentants de la France, et qui s'explique par le travail gigantesque qui s'imposait à eux et excusait au moins, s'il ne le justifiait pas, l'oubli de certaines mesures utiles et justes.

Mais faut-il que cet oubli persiste, alors que le relèvement de la France étant opéré, la France républicaine étant définitivement établie, nous pouvons, avec calme, jeter un regard sur le passé et rendre en gratitude aux peuples amis qui nous entourent les marques de dévouement qu'ils nous ont prodigués à l'époque néfaste de l'invasion ?

Un certain nombre de Français, résidant en Belgique, ont pensé qu'il n'était jamais trop tard pour dire merci à qui nous a soutenus et aidés dans les circonstances difficiles.

A propos des réjouissances publiques qui vont marquer chez nos voisins le cinquantième anniversaire de cette indépendance belge à la conquête de laquelle notre pays a largement contribué, ils ont saisi la Chambre des députés d'une pétition tendant à ce que les représentants actuels de la France réparent l'oubli de leurs prédécesseurs.

Les pétitionnaires m'ayant fait l'honneur de me choisir pour déposer et défendre leur pétition, je m'étais fait un devoir d'en opérer le dépôt, et la 19ᵉ commission des pétitions m'en avait d'abord confié le rapport.

La maladie m'a empêché de m'acquitter de la tâche que j'avais assumée, et craignant d'arriver trop tard si j'attendais mon rétablissement, j'ai prié mon collègue M. Martin Nadaud de me suppléer.

Le sort de la pétition n'a rien perdu à ce changement. M. Nadaud a rédigé un rapport court, mais substantiel, qui se termine par la motion suivante, soumise aux délibérations de la Chambre :

« Article unique. — La Chambre des » députés, au nom de la France, envoie » l'expression de sa reconnaissance aux » populations de la Belgique qui, par » des moyens divers, nous sont venues » en aide au milieu de nos épreuves. »

M. Nadaud, après avoir lu son rapport à la commission et l'avoir fait adopter par elle, est venu le déposer à la tribune et en demander l'impression. Il comptait en demander la mise à l'ordre du jour lorsqu'il serait distribué.

Mais, emportée par un élan de reconnaissance, la Chambre n'a pas voulu attendre, et elle a voté d'urgence la motion qui lui était soumise.

Il y a lieu, pour les deux peuples, de se féliciter de la spontanéité avec laquelle ce vote a été rendu.

Les hasards de la politique et de la guerre ont pu faire de la Belgique et de la France deux nations distinctes, mais quelque jalouses qu'elles soient à bon droit l'une et l'autre de leur indépendance illustrée par des luttes glorieuses, la nature n'avait fait là qu'un seul peuple. Nous revenons à la nature non point en supprimant l'existence nationale de l'un ou de l'autre, mais en resserrant tellement leurs liens d'amitié, en les rendant si forts, si solides que sous des gouvernements distincts, en fait, les deux peuples n'en fassent qu'un, et marchent sans cesse la main dans la main à la conquête de tous les progrès, au triomphe de la pensée libre sur les entreprises des ennemis de nos sociétés modernes.

La résolution que la Chambre des députés vient de prendre concourt à ce résultat désiré; c'est pourquoi je me félicite hautement pour les deux pays de ce vote et pour moi de la part que j'ai pu y prendre.

A. NAQUET.

Le Voltaire du 11 juin 1880

LE MARIAGE

Par EMILE ACOLLAS

Sous ce titre : *Le MARIAGE, son passé, son présent et son avenir*, M. Emile Acollas vient de faire paraître un livre remarquable dans lequel il résume ses vues sur l'union des sexes (1).

L'auteur dépasse de beaucoup dans ses conceptions la proposition de loi que j'ai soumise au Parlement en faveur du rétablissement de l'ancien titre VI de notre Code civil, il dépasse même la proposition beaucoup plus large que j'avais présentée aux délibérations des mandataires du pays en 1876, la loi pourtant si libérale du 20 septembre 1792, et jusqu'au projet de Code civil de la Convention. Sous le nom de mariage, il proclame l'union libre : il n'admet pas que la Société intervienne pour régler ce qui est, d'après lui, du ressort exclusif de la liberté personnelle et de la conscience de chacun de nous.

Ce n'est pas moi qui pourrai reprocher à M. Acollas la hardiesse de ses idées, moi qui ai écrit autrefois *Religion, Propriété, Famille*, et qui, dans ce livre, suis allé peut-être encore plus loin qu'il ne va.

Mais je l'ai dit souvent, il faut faire une distinction : autre est l'œuvre philosophique d'un penseur qui médite au fond de son cabinet, scrute les mystères du devenir humain et, s'efforce, en prédisant ce qui sera un jour, d'y préparer les esprits et de hâter ainsi l'heure de l'humanité future; autre est le travail d'un législateur qui étudie son époque, se demande quelle est la longueur de l'étape que l'on peut raisonnablement espérer de faire doubler par ses contemporains, et s'efforcer d'apporter dans la législation de son pays toute la somme d'améliorations que le pays comporte.

L'œuvre que je fais à la Chambre, en proposant le rétablissement du divorce, est une œuvre législative. L'œuvre que fait M. Acollas, en écrivant son livre, — tout comme celle que je faisais en 1868, lorsque je publiais *Religion, propriété, famille* — est une œuvre spéculative.

Ces réserves faites, il me sera permis d'approuver, à peu près complétement, le livre de M. Emile Acollas, lequel est empreint d'une moralité autrement haute que celle que nous offrent nos moralistes ordinaires.

Pour M. Acollas, le mariage est » l'association de l'homme et de la femme fondée sur le sentiment moral de l'amour, et soumise à la double loi de la liberté et de l'égalité ».

L'auteur n'a pas de peine à montrer ce qu'il y a d'immoral et de tyrannique dans cette association forcée de deux êtres qui sont censés se devoir leurs personnes, et qui, sous le nom honteux de *debitum conjugale*, sont tenus à des actes que l'amour seul relève, qui ne sauraient être imposés sans rabaisser la dignité humaine, et qui, conçus comme une obligation, ne sont, ainsi que le dit M. Acollas, que « *le droit au viol entre époux.* »

Et de ce que M. Acollas se réclame de la dignité et de la liberté; de ce que le mariage a pour unique base à ses yeux l'amour, et n'existe plus dès que les conjoints cessent de s'aimer ou même dès que l'un des conjoints n'aime plus l'autre ; de ce qu'il repousse toute intervention sociale dans le règlement de l'union des sexes, qu'on n'aille pas inférer qu'il est pour les amours éphémères, pour les liaisons de courte durée, pour la débauche et le déréglement des mœurs.

Rien ne serait plus contraire à sa pensée.

M. Acollas se fait de l'amour une haute idée. Il croit que ce sentiment tend à la perpétuité et qu'il doit aller en se rapprochant d'autant plus de cet idéal, dans

(1) A. Marescq, éditeur.

la grande majorité des cas, que la société se perfectionnera et progressera davantage. Mais la perpétuité, l'*indissolubilité* si l'on veut, du mariage ne peut, suivant lui, résulter que de l'accroissement de la moralité humaine, du perfectionnement des individus, et ne saurait, en aucun cas, être la conséquence d'un règlement factice.

L'indissolubilité légale n'est qu'une hypocrisie, si le mariage est « l'association de l'homme et de la femme *fondée sur le sentiment de l'amour.* » Il est évident que là où il n'y a plus amour, la loi peut bien encore établir des oppressions et des chaînes, mais qu'elle est impuissante à maintenir le mariage : la dissolubilité existe de fait malgré tous les codes, et c'est ailleurs que dans les prescriptions du droit positif qu'il faut chercher les éléments de l'indissolubilité réelle et féconde.

Oui, l'amour, dit M. Acollas, a pour idéal la perpétuité, et, comme l'amour, le mariage a aussi cet idéal ; oui, à mesure que l'espèce se perfectionnera et que les sociétés s'organiseront selon la raison, chacun en se mariant saura et pourra mieux reconnaître si l'union qu'il va former est née viable et durable, c'est-à-dire si elle repose sur ces convenances essentielles qui, en lui donnant une base, sont seules susceptibles d'en assurer le maintien ; oui, *l'indissolubilité du mariage est promise à nos neveux comme une récompense de leurs progrès dans les voies de la nature*, et je crois pour ma part qu'il viendra un jour où il serait indifférent, en pure pratique, que le législateur posât ou non une règle d'indissolubilité, car cette règle ne menacerait plus alors le droit de personne ; mais, aujourd'hui, dans l'état de nos mœurs, *la loi de l'indissolubilité du mariage n'est qu'un mensonge au profit de l'homme*, qui sait toujours la mettre de côté si elle le gêne, et une intolérable oppression pour la femme qu'elle condamne à subir des caresses odieuses ou tout au moins à refouler les aspirations de son esprit et de son cœur.

Et plus loin :

Quant au point de savoir s'il y a lieu à une législation spéciale du mariage, l'ensemble des développements que j'ai fournis l'a presque entièrement résolu d'avance. Si nous supposons en effet promulgué le seul droit commun que j'admette, je veux dire la liberté et l'égalité de tous les individus, l'autonomie de la personne humaine, si nous supposons établi ce droit commun, le législateur n'a qu'à s'abstenir ; car il n'y a pas au monde de tyrannie plus intolérable, de tyrannie plus insensée que celle qui fait que tous les citoyens s'immiscent dans les mariages les uns des autres pour en réglementer l'économie ; et quand, par exemple, je vois le législateur prohiber, entraver la dissolution du mariage d'une personne qui ne consent plus au mariage, je me sens porté à demander pourquoi le législateur ne prononcerait pas aussi la dissolution du mariage que ceux qui l'ont formé veulent maintenir.

Je résume en deux mots tout ce paragraphe :

Qu'il s'agisse de la formation ou de la dissolution du mariage, la matière est en entier en dehors de l'ordre juridique. Elle est contenue tout entière dans l'ordre moral et la société n'a aucun rôle à y jouer.

Prévoyant l'éternel argument des enfants, et après avoir établi que si leur droit ne peut pas être entamé, celui des époux ne peut pas l'être davantage, ce qui doit laisser nécessairement toujours intacte pour ces derniers la faculté du divorce, M. Acollas ajoute :

Quant aux enfants, il y a deux questions à régler, celle de la garde de leur personne et celle des frais de leur éducation.

En ce qui est du premier point, la garde de leur personne, c'est à la société d'en décider par l'organe des tribunaux, car il s'agit ici de mineurs, et c'est à la société de prendre en main la cause des mineurs.

Pour ce qui concerne l'éducation, les frais, en principe, devront peser sur le père et sur la mère comme s'ils n'étaient pas divorcés.

Sans doute, au point de vue moral, l'enfant perdra à la destruction du foyer commun, *mais en est-il autrement dans la séparation de corps, et perdrait-il moins, au surplus, au maintien de ce foyer, quand ce qui en est l'âme est anéanti ?*

C'est donc là un mal qui, juridiquement, s'impose.

Que si l'on estime qu'il vaut mieux pour les enfants comme pour les époux qu'il n'y ait ni divorce ni séparation, c'est bien aussi mon avis, et plus on se rapprochera de la forme que j'ai tracée, plus il deviendra probable que le mariage et l'intimité conjugale subsisteront sans altération.

Telles sont les idées de M. Acollas. En restant sur les hauteurs de la philosophie nous n'avons rien à y reprendre, sinon peut-être qu'elles sont un peu métaphysiques, que l'auteur n'analyse pas assez complétement le sentiment de l'amour, et qu'il préjuge trop les conséquences probables du système de l'absolue liberté familiale.

Quels que puissent être, d'ailleurs, ces légers défauts qui ne m'apparaissent peut-être qu'à cause de la nature particulière de mon esprit, il est évident que M. Acollas — comme moi, lorsque j'écrivais *Religion, propriété, famille* — émet des préceptes qui pourront guider les hommes dans un avenir très lointain.

Méditons ces préceptes. Elevons, par cette méditation, nos esprits au-dessus du niveau actuel. Mais que cela ne nous éloigne pas, ne nous détourne pas des réformes pratiques !

Je crois avec M. Acollas que, en bon droit, la société ne devrait pas s'immiscer dans l'union des sexes. Mais je sais que si ces principes doivent un jour prévaloir, il y aura des siècles, ce jour-là, que la terre recouvrira nos dépouilles; et je me borne, tout en conservant intactes mes idées de penseur et de philosophe, à proposer à la France ce que, en l'état de ses mœurs, elle est susceptible d'accepter et de comprendre, le rétablissement du titre VI du code civil.

Lorsque cette réforme aura fonctionné pendant assez longtemps pour qu'on puisse en apprécier expérimentalement les qualités et les vices, si elle suffit, nos neveux la conserveront; si M. Acollas et moi sommes dans le vrai, ils l'élargiront; en tout état de cause, en faisant aujourd'hui le possible, notre génération aura fait son devoir tout entier.

A. NAQUET.

Le petit Lyonnais

Du 14 juin 1880

LE DIVORCE
L'objection catholique

I

L'incompatibilité du divorce avec la religion catholique est la seule cause réelle de la législation qui nous régit; c'est la seule qui ait été invoquée par le législateur de 1816, lorsqu'il abrogea le titre VI du code civil.

Ni M. de Bonald, ni M. de Trinquelague, ni aucun des orateurs qui prirent alors la parole ne prétendirent que le divorce eût donné lieu à aucun abus grave. Ces orateurs se bornèrent à déclarer que la religion catholique étant la religion de l'Etat, et cette religion interdisant le divorce, le divorce devait être rayé du Code.

Ce qui prouve d'ailleurs surabondamment que l'indissolubilité du mariage n'est que la conséquence du catholicisme, c'est que cette indissolubilité n'est consacrée par la loi dans aucun pays non catholique et que, au contraire, toutes les nations catholiques l'admettent, à l'exception de quelques rares pays où le divorce s'est introduit à la suite de la Révolution française.

Il est arrivé, il est vrai, que bien des intelligences affranchies, par rapport aux dogmes du catholicisme, ne le sont point au même degré par rapport aux préjugés moraux que cette religion a répandus dans la société, et qu'elles lui ont empruntés, sans se rendre compte de leur origine.

Enveloppés par l'atmosphère catholique, des esprits libres y ont puisé à leur insu des idées fausses.

Et comme d'une part ils tenaient à ces idées — on tient aux préjugés en général; — comme, d'autre part, étant donnés leurs sentiments à l'égard du catholicisme, ils les auraient répudiées s'ils s'étaient confessés à eux-mêmes quelle en était la source, ils ont dû inventer des raisons quelconques pour les justifier à leurs propres yeux.

De là des objections soi-disant sociales et morales contre le divorce, objections qu'il importe d'examiner puisqu'elles ont cours chez nous.

Mais il faut bien établir au préalable qu'elles ne se sont pas produites dans les pays protestants, qu'elles ne se seraient pas produites davantage dans les races latines si la réforme y avait triomphé, et que c'est à la domination catholique seule que nous les devons. C'est donc l'objection catholique qui domine la question.

Les écrivains catholiques, les orateurs sacrés, ont écrit, ont prêché contre le divorce. J'ai recherché quels étaient leurs arguments. J'ai assisté aux sermons du R. P. Didon; j'ai lu le livre de l'abbé Vidieu auquel Alexandre Dumas a si magistralement répondu, ainsi que diverses brochures que leurs auteurs m'ont fait l'honneur de m'envoyer. Je n'y ai rien trouvé, absolument rien qui fût de nature à affaiblir la thèse que je soutiens, et je prétends, contre les auteurs catholiques, que les catholiques eux-mêmes peuvent se joindre aux partisans du divorce pour réclamer une réforme dont ils seront les premiers à profiter.

Mais, dit-on, comment des hommes religieux pourraient-ils accepter une loi que leur dogme condamne?

L'argument serait, en effet, fort embarrassant s'il s'agissait de porter la main sur le sacrement de mariage, d'empiéter de par la loi civile sur le domaine de la conscience, d'imposer aux ministres du culte l'obligation de bénir, contrairement à leur foi, contrairement à leur dogme, les seconds mariages d'époux divorcés qui réclameraient la bénédiction nuptiale.

Mais telle n'a jamais été la pensée des promoteurs de la loi du divorce.

Avant 1789, en ce qui concerne le mariage, la loi civile et la loi religieuse se confondaient. Le mariage était laissé à l'autorité ecclésiastique. De même que les vœux monastiques, c'était un sacrement reconnu par la législation.

Mais en 1789, la société s'est sécularisée. Elle est devenue laïque ; la religion d'Etat a été abolie et, un moment rétablie en 1815, elle a été abolie de nouveau et pour toujours après la Révolution de Juillet 1830.

Ce jour-là — et sans qu'on ait en rien touché à la conscience religieuse des fidèles — le mariage, au point de vue légal, a cessé d'être envisagé comme un sacrement ; il a été considéré comme une simple convention civile. De là, le mariage civil, qui, seul, fait autorité aux yeux de la loi, mais qui n'empêche en rien les époux de réclamer des ministres de leur culte respectif une bénédiction nuptiale. Cette bénédiction, il est vrai, n'est plus obligatoire ; à elle seule, elle n'entraînerait aucun effet civil ; mais elle conserve tout son empire sur la conscience des fidèles.

Il y a donc à cette heure deux mariages — tandis qu'il n'y en avait qu'un avant la Révolution : — le mariage civil et le mariage religieux.

Or, la loi nouvelle touche au mariage civil, mais ne touche en rien au mariage religieux, qui ne relève que des autorités religieuses.

S'il est vrai que le mariage religieux n'est plus coercitif dans ses effets, il est également vrai qu'il est, de la nature même de la religion, de ne contraindre que par la voie persuasive.

Aussi longtemps qu'un catholique croit aux principes de sa religion, il obéit à ces principes sans y être obligé matériellement. Et le jour où il cesse d'y croire, il cesse par cela même d'être catholique : pourquoi lui imposerait-on alors l'obligation d'obéir à des idées qui ne sont plus les siennes ?

Le divorce, qui a existé chez nous sous laRévolution et sous l'empire, que nous voulons rétablir à cette heure, c'est le divorce civil, c'est la faculté de dissoudre, dans certains cas graves prévus par la loi, le mariage civil.

En quoi les catholiques qui fulminent sans cesse contre le mariage civil peuvent-ils donc être blessés, si nous dissolvons un lien contre lequel ils protestent et dont ils ne reconnaissent pas la validité ?

Et qu'on ne me dise pas que je leur attribue ici des idées qui ne sont pas les leurs.

J'ai sous les yeux une brochure récemment publiée chez Dentu, intitulée : LE DIVORCE, réponse à MM. Naquet et Dumas, brochure anonyme qui est l'œuvre d'un catholique fougueux, et voici ce que j'y lis à la page 13 :

« Or, non seulement l'Eglise n'a pas le droit de tolérer le divorce, mais encore elle fait tous ses efforts pour que les mariages soient religieux, condition en dehors de laquelle les époux vivent dans un concubinage à jamais déplorable. »

Si donc, aux yeux des catholiques, le mariage civil n'est qu'un concubinage à jamais déplorable, que leur importe que nous fassions cesser ce concubinage par le divorce, dès l'instant où, pour ceux qui se seront mariés avec le secours de la religion, le sacrement demeurera intact.

Cela est pour eux d'une importance si secondaire que Berryer reconnaissait à la Chambre des députés, en 1831, qu'on était logique en rétablissant le divorce dès qu'on avait aboli la religion d'Etat, et que l'auteur de la brochure cité plus haut, s'élevant avec force contre le mariage civil, reproduit (p. 14) et fait siennes les idées suivantes empruntées au livre de Paul Sauzet : le Mariage civil et religieux.

« Comment proclamer l'indissolubilité du lien et supprimer le caractère qui peut seul donner cette indissolubilité ? Détruire l'effet et garder la cause, c'est un non-sens manifeste, une insoutenable anomalie... Dans le Code Napoléon, tout s'enchaînait, le mariage purement civil et le divorce par consentement mutuel, le mariage contractuel entraînait la rupture contractuelle ; l'un découlait nécessairement de l'autre. Le système était complet dans toutes ses parties, mais supprimez le divorce... et donnez à un contrat civil l'indissolubilité, encore une fois, c'est un non-sens, une contradiction notoire. »

En d'autres termes, les catholiques réclament le retour à l'ancien régime, le retour à la religion de l'Etat, l'abolition du mariage civil, et en cela ils sont logiques ; mais étant donné que la séparation du spirituel et du temporel, la laïcité de l'Etat sont des conquêtes sur lesquelles la société n'est pas prête à revenir ; étant donné que le mariage civil ne sera point aboli et que la Restauration elle-même n'a pas osé l'attaquer, j'affirme de nouveau que le divorce, qui en est le complément, ne peut en rien blesser les catholiques, que ceux-ci n'ont pas plus à s'insurger contre cette institution que contre le mariage civil lui-même dont elle est la conséquence.

Je reviendrai, du reste, encore sur cette importante question de l'incompatibilité prétendue du divorce avec la liberté de conscience des catholiques. Quelque libre-penseur que je sois, ou plutôt parce que je suis libre-penseur, je respecte au-dessus de tout la liberté de conscience, et je veux établir jusqu'à l'évidence la plus complète que cette liberté sacrée n'est point ici en cause. Jamais je ne ferais, en effet, le promoteur ou le défenseur d'une loi qui la méconnaîtrait.

A. NAQUET
Député de Vaucluse.

Lettre d'Alfred Naquet s'excusant auprès de ses électeurs de Pertuis à la date
du 11 Xbre 1878 de ne les pouvoir pas visiter au cours d'une tournée dans l'arr.t ....

à Clovis Hugues pour s'excuser de ne pouvoir y assister à
la conférence de Ad... à la Bastille [de] V. Hugo ....

† à l'union de Vaucluse revendiquant le droit de faire payer
... conférence — reproduite par Le Réveil du midi du 6 janvier 18.. ....

... et Naquet rappelle sa campagne avant le 16 mai justifiée
par les événements — l'union nécessaire qui a suivi le 16 mai — Puis, après avoir cité
Fréloquet et Allain Targé dénonçant le danger de retomber dans les fautes de 1870
et L. de Girardin dénonçant l'impuissance comme aussi des articles que la violence il
mis en garde les journaux toute de nouvelles faiblesses—Le Réveil du midi du 13 janvier 1879 4

... adressée par A. Naquet au journal «La révolution française» à propos
d'une affirmation qu'il aurait faite en 1878 à sa conférence de Genève et qui lui est
faussement imputée — La Révolution française du 23 janvier 1879 7

La Bataille. Le programme arrêté modéré du Cabinet Dufaure après le renouvellement du Sénat et un défi à l'opinion, s'il n'y a pas à hésiter, il faut renverser le ministère — Le Réveil du midi du 22 janvier 1879 7

La Républ.te. Article dans lequel A. Naquet déplore la faute commise par
la Chambre en maintenant le cabinet, il n'est que temps pour elle de la réparer
en réalisant par son initiative les réformes — Le Réveil du midi du 22 janvier 1879   15

La République. Article pour prouver la supériorité de la République par la
facilité de la transmission des pouvoirs à la démission de Mac-Mahon — Le Réveil du midi 2 février 1879 ... 1-1

... de M. Waquet sur l'amnistie. Il la faut voter pour ôter une arme aux agitateurs dangereux seulement en exil; pour ôter aux monarchistes la possibilité de promettre ce que nous refuserions; pour ne pas avoir deux poids et deux mesures en refusant l'amnistie aux communalistes a- lorsque nous ne poursuivons pas les bandits de Versailles. — Assemblée des députés, séance du 20 février. — Le Réveil du midi du 26 février 1879 ....

Article de M. Waquet répondant par l'affirmative et revendiquant la la- icité au nom même de la liberté. L'état laïque (...) du 2 mars 1879 ......

2e .... article antiprotectionniste démontrant l'impuis- sance des Gouvernements en ces matières — Le Réveil du midi du 14 février 1879 ......

... au directeur du Réveil du midi Béranger (Bol- landy) expliquant comment sans danger pour les intérêts locaux il a pu ainsi que M. Waquet, retenus tous deux par d'autres devoirs, n'être pas à la séance au moment du vote sur les ch.ins de fer de Vaucluse. — Le Réveil du midi du 9 avril 1879 ....

... A. Waquet sur la prise en considération de la proposition de loi relative au rétablissement du .... à la séance de la cham- bre des députés du 27 mai 1879 — officiel du 28 mai 1879 ......

Lettre de Waquet au figaro — expliquant sa séparation d'avec sa femme et s'engageant à ne pas divorcer. Cette lettre eut un immense succès de salon. un compositeur la chanta au piano dans une soirée. — Le figaro du 31 mai 1879 ......

[illegible] de l'industrie de l'[illegible] qu'a [illegible] à [illegible] Salviati. — Le Voltaire du 22 [illegible] 1879 .... [illegible]

La [illegible] contre le [illegible] dans les numéros du Voltaire des 25 9bre 1879, 1er Xbre 1879, [illegible] Xbre 1879 et 8 Xbre 1879 .... [illegible]

[illegible] que les circonstances démontrent à Adolphe Michel un [illegible] gauche et que le [illegible] votera pour Elisée [illegible] contre lui. — Le Voltaire du 7 Xbre 1879 .... [illegible]

[illegible] article dans lequel en attendant la conférence qu'il doit faire le soir, il raconte les fraudes de l'élection de Vaucluse du 14 octobre 1879. — Le Voltaire du 7 Xbre 1879 .... [illegible]

[illegible] article à propos de la proposition de loi déposée par lui à la chambre. — Le Voltaire du 13 Xbre 1879 .... [illegible]

A. Naquet. Le Rhone. article du pays-Martié — publication [illegible]
du 18 Xbre 1879,
tionnelle destinée à venir en aide aux espagnols, frappés d'un fléau — cet article [illegible] copié à la main, la publication originale étant [illegible] d'un, la Bibliothèque [illegible] .... [illegible]

St Martin — Poujade — et [illegible] adresse aux électeurs d'Orange les invitant à réélire Gent, lequel, à la suite d'un article de Cassagnac qui dénonçait un ancien inceste avec sa sœur, avait été révoqué de la fonction de gouverneur de la Martinique à laquelle il venait d'être nommé, à la suite de quoi il s'était démis de son mandat. — Le Réveil du midi du 14 Xbre 1879 .... [illegible]

A. Naquet. adresse personnelle renforçant l'adresse collective précédente et invitant les électeurs de l'[illegible] d'Orange à réél[ire] Gent. — Le Réveil du midi du 19 Xbre 1879 ..... [illegible]

A. Naquet. Élection de Vaucluse — dernier appel en faveur de la réélection d'Alphonse Gent. — Le Voltaire du 21 Xbre 1879 .... [illegible]

Les conférences de M. Passou. — Le Voltaire
du 24 [x]bre 1879 . . . .

Sur les arguments du père [Didon] et de M.
Passou sur le [divorce]. — [illegible] . . . .

Article de A. Naquet sur les [sentiments]
séparatistes dans les Alpes maritimes. — Éloge de Fareghone [illegible]

Article sur le rapport de M. Léon Renault.
Le Voltaire du 15 janvier 1880 . . . .

[illegible] nos gouvernants [perdraient], ils ne [conser]-
veront leur popularité que [s'ils sont de l'avant]. — Le Voltaire du 17 [janvier] . . . . [illegible]

article analysant les dispositions de la proposition de loi
telle que la C[ommiss]ion les a adoptées. — Le Voltaire du [illegible] 1880 . . . . [illegible]

Caractères distinctifs des réunions et des as-
sociations réunies. De [les] [consacrer] une loi spéciale à chacune de ces libertés. — Le Voltaire
du 15 janvier 1880 . — — — — — — — — — — — — — — — — II 44

Discussion du [contre] projet de Louis Blanc. — Les dis-
positions en apparence restrictives sont en réalité protectrices de la liberté de réunion
qu'elles garantissent contre l'oppression des citoyens. — Le Voltaire du 17 janvier 1880 — — — — — II 43

énumération, après le vote en première lec-
ture des victoires libérales, de la chambre sur le cabinet. Réponse à Camille Pelletan
qui traitant la loi de rétrograde avait dit qu'en en entendant le rapporteur (A. Naquet)
[l'avait] bien entendu. — Forcade de la [illegible] nette. — Le Voltaire du 2 février 1880 II

analyse du livre d'Alexandre Dumas, la question du divorce où l'illustre écrivain discute les écritures. — Le Voltaire du 5 février 1880

Réponse à M. de Saint Genest. — Le Divorce n'est point, comme il le prétend, une loi aristocratique. — Le Voltaire du 8 février 1880

Article de la petite République française, publiant une réponse de M. ... à une lettre que le journal avait reçue relativement à l'intérêt des enfants. — La petite République française du 11 février 1880 ......

... article insistant sur la nécessité de voter le projet de loi de St Martin qui ne viole pas la liberté. Si les Catholiques le combattent c'est qu'ils ne se sentent libres que lors qu'ils peuvent violenter autrui. — Le Voltaire du 24 février 1880 ......

... pourvoi en cassation contre l'arrêt de Nîmes réformant les condamnations, d'après pour cause de prescription. Le Voltaire du 3 mars 1880

... Article sur un livre du Dr Jan... sur la syphilis dans le mariage. — Le Voltaire du 9 mars 1880 ——

... Discussion juridique des motifs de l'arrêt de Nîmes, cité p. 55 réformant les condamnations, prononcées par le tribunal d'après Coutet D'Allen, Montagne, Silvestre... Le Voltaire du 17 mars 1880

M. Naquet ... les jésuites, devant le parlement. Discussion et approbation de l'article 7 — et après son rejet par le sénat de l'expulsion par décret des jésuites d'après les lois existantes. — Le Voltaire du 28 mars 1880 ......

... Article établissant